manuel
des études littéraires françaises

françaises

XIXe siècle

P.-G. CASTEX

Membre de l'Institut,
Ancien élève
de l'École Normale Supérieure,
Professeur à la Sorbonne

P. SURER

Agrégé des Lettres,
Maître assistant
à la Sorbonne

manuel
des études littéraires
françaises

XIXᵉ siècle

Hachette, 79, Bd St-Germain, Paris

Frontispice :
Delacroix. Lutte de Jacob avec l'Ange.
Église Saint-Sulpice, Paris.
Jacob se rue de toutes ses forces sur l'Ange qui l'arrête en lui touchant la jambe.
Ce combat inégal peut être pris comme symbole
de celui qu'a livré· le génie romantique, parti à la conquête de l'Absolu.

I.S.B.N. 2.01.000664.X

© Hachette 1966.

PRÉFACE

Ce manuel des études littéraires françaises est destiné aux élèves des lycées et collèges, des écoles normales et des établissements qui préparent au Baccalauréat de l'enseignement secondaire. Il rendra aussi des services, après le Baccalauréat, aux élèves des classes supérieures des lycées et aux étudiants des Universités.

Il comporte trois éléments :

- une histoire de la littérature française
- un choix de textes commentés
- des sujets de composition française.

L'histoire de la littérature, qui est la partie essentielle de l'ouvrage, répond à deux exigences.

Une exigence de renouvellement.

Nous avons voulu restituer aussi strictement que possible, dans le mouvement de chaque chapitre comme dans l'économie générale de l'exposé, le seul ordre qui ne soit pas arbitraire : l'ordre chronologique. De nombreux manuels isolent en deux développements distincts la vie et l'œuvre des écrivains. Nous rompons avec cette tradition, au moins en ce qui concerne les auteurs de première importance. Nous esquissons leur évolution dans une analyse qui suit à la fois les étapes de leur existence et les moments de leur création littéraire : ainsi, chacun de leurs ouvrages essentiels est présenté à sa date, en relation avec les données de la biographie qui peuvent en expliquer la genèse, et c'est seulement au terme de cette analyse que nous regroupons, en une sorte de synthèse, les aspects principaux de leur génie ou de leur talent.

Nous avons mis notre exposé au courant des travaux les plus récents. L'érudition moderne a profondément modifié l'opinion qu'on pouvait se faire au siècle dernier, ou parfois même il y a seulement vingt ans, sur tel grand écrivain ou telle grande période. Ainsi pour les chansons de geste : si Joseph Bédier, dans son célèbre ouvrage « Les Légendes épiques », a détruit d'anciennes erreurs, quelques-unes de ses conclusions ne sauraient plus être acceptées sans réserves. *Ainsi pour la période du XVIIe siècle qui précède la grande génération classique : les études contemporaines sur le mouvement libertin, sur l'esprit précieux, sur l'art baroque, permettent aujourd'hui de la définir d'une façon positive; nous ne pouvons plus voir dans les écrivains de ce temps qui n'ont pas accepté d'emblée la discipline de Malherbe des attardés ou des égarés. A propos de nos plus grandes gloires même, que de légendes ont été ruinées! Corneille, La Fontaine, Boileau, Rousseau, Balzac apparaissent sous un nouvel éclairage.*

Nous avons également tenu compte de l'évolution du goût. L'histoire littéraire se renouvelle constamment; chaque génération revise et modifie les jugements de celle qui l'a précédée; s'il importe de ne jamais céder aux caprices de la mode, il n'est pas permis d'entretenir, par un respect superstitieux de la tradition, des préjugés évidents. Le recul qui manquait encore au début de ce siècle nous permet de mieux discerner aujourd'hui les tendances principales de notre poésie depuis Baudelaire; nous avons jugé indispensable d'indiquer aux élèves l'importance réelle d'un Verlaine, d'un Rimbaud, d'un Mallarmé, d'un Apollinaire et du mouvement surréaliste. Même pour les écrivains plus anciens, un reclassement s'impose : Agrippa d'Aubigné, Nodier, Nerval, d'autres encore ont été longtemps méconnus : nous leur avons donné leur place. Nous consacrons enfin un chapitre au cinéma.

Une exigence de netteté.

Nous avons apporté un soin particulier à la charpente de l'exposé. Nous nous sommes proposé de donner aux élèves des cadres très nets, afin de leur faire bien saisir la continuité de l'évolution littéraire, les caractères généraux de chaque période, les tendances dominantes des principales écoles, les intentions maîtresses des grands écrivains. Pour réaliser ce dessein, nous avons, cela va sans dire, renoncé à toute érudition, et nous avons omis jusqu'au nom de certains auteurs secondaires, plutôt que de procéder à de vaines énumérations.
Nous avons attaché une grande importance à la mise en pages et à la disposition typographique, qui tendent à mettre en valeur les faits majeurs et les idées importantes. Des tableaux rappellent les dates principales, marquent la relation entre les événements historiques et les événements littéraires ou illustrent certains développements délicats : nous avons figuré les étapes de la formation de la

langue française, les diverses attitudes des théologiens en face du problème de la Grâce, la classification des gouvernements proposée par Montesquieu, la structure d'un roman balzacien.

Enfin, nous avons établi pour les plus grands écrivains, de Villon à Paul Valéry, des schémas qui donnent une vision d'ensemble de leur vie et de leur œuvre. Le schéma comporte un ou plusieurs cercles, où sont indiqués les événements capitaux, les crises décisives, qui jalonnent l'existence de chaque écrivain : ainsi, pour Mme de Sévigné, la séparation d'avec sa fille, qui est à l'origine de ses plus belles lettres ; pour Victor Hugo, le deuil, puis l'exil, qui mûrissent son génie. Ces cercles coupent une flèche où s'inscrivent les grandes divisions de l'étude chronologique et au-dessus de laquelle on trouvera l'indication des œuvres principales et de leur caractère essentiel. Ces schémas, examinés avant toute étude, permettent aux élèves de prendre un premier contact avec l'auteur ; consultés au cours de l'étude, ils l'orientent et en soulignent le plan ; revus après l'étude, ils en fixent les cadres dans la mémoire.

Nous avons ajouté à la plupart des chapitres un ou deux textes commentés ; ainsi, l'élève retrouve à propos d'exemples concrets les notions qui lui ont été données et s'initie en même temps à la pratique de l'explication de textes. Chaque fragment est suivi dans son développement et dans sa continuité, et l'étude de la forme n'est pas séparée de l'étude du fond.

Enfin, des sujets de composition française invitent l'élève à mettre en œuvre les connaissances acquises et à exercer son jugement. Certains de ces sujets ont été proposés à des examens ; d'autres sont inédits et donnent à réfléchir sur des opinions formulées, non seulement par les critiques traditionnels, mais par des écrivains ou essayistes contemporains. A côté des sujets de dissertations, qui sont les plus nombreux, figurent des sujets de lettres, de dialogues et de narrations ; nous nous sommes bornés à ces derniers genres pour la partie de l'ouvrage consacrée au Moyen Age, qui intéresse surtout les élèves de Troisième.

Nous avons indiqué à la fin de chaque chapitre quelques ouvrages à consulter. Nous ne pouvions dresser une bibliographie véritable : nous avons seulement rappelé, à propos de chaque écrivain, les travaux qui font autorité, et signalé quelques études récentes.   Castex et Surer.

A. Chassang et Ch. Senninger ont publié, chez Hachette, des recueils de Textes littéraires français *(un volume par siècle) qui suivent au plus près l'ordre des volumes de ce Manuel et qui permettent donc d'enrichir les deux collections l'une par l'autre.*

VUE GÉNÉRALE

I Du siècle philosophique au siècle romantique (1795-1820)

LE DESPOTISME NAPOLÉONIEN

Après le 18 brumaire, Bonaparte, qui prend le titre de Premier Consul, se présente au pays comme un pacificateur; il proclame sa volonté de mettre un terme à la guerre et au désordre. Peu à peu, son autorité se raidit. Profitant de la popularité que lui ont value ses victoires contre la seconde coalition, il détruit tous les obstacles à l'établissement d'un pouvoir personnel illimité : il jugule l'opposition libérale, écarte les généraux hostiles et porte un coup fatal aux espérances des royalistes en faisant exécuter le duc d'Enghien. Le 2 décembre 1804, il est sacré empereur; sous son gouvernement, toutes les libertés sont anéanties.

LA LITTÉRATURE OFFICIELLE

L'empereur prétend asservir à sa loi les philosophes et les écrivains. En 1808, il crée l'Université; il donne pour mission à ce corps de « former dans le même moule une jeunesse bourgeoise dévouée à l'État et à la IVᵉ dynastie ». En littérature, il combat les tendances individualistes et encourage une sorte de néoclassicisme, figé dans des formules surannées. Une censure extrêmement rigoureuse s'exerce sur les journaux et sur les livres. A vrai dire, les meilleurs écrivains de cette génération, Benjamin Constant, Mme de Staël, Chateaubriand, sont des opposants au régime; mais le pouvoir central les persécute ou bien les contraint à la prudence.

II   La génération romantique (1820-1850)

LA MONARCHIE CONSTITUTIONNELLE

En 1815, la Restauration a inauguré un régime constitutionnel, sous la garantie d'une Charte, « octroyée » par le roi Louis XVIII à son peuple. Les libertés publiques renaissent, en dépit des ultras, qui exercent une influence prépondérante au gouvernement de 1820 à 1827. En 1829, sous le règne de Charles X, la politique intransigeante du ministère Polignac entraîne la formation des partis républicain et orléaniste, tous deux hostiles à la dynastie.

Après la révolution de 1830, les orléanistes triomphent; Louis-Philippe monte sur le trône et la bourgeoisie accède au pouvoir. Les premières années du nouveau règne sont marquées par des émeutes républicaines, qui sont durement réprimées; mais l'opposition demeure forte au Parlement. En 1840, Guizot entre dans un gouvernement présidé par le maréchal Soult et tente de contenir l'évolution démocratique. Il doit faire front contre de violentes campagnes, surtout à partir de 1846. En février 1848, le peuple de Paris se soulève contre lui; le roi abdique; la Seconde République est proclamée.

LA LITTÉRATURE LIBÉRÉE

Sous la Restauration et sous la Monarchie de Juillet, les écrivains, moins sévèrement contrôlés, s'expriment avec une liberté plus grande. D'un commun accord, ils dénoncent la tyrannie des règles qui compromettent l'essor du génie. Les tendances individualistes, qui se manifestaient déjà dans la littérature pendant la seconde moitié du XVIIIe siècle et qui ont été renforcées par les événements nés de la Révolution, s'affirment désormais avec éclat. Une extraordinaire floraison de chefs-d'œuvre marque cette génération, qui prend le nom de génération romantique[1].

La poésie romantique. *Le romantisme a libéré la poésie, qui tend à exprimer surtout des états d'âme.* Lamartine, Victor Hugo, Alfred de Vigny, Alfred de Musset, Gérard de Nerval, traduisent en vers leurs souffrances, leurs angoisses ou leurs extases. Les romantiques, pourtant, ne s'en tiennent pas toujours aux confidences sentimentales; beaucoup d'entre eux se croient investis d'une mission sociale et tâchent de formuler dans leur poésie les aspirations de leur siècle : ainsi, pour Victor Hugo, le poète est un « mage », dont le génie doit guider le peuple vers un avenir triomphant.

---

1. Le mot *romantique*, consacré par la tradition, est fort difficile à définir. Vers la fin du XVIIIe siècle, sous l'influence du mot anglais *romantic*, il s'applique aux lieux dont la beauté pittoresque et sauvage rappelle les descriptions des romans à la mode. Au début du XIXe siècle, sous l'influence de l'allemand *romantisch*, il désigne les tendances littéraires opposées aux tendances classiques : mépris des règles, culte de l'imagination et du sentiment. Vers 1830, la plupart des écrivains français se proclament romantiques; mais chacun prête à ce terme la nuance qui convient le mieux à son propre tempérament.

Le roman romantique. *Le romantisme a consacré la vogue du roman, qui devient un genre extrêmement fécond et varié.* Si quelques romanciers se bornent à se raconter ou à s'analyser, d'autres cherchent à faire revivre une époque historique ou, comme Balzac et Stendhal, peignent les mœurs de leur temps. Un public de plus en plus vaste s'intéresse au roman; les œuvres de George Sand ou d'Alexandre Dumas pénètrent dans les milieux populaires.

Le théâtre romantique. *Le romantisme a favorisé un renouveau du théâtre, qui connaît, vers 1830, des succès retentissants.* Victor Hugo, porte-parole de sa génération, affirme l'irrémédiable décadence de la tragédie et prétend fixer la poétique du drame moderne, essentiellement caractérisée par le mélange du tragique et du comique. Il a donné lui-même quelques brillantes illustrations de ses formules; mais l'art dramatique doit à Musset des œuvres d'une fantaisie plus exquise ou d'une plus grande vérité humaine.

L'histoire et la critique romantiques. *Le romantisme a mis l'histoire à la mode*; de nombreux historiens gagnent la faveur du public par l'attrait d'une narration vivante; le plus prestigieux d'entre eux, Michelet, s'est assigné comme programme une « résurrection intégrale du passé ». *Le romantisme a développé la critique*, qui devient, grâce au talent de Sainte-Beuve, un véritable genre littéraire.

III   Positivisme et réalisme
IV   Idéalisme et symbolisme (1850-1890)

DE LA DEUXIÈME A LA TROISIÈME RÉPUBLIQUE

En juin 1848, le gouvernement a réprimé l'émeute par la violence. Désormais, un fossé se creuse entre les défenseurs de l'ordre bourgeois et les partisans des doctrines avancées. La République succombe aux divisions intérieures; le coup d'État du 2 décembre 1851 ruine les espérances humanitaires qu'avaient conçues la plupart des romantiques.

Sous le règne de Napoléon III, l'opposition est brisée pour de longues années; la censure est rétablie; la presse est soumise à un sévère régime de surveillance et de contrôle. L'empereur cherche à se concilier la faveur de l'opinion par une politique de prestige guerrier et de prospérité économique; mais le peuple demeure misérable et insatisfait. Après 1860, les échecs diplomatiques, les déconvenues militaires, affaiblissent l'autorité impériale; la défaite de 1870, la répression de la Commune, aggravent le malaise général; et la Troisième République connaît un début très incertain.

Pendant cette période, la littérature, tout en subissant le contre-coup des événements, évolue d'une manière complexe; deux courants opposés se développent parallèlement.

LE COURANT POSITIVISTE

Beaucoup d'écrivains réagissent contre les tendances subjectivistes du mouvement romantique au nom de l'Art ou de la Science. En poésie, Leconte de Lisle, après Gautier, professe que le poète doit être impassible, consacre l'essentiel de ses soins à une évocation plastique du monde extérieur et détermine la naissance d'un mouvement « parnassien », qui se donne un idéal purement esthétique. Les romanciers suivent la leçon de Balzac et s'orientent, pour la plupart, vers une observation minutieuse de la réalité : Flaubert, puis Zola et l'école « naturaliste », apportent dans l'exercice de leur activité des préoccupations scientifiques. Les méthodes des savants exercent un ascendant de plus en plus grand sur les esprits : l'histoire et même la critique tendent à devenir des sciences.

LE COURANT IDÉALISTE

D'autres écrivains blâment les ambitions excessives de la Science ou montrent l'insuffisance de « l'Art pour l'Art ». Baudelaire, tout en cultivant la rigueur d'expression que recommandent les maîtres du Parnasse, recourt à la poésie pour décrire son drame intérieur; après lui, Rimbaud, Lautréamont, Verlaine, puis les poètes symbolistes sondent les profondeurs de leur conscience et tâchent d'en suggérer le mystère par des procédés plus ou moins hardis. Des romanciers et des conteurs, enfin, Barbey d'Aurevilly, Gobineau, Villiers de l'Isle-Adam, Huysmans, Léon Bloy, protestent contre la tyrannie de l'esprit positiviste ou matérialiste et, par la violence même de leurs accents, attestent la vitalité de leur idéalisme.

OUVRAGES A CONSULTER

A. MONGLOND. *Le Préromantisme français*, nouv. éd., 2 vol., José Corti, 1966. P. BÉNICHOU. *Le Sacre de l'écrivain*, 1750-1830, José Corti, 1973. *Le Temps des prophètes*, Gallimard, 1977. M. MILNER. *Littérature française. Le Romantisme I* (1820-1843), Arthaud, 1973. F. CLAUDON. *Encyclopédie du Romantisme. Peinture. Sculpture. Architecture. Littérature. Musique.* Somogy, 1980. C. PICHOIS. *Littérature française. Le Romantisme II* (1843-1869), Arthaud, 1979. R. DUMESNIL. *L'époque réaliste et naturaliste*, Tallandier, 1945. L. BADESCO. *La Génération poétique de 1860*, 2 vol., Nizet, 1971. G. MICHAUD. *Le Message symboliste*, 4 vol., Nizet, 1948. R. POUILLIART. *Littérature française. Le Romantisme III* (1869-1896), Arthaud, 1973. J. PIERROT. *L'Imaginaire décadent* (1880-1900), P.U.F., 1977.

Madame de Staël. Portrait par Gérard.

DU SIÈCLE PHILOSOPHIQUE AU SIÈCLE ROMANTIQUE

CHAPITRE PREMIER

La vie intellectuelle au début du dix-neuvième siècle

Sous le Consulat et l'Empire, puis pendant les premières années de la Restauration, la vie intellectuelle en France reflète l'incertitude et les contradictions d'un âge troublé. Des philosophes, groupés sous le nom d'idéologues, se proclament les héritiers du XVIIIᵉ siècle ; d'autres s'efforcent de remettre en honneur la pensée spiritualiste. Des théoriciens politiques, Louis de Bonald, Joseph de Maistre, défendent les traditions de l'Ancien Régime et s'opposent aux libéraux voltairiens comme Paul-Louis Courier, tandis que naissent les premiers systèmes socialistes. En littérature, les genres traditionnels végètent ; mais le mélodrame, le roman noir, gagnent la faveur d'un public populaire ; deux écrivains, Senancour, Benjamin Constant, s'assurent une gloire moins fragile en transposant leurs expériences intérieures. Peu à peu, le goût se modifie : Mme de Staël dénonce la routine classique, exalte l'inspiration lyrique et révèle des œuvres étrangères.

1804	Senancour : *Oberman.*
1810	Mme de Staël : *De l'Allemagne.*
1816	Benjamin Constant : *Adolphe.*
1821	Joseph de Maistre : *Les Soirées de Saint-Pétersbourg.*

I LES DOCTRINES PHILOSOPHIQUES

Dès la fin du XVIIIᵉ siècle se constitue à Paris un groupe de philosophes qui, sous le nom d' « idéologues », reprennent, précisent et poussent à l'extrême les thèses des encyclopédistes; ils se réunissent d'abord chez la veuve d'Helvétius, puis chez la veuve de Condorcet; leurs représentants principaux sont Destutt de Tracy et Cabanis; à leur école se rattache aussi Volney. Ils seront combattus, sous l'Empire, par des penseurs animés de tendances spiritualistes, tels Royer-Collard, Maine de Biran, Ballanche.

A L'école des idéologues

DESTUTT DE TRACY (1754-1836)

Destutt de Tracy est le doctrinaire du groupe; son ouvrage essentiel, où se trouvent réunis plusieurs traités, antérieurement publiés, s'intitule *Éléments d'idéologie* (1817-1818). Il se réclame de Condillac. Selon lui, la connaissance de l'homme se ramène « à ce que l'on peut connaître par l'analyse de ses facultés ». Ainsi la recherche philosophique doit-elle se confondre avec un inventaire psychologique : le rôle du philosophe consiste à déceler l'origine et le mécanisme des idées dans l'esprit humain. Destutt de Tracy applique cette doctrine non seulement à la philologie et à la linguistique, mais à la morale et à la politique; il manifeste des tendances athées et libérales; c'est sur sa proposition que le Sénat votera, en 1814, la déchéance de l'Empereur.

CABANIS (1757-1808)

Cabanis, médecin réputé, professe que la pensée est un produit du cerveau; l'activité de l'esprit résulte donc, selon lui, d'un mécanisme psycho-physiologique. Ses idées sont exposées avec une rigueur intransigeante dans un traité intitulé, sous sa forme définitive, *Rapports du physique et du moral de l'homme* (1803). Dans d'autres textes, cependant, il nuance quelque peu ce matérialisme en admettant l'existence d'un principe vital, animateur de la matière.

VOLNEY (1757-1820)

Volney a été profondément marqué, lui aussi, par l'influence des « philosophes »; mais son activité s'est exercée dans des domaines variés. Il se fait connaître en 1787 par la relation d'un *Voyage en Syrie et en Égypte*, volontairement aride, mais précise et instructive. Quatre ans plus tard, il conquiert la célébrité en publiant *Les Ruines ou Méditations sur les révolutions des empires* : il y affirme que l'écroulement des anciens États est une conséquence de la cupidité inhérente au despotisme; il célèbre sur un ton prophétique le bonheur futur de l'humanité, fondé sur la liberté et sur le culte de la religion naturelle. Volney contribue à mettre à la mode la poésie des ruines; il initie les savants à l'orientalisme; il s'efforce d'expliquer l'origine des sociétés et des religions.

B La réaction spiritualiste

ROYER-COLLARD (1763-1845)

Royer-Collard, disciple des philosophes écossais, prend position contre l'école de Condillac. En 1811, Napoléon le charge d'enseigner à la Sorbonne l'histoire de la philosophie moderne : Royer-Collard s'emploie à établir que le sensualisme ne peut expliquer les notions de substance, de cause, d'espace et de temps. Sous la Restauration, il abandonne l'enseignement pour la politique et se fait théoricien de la Charte, d'où il déduit toute doctrine; il fonde ainsi le parti des « Doctrinaires », hostile à la fois aux ultras et aux libéraux de tendances démocratiques; il fait valoir, à la tribune, ses talents d'orateur grave et sentencieux.

MAINE DE BIRAN (1766-1824)

Maine de Biran fréquente d'abord le groupe des idéologues, puis élabore un système opposé au leur. Métaphysicien pénétrant et hardi, il affirme que la nature de l'homme ne se révèle ni par la pensée, comme le croyait Descartes, ni par la sensation, comme le croyait Condillac, mais par l'effort : nous devons la conscience de notre être au sentiment d'une résistance continue à vaincre. *De l'analyse de l'effort, il tire des conclusions spiritualistes* : dans l'effort, le moi prend conscience de lui-même et se sent cause des phénomènes qu'il engendre. Maine de Biran expose sa doctrine dans ses *Considérations sur les rapports du physique et du moral de l'homme* (1811); il laisse, en outre, un *Journal intime*.

BALLANCHE (1776-1847)

Pierre-Simon Ballanche est essentiellement un mystique et un illuministe. Dans l'un de ses premiers ouvrages, publié en 1801 et intitulé *Du sentiment considéré dans ses rapports avec la littérature et les arts*, il exalte la sensibilité comme un « guide plus sûr que la raison ». En 1818, il fait paraître un *Essai sur les institutions sociales dans leurs rapports avec les idées nouvelles*, où il tente de concilier, sur le plan politique, l'autorité avec la liberté, sur le plan religieux, l'idée chrétienne avec l'idée de progrès.

Après un séjour à Rome, en 1824, il arrête le plan d'une *Palingénésie sociale*. Son dessein était de tracer en une trilogie l'histoire des sociétés humaines dans le passé, le présent et l'avenir : selon lui, l'Humanité, déchue par le péché originel, doit parvenir, à travers un nombre indéfini d'épreuves, selon un rythme ininterrompu de morts et de renaissances, à une régénération totale. De cette œuvre immense, il a rédigé les *Prolégomènes* et la première partie, une épopée en neuf chants, *Orphée* (1827). Il a laissé, en outre, des fragments destinés à la seconde partie : dans *Vision d'Hébal*, illustrant sous une forme mythique les conquêtes et les messages des grandes civilisations, il apparaît comme le précurseur du Victor Hugo de *La Légende des siècles*.

Ce penseur parfois hermétique, cet écrivain tout pénétré de douceur, a exercé une influence insinuante. *Avec Chateaubriand, Ballanche est un restaurateur en France du mysticisme religieux. Il apparaît, en outre, comme un initiateur du symbolisme romantique et post-romantique.*

II LES IDÉES POLITIQUES ET SOCIALES

Au début du XIXᵉ siècle, deux écrivains catholiques et royalistes, le vicomte de Bonald, le comte Joseph de Maistre, luttent contre les doctrines révolutionnaires, pour la restauration du Trône et de l'Autel. A leurs tendances s'opposent celles des écrivains libéraux, qui réclament, au contraire, une détente de l'autorité politique et qui s'insurgent contre l'Église : le plus brillant d'entre eux est Paul-Louis Courier. Enfin, des théoriciens hardis, le comte de Saint-Simon, Charles Fourier, soucieux d'assurer le bien-être universel, remettent en question l'ordre économique ou social et annoncent le socialisme moderne.

A   Les traditionalistes

LOUIS DE BONALD (1754-1840)

Le vicomte de Bonald, né à Millau, dans le Rouergue, d'une vieille famille de robe et d'épée, est élevé chez les Oratoriens de Juilly. Sous la Révolution, il émigre ; il médite, au cours de son exil, à Heidelberg, sur le gouvernement des sociétés humaines ; et il compose deux ouvrages, *Théorie du pouvoir politique et religieux dans la société civile* (1796), *La Législation primitive considérée dans les derniers temps par les seules lumières de la raison* (1802), qui le font apparaître comme un défenseur systématique de l'ordre ancien. Rentré en France sous le Directoire, il demeure fidèle à ses doctrines ; sous le gouvernement de Louis XVIII, il fait partie de l'opposition ultra-royaliste.

Bonald est avant tout chrétien et monarchiste. A ses yeux, la Providence divine est le principe exclusif de tout ce qui existe en ce monde ; et pour fonder une telle proposition, il suffit de prouver, contre les philosophes rationalistes ou matérialistes, l'existence de Dieu. Cette preuve, Bonald la découvre dans l'origine du langage : l'homme n'a pu inventer le langage par ses seules lumières et a dû en recevoir le don d'une puissance supérieure. De cette « vérité première », Bonald déduit « toutes les vérités subséquentes », l'origine divine de nos connaissances et de nos idées, de la famille, de l'ordre politique et social. Or, Dieu a fixé pour toutes les communautés une structure identique et immuable : à la toute-puissance du père sur ses enfants correspondent celles du roi sur ses sujets et du représentant de Dieu sur la catholicité. L'union du Trône et de l'Autel s'impose nécessairement, car elle découle de la nature des choses, telle que l'a établie l'ordre éternel. Aussi est-ce une folie sacrilège que de prétendre réformer des traditions universelles, de fondation divine.

Ce penseur intransigeant procède constamment par déductions. En outre, son style, rude, abstrait, est généralement dépourvu de chaleur et de vie. Bonald, cependant, cultive avec bonheur la formule péremptoire qui cristallise tout un développement, parfois même tout un système, et qui s'imprime fortement dans l'esprit du lecteur : « La littérature est l'expression de la société » ; « l'homme est une intelligence servie par des organes » ; « la perpétuité de l'homme s'appelle hérédité » ; « la Révolution a commencé par la Déclaration des Droits de l'Homme, elle finira par la Déclaration des Droits de Dieu. »

JOSEPH DE MAISTRE (1754-1821)

Joseph de Maistre, né à Chambéry, d'une vieille famille de magistrats, est élevé par les Jésuites. Pendant sa jeunesse, il fait partie des ateliers maçonniques et fréquente les chapelles illuministes. Il quitte la Savoie, en 1792, lorsque les troupes révolutionnaires y pénètrent; et il se réfugie en Suisse. Les événements lui inspirent son premier grand ouvrage, *Considérations sur la France* (1796). Attaché à la maison de Sardaigne, il remplit, de 1802 à 1817, les fonctions de ministre plénipotentiaire à Saint-Pétersbourg, puis se retire en France, où furent publiés la plupart de ses ouvrages : *Essai sur le principe générateur des constitutions politiques* (1810); *Du Pape* (1819); *De l'Église gallicane dans son rapport avec le Souverain Pontife* (1821); *Les Soirées de Saint-Pétersbourg* enfin (1821), son chef-d'œuvre, qui se présente comme une suite de onze entretiens entre un chevalier français émigré, un sénateur russe mystique et l'écrivain lui-même.

Le catholique et le monarchiste. *Comme Bonald, Joseph de Maistre pense que Dieu intervient sans cesse dans les affaires humaines et en particulier dans les destinées des peuples.* Les *Considérations sur la France* font apparaître cette action de la Providence dans la marche de la Révolution; les *Soirées de Saint-Pétersbourg* portent le sous-titre significatif : « Entretiens sur le gouvernement temporel de la Providence ». *Comme Bonald encore, il voit dans le monarque absolu un représentant de Dieu.* Les révolutionnaires ont usurpé les fonctions divines en tranchant les jours du roi de France et en rédigeant une constitution; ils ont justement expié leur présomption et leur impiété par les exécutions de la Terreur et par les hécatombes des guerres.

L'illuministe et le visionnaire. *A la différence de Bonald, cependant, Joseph de Maistre s'est nourri des théosophes et des illuministes.* Il accepte leurs doctrines, dans la mesure où elles ne contredisent pas celles de l'Église : « J'en suis demeuré à l'Église catholique romaine, non sans cependant avoir acquis dans la fréquentation des illuminés martinistes et l'étude de leurs doctrines une foule d'idées dont j'ai fait mon profit. » A Saint-Martin, (cf. xviiie siècle, p. 84), il emprunte sa théorie du pouvoir régénérateur du sang et sa foi en la prochaine réalisation de l'unité chrétienne sous le sceptre du pape, dont l'autorité sur le monde catholique doit être aussi absolue que celle du roi sur ses sujets.

L'écrivain et l'épistolier. *Joseph de Maistre est un écrivain de race.* Par la souplesse de son art, il évite toute froideur. Souvent, il soutient des paradoxes sur un ton de défi ou avec une éloquence passionnée; ses tirades sur la mission du bourreau, agent inconscient de la justice divine, ou sur la sainteté de la guerre expiatrice et rédemptrice, brillent d'un sombre éclat. Souvent aussi, il adopte, pour plaire, le ton de la conversation la plus naturelle : ses *Soirées de Saint-Pétersbourg* sont pleines de verve; sa correspondance avec sa femme, ses filles ou ses amis révèle chez ce doctrinaire intransigeant un homme doux et enjoué, qui s'épanche avec une charmante spontanéité.

B Les libéraux

PAUL-LOUIS COURIER (1772-1825)

Paul-Louis Courier est un bourgeois terrien, profondément imprégné de culture humaniste. Il sert comme officier d'artillerie jusqu'en 1809; peu soucieux de gloire militaire, il occupe ses loisirs, en garnison, à fureter dans les bibliothèques et à établir des textes anciens; il découvre, à Florence, un manuscrit du roman de Longus *Daphnis et Chloé*; il publie et traduit le *Traité de l'Équitation*, de Xénophon. Après quelques voyages, il se retire en Touraine, dans son domaine de la Chavonnière; il partage son temps entre ses études grecques, de chicanières procédures avec ses voisins, des attaques contre l'Académie, le gouvernement et les prêtres. Victime d'un drame domestique, il meurt dans des circonstances mystérieuses, le 10 avril 1825.

Le pamphlétaire. *Paul-Louis Courier survit essentiellement par son œuvre de pamphlétaire.* Parfois, ce sont des incidents privés qui excitent sa verve : il écrit « à M. Renouard, libraire », pour se justifier contre les accusations d'un bibliothécaire de Florence nommé Furia, qui lui reprochait d'avoir volontairement souillé d'encre le manuscrit de Longus; et, avec plus d'esprit que de bonne foi, il accable son adversaire sous le ridicule. Plus souvent, il donne à ses pamphlets une portée politique ou antireligieuse. En 1816, il adresse une menaçante « pétition aux deux Chambres » afin d'arracher aux rigueurs de la répression gouvernementale des villageois qui ont protesté contre la condamnation d'un des leurs. En 1821, en un « simple discours », il combat le projet d'acheter par souscription nationale et d'offrir au duc de Bordeaux le domaine de Chambord : « Douze mille arpents de terre enclos que contient le parc de Chambord, c'est un joli cadeau à faire à qui les saurait labourer. Vous et moi connaissons des gens qui n'en seraient pas embarrassés, à qui cela viendrait fort bien; mais lui, que voulez-vous qu'il en fasse ? » En 1822, dans une nouvelle « pétition », il proteste contre l'interdiction de danser le dimanche, notifiée aux villageois d'Azai par l'intermédiaire du curé : « Jésus avait dit : Allez et instruisez. Mais il n'avait pas dit : Allez avec des gendarmes; instruisez de par le préfet ». Enfin, pour défendre son activité de polémiste, il publie en 1824 le *Pamphlet des pamphlets*.

L'écrivain. *Paul-Louis Courier représente avec éclat une tradition libérale et anticléricale.* Mais ses attaques n'apparaissent jamais comme une satire appuyée de considérations philosophiques : c'est un villageois tourangeau qui nous parle, un paysan bonhomme et narquois; il donne des nouvelles de son village, de son curé, de son préfet, et non de la France, de l'Église ou de la Monarchie; ce goût du concret anime ses pamphlets d'une verve pittoresque. *Nourri de bonnes lettres, il s'exprime dans une langue pure et élégante;* par ses qualités d'artiste autant que par ses idées, il peut être rapproché de Voltaire. Il s'inspire encore d'autres modèles illustres; si sa sobriété rappelle l'atticisme de Lysias, son esprit, sa rigueur de raisonnement, son art du dialogue, font songer aux *Provinciales*.

C   Les précurseurs du socialisme

SAINT-SIMON (1760-1825)

Claude-Henri de Rouvroy, comte de Saint-Simon, est le petit-neveu de l'auteur des *Mémoires*. Sa carrière fut mouvementée. Tour à tour colonel, voyageur, navigateur et spéculateur, il amasse une fortune considérable, fait figure de mécène auprès des savants, puis, ruiné, devient commis au Mont-de-Piété, tente de se suicider en 1823 et meurt, deux ans plus tard, plein de confiance en l'avenir. Il laisse des ouvrages touffus, notamment *L'Industrie ou Discussions politiques, morales et philosophiques, dans l'intérêt de tous les hommes livrés à des travaux utiles et indépendants* (1817) et *Le Catéchisme des industriels* (1823).
Saint-Simon pose en principe que le but de la société est de produire. Il appelle « producteurs » tous ceux qui concourent à la richesse d'un pays : savants, littérateurs, inventeurs, industriels. Aux producteurs, et plus particulièrement aux industriels, doivent être confiés les pouvoirs publics. Dans l'ordre nouveau, chacun sera rétribué selon son travail et sa capacité; « tous ceux qui veulent consommer sans produire », oisifs ou rentiers, seront proscrits; l'héritage sera supprimé. L'État distribuera le travail et organisera la production. Ainsi sera instaurée « l'ère industrielle »; il deviendra possible alors de fonder une union internationale sur une religion commune, « le nouveau christianisme ».

FOURIER (1772-1837)

Charles Fourier est le fils d'un marchand de drap. Lui-même commence par être commis dans des magasins d'étoffe; il mène une existence modeste et solitaire. De bonne heure, il s'enflamme pour les questions sociales et il élabore avec ferveur un immense système. Dès 1808, dans un essai intitulé *Théorie des quatre mouvements et des destinées générales*, il bâtit le plan d'une civilisation nouvelle fondée sur le libre essor des passions. Ses idées sont exposées dans des traités fort étranges, comme le *Traité de l'association domestique et agricole* (1822). *Le grand rêve de Fourier est la réalisation de l'harmonie universelle. Pour y concourir dans la vie sociale, il suggère de grouper les hommes par cellules ou « phalanstères », selon leurs passions, qui pourront s'épanouir en toute liberté.* Dans le phalanstère, le travail est coordonné d'une manière féconde et rémunéré par une quote-part des bénéfices. Ainsi, à la « fausse industrie, morcelée, répugnante, mensongère », il oppose un antidote, « l'industrie naturelle, combinée, attrayante, véridique ». Fourier mêle à des considérations fumeuses des vues hardies et parfois prophétiques sur toutes sortes de problèmes : division du travail, suppression des intermédiaires, alternance du labeur et des loisirs, émancipation de la femme. Visionnaire, il se rattache à l'illuminisme; réformateur, il inaugure le socialisme dit utopique, auquel s'opposera le socialisme scientifique ou marxisme[1].

1. Saint-Simon et Fourier ont eu l'un et l'autre des disciples, dont l'action s'est exercée surtout après la révolution de 1830. Sur le saint-simonisme et le fouriérisme, voir page 187.

III LES GENRES LITTÉRAIRES

D'un point de vue proprement littéraire, si l'on met à part l'œuvre inclassable de Chateaubriand, les premières années du XIXe siècle apparaissent, dans l'ensemble, peu brillantes. La poésie, académique et sans nerf, se dégage mal des traditions surannées, malgré quelques tentatives qui laissent présager une renaissance prochaine. Les auteurs dramatiques s'enlisent dans les sentiers battus, à moins qu'ils n'adoptent les procédés faciles et vulgaires du nouveau genre à la mode, le mélodrame. Le roman se sauve grâce à quelques chefs-d'œuvre d'analyse et d'observation intérieure, dont l'éclat discret passe souvent inaperçu dans la foule des récits invraisemblables ou insipides.

A La poésie

POÉSIE ÉPIQUE

L'extraordinaire fécondité du genre épique n'a d'égale que son uniforme médiocrité. Parmi les auteurs d'épopées, les uns reprennent les poncifs de Voltaire dans *La Henriade*; d'autres s'inspirent maladroitement du Tasse ou d'Ossian; d'autres encore, tels Fabre d'Olivet et Creuzé de Lesser, las des imitations stérilisantes, tentent d'exploiter les ressources du passé national et remettent à la mode la poésie chevaleresque. Un poète de tempérament original, Népomucène Lemercier, pousse des tentatives dans tous les sens : épopée historique (*Les Ages français*, 1803), scientifique (*L'Atlantiade ou Théogonie newtonienne*, 1812), symbolique et satirique (*La Panhypocrisiade ou Spectacle infernal du XVIe siècle*, 1819); mais ses hardiesses sont outrancières et souvent ridicules.

POÉSIE DIDACTIQUE

Les poèmes didactiques et descriptifs foisonnent aussi. Delille continue à produire (*Les Trois Règnes de la nature*, 1809); il suscite un prodigieux enthousiasme et fait école. Tout devient matière à description instructive : la navigation, l'astronomie, la botanique, la physique, la chimie, la gastronomie. On met en vers, à l'usage des écoliers, des grammaires et des arithmétiques. Seul, Chênedollé (1769-1833) échappe parfois à la pompe ennuyeuse qui semble la loi du genre : ses *Études poétiques* (1820) peuvent encore plaire par leur grâce discrète; mais le souffle est court et l'inspiration timide.

POÉSIE ÉLÉGIAQUE

Le lyrisme élégiaque, dont les prétentions sont plus modestes, donne naissance à une poésie plus spontanée, mais souvent molle et fade. Le marquis de Fontanes, grand maître de l'Université sous l'Empire, épanche sa mélancolie en stances élégantes et monotones (*La Chartreuse de Paris; Stances à M. de Chateaubriand*). Millevoye (1782-1816), mieux doué, se rend populaire, en 1812, par quelques-unes de ses élégies, comme *Le Poète mourant* et *La Chute des feuilles*. La profondeur du sentiment fait défaut à cet épicurien rêveur, mais, par le choix de certains termes et par l'accent mélodieux du vers, il prélude au lyrisme lamartinien.

B Le théâtre

LA SURVIVANCE DES GENRES TRADITIONNELS

La tragédie, asservie à des conventions figées, précipite son irrémédiable décadence : action coulée dans un moule uniforme, personnages sans vie, style incolore ou pompeux, tels sont les caractères des tragédies d'un Raynouard (*Les Templiers*, 1805), d'un Baour-Lormian (*Joseph en Égypte*, 1806) ou d'un Luce de Lancival (*Hector*, 1809); d'illustres interprètes, Talma, Mlle George, Mlle Mars, assurent le succès de ces œuvres sans originalité. *La comédie stagne dans la médiocrité :* ni Andrieux (*Le Souper d'Auteuil*, 1804), ni Étienne (*Les Deux Gendres*, 1810), ni même le fécond Picard (*Médiocre et rampant ou le Moyen de parvenir*, 1797; *La Petite Ville*, 1801) n'ont mérité de survivre, malgré d'aimables qualités. *Quelques écrivains dramatiques sentent pourtant le besoin de rénover le théâtre pour le sauver.* Népomucène Lemercier est le promoteur d'un mouvement qui tend à assouplir les règles et à découvrir des sujets nouveaux : il s'efforce de créer une « comédie historique », qui, s'inspirant des mémoires et des chroniques, tourne en ridicule les petits travers des grands personnages (*Pinto*, 1800; *Richelieu*, 1804); il recommande aussi « d'emprunter leurs richesses aux nations étrangères ». Il est suivi sur ce point par Pierre Lebrun, qui, dans sa tragédie *Marie Stuart* (1820), veut « essayer un rapprochement entre la Melpomène étrangère et la nôtre ». Mais, lorsque ces hardiesses ne sont pas goûtées du public, les auteurs s'empressent de revenir au patron classique.

LA NAISSANCE D'UN GENRE POPULAIRE

Cependant, un genre populaire prend naissance dans les dernières années du XVIIIᵉ siècle et connaît bientôt une vogue extraordinaire : le mélodrame. Le mot s'applique d'abord aux parties d'orchestre qui soulignaient les entrées et les sorties des principaux personnages; puis il désigne une œuvre hybride, caractérisée par le mélange des genres, le rejet des unités, le goût du romanesque, la recherche d'un pathétique violent. Déguisements, reconnaissances, surprises, alternent avec des scènes d'incendie ou d'assassinat. Un jeune premier séduisant, héroïque et mélancolique; une ingénue amoureuse, pure et persécutée; un traître diabolique; enfin un grotesque, le plus souvent poltron, constituent le personnel à peu près invariable de cette dramaturgie. Des motifs musicaux appropriés ponctuent les évolutions de ces personnages.

Pixérécourt (1773-1844) s'impose comme le maître incontesté du genre. Il écrit plus de cent mélodrames, dont quelques-uns (*Le Château des Apennins*, 1798; *Cœlina ou l'Enfant du mystère*, 1800; *L'Homme à trois visages*, 1801) remportent un triomphal succès et lui valent le titre de « Corneille des boulevards ». La vogue des mélodrames s'étend de Paris à la province et même à l'étranger; elle déclinera, lorsque le drame romantique, qui doit tant à cet ancêtre populaire, s'imposera à son tour.

C Le roman

1 *Le roman d'analyse et de confidences*

SENANCOUR (1770-1846)

La destinée d'Étienne de Senancour est émouvante et solitaire. Ses études achevées, en 1789, il gagne la Suisse pour échapper à l'ennui de choisir une profession; il épouse, en 1790, une jeune fille de Fribourg. Après Thermidor, déçu,
désorienté, il regagne Paris; il s'est pris d'une vive passion pour la sœur de son
ami Marcotte, qu'il a le chagrin de retrouver mariée. En 1795, ayant perdu ses
parents, il séjourne dans le Valois et traverse les jours les plus sombres de son
existence. Ruiné par l'effondrement des assignats, il doit bientôt gagner sa vie
et devient, en 1799, à Paris, le précepteur des enfants du maréchal de Beauvau.
En 1802, il découvre, à Fribourg, que sa femme l'a trahi et rompt définitivement
avec elle. Finalement, il dit adieu aux rêves de sa jeunesse et cherche un point
d'appui spirituel. Nourri des philosophes, il demeure hostile au christianisme;
mais il s'intéresse aux doctrines illuministes. Tout en se mêlant aux controverses
politiques et religieuses, il cultive en lui ce désenchantement sentimental et cette
fièvre d'Absolu dont *Oberman* (1804), son chef-d'œuvre, porte le témoignage.

Le journal d'un homme seul : Oberman.

Ainsi que l'a montré M. Monglond, *Oberman* doit
être lu comme un journal intime. Dans cette suite
de quatre-vingt-neuf lettres, Senancour a retracé
en effet l'histoire de son expérience intérieure
entre les années 1789 et 1803.
Au premier séjour en Suisse correspondent les
lettres de l'an I. Notamment, dans la première,
datée de Genève, le héros confie à son correspondant les raisons de son expatriement et il analyse
son inadaptation à la vie sociale.
Aux années vécues à Paris en 1794 et 1795 correspondent les lettres des années II et III. Oberman évoque la femme aimée, Mme Del., et soup-
çonne, déjà, que le bonheur n'est pas fait pour lui.

Puis vient la grande détresse de la période 1795-
97 (ans IV et V). Oberman, réfugié dans le Forez,
note douloureusement : « Pas un sentiment de joie
en deux années. » En l'an VI, il se ressaisait quelque
peu; en l'an VII, comme Senancour à l'hôtel Beauvau, il se sent « sauvé par des occupations un
peu commandées ».
A partir de cette date, Senancour, au lieu d'évoquer le passé, transpose les événements et les sentiments de son existence au jour le jour. Il attribue
à un personnage épisodique, Fonsalbe, son malheur conjugal et décrit le site idéal d'Imenstrôm,
asile pastoral où le héros abrite définitivement sa
destinée solitaire.

Oberman est une confidence prolongée sur la vie sentimentale de Senancour. Comme
l'écrivain, le héros a souffert de son dépaysement parmi les hommes et rêvé
d'un bonheur impossible; comme lui, marqué par la souffrance, il tâche d'oublier sa désillusion et se réfugie dans un dilettantisme nuancé de mélancolie :
« Je suis las, mais, dans ma solitude, je trouve qu'on n'est pas mal quand on se
repose. La vie m'ennuie et m'amuse. »
*En même temps, Oberman est le journal d'une âme attirée par les problèmes spiri-
tuels.* Ainsi que le révèle son nom, le héros est « l'homme des hauteurs »; il
s'intéresse passionnément aux doctrines qui prétendent apporter à leurs adeptes
une certitude transcendante. Oberman disserte sur Pythagore et sur le symbolisme du nombre; il médite sur les visions de Swedenborg. L'œuvre de Senancour, qui résume l'expérience amoureuse de sa jeunesse, annonce donc aussi
les recherches mystiques de sa maturité.

Le château de Chillon.
Lithographie de Sorrieu.

Le château de Chillon.
Vue moderne.

Le château de Chillon est situé sur le lac de Genève, dans le canton de Vaud.
« Je me suis assis auprès de Chillon, sur la grève », écrit Senancour,
qui a longtemps séjourné en Suisse et qui a toujours gardé la nostalgie des beaux sites de ce pays.

BENJAMIN CONSTANT (1767-1830)

Benjamin Constant, né à Lausanne, étudie dans des universités anglaises et allemandes, puis voyage à travers plusieurs pays et, après un mariage malheureux, s'installe à Paris, en 1796. Naturalisé français, il se signale par plusieurs brochures politiques; la protection de Mme de Staël lui vaut, après le 18 Brumaire, un siège au Tribunat. Il suit sa protectrice en exil et la retrouve, de 1805 à 1807, à Coppet, où il compose *Adolphe*. En 1808, il épouse en secret Charlotte de Hardenberg. Brouillé avec Mme de Staël, il séjourne en Allemagne, où il écrit contre le régime impérial. Il regagne Paris après la chute de Napoléon et se rapproche de lui pendant les Cent-Jours. Après Waterloo, il gagne l'Angleterre et publie *Adolphe* (1816). Après la dissolution de la Chambre Introuvable, il rentre en France; élu député, il devient l'un des chefs du parti libéral. En littérature, il laisse surtout un nom grâce aux œuvres où il s'est analysé et raconté : *Adolphe*, une autobiographie déguisée; *Le Cahier rouge*, un récit élégant et cynique de sa jeunesse; le *Journal intime*, où il note les événements de sa vie et en particulier, de 1814 à 1816, les épisodes d'un amour malheureux pour Mme Récamier.

L'histoire d'une servitude sentimentale : Adolphe.

Adolphe a vingt-deux ans; il vient de terminer ses études. Doué d'un naturel timide, il garde le secret de sa vie intérieure et il affecte en société une légèreté qui indispose et déconcerte. Adolphe fait la connaissance d'Ellénore qui l'intéresse et qui l'attire; par jeu, par désœuvrement, il entreprend de la séduire.
Mais Adolphe est bientôt prisonnier de sa conquête. Ellénore, qui lui a sacrifié son amant, l'enchaîne. Comme il est allé retrouver son père, elle le rejoint, gagne sa pitié et l'entraîne; il la suit en Pologne, où elle va recueillir l'héritage paternel.

Dans son exil polonais, Adolphe a une position délicate, car il se trouve, sans situation, l'hôte d'une femme désormais riche. Un ami de son père, le baron de T., lui remontre qu'il compromet son avenir et lui arrache une promesse de rupture; mais la vigilance d'Ellénore, qui use de tous les moyens pour le retenir, lui fait toujours différer la décision définitive.
Le baron de T., qui veut en finir, révèle à Ellénore la promesse d'Adolphe. Brisée par cette nouvelle, Ellénore dépérit et meurt. Adolphe se retrouve enfin libre, mais désemparé.

Adolphe est, dans une large mesure, un témoignage sur les amours tourmentées de Benjamin Constant et de Mme de Staël. L'écrivain a transposé ses aventures afin de donner le change et prête à son héroïne des traits empruntés à d'autres femmes qu'il a connues. Mais il se peint dans son héros, qui est, comme lui, à la fois brillant et instable; lucide et sans énergie; plus attentif à s'observer qu'apte à se déterminer. La sujétion d'Adolphe, incapable de secouer une chaîne pesante, dominé sans amour par une maîtresse tyrannique, entraîné dans ses pérégrinations et retenu auprès d'elle en Pologne, rappelle sa propre sujétion aux volontés de Mme de Staël, dont il partagea l'exil à Weimar avant de trouver auprès d'elle une hospitalité orageuse dans son château de Coppet. *Adolphe, dans sa brièveté un peu sèche, fournit un témoignage psychologique de grand prix.* Le récit, limpide et nu, est plein de détails cruels, qui permettent de saisir à vif le mécanisme des sentiments. Le style, presque toujours sobre, offre l'élégance et la précision qui conviennent à l'analyse.

2   Le roman fantaisiste

XAVIER DE MAISTRE (1764-1852)

Xavier de Maistre, frère cadet de Joseph, s'engage, après la conquête de la Savoie, dans l'armée russe, devient général-major et termine son existence à Saint-Pétersbourg. Tout jeune, alors qu'il était officier dans l'armée piémontaise, il avait été mis aux arrêts par son colonel à la suite d'un duel : pour occuper ses loisirs forcés, il écrivit une fantaisie sans prétention, *Voyage autour de ma chambre* (1794), où de malicieuses réflexions alternent, au fil des « songeries » de l'auteur, avec de délicates notations psychologiques. Cet essai établit la renommée de Xavier de Maistre. Il écrivit ensuite des nouvelles, comme *Le Lépreux de la cité d'Aoste* (1811); dans ce récit, il retrace, avec une émotion contenue, la douleur morale d'un lépreux qui, le cœur rempli d'amour, doit vivre à l'écart de la communauté humaine.

Par la sensibilité et la malice, Xavier de Maistre rappelle l'anglais Sterne, dont il a subi l'influence; mais il y a sans doute chez lui plus de fraîcheur et plus de spontanéité dans la fantaisie. Son art est sûr, sinon puissant; son style possède des qualités de simplicité et de concision que l'on retrouvera chez Mérimée.

3   La naissance du roman populaire

LE ROMAN NOIR

Le roman noir est né en Angleterre au XVIIIe siècle. L'initiateur du genre fut, en 1764, Horace Walpole, avec son *Château d'Otrante*, une histoire terrifiante, peuplée de spectres. Après lui, Ann Radcliffe, Lewis et Maturin assurèrent la vogue de cette sorte d'ouvrages. Les aventures contées dans les romans noirs sont toujours compliquées; elles ont en général comme personnages principaux une orpheline persécutée, un persécuteur redoutable et maudit, un protecteur généreux et puissant; elles font souvent au merveilleux sa part; et elles exercèrent sur le public du temps cette sorte d'envoûtement que le public d'aujourd'hui cherche dans les romans policiers. En France, le maître du genre est Ducray-Duminil (1761-1819), auteur de vingt-trois romans, dont quelques-uns connurent un succès prodigieux (*Victor ou l'Enfant de la forêt*, 1796; *Cœlina ou l'Enfant du mystère*, 1798). Il fournit des sujets aux auteurs de mélodrames, et notamment à Pixérécourt.

LE ROMAN GAI

Le roman gai prolonge la tradition des conteurs français, mais s'adresse à un public plus étendu et souvent peu cultivé. Ses héros sont d'humbles personnages, gens du peuple ou petits bourgeois, qui se trouvent engagés dans des situations cocasses et imprévues. Il offre un curieux mélange d'observation réaliste et de drôlerie caricaturale. Il est illustré par Pigault-Lebrun (1753-1835), qui écrivit une quarantaine de romans (*L'Enfant du carnaval*, 1792; *La Famille Luceval*, 1806) et conquit la foule par une verve faubourienne.

LA CRITIQUE LITTÉRAIRE

Au début du XIXᵉ siècle, le goût littéraire évolue. La discipline classique trouve encore quelques défenseurs résolus, dont le principal organe est le *Journal des Débats*; mais aux critiques étroits qui pensent sauver l'art en préservant les règles s'opposent des novateurs décidés comme Mme de Staël.

A   Le renouvellement du goût

LES PREMIÈRES CONTROVERSES

En 1807, l'Allemand Schlegel publie une *Comparaison entre la Phèdre de Racine et celle d'Euripide* et se montre profondément injuste à l'égard de l'écrivain français; un critique du *Journal des Débats*, Dussault, réplique dans trois articles où il exprime à la fois son indignation et son inquiétude. En 1809, Népomucène Lemercier fait jouer une « comédie shakespearienne », *Christophe Colomb*, où les genres sont mélangés et les unités violées; la tentative donne lieu à une vraie bataille, d'où les partisans des classiques sortent vainqueurs. La même année, Benjamin Constant publie une importante préface en tête de sa traduction du *Wallenstein* de Schiller; il souligne l'originalité de la tragédie allemande par rapport à la tragédie française et conclut avec une fermeté nuancée : « La tragédie française est, selon moi, plus parfaite que celle des autres peuples; mais il y a toujours quelque chose d'étroit dans l'obstination qui se refuse à comprendre l'esprit des nations étrangères. » Malgré la modération de la pensée et du ton, cette préface suscite d'âpres discussions dans la critique traditionaliste.

LE DÉBAT DE 1813

Le débat ouvert par la préface de *Wallenstein* prend plus d'ampleur en 1813-1814, après la publication de trois ouvrages critiques dont le retentissement fut considérable. Le premier est un cours professé à Genève par Simonde de Sismondi, *De la Littérature du Midi de l'Europe*; l'auteur définit le romantisme comme un mouvement né de la civilisation médiévale romane et, tout en rendant hommage à l'esprit classique, élargit l'horizon poétique à la littérature espagnole et à la littérature italienne, dont la chaleur d'inspiration devrait exercer une heureuse influence sur les modernes. Le second est un *Cours de Littérature dramatique*, professé à Vienne en 1808 par Schlegel et traduit par Mme Necker de Saussure; l'auteur, ennemi résolu du théâtre classique français, lui oppose, à l'inverse de Sismondi, les littératures du Nord de l'Europe, rangées sous l'étiquette « romantique », et notamment le drame allemand : « L'inspiration des Anciens était simple, claire et semblable à la nature dans ses œuvres les plus parfaites. Le génie romantique, dans son désordre même, est cependant plus près du secret de l'univers, car l'intelligence ne peut jamais saisir qu'une partie de la vérité, tandis que le sentiment, embrassant tout, pénètre seul le mystère de la nature. » Le troisième est le livre *De l'Allemagne*, par la baronne de Staël.

B Mme de Staël

Mme de Staël se rendit célèbre par son brillant salon; mais Bonaparte l'exila; elle se retira alors dans son château de Coppet, puis voyagea jusqu'à la chute de l'Empire. Dans son ouvrage principal, De l'Allemagne, *elle révèle aux Français le génie germanique et suggère la constitution d'une littérature « romantique ».*

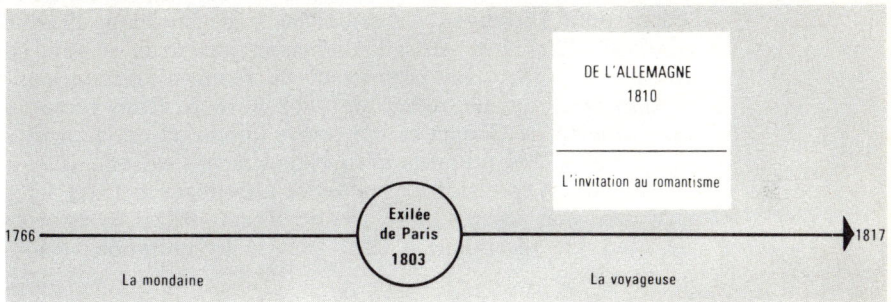

DE L'ALLEMAGNE
1810

L'invitation au romantisme

Exilée
de Paris
1803

1766 ——————————————————————————————►1817

La mondaine   La voyageuse

1 *La mondaine (1766-1803)*

LES ANNÉES DE JEUNESSE

Mme de Staël, fille de Necker, fut élevée à l'école des « philosophes ». Son premier ouvrage est une enthousiaste *Lettre sur les ouvrages et le caractère de Jean-Jacques Rousseau,* son compatriote (1788). Elle salue la Révolution avec beaucoup d'espoir et ouvre un salon rue du Bac en 1794. Son indépendance la rend suspecte : par deux fois, elle doit se réfugier à Coppet, près du lac de Genève. L'idéologie romantique apparaît déjà dans son essai *De l'influence des passions sur le bonheur des individus et des nations* (1796), puis dans un ouvrage plus important : *De la Littérature considérée dans ses rapports avec les institutions sociales* (1800).

De la Littérature.

Première partie. De la littérature chez les anciens et les modernes. Les lettres et les arts ne se sont pas développés de la même manière en Grèce et à Rome, car l'un des pays était une démocratie, l'autre une aristocratie (chap. I à VII). Les invasions nordiques, l'établissement de la religion chrétienne, ont influé sur l'évolution du goût (chap. VIII). La diversité des littératures s'explique par la différence des climats : le climat brumeux du Nord enveloppe les civilisations germanique, scandinave, anglo-saxonne; le climat ensoleillé du Midi éclaire les civilisations gréco-latine, espagnole, italienne, française. Le premier modèle de littérature du Nord est Ossian; le premier modèle de littérature du Midi, Homère (chap. IX à XX).

Deuxième partie. De l'état actuel des lumières en France et de leurs progrès futurs. Cette loi générale dès climats peut être appliquée au cas particulier de la France. Mais une littérature nouvelle doit correspondre aux temps nouveaux : elle sera caractérisée par un affranchissement à l'égard des modèles anciens et donnera aux femmes un rôle essentiel (chap. I à IV). En poésie, on renoncera à la mythologie pour se tourner vers la philosophie ou vers la peinture de la passion et de la nature. Le style devra frapper l'imagination et le cœur. Cette littérature « républicaine » l'emportera sur toutes les littératures antérieures, car la liberté est le meilleur ferment du progrès intellectuel (chap. V à IX).

2 La voyageuse (1803-1817)

LES ANNÉES DE MATURITÉ

En 1803, Mme de Staël, qui vient de publier un roman à tendances féministes, *Delphine*, et qui s'est signalée au pouvoir central par ses opinions libérales, reçoit l'ordre de s'éloigner à quarante lieues au moins de Paris. Elle décide de partir pour l'étranger. Un séjour en Italie lui donne l'idée d'un second roman, *Corinne*. Elle visite aussi l'Allemagne; ses deux séjours au-delà du Rhin, en 1804 et en 1807, lui permettent de réunir des matériaux pour son livre *De l'Allemagne*, qu'elle rédige de 1808 à 1810. Dans l'intervalle de ses voyages, son château de Coppet est un centre important de vie mondaine et d'opposition à l'Empire. Ses rapports avec Napoléon ne cessent de se tendre. A partir de 1810, elle est en résidence surveillée à Coppet; en 1812, son départ pour l'étranger avec son second mari, M. de Rocca, prend le caractère d'une fuite. Elle reprend ses réceptions à Paris sous la Restauration; mais elle meurt bientôt.

CORINNE OU L'ITALIE (1807)

Mme de Staël avait raconté, dans *Delphine*, l'histoire d'une femme supérieure par les dons du cœur et qui se perdait pour avoir bravé les préjugés du monde. L'histoire de Corinne est semblable; mais Corinne, poétesse inspirée, joint à la noblesse du caractère la puissance du génie. La gloire, pourtant, ne lui suffit pas; elle rêve du bonheur dans l'amour, ne peut y accéder et meurt désespérée. *Corinne* est donc une protestation éloquente en faveur de la femme, victime des contraintes sociales. Cette idéologie revivra aux beaux temps du romantisme.

DE L'ALLEMAGNE (1810)

Le livre *De l'Allemagne*, imprimé à Paris dès 1810, mais saisi et détruit par ordre de Napoléon, parut à Londres en 1813 et à Paris en 1814, après la chute de l'Empire. Il suscita, lors de sa publication, des controverses passionnées,

Première partie. De l'Allemagne et des mœurs des Allemands. Mme de Staël donne une vue d'ensemble du pays; puis elle révèle aux Français un peuple sentimental et doux, peuple de musiciens, de savants et de philosophes. Elle étudie les mœurs des provinces allemandes, en particulier l'esprit de chevalerie et son influence sur les sentiments.

Deuxième partie. De la littérature et des arts. Mme de Staël définit le génie des écrivains allemands; et elle étudie les genres littéraires. Elle oppose à la poésie classique française la poésie « romantique » allemande, née de la chevalerie et du christianisme. Elle présente les drames de Lessing, de Schiller, de Gœthe; les romans de Gœthe; les écrits de J. P. Richter; elle examine les œuvres historiques et les beaux-arts.

Troisième partie. La philosophie et la morale. Mme de Staël étudie la philosophie allemande, qu'elle compare aux philosophies française et anglaise; elle s'efforce de caractériser en quelques pages les systèmes de Kant, de Fichte, de Schelling; elle montre l'influence de la pensée allemande sur la littérature, les arts, les sciences; elle parcourt les divers systèmes de morale.

Quatrième partie. La religion et l'enthousiasme. Mme de Staël note le goût des Allemands pour le mysticisme et elle exalte à ce propos le sentiment de l'infini. Elle présente comme révélatrice du génie allemand l'œuvre de Novalis; elle consacre d'importantes pages à l'enthousiasme nécessaire au bonheur véritable, à l'inspiration littéraire, à la création artistique; or l'enthousiasme domine l'âme allemande.

Le salon de Coppet.
Le château de Coppet est situé sur la rive droite du lac de Genève,
entre le lac et les avant-monts du Jura.
A Coppet, comme à Paris, Mme de Staël recevait beaucoup.
Les fenêtres de son salon s'ouvraient sur le lac.

Gérard. Corinne au cap Misène. Musée Saint-Pierre, Lyon.

3 *L'initiatrice du romantisme*

En dépit de ses erreurs et de ses vues parfois hasardeuses, Mme de Staël
a frayé quelques-unes des grandes voies où s'engagera la littérature romantique.

LA RELATIVITÉ DU GOUT

*Mme de Staël applique à la critique littéraire la méthode que Montesquieu avait
employée dans* L'Esprit des lois *pour expliquer les phénomènes politiques.* Il ne
convient pas plus au critique de juger la littérature au nom d'un goût éternel
qu'il ne convient au législateur de fixer les lois a priori comme les émanations
d'une Justice absolue. Toute œuvre littéraire s'explique par des causes particulières, telles que l'époque, le pays, le régime, le sol et le climat : « Le climat est
certainement l'une des raisons principales des différences qui existent entre
les images qui plaisent dans le Nord et celles qui plaisent dans le Midi. » Mme de
Staël fonde ainsi la critique explicative et historique; sa méthode trouvera son
complet développement dans le système de Taine.

LE COSMOPOLITISME LITTÉRAIRE

La relativité du goût a pour conséquence un élargissement de l'horizon littéraire.
Il faut renverser les barrières littéraires qui séparaient jusqu'alors les différents pays : « Les nations doivent se servir de guide les unes aux autres, et
toutes auraient tort de se priver des lumières qu'elles peuvent mutuellement se
prêter. » La littérature française ne peut échapper à la mort qui la menace qu'en
s'ouvrant largement aux influences étrangères : Mme de Staël songe tout particulièrement à la littérature allemande, à l'école de laquelle les écrivains français
pourraient se refaire un sang nouveau.

LA RÉNOVATION DES GENRES

*Il importe enfin de renoncer aux règles périmées qui brident la sensibilité et l'indi-
vidualisme créateur.* Les écrivains dramatiques se débarrasseront des unités,
prendront la vie pour modèle, traiteront de sujets historiques, chercheront
à concilier lyrisme et action; ils s'inspireront de Shakespeare, de Schiller, de
Gœthe. La poésie, fourvoyée au XVIIIe siècle dans de stériles exercices, devra
redevenir « lyrique » : elle exprimera les sentiments les plus profonds et les
plus personnels du poète. Le roman sera psychologique, moral et philosophique.
La critique enfin sera une description animée des chefs-d'œuvre, dont elle devra
faire admirer les beautés.

OUVRAGES A CONSULTER

B. CONSTANT. *Œuvres complètes*, Pléiade, Gallimard. *Adolphe*, éd. J.-H. Bornecque, Classiques
Garnier, 1952, P.-L. COURIER. *Œuvres complètes*, Pléiade, Gallimard.
J. GAULMIER. *L'Idéologue Volney.* Klincksieck, 1951. R. TRIOMPHE. *Joseph de Maistre*, Droz, 1968.
A. MONGLOND. *Le Journal intime d'Oberman*, Arthaud, 1947. B. DIDIER-LE GALL. *L'imaginaire chez
Senancour*, 2 vol., José Corti, 1960. M. RAYMOND. *Senancour*, José Corti, 1966. B. D'ANDLAU.
Mme de Staël, Droz, 1960. P. DEGUISE. *Benjamin Constant inconnu*, Paris, 1963.

Chateaubriand. Portrait par Girodet.

CHATEAUBRIAND

*Le premier ouvrage de Chateaubriand, l'*Essai sur les révolutions, *médité et rédigé pendant son exil à Londres, est, selon la propre formule de l'écrivain, un livre de doute et de douleur. En 1800, cependant, Chateaubriand, après la mort de sa mère, a retrouvé la foi de son enfance; il décide alors de consacrer ses forces à la défense et à la restauration de l'idéal chrétien :* Atala, René, Le Génie du christianisme, Les Martyrs, *répondent à ce grand dessein. En 1814, au retour des Bourbons, il entre dans la carrière politique, où il connaît des alternatives de faveur et de disgrâce : tantôt il remplit d'importantes fonctions ministérielles ou diplomatiques, tantôt il lutte, dans l'opposition, pour la défense des libertés. En 1830, il refuse de reconnaître la monarchie de Juillet et il quitte la vie publique; dans sa retraite studieuse, il écrit la* Vie de Rancé *et achève les* Mémoires d'outre-tombe, *l'œuvre monumentale qui nous apparaît aujourd'hui comme son plus haut titre de gloire. Chateaubriand, par son existence orgueilleuse et digne, par son art somptueux et souple, s'est assuré d'emblée un prestige qui demeure aujourd'hui intact; il a exercé sur la littérature de son siècle une influence décisive.*

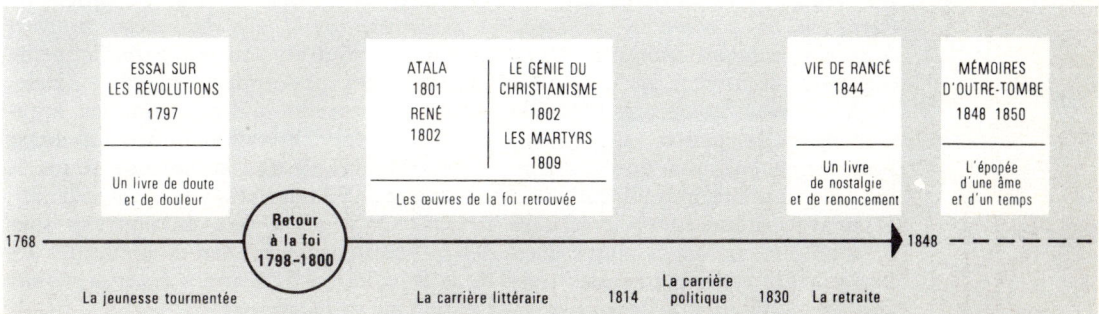

ESSAI SUR LES RÉVOLUTIONS 1797		ATALA 1801 RENÉ 1802	LE GÉNIE DU CHRISTIANISME 1802 LES MARTYRS 1809		VIE DE RANCÉ 1844	MÉMOIRES D'OUTRE-TOMBE 1848 1850
Un livre de doute et de douleur		Les œuvres de la foi retrouvée			Un livre de nostalgie et de renoncement	L'épopée d'une âme et d'un temps

1768 — Retour à la foi 1798-1800 ————————————————→ 1848 - - - -

La jeunesse tourmentée   La carrière littéraire   1814   La carrière politique   1830   La retraite

I LA DESTINÉE DE CHATEAUBRIAND

A La jeunesse tourmentée (1768-1800)

LES ANNÉES BRETONNES (1768-1791)

François-René de Chateaubriand est né au bord de la mer, à Saint-Malo. Il a conté, dans les *Mémoires d'outre-tombe*, ses jeux et ses rêveries sur les grèves de sa ville natale, et surtout ses mélancoliques séjours dans le manoir de Combourg, auprès d'un père taciturne et redouté, d'une mère superstitieuse et maladive, d'une sœur tendre et exaltée. Dès l'enfance, il s'ouvre à la poésie de l'océan et de la lande sauvage qui entoure le château : « Ces flots, ces vents, cette solitude, furent mes premiers maîtres. » Après avoir fait ses études classiques aux collèges de Dol, de Rennes et de Dinan, il hésite longuement sur l'orientation qu'il va donner à sa vie, car il se croit impropre à l'action. Finalement, il s'engage dans l'infanterie; mais au bout de quelques mois il profite d'un congé pour se rendre à Paris, où il fréquente la cour et la société littéraire; puis il s'embarque pour le Nouveau Monde.

LES ANNÉES ERRANTES (1791-1800)

Chateaubriand séjourne en Amérique du 10 juillet au 10 décembre 1791. Il commença, sur les lieux mêmes, une relation de cette expédition qu'il compléta plus tard, de façon souvent désinvolte, grâce à des récits de voyageurs. En apprenant la fuite de Varennes et l'arrestation de Louis XVI, il décide de regagner la France pour se mettre au service de la monarchie menacée. *Il se marie, puis émigre et s'engage dans l'armée des princes; blessé au siège de Thionville, il se réfugie en Angleterre (1793).* Il y mène, surtout au début, une existence misérable, vivant de leçons ou de traductions. Il travaille à une épopée indienne en prose, *Les Natchez*, et médite sur les événements qu'il vient de vivre.

L'ESSAI SUR LES RÉVOLUTIONS (1797)

En 1797, Chateaubriand publie à Londres un *Essai historique, politique et moral sur les révolutions anciennes et modernes, considérées dans leurs rapports avec la Révolution française.* Dans cette œuvre touffue, souvent grandiloquente et amère, il montre qu'il a subi l'influence des philosophes du XVIIIe siècle; il vante, avec Rousseau, l'état de nature et reprend, à l'occasion, les arguments de la pensée rationaliste contre la foi chrétienne; mais il laisse percer par endroits une certaine inquiétude religieuse; et surtout il nie le progrès humain, auquel ont cru Montesquieu, Voltaire et les encyclopédistes : « Qu'ai-je prétendu prouver dans l'*Essai* ? Qu'il n'y a rien de nouveau sous le soleil, et qu'on retrouve dans les révolutions anciennes et modernes les personnages et les principaux traits de la Révolution française. » *Dans ce premier ouvrage se résument les angoisses et les déceptions de sa jeunesse.*

B   La carrière littéraire (1800-1814)

LE RETOUR A LA FOI

En 1798, à Londres, Chateaubriand apprend successivement la mort de l'une de ses sœurs et celle de sa mère. L'émotion de ce double deuil détermina en lui, si on l'en croit, un brusque retour à la foi de son enfance : « Je pleurai et je crus. » En réalité, il cherchait depuis plusieurs années, parmi les peines de sa vie, un point d'appui spirituel; l'événement couronnait un lent travail intérieur. Quoi qu'il en soit, *il résolut dès lors de consacrer son talent à la défense et à la restauration des croyances religieuses que la Révolution avait combattues. A ce dessein répond la publication d'*Atala, *de* René, *du* Génie du christianisme, *des* Martyrs.

ATALA (1801)

Atala était, à l'origine, un épisode des *Natchez*; le récit a été achevé sous sa première forme pendant le séjour à Londres. Chateaubriand le remania lorsqu'il eut entrepris *Le Génie du christianisme,* afin de l'englober dans l'œuvre nouvelle pour l'illustration du chapitre intitulé « Harmonie de la religion chrétienne avec les scènes de la nature et les passions du cœur humain »; mais il le publia d'abord séparément, en 1801.

Atala ou les amours de deux sauvages dans le désert.

Sur les rives du Meschacebé, en Louisiane, est fixée la tribu des Natchez, qui accueille le Français René. Chactas, un vieil Indien de cette tribu, qui, sous Louis XIV, a visité la France, prend René en amitié au cours d'une chasse au castor et entreprend de lui conter les aventures de sa jeunesse. Il avait vingt ans environ lorsqu'il fut fait prisonnier par une tribu ennemie et sauvé par Atala, une jeune Indienne élevée dans la religion chrétienne. Tous deux ont fui longtemps à travers la forêt. Au cours d'un orage, ils ont rencontré un missionnaire, le père Aubry, qui veut convertir Chactas et l'unir à Atala. Mais Atala a été consacrée par sa mère à la Vierge; elle croit que son vœu l'engage sans retour; et, pour ne pas succomber à son amour pour Chactas, elle se donne la mort.

Les sources d'Atala. *Chateaubriand n'a pas inventé la littérature exotique* : dès le XVIIIe siècle, les récits de Cook, de Bougainville, révélaient à la société civilisée les mœurs candides des peuplades sauvages; Bernardin de Saint-Pierre peignait dans *Paul et Virginie* ou dans les *Études de la nature* la forêt vierge et les paysages marins des Tropiques; et plusieurs écrivains imaginaient des histoires américaines analogues à celle d'Atala. *Chateaubriand n'a même pas vu toutes les régions qu'il évoque* : contrairement à ce qu'il laisse croire, il n'a pas parcouru le pays du Ténase ni longé les rives du Meschacebé; il utilise, pour ses descriptions, des rapports de naturalistes ou des récits de voyageurs.

La poésie d'Atala. *Mais, dans l'histoire d'Atala, il a mis déjà toute son âme et tout son génie.* Il prête à Atala le charme d'une jeune Anglaise qu'il a aimée; il se peint parfois, avec ses désirs, ses passions, ses rêves, sous les traits du nostalgique et sage Chactas. Il renouvelle enfin l'intérêt des thèmes grâce au mouvement des phrases, à la splendeur du vocabulaire, à l'harmonie des sonorités, révélant ainsi des ressources insoupçonnées dans la prose française.

RENÉ (1802)

René, qui fait suite à *Atala*, fut aussi, à l'origine, un épisode des *Natchez* : Chateaubriand, disciple de Rousseau, voulait peindre dans le personnage principal de ce nouveau récit « l'homme civilisé qui s'est fait sauvage ». Comme *Atala* encore, *René* fut englobé dans *Le Génie du christianisme*, pour illustrer le chapitre intitulé « Du vague des passions ». L'œuvre parut ensuite séparément, avec *Atala*, en 1805.

René ou les effets des passions.

Après le récit de Chactas, René prend la parole et, pour expliquer à ce vieil Indien l'origine de son incurable mélancolie, conte, à son tour, l'histoire de ses jeunes années. Après une enfance remplie par des rêveries passionnées, après des voyages qui lui ont fait prendre conscience de son isolement au milieu des hommes, après plusieurs années d'exaltation et de délire passées en compagnie de sa sœur Amélie, il s'est décidé à quitter la France pour l'Amérique, cependant qu'Amélie, alarmée par la tendresse trop vive qu'elle portait à son frère, se retirait dans un couvent.

L'intention de René. *Chateaubriand prétend donner à son récit une signification morale.* Il décrit ce sentiment de lassitude et d'impuissance à vivre qu'il dénonce dans *Le Génie du christianisme* comme le mal des temps modernes : « La multitude des livres qui traitent de l'homme et de ses sentiments rendent habile sans expérience. On est détrompé sans avoir joui; il reste encore des désirs et l'on n'a plus d'illusions. L'imagination est riche, abondante et merveilleuse; l'existence pauvre, sèche et désenchantée. On habite avec un cœur plein un monde vide, et on est lassé de tout sans avoir joui de rien. » Il a connu lui-même de semblables états d'âme et il a cru que la foi lui permettrait de s'en libérer. Loin de présenter René comme un modèle, il le condamne par la bouche du missionnaire qui, en compagnie de Chactas, a recueilli ses confidences : « Rien ne mérite dans cette histoire la pitié qu'on vous montre ici. Je vois un jeune homme entêté de chimères, à qui tout déplaît et qui s'est soustrait aux charges de la société pour se livrer à d'inutiles rêveries. On n'est point, monsieur, un homme supérieur parce qu'on aperçoit le monde sous un jour odieux. On ne hait les hommes et la vie que faute de voir assez loin. »

L'attrait de René. *Les contemporains de Chateaubriand ne virent pas la leçon; ils furent surtout sensibles au charme du héros, rehaussé par le prestige d'un style qui se prête à la fois aux finesses de l'analyse psychologique et aux élans du lyrisme.* René est tout à la fois soulevé et accablé par un désir infini. Il rêve à l'amour avant d'aimer vraiment, et son rêve s'égare sur des chimères. Il n'attend pas d'être comblé par les objets de son attente pour en recevoir une émotion profonde; le plaisir d'imaginer précède et détruit chez lui le plaisir de sentir et de posséder. Aussi se détourne-t-il d'une réalité nécessairement décevante. Mais il se console de son ennui en songeant à la singularité de son destin : « Mon chagrin même, par sa nature extraordinaire, portait avec lui quelque remède : on jouit de ce qui n'est pas commun, même quand cette chose est un malheur. » Il contemple sa tristesse; il l'admire; il la chérit : toute une génération se reconnut en lui et l'aima.

Frontispice de René.
Gravure de Delannoy
d'après un dessin
de Staal. (B. N. Imp.)

LE GÉNIE DU CHRISTIANISME (1802)

Au lendemain de la Révolution, un mouvement de sympathie nouvelle pour la religion commençait à se dessiner. Chateaubriand voulut contribuer à ce mouvement en écrivant *Le Génie du christianisme*, qui parut quelques jours avant la proclamation du Concordat.

Une apologie de la foi : le Génie du christianisme.

Première partie. Dogmes et doctrines. Le christianisme s'impose à la conscience par la beauté de ses dogmes, de ses sacrements, de ses vertus théologales, de ses textes sacrés. L'existence de Dieu est attestée par l'harmonie du monde et les merveilles de la nature.

Deuxième partie. Poétique du christianisme. Le christianisme, mieux que le paganisme, exalte l'inspiration poétique. Aucune religion n'a aussi profondément pénétré les mystères de l'âme humaine, ni aussi fortement senti les beautés de l'univers. Le merveilleux chrétien a plus de grandeur que le merveilleux païen. La Bible, dans sa simplicité, est plus belle que l'Iliade.

Troisième partie. Beaux-arts et littérature. Le christianisme a favorisé l'essor des beaux-arts et créé la cathédrale gothique. Il a soutenu les travaux des savants, des philosophes, des historiens. Il a épanoui le génie de Pascal et rendu possible l'éloquence sublime de Bossuet.

Quatrième partie. Culte. Sonneries des cloches, ornements des édifices, solennité des offices, majesté des cérémonies, tout concourt à l'émoi de l'âme. Les missionnaires ont répandu les bienfaits de leurs œuvres sociales. Né sur les ruines de l'empire romain, le christianisme a sauvé la civilisation; il sortira triomphant de l'épreuve qui vient de le purifier.

Chateaubriand veut riposter aux philosophes qui ont taxé la religion chrétienne d'absurdité, de grossièreté, de petitesse, et prouver « qu'il n'y a point de honte à croire avec Newton et Bossuet, Pascal et Racine ». La théologie ne l'intéresse guère, ni le dogme, qu'il considère surtout d'un point de vue sentimental et esthétique. *Il s'attache moins à établir la vérité du christianisme qu'à définir son rayonnement :* aussi recourt-il, non aux arguments de la raison, mais aux « enchantements de l'imagination » et aux « intérêts du cœur ».
Une semblable méthode séduit, plutôt qu'elle ne convainc. Chateaubriand a écrit un ouvrage d'une faiblesse philosophique incontestable : une religion ne se fonde pas sur des émotions de poète et d'artiste. Il atteignit pourtant le but qu'il s'était proposé et devint, pour sa génération, grâce au *Génie du christianisme,* une sorte de guide spirituel. En outre, il dénonçait les poncifs du néo-classicisme et révélait toute la poésie de l'émotion religieuse.

L'OPPOSITION A NAPOLÉON (1804-1814)

Le Génie du christianisme répondait aux vues de Bonaparte, qui, pour des raisons de politique intérieure, travaillait à une restauration religieuse : Chateaubriand fut nommé secrétaire d'ambassade à Rome (1803), puis ministre plénipotentiaire dans le Valais (1804). Mais l'exécution du duc d'Enghien révolte sa conscience et réveille ses sentiments monarchistes. Il donne sa démission et, malgré les tentatives de l'empereur pour le reconquérir, se cantonne dans une opposition prudente, mais tenace. Élu à l'Académie française en 1811, il ne peut prononcer son discours de réception et doit attendre, pour prendre séance, la chute de l'Empire.

LES MARTYRS (1809)

Après sa rupture avec Bonaparte, Chateaubriand médite de couronner son œuvre d'apologiste en composant une épopée chrétienne. En 1806-1807, il entreprend, pour s'y préparer, un grand voyage « de Paris à Jérusalem ». A son retour, il achève son travail, et publie *Les Martyrs* en 1809.

L'épopée au service de la foi : Les Martyrs.

Le récit d'Eudore. En Messénie, au IIIe siècle après Jésus-Christ, sous le règne de Dioclétien, le prêtre d'Homère Démodocus, sa fille Cymodocée, l'évêque Cyrille, écoutent le récit des aventures vécues par le jeune chrétien Eudore, fils de Lasthénès. Eudore a été envoyé, tout jeune, comme otage à Rome : il y a oublié sa religion et mené une vie de plaisirs, en compagnie de jeunes gens d'ailleurs intelligents et instruits, Constantin, Jérôme, Augustin. Survint la campagne de Batavie contre les Francs : Eudore y prit part et y fut blessé. Nommé gouverneur de l'Armorique. il conquit l'amour de la druidesse Velléda, qui, découverte, se coupa la gorge avec sa faucille d'or, Bouleversé, il fit pénitence, obtint sa retraite de Dioclétien et put regagner la Grèce.

Les amours et le martyre d'Eudore. Au ciel, Dieu, parmi les bienheureux et les anges, a décidé qu'Eudore et Cymodocée ont une mission historique à remplir. Cymodocée s'éprend d'Eudore et son père l'autorise à se convertir pour l'épouser. Mais la persécution éclate contre les chrétiens; Dioclétien publie un redoutable édit. Eudore accourt à Rome pour défendre ses coreligionnaires; il est arrêté par Hiéroclès, premier ministre du nouvel empereur Galerius. Cependant Hiéroclès tente de négocier la grâce d'Eudore auprès de Cymodocée; mais Cymodocée se déclare chrétienne et elle est arrêtée à son tour. Eudore est condamné à mort; lorsqu'il entre dans l'arène, Cymodocée le rejoint pour partager son sort et sa gloire.

Chateaubriand, dans Les Martyrs, *se propose d'illustrer une thèse du* Génie *en prouvant que le christianisme se prête, mieux que le paganisme, à l'emploi du merveilleux, au développement des caractères et au jeu des passions dans l'épopée :* « Il m'a semblé qu'il fallait chercher un sujet qui renfermât dans un même cadre le tableau de deux religions, la morale, les sacrifices, les pompes de deux cultes; un sujet où le langage de la *Genèse* pût se faire entendre auprès de celui de *L'Odyssée.* »
Chateaubriand n'est pas parvenu à nous convaincre : son merveilleux chrétien est froid. Mais, dans de nombreuses pages d'une poésie intense, l'écrivain se révèle supérieur à son dessein : Eudore à l'armée du Rhin, le lever du soleil sur Naples, la bataille contre les Francs, l'épisode de Velléda, rachètent le ciel, l'enfer et tout le décor épique. En outre, Chateaubriand a semé son récit de confidences indirectes; il s'est peint dans Eudore, comme il s'était peint dans René; il a figuré en Cymodocée une image idéale de son désir.

L'ITINÉRAIRE DE PARIS A JÉRUSALEM (1811)

Chateaubriand a publié, sous le titre Itinéraire de Paris à Jérusalem, *le récit, entremêlé de réflexions, du voyage qu'il fit en Orient avant d'achever* Les Martyrs. C'est un attachant répertoire de tableaux et d'images. Aucun grand dessein, aucune ambition littéraire ne gâte l'œuvre, qui nous repose de l'épopée. Un nouveau Chateaubriand s'y révèle, souvent familier, spirituel et sensible. Les impressions qu'il livre au public sont directes et vivantes. A cet égard, les pages sur Sparte, sur Athènes, sont demeurées célèbres.

C La carrière politique (1814-1830)

CHATEAUBRIAND ET LA RESTAURATION

Chateaubriand salue avec joie le retour des Bourbons et, sans abdiquer son indépendance, il se met au service de la Restauration. Pendant les Cent Jours, Louis XVIII, réfugié en Belgique, le nomme ministre de l'Intérieur; puis, après Waterloo, pair de France. Mais Chateaubriand déplaît au roi en publiant *De la Monarchie selon la Charte;* il passe bientôt à l'opposition ultra-royaliste et fonde un journal, *Le Conservateur,* où brille son talent de polémiste; lorsque le duc de Berry est assassiné, en 1820, il en rend responsable le ministre Decazes. Louis XVIII l'éloigne en l'élevant aux honneurs : il lui confie l'ambassade de Berlin (1821), puis celle de Londres (1822). Chateaubriand représente la France au Congrès de Vérone, où il joue un rôle de premier plan, et il est nommé ministre des Affaires étrangères (1823); il entraîne son pays dans une guerre en Espagne, pour le rétablissement de Ferdinand VII sur le trône. Mais, de nouveau, il indispose le roi et tombe en disgrâce; il passe alors à l'opposition libérale et mène campagne au *Journal des Débats* pour les libertés publiques. Nommé par Charles X ambassadeur à Rome, il démissionne lors de la constitution du ministère Polignac; sa popularité devient considérable.

LES ESSAIS POLITIQUES (1814-1820)

Pendant cette période, Chateaubriand a composé plusieurs ouvrages politiques. En 1814, il a rédigé *De Buonaparte et des Bourbons,* qui est à la fois un pamphlet contre Napoléon et un éloge de la monarchie légitime : il condamne les guerres de l'Empire et flétrit la tyrannie du pouvoir impérial, puis rappelle aux Français la mission traditionnelle de leurs rois. En 1816, dans *De la Monarchie selon la Charte,* il définit son idéal politique : le roi doit régner, mais non gouverner. En 1820, enfin, il publie des *Mémoires sur la vie et la mort du duc de Berry.*

L'ÉDITION DES ŒUVRES COMPLÈTES (1826-1831)

Pendant la même période, Chateaubriand a confié à l'éditeur Ladvocat le soin de publier ses *Œuvres complètes,* qui paraissent de 1826 à 1831. L'écrivain y incorpore plusieurs ouvrages inédits. *Les Aventures du dernier Abencérage* (1826) sont une transposition poétique et romanesque d'impressions de voyage qui n'avaient pu trouver place dans l'*Itinéraire* : Chateaubriand conte une pathétique histoire d'héroïsme et d'amour, qui se déroule à Grenade, au début du XVIe siècle. *Les Natchez* (1826) sont l'épopée en prose que Chateaubriand a composée jadis pendant l'exil à Londres : les aventures de René, de la jeune Indienne Céluta et du vieux sachem Chactas y sont contées magnifiquement, avec, comme fond de tableau, un soulèvement des Indiens d'Amérique contre leurs conquérants d'Europe. *Le Voyage en Amérique* (1827) est le récit que l'explorateur du Nouveau Monde a entrepris, si on l'en croit, dès 1791 : Chateaubriand n'a pu voir tous les pays qu'il décrit, et, comme dans *Atala,* il utilise des sources livresques; mais il révèle la flore et les couleurs de ces contrées lointaines avec une incomparable richesse verbale.

D   La retraite (1830-1848)

CHATEAUBRIAND ET LA MONARCHIE DE JUILLET

A l'avènement de Louis-Philippe, Chateaubriand refuse de composer avec l' « *usur-pateur* » et donne sa démission de pair : sans se faire illusion sur l'avenir de la monarchie légitime, il préfère disparaître avec elle, plutôt que de mentir à son passé. Il fréquente alors assidûment, à l'Abbaye-aux-Bois, le salon de Mme Récamier, où il trône et impose le respect. Un moment, il se met au service de la duchesse de Berry, qui, en 1832, a suscité, dans l'Ouest, un soulèvement légitimiste; il est même poursuivi en Cour d'assises pour la publication d'un « mémoire » sur la captivité de cette romanesque princesse; et il accomplit, en son nom, une mission auprès de Charles X, réfugié à Prague (1833). Puis il se confine dans une vie de retraite studieuse, publie un *Essai sur la littérature anglaise* (1836), une relation sur *Le Congrès de Vérone* (1838) et une *Vie de Rancé* (1844). Devenu infirme, il se fait transporter chez Mme Récamier, où il lit ses *Mémoires d'outre-tombe* devant un groupe de fidèles. Il s'éteint le 4 juillet 1848; il est enterré, selon ses vœux, au bord de la mer, sur le rocher du Grand-Bé, dans une solitude grandiose.

LES ÉTUDES HISTORIQUES (1831)

Chateaubriand avait pris l'engagement d'élever un « monument » à sa patrie : en 1831, il publie, pour couronner ses *Œuvres complètes*, deux ouvrages historiques, qui étaient en chantier depuis 1812. Le premier de ces ouvrages, *Études ou Discours historiques sur la chute de l'empire romain*, sert d'introduction au second, *Analyse raisonnée de l'histoire de France*, qui conduit le lecteur jusqu'à la Révolution. Ces *Études historiques* révèlent un historien authentique et original, en même temps qu'un philosophe de l'histoire.

LA VIE DE RANCÉ (1844)

Vers la fin de sa vie, Chateaubriand, sur la suggestion de son confesseur, l'abbé Séguin, consent à écrire, en manière de pénitence, la vie d'un religieux du XVIIIe siècle, l'abbé de Rancé. Il retrace, en quatre livres, la jeunesse mondaine, la maturité austère et la vieillesse édifiante de ce saint personnage, qui, bouleversé par la mort d'une femme aimée, s'est converti à trente-sept ans, puis retiré à la Trappe, et qui, par son apostolat, sut restaurer dans son monastère la plus stricte observance de la règle. Chateaubriand retrouve, à chaque étape de cette existence, une image de sa propre vie : mêmes rêves d'aventures, même expérience de la douleur, mêmes remords, même désir de conversion; et la pensée de la mort plane sur l'ouvrage, comme elle hante l'âme de l'écrivain vieilli. La *Vie de Rancé*, dernier écrit de Chateaubriand, est ainsi une confession voilée, désenchantée et comme involontaire : « Aujourd'hui il n'y a plus rien de possible, car les chimères d'une existence active sont aussi démontrées que les chimères d'une existence désoccupée... Pour peu qu'on ait vécu, on a vu passer bien des morts emportant leurs illusions. Heureux celui dont la vie est *tombée en fleurs!* »

E   Les Mémoires d'outre-tombe

GENÈSE ET PUBLICATION DES MÉMOIRES

Dès 1803, Chateaubriand songeait à rédiger des mémoires; il se met à l'œuvre en 1809. Mais le projet ne prend toute son ampleur qu'après la révolution de 1830. Dans sa retraite, l'écrivain se propose d'écrire l'épopée de sa vie entière, ainsi que de son temps; il adopte comme titre *Mémoires d'outre-tombe*. Malheureusement, harcelé par des besoins d'argent, il doit vendre, en 1836, la propriété littéraire de ses mémoires à une société d'actionnaires; et il achève sa rédaction avec la hantise d'une publication prématurée. *En 1841, les* Mémoires *sont terminés*; ils se divisent alors en quatre grandes parties, dont la matière est distribuée en livres et en chapitres. Dans les années suivantes, la perspective cruelle d'une publication en feuilletons oblige l'écrivain à d'importants remaniements.

Ainsi transformée, puis démembrée par les nécessités du feuilleton, l'œuvre paraît, dans La Presse, *du 21 octobre 1848 au 3 juillet 1850.* En même temps, les exécuteurs testamentaires de Chateaubriand préparent une édition en volumes; supprimant la division en livres, ils présentent une succession indéfinie de petits chapitres. A la fin du siècle, Edmond Biré tente de restituer l'architecture primitive, mais il procède par conjectures. *C'est en 1948 seulement qu'a pu être établie, grâce à Maurice Levaillant, une véritable édition critique, reproduisant le texte de 1841 et mettant à profit toutes les découvertes éparses.*

LE TÉMOIGNAGE DES MÉMOIRES

Chateaubriand est présent d'un bout à l'autre des Mémoires : « J'écris principalement pour rendre compte de moi-même à moi-même... Je veux, avant de mourir, remonter vers mes belles années, expliquer mon inexplicable cœur. » Il s'impose, certes, à la différence de Rousseau qui prétend tout révéler sur sa personne, une règle de discrétion : « Je n'entretiendrai pas la postérité du détail de mes faiblesses; je ne dirai que ce qui est convenable à ma dignité d'homme et, j'ose le dire, à l'élévation de mon cœur. » Mais il a retracé avec magnificence tous les épisodes principaux de son existence aventureuse : des landes bretonnes aux forêts du Nouveau Monde, de l'armée des princes en Allemagne à l'exil en Angleterre, à Paris, puis, çà et là, sur les chemins d'Europe, un homme joue son destin au fil des années, un moment au sommet de la gloire et des honneurs, bientôt disgracié, enfin ruiné, mais toujours digne, passionné d'Absolu, éternellement et superbement insatisfait.

Ce poème épique et lyrique a pour fond de tableau une des époques les plus troublées de notre histoire nationale. La société sous l'Ancien Régime, puis la révolution de 1789, l'Empire, les Cent-Jours à Gand, la Restauration, le Congrès de Vérone, la révolution de 1830, la monarchie de Juillet, revivent en une fresque immense. Entre les grandes scènes historiques s'intercalent des portraits : les trois « Muses » de l'écrivain, Mme de Beaumont, Mme de Duras, Mme Récamier; les grands hommes politiques, Mirabeau, Danton, Talleyrand; les souverains, Louis XVIII, Charles X, Louis-Philippe; et le « Titan », l'homme à la fois admiré et détesté, l'empereur Napoléon.

Le château de Combourg. Lithographie de Bichebois. (B. N. Est.)
« Nous découvrîmes une vallée
au fond de laquelle s'élevait, non loin d'un étang, la flèche de l'église d'une bourgade;
les tours d'un château féodal montaient dans les ombres d'une futaie. »
(Mémoires d'outre-tombe, première vision de Combourg.)

Madame Récamier à l'Abbaye-aux-bois.
« La chambre à coucher était ornée
d'une bibliothèque, d'une harpe, d'un piano, d'un portrait de Mme de Staël...
la plongée des fenêtres était sur le jardin de l'Abbaye. »
(Mémoires d'outre-tombe, l'Abbaye-aux-bois.)

II   LE PRESTIGE DE CHATEAUBRIAND

A   L'homme

Il est possible aujourd'hui de restituer la vraie physionomie d'un homme qui eut certes ses faiblesses, mais qui donna souvent la mesure de sa grandeur.

LE CARACTÈRE

L'orgueil. *Chateaubriand a toujours été pénétré de l'importance de sa personne.* Il tient son immense orgueil de ses origines aristocratiques, de son éducation et surtout du sentiment de sa supériorité. Chateaubriand ne vit que pour lui, ne s'intéresse vraiment qu'à lui; en aucun cas, il ne peut s'accommoder du second rang : la guerre d'Espagne, c'est « *sa* guerre »; le Congrès de Vérone, c'est « le *René* de sa politique ».

La dignité. *Pourtant, avant son intérêt, avant sa gloire même, Chateaubriand a toujours fait passer son honneur.* Il demeure en toute occasion un gentilhomme, pour qui l'esprit chevaleresque, l'intégrité, la pureté sont des vertus ancestrales. Il méprise les richesses, bien qu'il ait le goût du faste; il refuse de composer avec Louis-Philippe, bien qu'il aspire au pouvoir; il défend la cause de la légitimité, bien qu'il sache que c'est une cause perdue.

LE CŒUR

La mélancolie. *L'orgueil de Chateaubriand est à l'origine de son incurable mélancolie et l'incite à se replier sur lui-même dans un isolement hautain.* La solitude lui a permis de goûter des joies splendides; mais elle a aussi fait sa misère et l'a convaincu qu'il était destiné à un malheur exceptionnel : « Je n'avais vécu que quelques heures, et la pesanteur du temps était déjà marquée sur mon front. »

L'ardeur. *Pourtant, Chateaubriand ne se complaît pas toujours dans sa mélancolie; sa détresse morale agit parfois comme un ferment d'énergie.* Son insatisfaction s'explique par l'ardeur effrénée de ses désirs. Il est ivre de nature, de liberté, de solitude ou d'amour; sans répit, il se lance à la conquête de sensations nouvelles ou de biens inconnus.

L'ESPRIT

L'imagination. *Une telle âme vit surtout par l'imagination et se crée un monde de rêve.* Ainsi l'amour n'a-t-il guère été pour Chateaubriand que la création changeante de ses songes. A Combourg déjà, il rêve d'une femme idéale, magicienne et charmeuse : c'est sa « démone ». Ce sera, plus tard, sa « sylphide », autre fantôme, d'une inconsistance ossianique; ou encore l'imaginaire Cynthie, « sœur des Charites et des Muses. »

Le jugement. *Pourtant le goût du rêve n'exclut pas chez lui la vigueur de la pensée.* A lire ses œuvres dans leur succession chronologique, on décèle un progrès constant dans le sens de la fermeté du jugement. Analyste lucide, Chateaubriand a eu, en politique, des intuitions profondes. Observateur clairvoyant, il a jugé tous ses contemporains avec une pénétration sans défaillance.

Van Eyck
Naissance
d'une cathédrale.
Musée d'Anvers.
Le peintre a représenté
une cathédrale
gothique
en construction,
avec les ouvriers
au travail.
Au premier plan,
sainte Barbe, patronne
des carriers.

B L'écrivain

Chateaubriand exclut délibérément du champ de sa vision la vulgarité et la laideur : « Il ne faut présenter au monde que ce qui est beau. » Pour montrer la beauté sous tous ses aspects, il crée une prose d'une étonnante souplesse plastique, tantôt magnifique et nombreuse, tantôt vigoureuse et concise, à l'occasion même détendue et enjouée.

LA SOMPTUOSITÉ

Dans Atala, *dans* René, *dans* Les Martyrs, *dans certaines pages des* Mémoires, *Chateaubriand déploie tous ses sortilèges d'enchanteur avec une magnificence un peu voyante;* par le balancement des images et le jeu des cadences, il obtient des effets proprement poétiques. Ainsi, l'invocation à Cynthie se déroule avec une souveraine harmonie, parmi les jeux de la lumière et de l'ombre : « Les mânes de Délie, de Lalagé, de Lydie, de Lesbie, posés sur des corniches ébréchées, balbutient autour de toi des paroles mystérieuses. Tes regards se croisent avec ceux des étoiles et se mêlent à leurs rayons. » (*Mémoires*, quatrième partie, livre V)

LA DENSITÉ

Souvent, Chateaubriand recherche au contraire la vigueur sobre et la concentration. Il excelle à définir, en quelques traits, la naïveté d'Homère ou l'élégance de Racine. Dans ses pages historiques ou politiques, il rivalise de rapidité expressive avec Voltaire et de brièveté saisissante avec Montesquieu. Dans les *Mémoires*, il révèle son sens du portrait épigrammatique et caustique : « Le vieux comte Fascaldo représente Naples comme l'hiver représente le printemps »; et il décoche, à l'occasion, comme un La Rochefoucauld, des formules lapidaires : « On domine plus par ses défauts que par ses qualités. »

L'ENJOUEMENT

Il arrive enfin à Chateaubriand de se détendre et, au moins en apparence, de s'abandonner. L'écrivain témoigne alors de verve, de malice ou même de bonhomie. Ainsi, il évoque le souvenir de sa tante, qui, abandonnée par son fiancé, le comte de Trémignon, s'était consolée en célébrant poétiquement ses amours. « Je me souviens de lui avoir entendu chantonner en nasillant, lunettes sur le nez, tandis qu'elle brodait pour sa sœur des manchettes à deux rangs, un apologue qui commençait ainsi :

> Un épervier aimait une fauvette
> Et, ce dit-on, il en était aimé,

ce qui m'a paru toujours singulier pour un épervier. La chanson finissait par ce refrain :

> Ah! Trémignon, la fable est-elle obscure?
> Ture lure!

Que de choses dans ce monde finissent comme les amours de ma tante, ture lure! » (*Mémoires*, première partie, livre I).

C L'influence

Chateaubriand a contribué pour une grande part à incliner les esprits et les cœurs des hommes du XIXᵉ siècle vers des aspects nouveaux de la pensée et de la poésie. « Il fut à lui seul notre Renaissance », a écrit Lamartine. Il n'a pas tout inventé ; il a subi lui-même des influences ; mais son génie a imprimé sa force à tout ce qui passait à travers lui.

LA RELIGION ET L'ART

Chateaubriand a ranimé en France le sentiment religieux. Il a touché le grand public en lui faisant entendre le langage du cœur ; il a donné des préoccupations d'ordre spirituel aux écrivains qui se mirent à son école, comme Lamartine ou le jeune Hugo. D'autre part, en célébrant la beauté des vieilles églises, il a mis à la mode l'art gothique, méconnu au cours des siècles précédents.

LA NATURE ET LA MÉLANCOLIE

Chateaubriand a renouvelé dans la littérature française le sentiment de la nature. En décrivant les forêts vierges de l'Amérique, en promenant avec lui son lecteur de Paris à Jérusalem et dans les grandes capitales, il a étendu au monde entier le champ d'exploration offert aux écrivains voyageurs. En même temps, il a rendu compte des correspondances secrètes qui s'établissent entre la nature et l'homme ; il a décrit l'effroi mêlé de volupté qu'inspire la contemplation des sites grandioses et la mélancolie qu'entretient dans l'âme le spectacle d'un paysage automnal.

L'HISTOIRE ET LA CRITIQUE

Chateaubriand a contribué à la faveur des études historiques : il a développé la curiosité du public pour le passé national français, pour les civilisations de la Grèce, de l'Italie, de l'Orient ; en ressuscitant, dans *Les Martyrs*, un siècle disparu, il a éveillé la vocation d'Augustin Thierry et bouleversé la sensibilité de Michelet. *Il a, d'autre part,* assoupli la méthode de la critique littéraire, réhabilité le Moyen Age et discrédité un dogmatisme étroit en matière de goût.

D'une manière générale, Chateaubriand a résumé ardemment dans sa personne et exprimé magnifiquement dans son œuvre les aspirations de son siècle. « Être Chateaubriand » apparaissait à Victor Hugo comme l'idéal suprême pour un jeune homme épris de gloire et de grandeur.

OUVRAGES A CONSULTER

CHATEAUBRIAND. *Essai sur les révolutions, Le Génie du christianisme. Œuvres romanesques et Voyages*, éd. M. Regard, 3 vol., Pléiade, Gallimard. *Mémoires d'Outre-tombe*, éd. Levaillant, 2 vol., Flammarion, 1948. *Vie de Rancé*, éd. P. Clarac, Imprimerie Nationale, 1977.
M. J. DURRY. *La Vieillesse de Chateaubriand*, 2 vol., le Divan, 1933. V. L. TAPIÉ. *Chateaubriand par lui-même*, Seuil, 1953. M. LEVAILLANT. *Chateaubriand prince des songes*, Hachette, 1960. A. VIAL. *Chateaubriand et le temps perdu*, Julliard, 1963. J.-P. RICHARD. *Paysage de Chateaubriand*, Seuil, 1964. P. CLARAC. *A la recherche de Chateaubriand* (recueil d'études), Nizet, 1975. P. BARBÉRIS. *A la recherche d'une écriture, Chateaubriand*, Mame, 1976.

LES RÊVERIES DE RENÉ

Le jour, je m'égarais sur de grandes bruyères terminées par des forêts. Qu'il fallait peu de chose à ma rêverie : une feuille séchée que le vent chassait devant moi, une cabane dont la fumée s'élevait dans la cime dépouillée des arbres, la mousse qui tremblait au souffle du nord sur le tronc d'un chêne, une roche écartée, un étang désert où le jonc flétri murmurait! Le clocher
5 solitaire, s'élevant au loin dans la vallée, a souvent attiré mes regards; souvent j'ai suivi des yeux les oiseaux de passage qui volaient au-dessus de ma tête. Je me figurais les bords ignorés, les climats lointains où ils se rendent; j'aurais voulu être sur leurs ailes. Un secret instinct me tourmentait; je sentais que je n'étais moi-même qu'un voyageur; mais une voix du ciel semblait me dire : « Homme, la saison de ta migration n'est pas encore venue; attends que le vent de la mort se
10 lève, alors tu déploieras ton vol vers ces régions inconnues que ton cœur demande. »
Levez-vous vite, orages désirés, qui devez emporter René dans les espaces d'une autre vie! Ainsi disant, je marchais à grands pas, le visage enflammé, le vent sifflant dans ma chevelure, ne sentant ni pluie ni frimas, enchanté, tourmenté, et comme possédé par le démon de mon cœur.

CHATEAUBRIAND, *René, éd. de 1826.*

Situation du passage.

René raconte à Chactas sa jeunesse rêveuse et tourmentée. Après s'être lancé sur « l'océan du monde » au cours de voyages qui n'ont fait qu'entretenir sa mélancolie; après s'être mêlé à la foule parisienne, « vaste désert d'hommes », il s'est retiré à la campagne, dans son pays natal, avec l'espoir d'y trouver enfin la paix du cœur; mais le spectacle de la nature accroît encore son incurable tristesse.

Le texte.

Les rêveries de René (lignes 1 à 6). — Bien que René ne précise pas l'endroit de son « exil champêtre », le paysage qu'il évoque rappelle les landes de Combourg : *Le jour, je m'égarais sur de grandes bruyères terminées par des forêts;* ainsi, à travers les rêveries passionnées de René, nous devinons celles de Chateaubriand lui-même dans le vieux manoir familial. Pour tromper son ennui, René cherche dans les lieux qui l'entourent des aliments à son besoin de sensations nouvelles. Les objets les plus humbles suffisent à

éveiller son imagination toujours sur le qui-vive : *Qu'il fallait peu de chose à ma rêverie.* Les images sont en effet d'une simplicité extrême : *une feuille, une cabane, de la mousse, une roche, un étang;* nul éclat, nulle profusion de couleurs, et pourtant Chateaubriand réussit à créer un paysage d'un charme pénétrant et mystérieux. Il arrive à ce résultat grâce à un choix judicieux des épithètes : les unes (feuille *séchée,* cime *dépouillée,* jonc *flétri*) évoquent plus particulièrement l'automne, la saison du déclin de la vie; les autres (mousse *qui tremblait,* roche *écartée,* étang *désert*) impliquent une idée de fragilité ou d'abandon; mais toutes mettent l'accent sur la correspondance entre le paysage et l'âme de René, solitaire et désolée. Le rythme, d'une lenteur et d'une symétrie savamment calculées : *une feuille séchée que le vent chassait devant moi, une cabane dont la fumée s'élevait dans la cime dépouillée des arbres...* agit sur l'âme comme une musique nostalgique.
Cependant l'insatiable René ne peut jouir longtemps d'un même spectacle : sa vue, un moment fixée sur

les éléments du paysage les plus proches, se porte plus loin et plus haut : *Le clocher solitaire, s'élevant au loin dans la vallée, a souvent attiré mes regards.* Ce *clocher* n'est pas seulement l'image symbolique de la solitude de René; il suggère tout ce qui se mêle de sentiment mystique à sa mélancolie et, par une transition toute naturelle, il va lui permettre de quitter le domaine du monde visible. *Les oiseaux de passage* que René suit *des yeux* sont les hirondelles ou les canards sauvages, dont le jeune Chateaubriand contemplait les ébats autour des étangs, de la haute tour du château de Combourg. Ces « passagers de l'aquilon » vont donner à René la nostalgie d'une vie aventureuse et la phrase, toujours adaptée au mouvement de la pensée, abandonne son rythme lent et devient plus éloquente, comme en témoigne la répétition de l'adverbe *souvent.*

Les aspirations de René (lignes 6 à 10). — René donne libre cours à son imagination : comme Rousseau, il étouffe dans les bornes de l'univers et veut s'élancer vers l'infini; comme le Werther de Goethe, il voudrait « briser sa misérable enveloppe et voler, libre d'entraves ». Le rythme se précipite (*Je me figurais...; j'aurais voulu...; je sentais*) pour traduire le foisonnement des désirs qui soulèvent l'âme du héros. Mais les aspirations de René sont aussi vagues et mal définies que ses méditations étaient précises quand elles trouvaient leur aliment dans le décor environnant. Aucun pays n'est désigné : René imagine des *bords ignorés*, des *climats lointains*, comme si la vie devait être plus belle en des régions éloignées ; l'essentiel est de pouvoir partir. Les troubles et les incertitudes de René (*Un secret instinct me tourmentait; je sentais que je n'étais moi-même qu'un voyageur*) sont exactement ceux de Chateaubriand adolescent : « Je me rappelle, écrit-il dans l'*Itinéraire de Paris à Jérusalem*, que dans mon enfance... un secret instinct me disait que je serais voyageur comme ces oiseaux. » Mais voici qu'*une voix du ciel* s'adresse à René. Seule, la mort peut en définitive satisfaire son besoin inassouvi de bonheur : comme le vent de l'automne pousse les oiseaux migrateurs vers des climats plus favorables, *le vent de la mort* entraînera René *vers ces régions inconnues* que son *cœur demande*. Cette évocation majestueuse d'une *migration* traduit symboliquement l'idée chrétienne de la félicité céleste qui suit l'exil sur la terre : ainsi ces lignes, qui semblaient inspirées par des sentiments tout païens, sont rattachées, d'une manière d'ailleurs plus habile que probante, au dessein apologétique de l'auteur.

L'appel de René (lignes 11 à 13). — Enfin retentit un vibrant appel : *Levez-vous vite, orages désirés, qui devez emporter René dans les espaces d'une autre vie!* Sans doute René se souvient-il d'Ossian : « Levez-vous, ô vent orageux d'Erin; mugissez, ouragans des bruyères; puissé-je mourir au milieu de la tempête, enlevé dans un nuage par les fantômes irrités des morts. » Mais au lieu d'évoquer la mort, c'est *une autre vie* qu'il appelle de ses vœux. Tout entier à cette pensée et exalté par elle, il marche *à grands pas*, le visage *enflammé, le vent sifflant dans sa chevelure, ne sentant ni pluie ni fri-*mas; à travers cette accumulation de traits, nous croyons voir Chateaubriand lui-même, dans son attitude devenue légendaire, cheveux au vent et *marchant à grands pas*. Le rythme de la phrase, d'abord saccadé, s'élargit ensuite, comme si le grand souffle de la tempête emportait déjà René : *enchanté, tourmenté, et comme possédé par le démon de mon cœur*. L'antithèse *enchanté-tourmenté* révèle ce qui se mêle de volupté secrète au désenchantement du héros; aussi l'expression finale *possédé par le démon de mon cœur* est-elle plus expressive que juste : si René savoure avec délices l'amertume de son mal, c'est parce qu'il en est l'artisan bénévole; il nourrit le démon de son cœur, plus qu'il n'est *possédé* par lui.

Conclusion.

Cette page définit le mal du siècle romantique. Tristesse sans objet précis, soif inassouvie du rêve, dégoût irrémédiable de la vie, aspirations vagues vers l'infini, tels sont les éléments essentiels du mal de René. Ce fut le mal de Chateaubriand, accablé par la médiocrité de la vie et poursuivant sans cesse un idéal imaginaire et insaisissable. Ce fut aussi le mal de toute une génération qui, désemparée après la secousse révolutionnaire, crut se reconnaître dans le héros de Chateaubriand. La plainte de René éveillera des échos chez les poètes et les prosateurs de l'école romantique : « Nous sommes vos fils, s'écriera Sainte-Beuve en s'adressant à René; notre gloire est d'être appelés votre race; notre enfance a rêvé par vos rêves; notre adolescence s'est agitée par vos troubles, et le même aquilon nous a soulevés. » **Elle est aussi caractéristique de l'art de Chateaubriand.** L'auteur de *René* demeure bien supérieur à la plupart de ceux qui, après lui, décriront le mal du siècle. Il ne se borne pas à analyser; il donne à sentir. C'est parce qu'elles sont liées à d'émouvantes images et soutenues par un rythme toujours suggestif que les rêveries de René touchent encore nos cœurs.

SUJETS DE COMPOSITION FRANÇAISE

1 Chateaubriand écrit, vers la fin de sa vie, à la municipalité de sa ville natale pour qu'elle lui accorde comme lieu de sépulture « six pieds de terre bénie sur le rocher du Grand-Bé ».

2 Maurice Levaillant écrit (Introduction de l'édition du Centenaire des *Mémoires d'outre-tombe*) : « Les *Mémoires d'outre-tombe* apparaissent comme l'œuvre capitale de leur auteur. » Partagez-vous cette opinion ?

3 Victor-L. Tapié écrit à propos de Chateaubriand qu'il est « avant tout un artiste mis en émoi par toutes les formes de la beauté ». Expliquer et commenter cette indication.

4 On a parfois accusé Chateaubriand de manquer de sincérité. Que faut-il entendre par là ? En quel sens pourrait-on au contraire parler de la sincérité de Chateaubriand ?

5 Les amis de Chateaubriand l'appelaient « l'enchanteur ». Comprenez-vous qu'on lui ait, en son temps, décerné cette louange ? Vous paraît-il la mériter encore de nos jours ?

6 Un critique contemporain écrit : « Chateaubriand a enseigné la poésie redoutable qu'on tire des souffrances de son propre cœur à toutes les générations qui l'ont suivi... Il se complaît dans la description et le goût de cette douleur. Mais lui-même se porte très bien. » Expliquer et discuter ce jugement.

7 Commenter ce jugement de Remy de Gourmont : « Entre le XVIIIᵉ et le XIXᵉ siècle, il y a Chateaubriand; pour passer de l'un à l'autre, il faut traverser son jardin. »

8 Expliquer et apprécier ce propos tenu par Chateaubriand vers la fin de sa vie : « Je loue tous les talents particuliers de l'école romantique, dont je suis un des fauteurs; mais je suis sévère pour l'école même, car elle nous mène à la barbarie par une rêvasserie ennuyeuse et par l'extravagance. »

DEUXIÈME PARTIE

LA GÉNÉRATION ROMANTIQUE

CHAPITRE PREMIER

Le mouvement romantique

Victor Hugo en 1829, par Devéria.

Sous la Restauration s'accomplit la métamorphose du goût qu'annonçaient les débats et les polémiques de l'époque impériale. Un esprit nouveau tend à se définir, soit dans des revues comme **La Muse française** *ou dans des journaux comme* Le Globe, *soit dans des manifestes comme la* Préface de Cromwell, *soit dans des cercles littéraires comme le salon de l'Arsenal et le cénacle de la rue Notre-Dame-des-Champs. A travers la diversité des tendances, on discerne une évolution générale : le romantisme est d'abord timide et mal assuré dans ses desseins; puis il devient une doctrine de combat et lutte pour un « quatre-vingt-neuf littéraire ». En 1830, le succès tumultueux d'un drame de Victor Hugo, Hernani, consacre le triomphe du Cénacle. Au lendemain de cette date historique, les écrivains romantiques se dispersent. Il est possible, toutefois, de mettre en lumière quelques notions qui correspondent aux tendances dominantes de cet âge littéraire.*

1823-1824	L'équipe de *La Muse française.*
1824-1830	Le salon de l'Arsenal.
1824-1830	Les campagnes du *Globe.*
1827	La *Préface* de *Cromwell.*
1828-1830	L'activité du Cénacle.
1830	Le triomphe d'*Hernani.*

I LES MANIFESTATIONS DU ROMANTISME

Il n'y a pas eu, à proprement parler, une école romantique, mais des foyers d'amitié, où des poètes, des prosateurs, des peintres, des sculpteurs, ont associé leurs efforts et lutté en commun pour l'abolition de contraintes surannées. Une fois leur objectif atteint, ces jeunes hommes se sont séparés pour jouir, chacun de leur côté, de l'indépendance ainsi conquise.

L'ÉQUIPE DE LA MUSE FRANÇAISE (1823-1824)

La Muse française *est un périodique né en 1823 sous l'impulsion d'Émile Deschamps.* Chaque numéro contient, outre une rubrique des mœurs orientée vers la défense des idées monarchistes et chrétiennes, des pages de vers, où figurent des poèmes de Victor Hugo, d'Alfred de Vigny, de Marceline Desbordes-Valmore, et des pages critiques, où l'on exalte Byron, Walter Scott, Shakespeare. *Les rédacteurs de* La Muse française *proclament la nécessité d'un renouvellement de l'art, mais ils sont hostiles aux outrances.* Émile Deschamps donne bien le ton de la revue, lorsqu'il écrit : « Il n'y a plus de gloire possible que dans les genres où n'ont point brillé nos poètes classiques. On doit s'écarter de leur chemin, autant par respect que par prudence, et certes ce n'est point en cherchant à les imiter qu'on parviendra jamais à les égaler. »

LE SALON DE L'ARSENAL (1824-1830)

En 1824, Charles Nodier, nommé bibliothécaire de l'Arsenal, prend l'habitude de réunir ses amis dans son salon, tous les dimanches soirs. Mme Nodier et sa fille Marie accueillent les visiteurs ; la conversation, puis le jeu et la danse vont leur train. A ces réunions se rencontrent des écrivains, des critiques, des artistes de toutes tendances. Les principaux familiers du salon sont Victor Hugo, Émile Deschamps, Alfred de Vigny, Lamartine lors de ses passages à Paris ; un peu plus tard, Mérimée, Alexandre Dumas, Gérard de Nerval, Théophile Gautier, Honoré de Balzac, les peintres Delacroix et Boulanger, le sculpteur David d'Angers, le graveur Devéria. *Au cours de ces échanges, des points de vue se précisent, des perspectives se dessinent ; mais aucune doctrine d'ensemble ne se dégage.*

LES CAMPAGNES DU GLOBE (1824-1830)

A l'éclectisme de l'Arsenal s'oppose le dogmatisme du journal Le Globe, *qui, fondé par Paul Dubois en septembre 1824, contribue par ses enquêtes et par ses campagnes à donner au mouvement une claire conscience de ses fins.* Au Globe collaborent des écrivains encore inconnus, mais destinés à un avenir brillant, comme Sainte-Beuve, Stendhal et Mérimée. De jeunes journalistes à l'esprit lucide, Duvergier de Hauranne, Charles de Rémusat, Ludovic Vitet, dénoncent la tyrannie des règles ou revendiquent « l'indépendance en matière de goût ». D'autres contribuent à élargir l'horizon littéraire, comme Jean-Jacques Ampère, qui, en 1828, révèle au public français les contes d'Hoffmann. Tous ces critiques, épris de cohérence, sont à la fois novateurs en littérature et libéraux en politique.

Une soirée à l'Arsenal.
Eau-forte par Tony Johannot, 1832. (B. N. Est.)

Une soirée musicale.
Gravure par Porret d'après Tony Johannot, 1833. (B. N. Est.)

LA CONSTITUTION DU CÉNACLE (1827-1828)

En 1827, Victor Hugo publie pour son drame Cromwell *une retentissante préface, qui l'impose comme un chef incontestable aux yeux de tous les novateurs*; il s'est converti d'autre part au libéralisme et rapproché du *Globe*. Avec Sainte-Beuve, qui est devenu son ami, il fonde un « cénacle », dont les réunions se tiennent dans son appartement, rue Notre-Dame-des-Champs. Autour de Hugo se groupent presque tous les écrivains les plus brillants de sa génération : Alfred de Vigny, Alfred de Musset, Théophile Gautier, Prosper Mérimée, Gérard de Nerval, Alexandre Dumas, Honoré de Balzac, ainsi que de nombreux artistes. Désormais, on va à l'Arsenal pour se divertir; mais, rue Notre-Dame-des-Champs, on se prépare à la lutte.

L'ACTIVITÉ DU CÉNACLE (1828-1830)

Au Cénacle, lectures et discussions ardentes se multiplient. Hugo saisit toutes les occasions pour formuler avec éclat ses principes. En 1829, dans la préface des *Orientales*, il s'écrie : « L'art n'a que faire des lisières, des menottes, des bâillons; il vous dit : va! et vous lâche dans le grand jardin de poésie où il n'y a pas de fruit défendu. » En 1830, dans une *Lettre aux éditeurs des poésies de M. Dovalle*, puis dans la préface d'*Hernani*, il définit le romantisme comme « le libéralisme en littérature » : « La liberté dans l'art, la liberté dans la société, voilà le double but auquel doivent tendre d'un même pas tous les esprits conséquents et logiques... La liberté littéraire est fille de la liberté politique. Ce principe est celui du siècle... A peuple nouveau, art nouveau. Tout en admirant la littérature de Louis XIV, si bien adaptée à sa monarchie, elle saura bien avoir sa littérature propre et personnelle et nationale, cette France actuelle, cette France du XIXe siècle, à qui Mirabeau a fait sa liberté et Napoléon sa puissance. » Ce libéralisme triomphe : *à propos d'*Hernani, *le Cénacle, au Théâtre-Français, livre et gagne, contre le formalisme classique, une bataille décisive.*

LA DISLOCATION DU CÉNACLE (1830)

Peu de temps après ce triomphe, l'armée romantique se disloque, comme si elle avait perdu toute raison d'être. Les écrivains qui s'étaient ralliés au panache de Victor Hugo ne se sentent unis entre eux par aucune idée positive et rompent avec le chef impérieux qu'ils s'étaient donné. D'autres cercles se constituent et bientôt se défont. Chez le sculpteur Jehan Dusseigneur se réunissent, au lendemain de 1830, des poètes chevelus et hirsutes, des artistes bohèmes, que l'on prend l'habitude d'appeler « bousingos » ou « Jeunes-France »; Théophile Gautier, Gérard de Nerval, se mêlent volontiers à eux, sans prendre au sérieux leurs outrances. En 1835, cette jeunesse un peu assagie fréquente l'Hôtel du Doyenné, près du Louvre, où, dans un cadre élégant, se déroulent des soupers, des bals, des divertissements, parfois aussi des discussions littéraires ou esthétiques. Mais presque tous les grands romantiques demeurent à l'écart de ces réunions et suivent la pente de leur génie individuel.

II LE GÉNIE DU ROMANTISME

Nous disposons aujourd'hui d'un recul suffisant pour embrasser le mouvement dans sa complexité et pour y reconnaître *une volonté d'individualisme en littérature* : tous les caractères de l'inspiration, de l'art et de l'idéologie romantiques pourraient être déduits de cette définition.

L'INSPIRATION ROMANTIQUE

Les écrivains romantiques substituent à la recherche d'une vérité universelle et abstraite la description d'une expérience particulière et concrète. Aux classiques, ils reprochent d'avoir posé en principe la souveraineté de la raison, qui impose les mêmes exigences à tous les hommes, et d'avoir sacrifié à cette faculté privilégiée les caprices de la rêverie ou les élans du cœur, qui livrent le secret des âmes individuelles. « Aimez donc la raison », proclamait Boileau; Musset affirme au contraire « qu'il faut déraisonner ». Poètes et romanciers évoquent leurs amours, leurs deuils, leurs aspirations, leurs délires, révélant ainsi au public les profondeurs de leur sensibilité; ou bien encore ils s'évadent en imagination vers des siècles disparus, vers des contrées lointaines, dont ils tentent de faire revivre la poésie ou la splendeur.

L'ESTHÉTIQUE ROMANTIQUE

Les écrivains romantiques opposent aux règles de l'art la liberté dans l'art. Impossible de traduire dans une langue conventionnelle la fraîcheur des émotions vécues, la richesse des visions rêvées : il faut donc utiliser tous les mots évocateurs, sans craindre d'appeler les choses par leur nom. Impossible de transcrire des états mouvants, des impressions fuyantes, en se soumettant au rythme monotone et aux coupes implacables du vers classique : il faut donc « déniaiser l'alexandrin », selon l'expression de Victor Hugo, c'est-à-dire varier les rythmes, assouplir la césure, recourir à des images neuves, à des symboles hardis, qui permettent de suggérer dans sa diversité la vie de l'âme. Impossible d'exprimer toute une expérience humaine en séparant conventionnellement le comique et le tragique; impossible de dérouler avec vraisemblance une intrigue historique si l'on s'obstine à représenter, comme le voulait Boileau, « en un lieu, en un jour, un seul fait accompli » : il faut donc, au théâtre, mélanger les genres et renoncer aux tyranniques unités. La campagne contre la prétendue « universalité » du goût classique est menée avec une violence tapageuse.

LA MORALE ROMANTIQUE

Enfin, les écrivains romantiques tendent à affranchir l'individu des contraintes imposées par l'ordre religieux ou social. Ils célèbrent le droit à la passion, le droit au bonheur et dénoncent les obstacles qui entravent l'essor du génie. Ils créent un type de héros sombre et fatal, révolté contre les hommes et parfois même contre Dieu, abandonné à des forces obscures qui l'entraînent dans l'abîme; et ce beau ténébreux exerce sur les âmes un attrait redoutable par la singularité tragique de son destin.

III   LES VISAGES DU ROMANTISME

L'individualisme étant la loi même de la révolution romantique, le mouvement revêt nécessairement les visages les plus divers.

MÉLANCOLIE

Beaucoup d'écrivains romantiques témoignent, dans leurs œuvres, d'une humeur sombre, d'une « mélancolie » qu'ils justifient par l'analyse de leur condition. Chez un Lamartine, vers 1820, cette mélancolie n'est encore que vague à l'âme, aspiration incertaine au bonheur. Chez un Musset ou un Vigny, au lendemain de 1830, elle est associée à la désillusion qu'entraîne la faillite des idéaux politiques, au désarroi que provoque la crise des croyances religieuses, au dégoût qu'inspire la tyrannie de l'argent. Chez le jeune Flaubert, vers 1840, puis chez Baudelaire, elle prend la forme d'une atroce angoisse. La mélancolie romantique exprime le malaise d'un monde bouleversé par les révolutions, les guerres, les troubles économiques ou sociaux, et qui cherche péniblement un nouvel équilibre. Aussi se prolonge-t-elle sous des formes de plus en plus accentuées pendant la seconde moitié du siècle, et jusque dans la littérature souvent désespérée du temps présent.

FRÉNÉSIE

Au repliement sur soi qui caractérise la mélancolie s'oppose l'exaltation déréglée qui reçoit le nom de frénésie. L'apparition, vers 1820, d'une école « frénétique » répond aux exigences d'une société blasée qui, après tant d'horreurs vécues, cherche des sources d'émotion nouvelles dans des fictions littéraires plus horribles encore. Cette école a ses principaux initiateurs en Angleterre : Lewis, Maturin, Byron. L'imagination des écrivains frénétiques crée des personnages maudits, qu'habite une rage démoniaque : criminels, ogres, sorcières, vampires. Nodier, Balzac, le jeune Hugo ont cultivé cette veine outrancière. Discréditée par les romantiques eux-mêmes dans *La Muse française* ou dans *Le Globe*, la frénésie revient pourtant à la mode vers 1830 : de nombreux écrivains évoquent des lieux macabres et décrivent des scènes cruelles. Plus tard enfin, la frénésie, liée au désespoir, apparaît comme une rage de destruction ; elle trouvera son expression la plus intense après l'époque romantique, chez Lautréamont.

FANTASTIQUE

Souvent proche de l'inspiration frénétique apparaît l'inspiration fantastique, dont la mode se répand, vers 1830, sous l'influence d'Hoffmann. Le fantastique ne se confond pas avec le merveilleux conventionnel des récits mythologiques ou des féeries, qui implique un dépaysement de l'imagination ; il se définit au contraire par une intrusion brutale du mystère dans le cadre familier de la vie réelle ; il est lié généralement aux états morbides de la conscience, qui, dans les phénomènes de cauchemar ou d'hallucination, projette devant elle des images de ses angoisses ou de ses terreurs. Parmi tous les genres littéraires, le conte est celui qui, par la brièveté et le naturel, se prête le mieux à la description d'aventures fantastiques ; Nodier, Balzac, Mérimée, Gautier, Gérard de Nerval, en s'exerçant dans cette voie, ont écrit quelques œuvres pathétiques ou troublantes.

PITTORESQUE

Pour oublier la cruauté du siècle, certains écrivains se réfugient dans un rêve d'art. Le grand initiateur du pittoresque romantique est l'écossais Walter Scott, qui, vers 1825, met à la mode le genre du roman historique : Vigny, dans *Cinq-Mars*, Mérimée, dans la *Chronique du règne de Charles IX*, Balzac, dans *Les Chouans*, Victor Hugo, dans *Notre-Dame de Paris*, accusent fortement son influence. Au théâtre, surtout après la *Préface* de *Cromwell*, la couleur locale triomphe, avec *Henri III et sa cour*, d'Alexandre Dumas, ou avec *Hernani*. Les poètes eux-mêmes, vers 1830, s'attachent volontiers, sous l'impulsion donnée par Hugo dans ses *Ballades* médiévales et dans ses *Orientales*, à restituer l'atmosphère du passé ou à évoquer l'attrait des pays étrangers. Théophile Gautier va plus loin : il tente de s'isoler dans la contemplation de la beauté formelle et savoure la joie de ciseler un poème comme un bijou. Son dilettantisme fait école : après lui, Leconte de Lisle, puis les poètes parnassiens, cultiveront « l'Art pour l'Art ».

HUMANITARISME

Tandis que Gautier mûrit sa doctrine esthétique, la plupart de ses confrères en littérature découvrent au contraire les problèmes posés par leur temps et proclament leurs devoirs envers le genre humain. Les événements de 1830 ont agité les esprits : après la Révolution, Lamartine se lance dans l'action politique, Victor Hugo veut être « l'écho sonore » de son siècle, George Sand formule des revendications sociales, La Mennais jette les bases d'un christianisme démocratique, Michelet s'apprête à servir la cause du peuple dont il est issu, Vigny lui-même songe au salut de l'humanité future. Autour d'eux, les disciples de Fourier, de Saint-Simon font rayonner leurs doctrines. Tous ces écrivains rêvent d'un avenir lumineux où régneront la justice et la fraternité. *Le romantisme devient ainsi une philosophie sociale; à la volonté de libérer l'Art succède celle de libérer l'Homme.*

MYSTICISME

Enfin les écrivains romantiques ont presque tous aspiré à un bonheur idéal. Quelques-uns, comme Lamartine dans les *Harmonies*, décrivent l'état d'extase où les plonge le spectacle des beautés de la Création. D'autres se passionnent pour les doctrines des illuministes et demandent, comme Balzac, à Swedenborg ou à Saint-Martin « le chemin qui mène au ciel ». La plupart associent ou juxtaposent l'idéalisme sentimental au spiritualisme religieux; ils attendent de l'amour des jouissances comparables aux béatitudes célestes; ou même ils confondent, comme Nerval, la recherche de Dieu avec celle d'un Éternel Féminin. *Le romantisme apparaît alors comme un essor du génie individuel en quête d'Absolu.*

OUVRAGES A CONSULTER

R. BRAY. *Chronologie du romantisme*, Boivin, 1932. A. BÉGUIN. *L'Ame romantique et le rêve*, José Corti, nouv. éd., 1946. M. MILNER. *Le Romantisme* (1820-1843), Arthaud, 1973.

Charles Nodier. Musée Carnavalet.

Un initiateur:
CHARLES NODIER

Charles Nodier est presque le contemporain de Chateaubriand et de Mme de Staël; mais son influence littéraire est postérieure à 1820 : il est à la fois l'aîné et le compagnon des écrivains romantiques. Dans sa jeunesse, Nodier a subi la contagion de toutes les modes littéraires. A l'Arsenal, il se montre accueillant à toutes les tendances de l'art. Lui-même a longtemps cherché sa voie, dans le roman, dans la poésie, dans la critique, dans l'érudition; mais son premier chef-d'œuvre, Trilby, est un conte; et c'est décidément au genre du conte qu'il se consacre, en 1830, après une grave crise intérieure : en inventant des histoires merveilleuses, comme celle de La Fée aux miettes, il se console de sa solitude morale et s'évade en imagination dans un univers qu'il modèle à l'image de ses songes. Il révèle ainsi l'existence d'une vie subjective, moins décevante et plus riche que la vie sociale; et il indique au génie romantique une direction féconde.

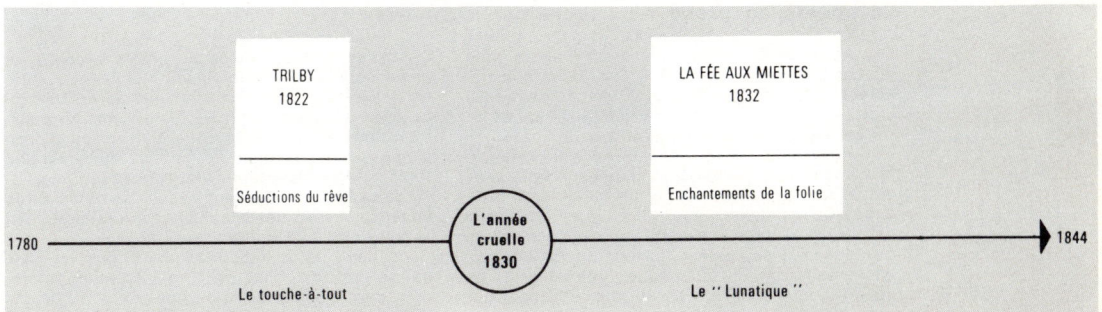

TRILBY 1822		LA FÉE AUX MIETTES 1832
Séductions du rêve	L'année cruelle 1830	Enchantements de la folie

1780 ——————————————————————————————————→ 1844

Le touche-à-tout   Le "Lunatique"

I LA CARRIÈRE DE NODIER

A Le touche-à-tout

LA JEUNESSE EXALTÉE (1780-1808)

Charles Nodier, né à Besançon, fait partie de cette génération désaxée qui a vu l'écroulement d'un monde et qui cherche, dans la confusion régnante, de nouvelles raisons de vivre. A quatorze ans, il a connu la Terreur : son père présidait le tribunal criminel de sa ville natale. A seize ans, il a lu *Werther*, et il a cru se reconnaître dans le héros de Goethe. A vingt et un ans, il devient amoureux d'une jeune femme qui meurt bientôt, et il entretient son désespoir avec une sorte de complaisance; en 1803, il se dénonce comme l'auteur d'une satire contre le Premier Consul, *La Napoléone*, et, dans une lettre adressée à Bonaparte, demande lui-même à aller en prison. Ses premiers vers, ses premiers romans surtout, *Les Proscrits*, *Le Peintre de Salzbourg*, expriment son inquiétude et sa mélancolie.

LE RETOUR AU GOÛT CLASSIQUE (1808-1818)

En 1808, Nodier se marie; son « werthérisme » s'apaise. Il traverse des années calmes et d'ailleurs peu fécondes : il publie surtout des préfaces, des monographies, des études d'érudition. Nommé bibliothécaire de la ville de Laybach en 1812, il part pour l'Illyrie, où il séjourne quelques mois. A son retour, il est introduit au *Journal de l'Empire* (ou *Journal des Débats*); il publie de nombreux articles où, avec une souplesse ondoyante, il prend la défense du goût classique.

LA CRISE FRÉNÉTIQUE (1818-1822)

En 1818, Nodier, pour suivre la mode, écrit une histoire de brigands, *Jean Sbogar*; puis, après un autre roman plus sage, *Thérèse Aubert*, il se lance délibérément dans la voie de la frénésie. Il collabore, notamment, à un mélodrame intitulé *Le Vampire* et compose un conte étrange, *Smarra ou les Démons de la nuit*, où il décrit la conscience en proie au cauchemar et donne des détails d'une précision cruelle ou macabre.

Le poème en prose du cauchemar : Smarra.

Le prologue se déroule dans une petite ville de Lombardie; il est minuit; un jeune homme, Lorenzo, dit sa joie de retrouver sa maîtresse Lysidis, dont il était séparé depuis un an, et lui avoue les terreurs qui hantèrent sa solitude.
Nous voici tout à coup transportés en Thessalie : le héros s'appelle maintenant Lucius. A la tombée de la nuit, au cours d'une chevauchée, il cède à des hallucinations que sa fatigue fait surgir devant lui : d'abord, il se croit bercé par des chants de jeunes filles, puis, l'horreur succédant aux enchantements, il distingue une cohorte de spectres et reconnaît parmi eux Polémon, qui périt autrefois à ses côtés dans une bataille.

Le calme revenu, Polémon prend la parole et conte comment la magicienne Méroé l'a envoûté en le livrant aux maléfices de Smarra, le démon du cauchemar. C'est enfin Lucius qui tombe, à son tour, dans les griffes de Smarra : il se voit accusé d'assassinat, condamné à mort, décapité; sa tête roule sur la plate-forme de l'échafaud; mais il garde sa lucidité intacte et il assiste au supplice de Polémon, livré à des bacchantes qui lui arrachent le cœur et s'en disputent les lambeaux.
Cependant, le cauchemar prend fin; Lorenzo, qui se croyait Lucius, se réveille; Lysidis le rassure par sa présence et dissipe par sa tendresse l'obsession de ses mauvais souvenirs.

LE PREMIER CHEF-D'ŒUVRE (1822)

Nodier se lasse vite de la frénésie, dont il dénonce les excès ; il s'abandonne à des visions plus aimables. En 1821, il a visité l'Écosse et rencontré Walter Scott. A son retour, il compose un conte qui se déroule dans une chaumière écossaise hantée par un follet, *Trilby*. L'allure du récit est plus détendue que dans *Smarra*, mais l'atmosphère n'est pas moins trouble ; les langueurs de la rêverie peuvent surprendre l'âme aussi dangereusement que les affres du cauchemar.

Séductions du rêve : Trilby.

Trilby est le lutin familier qui hante la demeure du pêcheur Dougal et de sa femme la batelière Jeannie. Il est amoureux de Jeannie et se déclare à elle ; elle l'écoute, sans songer à mal. Vaguement troublée, pourtant, elle se confie à Dougal, qui fait exorciser le lutin par le vieux moine Ronald. Mais l'exil de Trilby entraîne une véritable détresse au foyer : la pêche de Dougal devient misérable ; le cœur de Jeannie est envahi par la tristesse ; et, la nuit, elle revoit l'ancien compagnon de sa solitude sous les traits humains de John Mac-Farlane, chef d'un clan maudit. Inquiets, les deux époux se rendent au monastère de Balva, où Ronald prononce contre les esprits une malédiction solennelle ; mais Jeannie refuse de s'y associer et se persuade que la loi chrétienne lui commande, à l'égard du lutin menacé par le moine, la pitié et la charité. Un peu plus tard, elle recueille dans son bateau un vieillard nain qui, bientôt, abandonne ses défroques et se fait reconnaître pour Trilby. Les pêches de Dougal redeviennent abondantes ; et les rêves de Jeannie sont plus obsédants que jamais. Un jour, Trilby implore d'elle un aveu d'amour, et elle doit cruellement lutter contre elle-même pour s'y refuser. Elle s'échappe et croit laisser le lutin dans la chaumière ; mais il parvient à sortir derrière elle. Jeannie rencontre Dougal et le vieux moine ; les suit jusqu'au cimetière terrifiée, elle entend prononcer de loin le définitif anathème qui enferme pour mille ans Trilby dans le creux d'un bouleau ; elle ne peut résister à l'épreuve et meurt en prononçant des paroles égarées.

LES ANNÉES MONDAINES (1823-1829)

Malgré le succès de *Trilby*, Nodier délaisse le conte. Nommé bibliothécaire de l'Arsenal, il se partage entre les devoirs de sa charge, la routine du journalisme et les besognes de librairie ; il ne compose guère qu'un roman, *Mademoiselle de Marsan*. Ces années sont pourtant capitales dans sa carrière, car son salon est devenu le centre de la vie littéraire à Paris. *Nodier se révèle un hôte exquis, un causeur éblouissant ; il est considéré par les jeunes écrivains, sinon tout à fait comme un maître, du moins comme un aîné plein de sagesse et de bienveillance ; et il acquiert une véritable célébrité.*

L'ANNÉE CRUELLE (1830)

En 1830, cependant, Nodier traverse la période la plus sombre de son existence. Il se plaint de fatigues, de défaillances de mémoire ; il se sent l'esprit maussade et le cœur amer. Son rôle littéraire lui semble terminé : depuis plusieurs années, c'est autour de Victor Hugo que se groupe le plus volontiers la jeune école. Il connaît aussi des soucis d'argent. Mais son plus grand chagrin est né du mariage de sa fille Marie, si fêtée par les habitués de l'Arsenal ; il avait dirigé vers elle tous les élans de sa nature aimante ; et ce fut pour lui un déchirement de la voir s'éloigner. *Le découragement l'envahit.* Il jette sur la société un regard sévère, s'afflige de voir l'esprit positif étendre un morne empire sur les ruines des idéaux anciens, raille ou maudit la vanité de la science, se détourne du monde réel et se replie délibérément sur lui-même.

B Le « lunatique »

L'ÉVASION DANS LE CONTE (1830-1844)

Dans son exil volontaire, Nodier découvre de nouvelles raisons de vivre et d'être heureux. Il évoque, dans plusieurs ouvrages, le souvenir de sa jeunesse ; ou bien il s'évade dans la poésie, et surtout dans le conte. *Son imagination l'entraîne dans un univers qu'il modèle à sa fantaisie.* Il voue même une sympathie vaguement fraternelle à ceux qui se laissent emporter par leurs chimères ; il les appelle, non des fous, mais des « lunatiques » ; et il voit en eux les vrais sages. Telle est la leçon des meilleurs contes que Nodier a écrits après 1830, *Le Songe d'or, Jean-François les bas bleus* et surtout *La Fée aux miettes.*

Enchantements de la folie : La Fée aux miettes.

Michel le charpentier, qui habite une maison de « lunatiques » à Glasgow, raconte sa vie. De très bonne heure, il s'est attaché à une vieille mendiante, surnommée la Fée aux miettes, qui, dans son aimable bavardage, se flatte parfois d'être Belkiss, reine de Saba. Il la rencontre de nouveau plus tard et, bravant tout respect humain, se fiance à elle. Au cours d'une traversée, son navire fait naufrage ; et il retrouve, dans un sac flottant sur la mer, la Fée aux miettes, qui l'accompagnait en cachette. Sur la côte où il aborde, il fait la connaissance d'une jeune écossaise, Folly Girlfree. Après diverses aventures, il est inculpé de meurtre et condamné à la potence. Folly Girlfree s'offre pour le sauver, mais il refuse son aide et se déclare fiancé. La Fée aux miettes surgit alors et l'emmène ; cette fois, il l'épouse. A ses côtés, il mène une vie laborieuse et chaste ; mais, chaque nuit, Belkiss visite son sommeil et il s'unit à elle en songe. Ainsi s'établit un sage équilibre entre les contraintes de la vie quotidienne et les enchantements du rêve. Cependant, la Fée demande à Michel de partir à la recherche de la plante miraculeuse qui lui rendra la jeunesse ; c'est en prétendant acheter « la mandragore qui chante » chez un herboriste qu'il se fait reconnaître pour un lunatique et interner.

II L'INFLUENCE DE NODIER

L'INVITATION AU ROMANTISME

Par sa réflexion et par son exemple, Nodier contribua à élargir l'horizon littéraire de ses contemporains. Son génie s'est trop dispersé pour s'imposer par une œuvre vraiment maîtresse ; mais sa curiosité l'a entraîné à l'aventure ; et il fut un éveilleur d'idées. Il lui a manqué, pour devenir un chef d'école, la continuité des vues, la fermeté doctrinale ; mais ses contes, écrits dans une langue pure, quoique un peu molle, offrent de séduisants modèles de l'art romantique.

L'INVITATION AU RÊVE

Plus particulièrement, Nodier a eu le mérite de discerner l'importance du rêve dans la vie psychique et dans la création littéraire : « Le sommeil est non seulement l'état le plus puissant, mais encore le plus lucide de la pensée, sinon dans les illusions passagères dont il l'enveloppe, du moins dans les perceptions qui en dérivent. » A ce titre, il peut être considéré comme l'initiateur d'une littérature illustrée au XIXᵉ siècle par des chefs-d'œuvre comme l'*Aurélia* de Nerval, et qui trouve son expression la plus audacieuse au XXᵉ siècle dans le mouvement surréaliste.

OUVRAGES A CONSULTER

NODIER. *Contes*, éd. P.-G. Castex, Classiques Garnier, 1961.
P.-G. CASTEX. *Le Conte fantastique en France de Nodier à Maupassant*, José Corti, 1951.

CHAPITRE III

Lamartine par Gérard. Musée de Versailles.

LAMARTINE

Une douloureuse aventure d'amour inspire à Lamartine les vers les plus émouvants de son premier recueil, les Méditations, *qu'accueille avec enthousiasme, en 1820, une génération sentimentale et mélancolique. La même année, il entre dans la carrière diplomatique; plus tard, sous la monarchie de Juillet, il se lance dans la vie publique; mais il consacre ses loisirs à la poésie, qu'il se flatte de cultiver en « amateur très distingué ». Son inspiration, d'abord intime, s'élargit dans les* Harmonies, *où il épanche sa ferveur religieuse; puis dans deux récits épiques,* Jocelyn *et* La Chute d'un ange; *enfin dans les* Recueillements, *où il célèbre la fraternité humaine. En 1848, il est membre du gouvernement provisoire; mais sa popularité s'effondre bientôt; criblé de dettes, il entreprend par nécessité une foule d'œuvres en prose et, notamment, un* Cours familier de littérature; *il meurt dans la misère. La poésie de Lamartine est avant tout une poésie spontanée et sincère, un « chant intérieur » qui s'élève dans l'âme et qui s'exhale dans la musique du vers.*

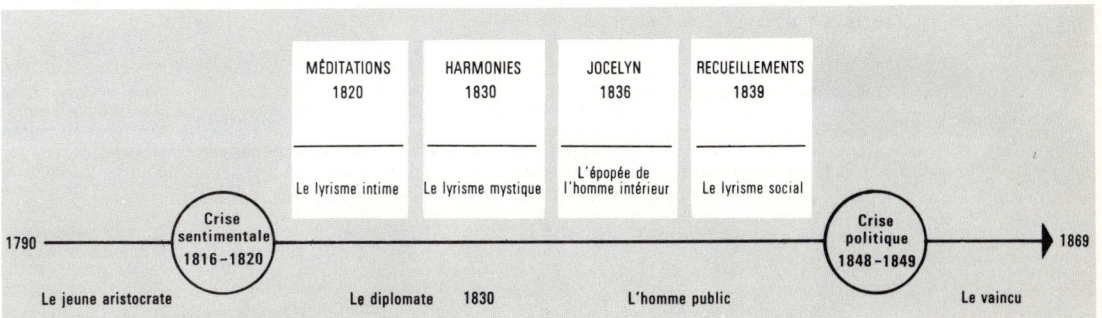

MÉDITATIONS 1820	HARMONIES 1830	JOCELYN 1836	RECUEILLEMENTS 1839
Le lyrisme intime	Le lyrisme mystique	L'épopée de l'homme intérieur	Le lyrisme social

1790 — Crise sentimentale 1816-1820 — Crise politique 1848-1849 — 1869

Le jeune aristocrate — Le diplomate 1830 — L'homme public — Le vaincu

I   LA CARRIÈRE DE LAMARTINE

A   Le jeune aristocrate (1790-1820)

LES PREMIÈRES EXPÉRIENCES

Alphonse de Lamartine passe une enfance heureuse au contact de la nature dans le petit domaine que possède son père à Milly, près de Mâcon. Il se fortifie dans les sentiments de piété qu'il a hérités de sa mère, lors de son séjour au collège jésuite de Belley (1803-1807). Revenu à Milly, il se passionne pour la lecture et sent s'éveiller en lui une vocation poétique. Au cours d'un voyage en Italie (1811-1812), il fait la connaissance d'une jeune fille napolitaine qu'il évoquera sous le nom de Graziella. Un bref passage dans l'armée sous la première Restauration, des soucis créés par les vicissitudes politiques, la recherche d'une situation, les déconvenues littéraires, la maladie, élargissent et mûrissent son expérience. En septembre 1816, il se rend à Aix-les-Bains pour une cure thermale; il y fait la connaissance de Mme Julie Charles, qui lui inspire un amour profond. Il la retrouve à Paris pendant l'hiver; mais, l'année suivante, il l'attend vainement à Aix; la jeune femme, atteinte de phtisie, meurt à Paris en décembre 1817.

LE LYRISME INTIME : LES MÉDITATIONS (1820)

L'idylle tragiquement interrompue fournit à la sensibilité du poète un thème privilégié d'inspiration. Son premier recueil, les *Méditations*, paraît le 13 mars 1820; les pièces qui le composent reflètent les préoccupations de cinq années chargées d'incertitude, de deuil et d'espoir. Les plus émouvantes de ces pièces retracent les principales étapes de l'aventure sentimentale et permettent de suivre les états d'âme successifs du poète : inquiétude douloureuse avant la mort de la personne aimée dans *Le Lac* et *L'Immortalité* (1817); détresse après l'événement fatal dans *L'Isolement* (1818); apaisement dans *Le Soir, Le Souvenir, Le Vallon, L'Automne* (1819). Un certain nombre de pièces enfin, *La Foi, La Semaine sainte, Le Chrétien mourant, Dieu, La Providence à l'homme, La Prière, L'Homme,* expriment un sentiment religieux qui semble renaître avec une fermeté nouvelle à partir de 1818.

Le Lac. Mme Charles (Elvire) est malade à Paris. Le poète se promène seul sur le lac du Bourget, se souvient avec mélancolie d'une autre promenade qu'il a accomplie l'année précédente avec son amie et demande au lac de conserver dans son éternité la trace éphémère de leur extase.

L'Isolement. Elvire est morte depuis huit mois. Le poète, retiré à Milly, se déclare désormais indifférent aux beautés de la nature. Après avoir exhalé sa détresse, il appelle de ses vœux la mort libératrice.

L'Automne. Un an s'est écoulé encore et la vie reprend ses droits. Le poète évoque avec discrétion l'image d'une autre femme qui, après l'amertume d'une passion malheureuse, va lui apporter les joies calmes et pures de l'existence conjugale.

L'Homme. A la fin de 1819, le poète s'adresse à Lord Byron, lui reproche son scepticisme, son orgueil, affirme que l'homme doit accepter la volonté divine et rappelle au grand révolté la loi chrétienne d'humilité et d'amour.

B Le diplomate (1820-1830)

LE TRIOMPHE DES MÉDITATIONS

Les Méditations *venaient à leur heure.* La génération de 1820, lassée ou sevrée d'héroïsme, éprise de rêverie, attendait le poète de génie qui saurait exprimer ses tendances profondes : le recueil combla son attente. *Dans ces élégies mélodieuses et pures, d'innombrables lecteurs retrouvèrent leurs propres états d'âme :* mélancolie vague, désenchantement; et aussi exaltation, aspirations mystiques. Un souffle nouveau passait sur la poésie. Quarante-cinq ans plus tard, Sainte-Beuve devait célébrer l'événement comme l'une des plus grandes dates de la littérature française : « C'était une révélation. »

LES NOUVELLES MÉDITATIONS (1823)

Après cette réussite éclatante, Lamartine semble s'acheminer vers une maturité heureuse. Il épouse une jeune Anglaise, Elisabeth Birch, entre dans la diplomatie et part pour l'Italie. En 1823, il publie de *Nouvelles Méditations,* sans retrouver le succès des premières : il leur manquait l'attrait de la nouveauté.

Ischia. En octobre 1820, le poète séjourne avec sa jeune femme à Ischia, près de la côte napolitaine. Dans le décor enchanteur de cette île heureuse, il goûte par tous les sens le charme de la nuit et se donne un moment l'illusion d'échapper à la loi implacable du temps.

Le Crucifix. Le poète se souvient d'Elvire, dont il évoque la mort pieuse. Il médite sur le crucifix qu'elle a étreint et qu'il a conservé. Ce souvenir sacré, symbole de résignation, est aussi un symbole de fraternité entre tous les chrétiens qui, après elle, après lui, l'étreindront à leur tour.

LE LYRISME MYSTIQUE : LES HARMONIES (1830)

La ferveur spirituelle de Lamartine s'est fortifiée. Dans *La Mort de Socrate* (1824), dans *Le Dernier Chant du pèlerinage d'Harold* (1825), il apparaît hanté par l'idée de l'immortalité. *A partir de 1826, devant les paysages italiens, qui témoignent à ses yeux de la grandeur divine, il célèbre sa foi chrétienne; et il publie en 1830 un recueil intitulé* Harmonies poétiques et religieuses. Ces poèmes, composés « sans liaison, sans suite, sans transition apparente », forment pourtant à eux tous une symphonie à la gloire de Dieu. Quelques pièces rendent encore un accent douloureux ou amer; mais l'ensemble du recueil exprime la sécurité d'une âme qui croit à la Providence et qui se confie à elle.

Hymne du Matin. A l'aube, les vagues de la mer, les forêts, les fleurs, les vents, les oiseaux, le poète lui-même, rendent un hommage à Dieu. Toutes les créatures mêlent leurs accents dans cet hymne d'amour qui monte avec allégresse de la terre vers le ciel.

Le Chêne. Le poète médite sur un chêne séculaire qu'il a vu aux bains de Casciano; il dit son humble naissance; il célèbre sa croissance, sa vitalité, sa puissance, évoque les créatures qui vivent sous son ombre, puis, rappelant l'humilité de son origine, loue Dieu, explication du mystère et source de toute existence.

Milly ou la Terre natale. Le poète chante sa petite patrie. D'autres paysages, alpestres ou méditerranéens, possèdent sans doute plus de majesté; mais son cœur est à Milly. Le domaine lui rappelle tous les souvenirs de son enfance; il rêve d'y vieillir et d'y mourir.

Novissima Verba. Le poète, dans un moment de dépression, jette un regard sur la vie qui s'enfuit, rappelle ses déceptions sentimentales et intellectuelles, songe à la mort qui menace; mais sa conscience lui fait entrevoir un Dieu consolateur, dont l'image chasse l'inquiétude du présent et éclaire le souvenir du passé.

C L'homme politique (1830-1848)

L'ENTRÉE DANS LA VIE PUBLIQUE

Après la révolution de 1830, Lamartine abandonne la carrière diplomatique. Une première fois, en 1831, il se présente aux élections législatives; mais il est battu. Deux poèmes expriment ses préoccupations nouvelles : *A Némésis*, où, s'adressant au polémiste républicain Barthélemy, il se flatte de défendre la vraie liberté; *Les Révolutions*, où il exhorte les hommes de bonne volonté à marcher dans la voie du progrès. Au cours d'un voyage en Orient, dont il a laissé une relation, il perd sa fille Julia; et son deuil lui inspire un poème poignant, *Gethsémani*. *Élu député de Bergues en 1833, il refuse de se rattacher à un parti* et prétend siéger « au plafond ». Infatigablement, il s'exerce à l'éloquence politique.

« L'ÉPOPÉE DE L'HOMME INTÉRIEUR » : JOCELYN (1836)

Lamartine rêvait de donner à la France la grande épopée qui lui manquait. Il conçut un gigantesque ouvrage qui retracerait l'histoire des destinées humaines. Les dix mille vers de *Jocelyn* devaient constituer l'un des derniers épisodes de cet ensemble. L'œuvre, en neuf époques, se présente comme un « journal trouvé chez un curé de campagne ».

Jocelyn renonce pour sa sœur à l'héritage paternel et décide de se faire prêtre (I). Il est au séminaire, lorsque la Terreur l'oblige à se réfugier dans une grotte alpestre du Dauphiné (II). Il recueille dans sa retraite le fils d'un proscrit blessé à mort (III). Il découvre un jour que cet adolescent est une jeune fille, Laurence, et son amitié se transforme en un chaste amour (IV). L'évêque de Grenoble, emprisonné et condamné à mort, l'ordonne prêtre pour pouvoir se confesser à lui et recevoir de sa main les derniers sacrements : c'est le dénouement brutal de l'idylle (V). Désormais, ayant sacrifié son amour à sa vocation, Jocelyn exerce sans défaillance son sacerdoce à Valneige, un village des Alpes (VI). La mort de sa mère le ramène au pays natal, où il retrouve des souvenirs de son enfance (VII). Il accompagne sa sœur à Paris (VIII). Il revoit par hasard Laurence déchue; meurtri, il regagne son hameau. Un jour, on l'appelle pour donner l'absolution à une voyageuse mourante; il reconnaît Laurence et l'ensevelit sur les hauteurs qui abritaient autrefois leur amour (IX). Las de la vie, il meurt en soignant des malades décimés par une épidémie (*épilogue*).

LES BEAUTÉS DE JOCELYN

Tous les éléments du lyrisme lamartinien apparaissent dans Jocelyn *magnifiquement épanouis.* L'œuvre est pleine de souvenirs personnels : le séminaire, le pays natal du prêtre, la grotte, le village de Valneige, sont des paysages vrais ou composés avec des souvenirs du Mâconnais, de la Savoie, du Dauphiné; Laurence fait songer tantôt à Julia, tantôt à Julie Charles; les débats et les élans de Jocelyn rappellent le roman vécu d'un prêtre, l'abbé Dumont, que Lamartine a bien connu. Un souffle mystique traverse tout le poème; et l'histoire du héros symbolise l'ascension de l'âme humaine vers Dieu par la vertu et la souffrance purificatrice. De nombreux vers, enfin, expriment les préoccupations sociales de Lamartine : ainsi, dans la neuvième époque, il exalte le travail des champs et il esquisse une solution du problème social par le retour à la terre.

LA CHUTE D'UN ANGE (1838)

Après Jocelyn, *Lamartine publie un autre épisode, destiné à prendre place au début de son ensemble épique* : La Chute d'un Ange. En onze mille vers environ, il conte l'amour de l'ange Cédar pour Daïdha, une descendante de Caïn, et les suites de cette passion coupable : Cédar, condamné à devenir un homme, passe par toutes les épreuves de la terre, perd sa compagne au désert, meurt désespéré sur un bûcher aux côtés du cadavre et ne retrouve sa forme première qu'après neuf incarnations successives. L'œuvre contient des pages magnifiques : la traversée aérienne de Cédar et Daïdha, le tableau de la terre avant le Déluge, le chœur des cèdres du Liban, la fuite du héros et de l'héroïne à travers la forêt vierge. Mais le poète s'est abandonné avec trop de complaisance à sa facilité naturelle; et ce nouvel épisode épique fut accueilli froidement par un public déçu.

LE LYRISME SOCIAL : LES RECUEILLEMENTS (1839)

Les exigences de la vie publique empêchent d'ailleurs Lamartine de mener à bien son immense entreprise. A peine trouve-t-il désormais le temps de se « recueillir » entre deux discours. *Les* Recueillements *poétiques, sans présenter l'intérêt des premières* Méditations *et des* Harmonies, *se signalent par une inspiration plus large ou plus humaine.*

Ode à M. Félix Guillemardet. Le poète ouvre son poème par le mot « Frère » et dit son remords de s'être égoïstement attendri, dans ses recueils intimes, sur ses émois personnels; il montre comment il a découvert la pitié humaine et, appliquant ses nouveaux principes, se penche avec une profonde sympathie sur la maladie de son ami.

Utopie. Le poète exprime son idéalisme accessible aux rêves généreux. Il proclame sa foi dans le génie humain; il célèbre les temps nouveaux, où règnera la loi évangélique; il insiste toutefois sur la nécessité de ne pas appeler avec trop d'impatience un avenir vers lequel on doit marcher avec une résolution calme et confiante.

L'HISTOIRE DES GIRONDINS (1847)

Sous le ministère Guizot, Lamartine passe à l'opposition et fait campagne, avec Ledru-Rollin, pour un suffrage élargi. En publiant l'*Histoire des Girondins*, il révèle ses tendances et ses intentions : « Une histoire écrite dans cet esprit sera pour le peuple une haute leçon de moralité révolutionnaire, propre à l'instruire et à le contenir à la veille d'une révolution. » Plein de sympathie pour la révolution de 1789, il considère les Girondins comme des modèles de sagesse, tout en dénonçant quelques-unes de leurs erreurs; mais il réprouve les Montagnards, responsables, selon lui, des excès sanglants qui compromirent les réformes acquises. L'œuvre se présente ainsi comme un livre de morale politique et de propagande. Elle est insuffisamment informée, mais éloquente; elle évoque avec chaleur les grandes scènes de la Révolution, en particulier celle du dernier banquet des Girondins. Elle reçut un accueil enthousiaste et contribua largement au crédit de Lamartine, qui, ministre des affaires étrangères en février 1848, tint un moment entre ses mains les destinées de la France. Nouveau girondin, il allait bientôt subir la loi des événements et sombrer dans la tourmente.

D Le vaincu (1848-1869)

L'EFFONDREMENT POLITIQUE

En juin 1848, Lamartine prit nettement position contre l'émeute; sa popularité s'effondra. Candidat contre Cavaignac et le prince Louis-Napoléon à la présidence de la République, il ne recueillit qu'un petit nombre de suffrages. *En 1851, l'avènement du Second Empire marque la fin de sa carrière politique.* Alors commence pour lui une vieillesse misérable, éclairée seulement par une affection profonde pour sa nièce, Valentine de Cessiat.

LES TRAVAUX FORCÉS LITTÉRAIRES

Pour payer des dettes criardes, Lamartine travaille sans répit; il rédige à la hâte une foule d'œuvres en prose. Les unes sont des récits autobiographiques, déjà en chantier avant 1848, et qu'il met au point pour la publication : il évoque dans *Les Confidences* (1849) son aventure avec Graziella et dans *Raphaël* (1849) ses amours avec Elvire. D'autres sont des romans : il conte dans *Geneviève* (1851) le destin d'une humble servante et dans *Le Tailleur de pierres de Saint-Point* (1851) celui d'un Jocelyn laïque, qui s'est sacrifié pour son frère. D'autres encore sont des compilations historiques : l'*Histoire de la Restauration*, l'*Histoire des Constituants*, l'*Histoire de la Turquie*, l'*Histoire de la Russie*. A partir de 1856, enfin, il écrit un *Cours familier de littérature*, que, jusqu'à sa mort, il sert à ses abonnés par livraisons mensuelles. « Galérien de la plume », il ne peut échapper à la misère; il doit vendre la maison paternelle de Milly, accepter de la ville de Paris un chalet à Passy et de l'Empereur une rente viagère. Il meurt solitaire, épuisé.

LA SURVIVANCE DE L'INSPIRATION INTIME

Dans cette détresse, il lui est arrivé pourtant, comme autrefois, de transcrire ses émois intimes. En 1857, alors qu'il s'était rendu à Milly pour assister aux vendanges, il improvisa, en marge d'un vieux Pétrarque, *La Vigne et la Maison.* Ce poème, publié trente-sept ans après les *Méditations*, est, par la profondeur émouvante de l'accent et par l'admirable variété du rythme, son chef-d'œuvre lyrique. La mélancolie du poète, chargée des deuils et des déceptions d'une vie, rend un son plus plein que celle de ses premières élégies et se résout en une élévation dont le spiritualisme retrouve la pureté des *Harmonies*.

La Vigne et la Maison.

Au coucher du soleil, le poète s'entretient avec son âme, dont il veut dissiper la tristesse. Il chai. la sérénité vaporeuse du crépuscule et il évoque les doux souvenirs qui demeurent attachés à la maison couverte de lierre et de vigne. Mais l'âme s'obstine dans son désespoir : pour elle, la maison délaissée et silencieuse évoque un bonheur perdu sans retour. Peu à peu, pourtant, elle se laisse aller, elle aussi, à faire revivre les belles années d'autrefois; elle revoit la maison bruissante de vie et vibrante « comme un grand cœur de pierre », les sœurs du poète, pleines de gaieté, et leur mère penchée sur elles comme sur une nichée d'oiseaux. Mais les sœurs ont fondé au loin un foyer; des cercueils ont franchi le seuil; et un jour, la porte s'est refermée sur une demeure vide. L'âme frémit au rappel de ces deuils. Dieu ne réunira-t-il pas les membres dispersés de la famille ? Il semble que ce vœu du poète s'exauce : une main d'ange fait un linceul avec un lange de son berceau.

Le château de Saint-Point. Lithographie de Tirpenne.
Lamartine reçut le château de Saint-Point, à vingt kilomètres de Mâcon,
par une donation que lui fit son père en 1820, à l'occasion de son mariage.
Il y séjourna souvent à partir de 1849.

La maison de Milly :
« Contemple la maison de pierre
Dont nos pas usèrent le seuil;
Vois-la se vêtir de son lierre
Comme d'un vêtement de deuil. »
(La Vigne et la Maison).

II LA POÉSIE DE LAMARTINE
A L'inspiration poétique

Dans la préface des *Méditations*, Lamartine a défini lui-même, non sans orgueil son mérite et son originalité : « Je suis le premier qui ai fait descendre la poésie du Parnasse, et qui ai donné à ce qu'on nommait la Muse, au lieu d'une lyre à sept cordes de convention, les fibres mêmes du cœur de l'homme, touchées et émues par les innombrables frissons de l'âme et de la nature. » La poésie n'est pas pour lui un métier, mais un besoin de sa sensibilité qui, au lendemain d'une crise morale ou dans un élan mystique, se libère par une effusion; la sincérité du poète rajeunit les lieux communs du lyrisme.

L'AMOUR ET LA NATURE

Lamartine donne toujours à l'analyse de l'amour un caractère profondément personnel : il révèle un désespoir récent (*L'Isolement*), rappelle un émoi de sa première jeunesse (*Le Premier Regret*, dans les *Harmonies*), évoque la douceur, de son épouse (*Ischia*) ou la grâce de sa nièce (*Un Nom*); Elvire, Graziella, Elisabeth Birch, Valentine de Cessiat, nuancent de leur charme particulier la peinture d'un sentiment éternel. *A ses joies ou à ses peines, il associe étroitement la nature* : il y puise une consolation à sa tristesse (*Le Vallon*) ou constate au contraire qu'elle lui est devenue étrangère (*L'Isolement*); il y retrouve, par une association cruelle, une douleur oubliée (*Le Premier Regret*); ses paysages, souvent imprécis et comme immatériels, reflètent les états de son âme.

LA MORT ET LA FOI

Lamartine est obsédé par la pensée de la mort; il y aspire (*L'Isolement*) ou bien il la redoute (*L'Automne*); il songe aux êtres qu'il a perdus, à Elvire, à Julia (*Gethsémani*), à ses parents (*La Vigne et la Maison*); il appelle sur tous les morts la miséricorde de Dieu (*Pensée des morts*, dans les *Harmonies*). *Par-delà la mort, il rêve à la vie éternelle* et prolonge en élévations religieuses la plupart de ses méditations; il exprime ses doutes (*Le Désespoir*), ses repentirs (*La Providence à l'homme*), et surtout ses élans de confiance ou d'adoration (*Harmonies*); dans sa poésie s'affirme souvent cette foi vibrante et robuste qu'a éveillée en lui, dès son plus jeune âge, une pieuse éducation.

LE PASSÉ ET L'AVENIR

Lamartine évoque avec prédilection les souvenirs anciens : aux heures de lassitude, il aime à se retrouver dans l'image lointaine des jours écoulés; il songe à la cloche de son village, à sa maison, à sa vigne, aux ombres aimées, noyées dans la brume et pourtant évoquées avec une poignante émotion. *Enfin, la sincérité de ses rêves politiques et sociaux passe dans sa poésie*; l'ardeur de ses convictions confère aux vers des *Recueillements* une plénitude et une jeunesse nouvelles; l'âme de Lamartine, comme celle de Victor Hugo, communie dans un élan généreux avec celle de son siècle, dont elle traduit les aspirations et les espérances.

B   L'expression poétique

Lamartine affectait un mépris de grand seigneur pour la technique et le travail du vers. En fait, s'il lui arrive d'écrire « d'une seule haleine », la plupart de ses poèmes ont été longuement mûris et minutieusement corrigés. Il a discerné et défini avec lucidité la mission du langage poétique, qui s'adresse, non seulement à l'intelligence, mais à l'être tout entier. Sa poésie, tantôt fluide et tantôt vigoureuse, est caractérisée surtout par une recherche constante de l'harmonie.

LA FLUIDITÉ

Lamartine a voulu créer un langage qui puisse exprimer « les plus intimes et les plus insaisissables nuances du sentiment ». Au mot qui peint, il préfère le mot qui suggère. Il donne ainsi à un grand nombre de ses vers une douceur ineffable, qui échappe souvent à l'analyse :

> Et la moitié du ciel pâlissait, et la brise
> Défaillait dans la voile, immobile et sans voix,
> Et les ombres couraient, et sous leur teinte grise
> Tout sur le ciel et l'eau s'effaçait à la fois.

LA VIGUEUR

Lamartine ne s'en est pas tenu à cette poésie de rêve, aux tonalités fondues. Le voyage en Orient éveille en lui le sens de la couleur franche; les expériences politiques lui donnent le goût des réalités concrètes. Après 1830, sa poésie gagne en vigueur et en précision. *L'Ode à Némésis, Les Révolutions, La Marseillaise de la paix,* ode écrite en réponse au *Rhin allemand* de Becker, contiennent des mouvements oratoires d'une grande puissance; et certains vers de *La Vigne et la Maison* valent par le réalisme du détail :

> Regarde au pied du toit qui croule :
> Voilà, près du figuier séché,
> Le cep vivace qui s'enroule
> A l'angle du mur ébréché.

L'HARMONIE

Lamartine prolonge la valeur expressive des mots grâce à un sens profond de la mélodie et du rythme. Les syllabes associées retentissent à l'oreille comme les notes successives d'un chant. Le rythme s'assouplit et se modèle au gré de l'inspiration; il est monotone et berceur, dans les *Méditations*, pour évoquer le deuil d'une sensibilité douloureuse; il devient plus plein, dans les *Recueillements*, pour exprimer les espoirs d'une âme ouverte désormais aux problèmes humains; il offre une diversité exceptionnelle dans les *Harmonies*, où alternent des mètres variés, parfois combinés en amples strophes, pour évoquer, comme dans *Le Chêne*, le miracle de la vie, ou, comme dans l'*Hymne du matin*, les voix multiples de la Création : le mouvement est alors si intense dans son aisance souveraine que l'unique voix du poète fait retentir toute la symphonie de l'univers.

OUVRAGES A CONSULTER

LAMARTINE. *Œuvres poétiques complètes*, éd. M.-F. Guyard, Pléiade, Gallimard.
H. GUILLEMIN. *Lamartine*, Hatier, 1940. H. DE LUPPÉ. *Les Travaux et les Jours de M. de Lamartine*, Albin Michel, 1942.

LE VALLON

Mon cœur, lassé de tout, même de l'espérance,
N'ira plus de ses vœux importuner le sort;
Prêtez-moi seulement, vallon de mon enfance,
Un asile d'un jour pour attendre la mort.

Voici l'étroit sentier de l'obscure vallée :
Du flanc de ces coteaux pendent des bois épais
Qui, courbant sur mon front leur ombre entremêlée,
Me couvrent tout entier de silence et de paix.

Là, deux ruisseaux, cachés sous des ponts de verdure,
Tracent en serpentant les contours du vallon;   10
Ils mêlent un moment leur onde et leur murmure,
Et non loin de leur source ils se perdent sans nom.

La source de mes jours comme eux s'est écoulée;
Elle a passé sans bruit, sans nom et sans retour;
Mais leur onde est limpide, et mon âme troublée   15
N'aura pas réfléchi les clartés d'un beau jour.

La fraîcheur de leurs lits, l'ombre qui les couronne,
M'enchaînent tout le jour sur les bords des ruisseaux;
Comme un enfant bercé par un chant monotone,
Mon âme s'assoupit au murmure des eaux.   20

LAMARTINE, *Méditations*, V.

Introduction.

Le Vallon est une méditation ébauchée par Lamartine au début de l'été 1819, dans les montagnes du Dauphiné, où il s'était retiré quelque temps chez son ami Virieu. Près de deux ans se sont écoulés depuis la mort de Mme Charles, sans qu'il soit libéré de son souvenir douloureux. La nature, pourtant, va exercer sur lui une influence apaisante.

Le texte.

La première strophe est d'une tonalité sombre. Encore tout meurtri par la douleur, le poète est sans force pour affronter l'avenir. Grâce à une alliance de mots particulièrement hardie : *lassé... de l'espérance*, Lamartine renouvelle le thème déjà banal de l'ennui de vivre. Prêt à la *mort*, sans toutefois l'appeler de ses vœux, comme dans *L'Isolement*, il demande comme dernière grâce à un paysage familier d'accueillir pour *un jour* sa détresse. Ce prélude amer fera mieux saisir, par contraste, le rôle consolant de la nature.

Dans la seconde strophe, une description un peu imprécise fixe les éléments du paysage : un *sentier*, des *coteaux* boisés, qui baignent le vallon de leur ombre. Ce vallon est modeste : le poète place des accents sur des mots qui en limitent l'horizon et en adoucissent les contours, *étroit, obscure, ombre*. Le *silence* et la *paix* y règnent : ils gagneront l'âme endeuillée.

La troisième strophe introduit un nouveau détail du paysage : *deux ruisseaux*, dont la discrétion est en harmonie avec l'ensemble du décor; l'œil les discerne à peine, sous la *verdure* qui les recouvre. Le poète, pourtant, en suit le cours sinueux. Et comment ne pas voir dans cette strophe un symbolisme profond? Ils se rejoignent comme se sont rejoints Lamartine et Elvire; *ils mêlent leur onde et leur murmure* comme les deux amants ont uni leurs vies et leurs voix; ils vont se perdre *non loin de leur source*, comme Elvire morte en pleine jeunesse, comme le poète lui-même, qui, à vingt-neuf ans, pense qu'il va bientôt mourir. Rappel infiniment délicat d'une aventure douloureuse que le poète veut oublier, et dont il ne parle plus que par allusions. Dans la quatrième strophe, plus explicite, la description est franchement suspendue et laisse place au symbole. Le mot *source*, qui, au dernier vers de la strophe précédente, était appliqué aux ruisseaux, s'applique maintenant à la vie du poète : c'est son propre destin qu'il suit dans l'écoulement de l'onde. *Sans bruit* rappelle le *murmure* des ruisseaux; *sans nom* reprend littéralement une indication précédente; *sans retour* évoque l'inexorable marche de la vie, semblable aux ruisseaux qui serpentent jusqu'à l'endroit où ils se perdent. Mais à la limpidité de leur flot, le poète oppose le trouble de son âme, né de sa douleur d'amour et des préoccupations qui l'ont agité : le rapprochement entre *limpide*, pris au sens propre, et *troublée*, au sens figuré, illustre la correspondance entre le spectacle et l'émoi intérieur.

Mais ce contraste même attire le poète : ce paysage lui apporte la *fraîcheur* et *l'ombre* qui lui manquent. Après l'avoir décrit, puis associé à son état d'âme, il montre, dans la cinquième strophe, ses effets apaisants. Son charme paisible a quelque chose d'impérieux, que traduit le verbe *enchaînent*; il agit sur l'âme; et voici qu'à l'amertume de la première strophe succède un assoupissement presque voluptueux. Dans l'avant-dernier vers, *Comme un enfant bercé par un chant monotone*, la disposition des accents évoque un bercement régulier et doux; dans le dernier vers, *Mon âme s'assoupit au murmure des eaux*, les sonorités assourdies des voyelles se combinent pour suggérer la paix enfin conquise. C'est la douleur qui s'endort au chant des ruisseaux.

Conclusion.

Ce passage fournit un bon exemple de la façon dont Lamartine a senti la nature. Il goûte ce paysage, non en artiste sensible à ses lignes, à ses reliefs, à ses couleurs, mais en homme dévoré par un tourment intérieur et qui cherche à se pénétrer de sa sérénité. Nous ne sommes jamais en présence d'une véritable description : chaque détail a sa signification par rapport au poète qui s'en pénètre. Tantôt par un symbolisme discret, tantôt par une comparaison suivie et explicite, des correspondances s'établissent entre la nature et l'âme.

SUJETS DE COMPOSITION FRANÇAISE

1 Lamartine écrit à Victor Hugo, peu de temps après la mort de Léopoldine. Il prend une part d'autant plus vive à sa détresse que lui-même ne s'est jamais consolé de la perte de sa petite Julia.

2 « Les *Méditations* peuvent-elles rester pour nous ce qu'elles étaient pour les contemporains ? » Vous répondrez à cette question, que pose Albert Thibaudet.

3 Comment l'inspiration de Lamartine a-t-elle évolué des premières *Méditations* aux *Recueillements* ?

4 La mélancolie et même le désespoir ont souvent inspiré Lamartine; doit-on en conclure que ce poète fut un pessimiste?

CHAPITRE IV

Victor Hugo, par Rodin. Musée V. Hugo.

VICTOR HUGO

Tout jeune, Victor Hugo, grâce à une virtuosité éblouissante, s'impose comme le chef des écrivains romantiques, qu'il conduit à la bataille et à la victoire. Il réussit dans tous les genres, poésie, théâtre, roman, rêve d'être l'« écho sonore » de son temps et se proclame investi d'une mission sacrée. Mais il ne s'élève à des sommets qu'après deux crises violentes, nées l'une du deuil et l'autre de l'exil : à Jersey, dans une solitude glorieuse, son génie, mûri par la souffrance et par l'expérience politique, exalté par l'enthousiasme visionnaire, le consacre comme la plus grande figure littéraire du XIXe siècle.

Hugo possède une pensée ardente à poser les grands problèmes de la vie sociale et les grandes énigmes de l'univers; une imagination inépuisable, qui éveille en lui tout un monde d'images, de symboles, de rythmes, de mots; une technique sans défaut, qui lui permet, jusque dans ses créations les plus hallucinées, de conserver la maîtrise du verbe. Le concours de ces facultés lui a permis d'édifier une œuvre exceptionnelle à la fois par sa qualité, sa diversité et son étendue, avec la régularité et la sûreté d'une force de la nature.

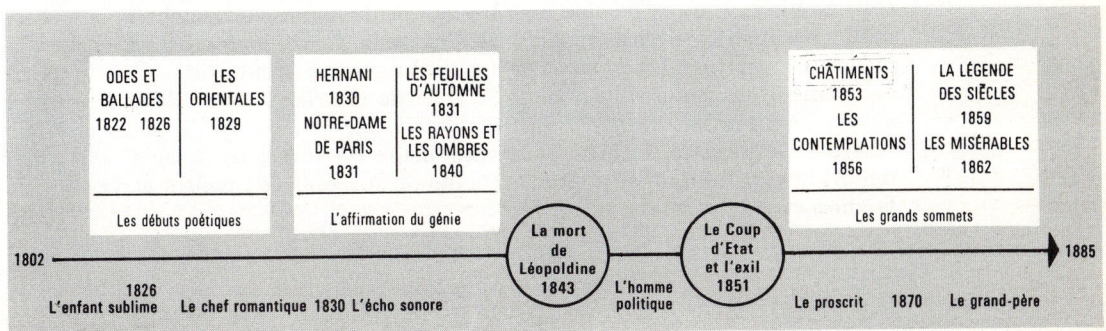

ODES ET BALLADES 1822 1826	LES ORIENTALES 1829	HERNANI 1830 NOTRE-DAME DE PARIS 1831	LES FEUILLES D'AUTOMNE 1831 LES RAYONS ET LES OMBRES 1840			CHÂTIMENTS 1853 LES CONTEMPLATIONS 1856	LA LÉGENDE DES SIÈCLES 1859 LES MISÉRABLES 1862
Les débuts poétiques		L'affirmation du génie				Les grands sommets	

La mort de Léopoldine 1843 — Le Coup d'Etat et l'exil 1851

1802 ———————————————————————————————— 1885

1826
L'enfant sublime — Le chef romantique 1830 L'écho sonore — L'homme politique — Le proscrit 1870 Le grand-père

I LA CARRIÈRE DE VICTOR HUGO

A L'enfant sublime (1802-1826)

ANNÉES DE FORMATION

Victor Hugo, né à Besançon « d'un sang breton et lorrain à la fois », accompagne tout jeune son père, colonel, puis général de l'Empire, dans les pays où l'appelle le service de l'empereur, notamment à Naples (1808) et en Espagne (1811-1812). Dans l'intervalle de ses voyages, puis au retour d'Espagne, il habite, à Paris, près du Val de Grâce, une paisible maison attenante au couvent des Feuillantines. Il entre comme interne à la pension Cordier (1814-1818) et prépare l'École Polytechnique au lycée Louis-le-Grand. Mais sa vocation s'éveille de bonne heure : à quinze ans, l'Académie française le distingue ; à dix-sept ans, les Jeux Floraux de Toulouse le couronnent ; il écrit son premier roman, *Bug-Jargal*, dont le sujet est une révolte des Noirs à Saint-Domingue ; et il fonde, avec ses frères Abel et Eugène, *Le Conservateur littéraire*. Ses ambitions sont déjà immenses : « Je veux être Chateaubriand ou rien. »

ODES ET BALLADES (1822-1826)

En 1822, Hugo publie un recueil d'*Odes* et reçoit pour ce premier ouvrage une pension de Louis XVIII ; il peut ainsi épouser son amie d'enfance, Adèle Foucher, dont il est passionnément épris. Il fait paraître, en 1824, de *Nouvelles Odes*, puis, en 1826, les *Odes et Ballades*, qui recevront leur forme définitive en 1828.

L'inspiration des Odes. *Dans les* Odes, *la personnalité du poète ne se dégage pas encore nettement.* Victor Hugo a subi l'influence de Chateaubriand, de Lamartine et des poètes du XVIIIᵉ siècle. Il exprime avec éclat des convictions légitimistes et catholiques (*Louis XVIII, La Naissance du duc de Bordeaux*). Il donne une place aux souvenirs (*Mon enfance, A mon père*), aux émois intimes (*Au vallon de Chérizy*), aux songes capricieux (*Rêves*) ; mais il n'innove guère et développe volontiers des lieux communs dans une langue conventionnelle.

La virtuosité des Ballades. *Les* Ballades *ne sont guère plus originales par le fond* ; ces « esquisses », où se dessine un Moyen Age de fantaisie, avec chasses et tournois, chevauchées aventureuses, vieux manoirs et donjons crénelés, pages et ménestrels, doivent beaucoup à la mode du genre « troubadour », plus particulièrement aux œuvres de Walter Scott et de Charles Nodier. *Mais un certain nombre de ces ballades attestent, dans la forme, une rare virtuosité.* Hugo possède déjà tous les secrets du métier ; le vocabulaire est riche ; les images sont éclatantes ; la versification, surtout, s'accommode aux plus étonnantes acrobaties de la rime et du rythme.

> Daigne protéger notre chasse,
> Châsse
> De monseigneur Saint Alexis
> Six!
>
> *(La Chasse du Burgrave)*

B Le chef romantique (1826-1830)

ANNÉES D'ORIENTATION

En 1826, Victor Hugo est déjà un écrivain connu; outre les *Odes et Ballades*, il a publié un roman, *Han d'Islande*, dont la critique a vivement discuté l'inspiration frénétique; mais il n'a pas encore pris position entre les classiques et les romantiques. *Le moment est venu pour lui d'entrer dans la lutte. En art, il va opter pour l' « ordre » romantique contre la « régularité » classique; en politique, il va s'éloigner peu à peu du légitimisme autoritaire pour adopter une attitude libérale.* Il compose, pour son drame *Cromwell* (1827), une préface dont le retentissement le désigne comme le chef de l'école nouvelle. Son appartement, rue Notre-Dame-des-Champs, devient le siège du Cénacle. Sa gloire, consacrée par un second recueil poétique, *Les Orientales*, et par un récit humanitaire, *Le Dernier Jour d'un condamné*, rayonne dans la France entière. Au théâtre, il s'impose plus difficilement : *Cromwell* s'est avéré injouable; un autre drame, *Amy Robsart*, représenté sous le nom de son beau-frère Paul Foucher, est accueilli par des sifflets; *Marion Delorme* n'obtient pas le visa de la censure; mais en 1830 *Hernani* triomphe sur la scène de la Comédie-Française.

LA PRÉFACE DE CROMWELL

La *Préface* de *Cromwell* innove assez timidement : l'auteur, bien qu'il prétende mettre « le marteau dans les théories, les poétiques et les systèmes », se borne souvent à reprendre des revendications énoncées par Schlegel ou Stendhal[1]; mais les formules denses, la verve tapageuse, le style claironnant, empanaché de métaphores, confèrent à ce manifeste une allure révolutionnaire.

La théorie des trois âges. On peut distinguer trois grandes époques dans l'histoire de l'Humanité; à chacune de ces époques correspond une forme propre d'expression littéraire.

Les temps primitifs. Les hommes, encore tout proches de l'innocence originelle, s'adonnent à la vie pastorale; ils sont naïfs et pieux. Spontanément, ils créent des formes poétiques. C'est l'âge du lyrisme.

Les temps antiques. Les États se constituent; la guerre naît de leur constitution même. La poésie, pour chanter la guerre, évolue du lyrisme spontané au poème héroïque ou à la tragédie. C'est l'âge de l'épopée.

Les temps modernes. Le spiritualisme chrétien oppose le corps à l'âme, la terre au ciel. L'homme sent le combat qui se livre en lui entre les tendances résultant de ses deux natures. Cette opposition se définit dans la forme dramatique, où « tout vient aboutir dans la poésie moderne ». C'est l'âge du drame.

La théorie du drame. Le drame doit donc illustrer l'idée chrétienne de l'homme, qui est « composé de deux êtres, l'un périssable, l'autre immortel; l'un charnel, l'autre éthéré ».

Le mélange des genres. Séparer les genres, c'est isoler arbitrairement tel ou tel aspect de l'homme; les unir, c'est exprimer l'homme tout entier. Le drame doit mêler le grotesque au sublime.

L'abandon des unités. Les unités de temps et de lieu sont contraires à la vraisemblance; mais l'unité d'action ou d' « ensemble », la seule « vraie et fondée », doit être maintenue.

La couleur locale. Le décor doit donner l'impression de la vie; la couleur historique et géographique doit imprégner le fond du drame et non pas être plaquée artificiellement.

La liberté dans l'art. Il faut proscrire l'imitation qui asservit le génie, libérer le style, éviter la tirade. L'usage du vers, pourtant, n'est pas incompatible avec le naturel, et la rime doit être cultivée, comme la « suprême grâce de notre poésie ».

1. Sur les doctrines littéraires de Schlegel, voir page 18; sur celles de Stendhal, voir pages 165 et 170.

LES ORIENTALES (1829)

L'insurrection des Grecs contre les Turcs a profondément ému l'opinion française et entraîné, en littérature comme en art, un regain de curiosité pour l'orientalisme. Victor Hugo profite de l'occasion pour affirmer sa conversion aux idées libérales et pour renouveler son inspiration poétique. Il n'a jamais vu l'Orient, mais il tâche de suppléer à cette ignorance en lisant des récits de voyageurs, notamment le célèbre *Itinéraire* de Chateaubriand; son imagination de visionnaire, soutenue par ces lectures, transpose en féerie orientale le coucher du soleil, qu'il va contempler le soir sur les jardins de Grenelle. En outre, il évoque ses souvenirs de l'Espagne, qu'il rattache à l'Orient par l'influence arabe. Il publie son recueil en janvier 1829; et il énonce avec vigueur, dans une préface, le principe de la liberté dans l'art : il demande que la littérature, en particulier la poésie, ne soit plus « tirée au cordeau » comme le château de Versailles, mais variée et contrastée comme une rue de vieille ville espagnole.

Avec Les Orientales, *Victor Hugo consacre la vogue de cette poésie pittoresque dont il avait déjà donné une illustration dans les* Ballades; il prouve que sa technique peut rivaliser avec celle du peintre et il ouvre la voie aux promoteurs de l'art pour l'art. Plus encore que les poèmes inspirés par les épisodes de la guerre (*Canaris, Navarin, L'Enfant*), on aima ceux où étaient décrits les paysages lumineux de la Grèce, le ciel magique de Grenade, la vie grouillante de Salamanque; on admira la richesse des images (*Mazeppa*), la variété des rythmes (*Les Djinns*) et la musique des vers (*Clair de Lune*) :

> La lune était sereine et jouait sur les flots.
> La fenêtre enfin libre est ouverte à la brise,
> La sultane regarde, et la mer qui se brise
> Là-bas d'un flot d'argent brode les noirs îlots.

MARION DELORME (1829)

Au début de 1829, le jeune Alexandre Dumas et Casimir Delavigne ont fait applaudir, l'un *Henri III et sa cour*, l'autre *Marino Faliero*, deux drames historiques conformes aux idées nouvelles. Il est temps pour Victor Hugo, s'il veut conserver son prestige, d'illustrer ses théories par une œuvre vraiment scénique. En juin 1829, il compose *Un Duel sous Richelieu* (premier titre de *Marion Delorme*); mais les censeurs s'offusquent de quelques hardiesses à l'égard de la monarchie; et Hugo supplie en vain Charles X d'autoriser la représentation de la pièce. *Marion Delorme* est un drame habilement noué, où des scènes alertes restituent avec pittoresque les mœurs françaises sous Louis XIII et alternent avec des scènes intensément pathétiques.

Le marquis de Saverny est épris de la belle courtisane Marion Delorme; mais elle l'éconduit, car elle aime l'officier Didier. Les deux rivaux se battent en duel; ils sont arrêtés et condamnés à mort. Marion et l'oncle de Saverny implorent vainement la grâce de Louis XIII, que domine le cardinal de Richelieu. Le lieutenant criminel Laffemas propose à Marion, en échange de ses faveurs, de faire évader Didier. Le prisonnier, qui a appris le passé de Marion, refuse un tel marché et crie son mépris indigné; mais il se laisse toucher par la douleur de la courtisane, que l'amour transfigure. Didier et Saverny monteront sur l'échafaud; et Marion, désespérée, maudit Richelieu, « l'homme rouge ».

HERNANI (1830)

Hugo se remet au travail afin d'avoir sa revanche : *Hernani est commencé le 29 août 1829 et achevé le 25 septembre. La première représentation a lieu au Théâtre-Français le 25 février 1830 : ce jour marque le début d'une bataille où allaient s'affronter la vieille garde classique et la jeune garde romantique.* Hugo avait substitué à la « claque » ordinaire une troupe de jeunes gens recrutés au Quartier Latin par les soins de ses partisans fidèles, Théophile Gautier, Gérard de Nerval, Victor Pavie, Pétrus Borel. Dès le lever du rideau, les disputes commencèrent et le parterre couvrit de ses acclamations les sifflets des loges. La deuxième représentation fut encore plus bruyante et la bataille se prolongea jusqu'au jour où la pièce quitta l'affiche. *Au total,* Hernani *marqua le triomphe de l'école romantique et de l'art nouveau.*

Acte I. Le roi. Le roi d'Espagne don Carlos et un proscrit chef de bande, Hernani, qui veut venger son père jadis mis à mort par le père du roi, se trouvent face à face dans la chambre de doña Sol, dont ils sont épris. La jeune fille aime Hernani, mais elle est fiancée à son oncle, don Ruy Gomez de Silva, qui s'indigne en voyant deux hommes chez sa nièce. Le roi justifie tant bien que mal sa présence et fait passer Hernani, dont il ignore encore le nom, pour un homme de sa suite.

Acte II. Le bandit. Don Carlos rôde autour du palais de Silva. Il tombe au pouvoir d'Hernani, qui venait enlever dona Sol. Mais le roi refuse de se battre avec un bandit et Hernani laisse échapper son rival, dans l'espoir d'une meilleure rencontre.

Acte III. Le vieillard. Le jour des noces de doña Sol et de Ruy Gomez, un pèlerin frappe à la porte du château de Silva. A la vue de la jeune fille en robe de mariée, il se découvre : il est Hernani; sa tête est mise à prix; qu'on le livre au roi !

Mais le duc défend à ses valets de dénoncer son hôte; et, quand on annonce l'arrivée de don Carlos, il dissimule Hernani dans une cachette. Après le départ du prince, le vieillard et le bandit concluent un pacte : quand Hernani aura tué le roi, il mettra sa tête à la disposition de don Ruy.

Acte IV. Le tombeau. Don Carlos, mis au courant d'une conspiration contre lui, est entré dans le tombeau de Charlemagne, à Aix-la-Chapelle. Au moment où trois coups de canon annoncent son élévation à l'empire, ses soldats s'emparent des conjurés, qui ont à leur tête Hernani et don Ruy. Transfiguré par sa dignité nouvelle, Charles-Quint inaugure son règne par un acte de clémence : il unit doña Sol à Hernani, qui est en réalité Juan d'Aragon, grand d'Espagne.

Acte V. La noce. Au palais d'Aragon s'achève la fête en l'honneur du mariage de don Juan et de doña Sol. Soudain retentit le son d'un cor : c'est don Ruy qui rappelle à Hernani sa promesse. Celui-ci s'empoisonne avec son épouse et don Ruy se poignarde sur leurs cadavres.

Hernani *est une protestation par l'exemple contre le système dramatique condamné par la jeune école.* Pas d'unité de lieu : la scène est tantôt à Saragosse, tantôt dans les montagnes d'Aragon, tantôt à Aix-la-Chapelle. Pas d'unité de temps : le drame s'étale sur plusieurs mois. L'action est complexe : une intrigue sentimentale se mêle à une intrigue politique; les caractères, en revanche, sont dessinés avec une vigueur sans nuances.
Hugo, d'ailleurs, a très imparfaitement appliqué les principes positifs de la Préface de Cromwell : *la vraisemblance est négligée, la vérité historique est superficiellement reconstituée et le mélange des tons n'apparaît qu'en quelques passages; le romantisme de l'œuvre tient surtout au puissant souffle dont elle est traversée.* « A chaque instant, écrit Théophile Gautier, un vers magnifique, d'un grand coup de son aile d'aigle, vous élève dans les plus hauts cieux de la poésie lyrique. »

C L'écho sonore (1830-1843)

ANNÉES DE LUTTES

A partir de 1830, Hugo rêve d'être « l'écho sonore » de son siècle; son activité litté-raire se multiplie. Dans le genre du roman, il publie *Notre-Dame de Paris*. En poésie, quatre recueils, *Les Feuilles d'automne, Les Chants du crépuscule, Les Voix intérieures, Les Rayons et les Ombres,* marquent un progrès vers une inspi-ration plus intime et méditative. Au théâtre, il donne, pour gagner la faveur d'un public populaire, un drame en vers, *Le Roi s'amuse,* trois drames en prose, *Lucrèce Borgia, Marie Tudor, Angelo tyran de Padoue,* puis il revient à une inspi-ration plus élevée avec *Ruy Blas,* le chef-d'œuvre dramatique de sa maturité. En-fin, il révèle ses dons d'observation et de fantaisie dans des récits de voyages comme *Le Rhin.* Toute cette période est placée sous le signe du labeur, de la fièvre et du souci; la perfidie de son ami Sainte-Beuve a compromis son bonheur domestique; mais à partir de 1833, il trouve une consolation dans l'amour tendre et vigilant de Juliette Drouet, qui lui restera fidèle jusqu'à la mort; en 1841, après trois échecs, il est reçu à l'Académie française.

LA CRÉATION ROMANESQUE : NOTRE-DAME DE PARIS (1831)

Dès 1828, Hugo avait conçu l'idée d'un roman sur *Notre-Dame de Paris.* Plu-sieurs fois, il alla visiter la cathédrale; il lut, en outre, des ouvrages d'antiquités. Hugo se conforme aux traditions du roman historique; il ressuscite le Paris d'autrefois, avec ses bourgeois, ses étudiants, ses truands et surtout sa cathé-drale qui domine les événements de sa présence immuable et solennelle. En même temps, il donne à son récit une portée philosophique : une fatalité analogue à la fatalité antique conduit les personnages au meurtre et à la mort; et le pessimisme de l'inspiration confère à l'œuvre un caractère de farouche grandeur.

La Fête des fous *(livres I et II).* 6 janvier 1482, jour de la Fête des fous. Dans la grand'salle du Palais de Justice, on représente un mystère du poète Gringoire; sur le parvis danse la bohé-mienne Esméralda. Le sonneur de Notre-Dame, le hideux Quasimodo, essaie de l'enlever sur l'ordre de l'archidiacre Claude Frollo, mais elle est sauvée par le beau capitaine Phœbus de Chateaupers. Gringoire s'est égaré dans la cour des Miracles; le roi des truands le met en jugement, mais il est sauvé par la Esméralda qui, pitoyable, consent à l'épouser.

Notre-Dame et ses deux hôtes *(livres III à VI).* Voici Notre-Dame, chef-d'œuvre gothique déchu de son ancienne grandeur, et, vu du haut des tours, le Paris d'autrefois. Quasimodo vit là, au milieu de ses cloches; et son cœur s'éveille à l'amour lorsque, condamné au pilori pour avoir attaqué la Esméralda, il reçoit à boire des mains de la jeune fille. Quant à l'inquiétant Frollo, il est dévoré de passion pour elle.

L'aventure de la Esméralda *(livre VII).* La Esméralda aime Phœbus : au cours d'un rendez-vous avec elle, le jeune capitaine est poignardé par Frollo, qui laisse accuser la Esméralda.

L'héroïsme de Quasimodo *(livres VIII à X).* La Esméralda, condamnée pour meurtre et pour magie, va faire amende honorable devant le grand portail de Notre-Dame; mais Quasimodo l'en-traîne dans l'église, asile inviolable. Inquiets de ne pas la voir revenir, les truands attaquent la cathédrale; mais ils sont mis en déroute.

La vengeance et le châtiment de Frollo *(livre XI).* Frollo s'est emparé de la Esméralda; repoussé, il la livre à une vieille recluse qui recon-naît en elle son enfant autrefois perdue et tente de la cacher; mais la bohémienne est reprise. Frollo, du haut des tours, sourit affreusement en la voyant pendue; Quasimodo le précipite dans le vide et va mourir dans le charnier de Montfaucon en étreignant le cadavre de celle qu'il aimait.

LES PROGRÈS DU GÉNIE LYRIQUE (1831-1837)

A partir de 1830, les premières épreuves de la lutte littéraire, les chagrins domestiques et, bientôt, la naissance d'un nouvel amour conduisent le poète à se recueillir et à s'exprimer avec plus de sincérité dans ses vers. Il fait passer désormais au second plan la virtuosité formelle et il aborde le véritable lyrisme.

Les Feuilles d'automne (1831). *Le recueil intitulé* Les Feuilles d'automne *est dominé par la mélancolie* : « Qu'est-ce que ces pages que (le poète) livre ainsi au hasard, au premier vent qui en voudra? Des feuilles tombées, des feuilles mortes; comme toutes feuilles d'automne. Ce n'est point là de la poésie de tumulte et de bruit; ce sont des vers sereins et paisibles, des vers comme tout le monde en fait ou en rêve;... des vers de l'intérieur de l'âme. » Tantôt Hugo se souvient de sa mère, dont l'amour a protégé sa vie fragile (*Ce siècle avait deux ans*) ou de son père, vétéran de l'épopée impériale, tantôt il médite sur les âges de la vie (*Où donc est le bonheur*) ou songe au sort des déshérités (*Ce qu'on entend sur la montagne*). Pourtant cette mélancolie s'estompe au contact de la nature, qui émeut sa sensibilité d'artiste (*Pan*), et elle disparaît quand le jeune poète contemple, tout attendri, les jeux de ses enfants (*Lorsque l'enfant paraît...; Laissez, tous ces enfants sont bien là...; Il est si beau, l'enfant, avec son doux sourire...*)

Les Chants du crépuscule (1835). Les Chants du crépuscule *sont marqués par l'angoisse*. L'inquiétude a pénétré la vie intime du poète : sa passion pour Juliette Drouet lui inspire des pièces d'une sombre ferveur; sa foi religieuse s'est éteinte et il sent en lui « près du besoin de croire, un besoin de nier ». En outre, la vie politique le déçoit : la monarchie de Juillet n'a pas tenu ses promesses libérales, la censure a été rétablie et l'oppression des esprits devient chaque jour plus forte. Hugo, incertain, tente de sonder l'avenir : l'heure trouble du crépuscule sera-t-elle suivie des ténèbres du désespoir ou de l'aube de l'espérance? (*Prélude*.) A un régime sans gloire, il oppose la grandeur de l'Empire (*Ode à la Colonne*); et lorsque meurt le roi de Rome, il évoque avec respect l'ombre de l'Empereur (*Napoléon II*).

Les Voix intérieures (1837). Les Voix intérieures *sont trois voix qui se font entendre à l'âme du poète : la voix de l'homme, celle de la nature, celle des événements*. L'homme s'épanche librement : il dédie le recueil à son père, dont la nation a oublié de faire figurer le nom sur l'Arc de Triomphe; il songe à ses enfants et se repent de les avoir grondés (*A des oiseaux envolés*); il fait revivre, en hommage à son frère Eugène, les jours radieux des vertes Feuillantines (*A Eugène, vicomte H.*). La nature se découvre toujours plus belle et généreuse : Hugo chante la banlieue, demande à Virgile la clef du mystère universel (*A Virgile*), évoque les grands parcs de jadis, témoins de royales amours (*Passé*) ou élargit un tableau réaliste et familier en vision symbolique (*La Vache*). Les événements enfin imposent leur loi : le poète, qui veut exprimer les préoccupations de son siècle, médite sur les faits du jour, l'achèvement de l'Arc de Triomphe ou la mort en exil du roi Charles X (*Sunt lacrymae rerum*).

LE CHEF-D'ŒUVRE DRAMATIQUE : RUY BLAS (1838)

En juin 1838, Hugo met en chantier un drame en cinq actes et en vers, *Ruy Blas*, dont l'action, comme celle d'*Hernani*, se déroule en Espagne. Si l'on se fie à ses propres déclarations, l'idée première de ce drame lui est venue à l'esprit en lisant le passage des *Confessions* où Jean-Jacques Rousseau raconte comment, étant laquais chez M. de Gouvon, il parvint, malgré la modestie de sa mise et l'humilité de ses fonctions, à se faire remarquer par la petite-fille de son maître, la hautaine Mlle du Breil. La pièce fut jouée en novembre au théâtre de la Renaissance; elle obtint un franc succès.

Acte I. Un plan machiavélique. Don Salluste de Bazan, disgracié par la reine d'Espagne, doña Maria de Neubourg, médite une vengeance. Son cousin, don César, refuse d'entrer dans ses vues; don Salluste prend des mesures pour son arrestation, puis il donne ordre à son valet, Ruy Blas, de plaire à la reine sous le nom de César.

Acte II. Une reine minée par l'ennui. Doña Maria, délaissée par son époux et tyrannisée par l'étiquette, s'ennuie; elle rêve à l'inconnu qui, au péril de sa vie, a déposé une lettre et des fleurs sur le mur de son parc. Un envoyé apporte un billet du roi : c'est le faux don César, et la reine, à la suite d'un concours de circonstances, reconnaît en lui l'auteur de la lettre.

Acte III. Un laquais premier ministre. Grâce à sa clairvoyance, à son énergie et à la protection de doña Maria, Ruy Blas, sous sa personnalité empruntée, est devenu premier ministre. Intègre, il veut sauver le royaume; amoureux, il veut sauver la reine. Il adresse une apostrophe cinglante aux conseillers qui ruinent l'Espagne par leurs exactions. La reine, qui l'écoutait derrière une tapisserie, lui avoue son amour. Mais don Salluste surgit; il rappelle Ruy Blas à son rôle et il exige que sa vengeance s'accomplisse.

Acte IV. Une demeure mystérieuse. Dans une maison secrète où don Salluste veut attirer la reine, un homme dégringole par la cheminée : c'est le vrai don César, qui a échappé aux alguazils. Il s'installe, boit, mange et fait face à une succession de plaisants quiproquos, auxquels il ne comprend rien. Don Salluste rompt l'enchantement en le faisant arrêter.

Acte V. Le châtiment du traître. La reine, attirée dans la demeure, tombe dans un guet-apens : elle est surprise, à minuit, seule avec le faux don César. Don Salluste lui demande de signer son abdication et lui révèle la véritable identité de celui qu'elle aime. Révolté, Ruy Blas tue le misérable, s'empoisonne et meurt dans les bras de la reine, qui lui pardonne.

Le drame d'amour. *Hugo résumait ainsi le sujet de sa pièce* : « *C'est un homme qui aime une femme.* » Il donnait à ces mots vagues un sens exceptionnellement fort. Son héros est un laquais; son héroïne est une reine. Qu'importe : ce laquais est un homme, et son âme est haute, si sa condition est vulgaire; cette reine est une femme et, si sa condition est brillante, son âme est meurtrie; pourquoi ne s'aimeraient-ils pas ? l'amour impose sa loi souveraine en dépit de toutes les distances sociales; et même au mépris de toute vraisemblance.

L'inspiration comique. *A cette intrigue sentimentale et tragique se mêlent des éléments comiques.* Hugo a peint avec beaucoup de verve le personnage de don César, et tout l'intérêt se concentre au quatrième acte sur ce gueux magnifique, dont l'aimable philosophie et l'étourdissante fantaisie font oublier pour un temps au spectateur le danger couru par la reine. En alliant ainsi le « grotesque » au « sublime », l'écrivain illustre mieux qu'il ne l'avait fait dans *Hernani* le principe du mélange des tons, formulé dans la *Préface* de *Cromwell*.

L'ÉLARGISSEMENT DU LYRISME : LES RAYONS ET LES OMBRES (1840)

Les Rayons et les Ombres font bloc avec les trois recueils précédents ; ils marquent pourtant aussi un renouveau dans l'inspiration du poète, qui, désormais, s'ouvre plus généreusement aux problèmes humains.

La continuité de l'inspiration. *Le poète reprend les thèmes essentiels de son lyrisme : l'enfance, l'amour, la nature.* L'enfant évoque pour lui, non seulement la grâce et l'innocence, mais le mystère et la profondeur de la vie. L'amour lui apparaît comme le moteur sacré de toute activité humaine (*Mille chemins, un seul but*). La nature, tour à tour gracieuse et imposante, féroce, hallucinante, correspond de plus en plus à un état d'âme : tantôt le poète projette sur elle ses pensées du moment (*Oceano Nox*), tantôt au contraire le spectacle des choses s'impose à lui et assujettit sa sensibilité :

> Les champs n'étaient point noirs, les cieux n'étaient pas mornes.
> Non, le jour rayonnait dans un azur sans bornes
> Sur la terre étendu.
> L'air était plein d'encens et les prés de verdures
> Quand il revit ces lieux où par tant de blessures
> Son cœur s'est répandu.

(Tristesse d'Olympio)

Le nouvel essor de l'inspiration. *Le poète, cependant ne se contente plus d'être un écho sonore ; il se croit le prophète de l'avenir, l'étoile qui guide la marche de l'humanité* (Fonction du Poète). Hugo pense qu'il a d'abord une mission d'ordre social : il s'attendrit sur la misère et la souffrance humaines (*Regard jeté dans une Mansarde ; Fiat Voluntas*) ; il s'indigne de la détresse qui accable l'enfance vagabonde (*Rencontre*). En même temps, il s'oriente vers la méditation philosophique : il pose les problèmes de la mort (*Dans le Cimetière de...*) et de la destinée (*Puits de l'Inde*). Pendant ces années de doute, il laisse parler les trois voix qui se partagent son âme : la première se plaint de la foi qui chancelle, la seconde l'invite à l'amour de la Création et des créatures, la troisième le détourne de l'individuel, du transitoire ; et il sent s'éveiller en les écoutant « une bienveillance universelle et douce » (*Sagesse*).

LE DERNIER DRAME : LES BURGRAVES (1843)

En 1843, le poète semble s'être éloigné du lyrisme. L'inspiration épique est devenue pour lui une hantise : il classe toute son œuvre antérieure comme s'il s'était proposé d'écrire une immense épopée dont ses romans, ses pièces, ses poèmes et ses essais seraient des fragments épars. La même année, il compose un drame épique, *Les Burgraves*, dont l'idée est née d'un voyage sur les bords du Rhin ; il veut « reconstruire par la pensée, dans toute son ampleur et dans toute sa puissance, un de ces châteaux où les burgraves, égaux aux princes, vivaient d'une vie presque royale » ; et, dans le cadre d'un burg médiéval, il rassemble quatre générations de burgraves. Cette œuvre grandiose, mais touffue, a été sifflée au Théâtre-Français. Découragé, Hugo renonça au drame.

D   L'homme politique (1843-1851)

ANNÉES DE DEUIL

*Le 4 septembre 1843, la fille aînée de Victor Hugo, Léopoldine, au cours d'une pro-
menade en barque sur la Seine, se noie accidentellement avec son mari Charles
Vacquerie près du village de Villequier.* Le poète, qui avait entrepris un voyage de
trois semaines dans les Pyrénées et en Espagne, achevait alors son itinéraire à
petites journées. Le 9 septembre, il lit, par hasard, en s'arrêtant dans une auberge,
le fait-divers qui relatait l'accident. Son désespoir est immense :

> Oh! je fus comme fou dans le premier moment,
> Hélas! et je pleurai trois jours amèrement.

Le souvenir de sa fille lui inspire, le 4 septembre 1844, jour anniversaire de la
catastrophe, le poème *A Villequier*. Deux ans plus tard, la mort de Claire Pradier,
fille de Juliette Drouet, réveille de nouveau son inspiration lyrique; il unit dans
une même pensée les deux jeunes filles mortes; et bientôt, il consacre à la mémoire
de Léopoldine tout un ensemble de pièces, qu'il publiera, beaucoup plus tard,
dans *Les Contemplations*.

LES DIVERSIONS DE LA VIE PUBLIQUE

*Nommé pair de France en 1845, Victor Hugo cherche dans l'activité politique une
diversion à sa douleur.* Il intervient souvent à la tribune, soit pour plaider la
cause des Polonais opprimés, soit pour combattre la peine de mort, soit pour
dénoncer la misère du peuple. Il est libéral, sans être républicain; humanitaire, sans être socialiste. En février 1848, tandis que Lamartine fait acclamer
un gouvernement provisoire, il recommande en vain aux insurgés la candidature
de la duchesse d'Orléans à la régence; et l'agitation ouvrière l'alarme. Au
cours d'une campagne électorale, il réclame une république « qui dissoudra
l'émeute ». Élu représentant du peuple avec les voix bourgeoises, il se prononce
pour la fermeture des ateliers nationaux; pendant les journées de juin, il se résigne à
la répression. Il demeure, cependant, libéral, combat le gouvernement Cavaignac qui menace la liberté de la presse et s'aliène ainsi les conservateurs.
Également hostile au césarisme et au socialisme, il fonde un journal, *L'Événement*, et choisit comme devise : « Haine vigoureuse de l'anarchie, tendre et profond amour du peuple. »
Il croit un moment que le prince Louis-Napoléon est l'homme désigné pour
réaliser son programme d'ordre et de progrès; il mène en sa faveur une ardente
campagne pour son élection à la Présidence de la République. Après l'élection, il aspire à siéger dans les conseils du gouvernement et brigue le portefeuille
de l'Instruction publique; mais le prince-président écarte finalement sa candidature. Hugo passe alors à l'opposition; et le 17 juillet 1851, dans un discours
violent prononcé devant l'assemblée houleuse, il dénonce les ambitions dicta-
toriales de « Napoléon le Petit ». Au coup d'État, il tente d'organiser la résistance; mais, le 4 décembre, tout espoir s'écroule; et il doit préparer sa fuite.

E Le proscrit (1851-1870)

Après un séjour à Bruxelles, Hugo se réfugie, en août 1852, avec sa famille, à Jersey, dans la maison de Marine-Terrace. En octobre 1855, sur l'ordre du gouvernement anglais, il doit quitter Jersey; et il s'installe à Guernesey, dans la propriété d'Haute-ville-House. Il aménage un logis selon ses goûts, et en particulier une pièce vitrée, d'où il a vue jusque sur les côtes de France. Levé dès six heures du matin, il travaille avec acharnement. Il continue pourtant à suivre les événements, prend la défense des peuples opprimés, exprime, de loin, à la jeunesse de son pays sa foi dans le triomphe final de la liberté et de la justice. Il est devenu ardemment républicain; en 1859, il refuse avec dédain l'amnistie accordée par Napoléon III. Grandi par l'exil, le proscrit de Guernesey jouit d'une renommée mondiale. C'est, dans la vie de Victor Hugo, l'époque la plus prestigieuse; c'est aussi celle où son génie accède aux plus hauts sommets.

1 *Châtiments*

Le proscrit se donne comme première tâche une lutte inexpiable contre l' « usur-pateur ». A Bruxelles, il rédige un récit des événements intitulé Histoire d'un Crime *et improvise un virulent pamphlet en prose,* Napoléon le Petit. *A Jersey, il compose, en une année, un recueil satirique, auquel il donne un titre « mena-çant et simple »,* Châtiments. *Ce recueil, publié à Bruxelles en 1853, obtient un succès considérable et circule en France sous le manteau.*

L'UNITÉ DE L'INSPIRATION

Hugo a écrit presque tous ses poèmes sous la dictée de la « Muse Indignation ». A Louis-Napoléon, il fait grief, avant tout, de sa médiocrité; le nouvel empereur est le « singe » de l'ancien; le nouveau régime est une caricature du Premier Empire. Caricature d'ailleurs sinistre : le sang se mêle à la boue, car l'usurpation est née d'un crime. Le poète cloue au pilori ceux qui ont préparé, exécuté ou accepté le coup d'État; il flétrit les hauts fonctionnaires qui profitent de la tyrannie et les grands bourgeois qui, à la faveur d'un « ordre » maintenu par la force, conso-lident leurs fortunes ou leurs privilèges. A ces profiteurs du régime, il oppose la longue liste des victimes; il salue les morts du 4 décembre, songe aux prisonniers, aux déportés, aux travailleurs misérables et réduits au silence. Pourtant, par une générosité qui lui fait grand honneur, il ne réclame pas la tête des cou-pables : il exalte « le Progrès calme et fort et toujours innocent », affirme qu' « on peut être sévère et de sang économe » et que l'essentiel n'est pas de vaincre, mais de « rester grands » (*Nox*). Il pense que les temps sont proches où doit triompher, après tant d'horreurs, la grande loi d'amour et de pardon; et il salue en strophes vibrantes la « République universelle ». Il s'élève au-dessus de ceux qu'il juge et, de son indignation, tire une leçon d'idéalisme politique.

LA DIVERSITÉ DES TONS

C'était une redoutable gageure que de prétendre obtenir du lecteur une attention sans défaillance en alignant plus de six mille vers sur un même sujet. Le poète a su en général éviter l'écueil de la monotonie. Toutes les formes de poésie lui ont paru valables; couramment, il passe de la complainte à la prophétie ou de l'injure directe à la fresque historique.

La chanson. *Victor Hugo recourt parfois à un genre de satire qui a connu déjà au XIXe siècle, avec Béranger, une prodigieuse fortune : la chanson.* Pour toucher le peuple, il développe des thèmes très simples sur un rythme familier et agrémente ces pièces d'un refrain qui les impose à la mémoire. Il évoque le couronnement de l'Empereur sur l'air de *Malbrough* (*Le Sacre*). Il donne la parole à un misérable exilé qui se plaint de ne pouvoir vivre « sans pain » et « sans la patrie » (*A quoi ce proscrit rêve-t-il?*). Ces poèmes ne sont pas nécessairement les moins violents, ni même les moins sombres; ils détendent pourtant, grâce à leur forme légère.

L'invective. *Plus souvent, le poète exhale sa haine en vers durement martelés; ou bien il accumule les injures sur la tête de ses adversaires avec une véhémence chaotique.* Outre le prince lui-même, quelques personnages, Saint-Arnaud, Veuillot, Montalembert, Dupin, ont les honneurs d'une ou de plusieurs pièces destinées à jeter le discrédit sur leurs personnes. D'autres sont cités pêle-mêle avec une négligence méprisante ou surgissent au hasard d'une rime. Les termes violents, extraordinairement variés, pleuvent comme mitraille; il en est qui égratignent et d'autres qui blessent à mort; tel, pour ses meurtres, s'entend traiter de « bandit », et tel autre, pour son obésité, de « citrouille ».

La satire épique. *A ces pièces remplies d'injures parfois hasardeuses s'opposent de vastes ensembles, magistralement composés, qui exaltent l'imagination et qui atteignent aux proportions d'un tableau d'histoire.* Le poète s'est flatté de dresser « assez de piloris pour faire une épopée ». Sous l'étiquette épique peuvent se ranger ces descriptions de saturnales où il évoque la turpitude des hommes au pouvoir (*On loge à la nuit*). Mais les plus belles réussites de cet ordre sont les pièces où l'inspiration du poète s'élève, d'un coup d'aile, à la hauteur des héros dont les exploits historiques permettent de mesurer par contraste la bassesse des maîtres de l'heure : les soldats de la Grande Armée (*L'Expiation*) ou les soldats de l'An II (*A l'Obéissance passive*).

La vision prophétique. *Dans la dernière partie du recueil, le poète, oubliant à la fois le passé prestigieux et le présent abject, se tourne résolument vers l'avenir et tente de donner une forme concrète à ses rêves :* alors apparaît le visionnaire, qui plonge ses regards éblouis dans un univers irréel. Il distingue, parmi les ombres nocturnes, la clarté de l'Idée (*Luna*); il voit dans l'étoile du matin la messagère de la liberté (*Stella*); il entend sonner les clairons qui renverseront les murailles de la tyrannie (*Sonnez, sonnez toujours*); il contemple dans une sorte d'extase la « vision sublime » des temps futurs.

2 Les Contemplations

En 1856, Hugo fait paraître à Paris et à Bruxelles *Les Contemplations*, recueil de poèmes dont la composition s'étale sur vingt et un ans. Le public y reconnut en général le chef-d'œuvre lyrique de l'écrivain.

GENÈSE ET ORDONNANCE DU RECUEIL

Victor Hugo présente son livre comme le journal d'une destinée : « Vingt-cinq années sont dans ces deux volumes... L'auteur a laissé, pour ainsi dire, ce livre se faire en lui. La vie, en filtrant goutte à goutte à travers les événements et les souffrances, l'a déposé dans son cœur. » Comme l'année 1843 marque à ses yeux une coupure profonde, il oppose aux poèmes antérieurs à la mort de Léopoldine les poèmes conçus pendant les années de deuil ou d'exil; et il divise le recueil en deux parties d'égale étendue : « Autrefois », « Aujourd'hui », comprenant trois livres. Chaque livre marque une étape dans le déroulement de l'existence humaine « sortant de l'énigme du berceau et aboutissant à l'énigme du cercueil ».

« Les mémoires d'une âme » : Les Contemplations.

Livre premier. Aurore. C'est le livre de la jeunesse. Le poète évoque ses souvenirs de collège (*A propos d'Horace*), ses premiers émois amoureux (*Lise*), ses premières luttes littéraires (*Réponse à un acte d'accusation*). Il chante la beauté du printemps (*Vere novo*) et la joie du rêveur devant un beau paysage (*Le poète s'en va dans les champs*) ou un spectacle en plein air (*La Fête chez Thérèse*).

Livre II. L'âme en fleur. C'est le livre des amours. Presque tous les poèmes sont inspirés par Juliette Drouet. Hugo conte les premiers temps de leur union, leurs promenades en forêt de Fontainebleau ou dans la vallée de Bièvre, leurs joies, leurs extases; et aussi les épreuves vécues en commun, les malentendus, les réconciliations. Un jour, il note pour elle des impressions de voyage (*Lettre*); un autre jour, il lui écrit qu'il a rêvé d'elle (*Billet du matin*).

Livre III. Les luttes et les rêves. C'est le livre de la pitié. Dans *Melancholia*, Hugo donne quelques exemples navrants de la misère dans les sociétés modernes. Ailleurs, il plaint le sort d'un pauvre maître d'études, flétrit les persécutions infligées aux hommes de bien, dénonce la guerre et la tyrannie comme des fléaux (*La Source, la Statue*) ou la peine de mort comme un scandale (*La Nature*); il s'élève à des vues philosophiques, explique le mal comme une épreuve (*Explication*), décrit le châtiment des maudits (*Saturne*) et glorifie ceux dont le génie déchiffre l'énigme universelle (*Magnitudo Parvi*).

Livre IV. Pauca meae (Quelques vers pour ma fille). C'est le livre du deuil. Hugo médite sur le coup qui l'a frappé. Tantôt il se révolte contre la cruauté du destin (*Trois ans après*), tantôt il s'attendrit au souvenir du passé (*Elle avait pris ce pli*), tantôt il se soumet à la volonté divine (*A Villequier*). Désormais, il associe à la pensée de la mort un espoir d'au-delà (*Mors*).

Livre V. En marche. C'est le livre de l'énergie retrouvée. Le poète expatrié s'arrache à ses tristesses et va chercher de nouvelles raisons de vivre dans la méditation. A un poème politique (*Écrit en 1846*), à des impressions de promenade (*Pasteurs et Troupeaux*) et même à un souvenir d'enfance (*Aux Feuillantines*) se mêlent des poèmes plus généraux sur la Nature et sur la condition humaine (*Mugitusque boum, Paroles sur la dune*).

Livre VI. Au bord de l'Infini. C'est le livre des certitudes. Il est peuplé de spectres, d'anges, d'esprits, qui apportent au poète les révélations attendues. Les messages recueillis sont parfois contradictoires : des poèmes d'angoisse (*Horror, Pleurs dans la Nuit*) voisinent avec des poèmes d'espérance (*Spes, Cadaver*); mais l'espérance finit par l'emporter. Le livre s'ouvrait sur deux poèmes qui montraient une route à parcourir (*Le Pont, Ibo*); il s'achève par les prophéties rassurantes de *La Bouche d'ombre*, qui, au terme du voyage, annonce l'échec final des puissances criminelles et l'avènement de l'universel pardon.

Léopoldine Hugo.
Portrait par Louis Boulanger.
Léopoldine Hugo, fille aînée du poète,
est morte accidentellement à Villequier dans sa dix-neuvième année.

LE LYRISME DES CONTEMPLATIONS

Hugo considérait *Les Contemplations* comme son « œuvre de poésie la plus complète ». Ce recueil est bien le couronnement de son lyrisme. Jamais le poète n'a réuni dans un même ouvrage une matière aussi diverse; jamais non plus il n'a traité avec une telle ampleur les thèmes qu'il abordait.

Poésie de l'enfance. *Hugo célèbre la grâce enfantine.* Il songe à ses premières années et conte comment il découvrit la Bible dans le grenier des Feuillantines; il dit la joie qu'il éprouve à causer avec de petits enfants et à éveiller leur curiosité pour le monde; il évoque sa fille disparue, à la fois si proche et si lointaine; et, dans ses vers, le charme de l'adolescente se nuance de la mélancolie du souvenir.

Poésie de l'amour. *Hugo chante les plaisirs, les épreuves, les extases de l'amour.* Ici, il décrit l'éveil ou la joie des sens; là, il se persuade que l'amour est la grande leçon de la nature. « Tout conjugue le verbe aimer »; écouter cette leçon, c'est répondre au dessein de Dieu. Ainsi s'épanche un mysticisme sentimental dont les accents se confondent parfois avec ceux du mysticisme religieux.

Poésie de la douleur. *Après l'accident tragique de Villequier, Hugo exhale sa souffrance.* Un autre homme nous parle désormais, plus mûr, digne des plus grandes plaintes comme du plus grand respect. D'ailleurs, cet homme ne s'enferme pas égoïstement dans son chagrin; il dénonce les vices de la société moderne et il étend sa bienveillance à la Création tout entière; il plaint le cheval parce qu'il est sous le joug; il aime l'araignée et l'ortie « parce qu'on les hait ».

Poésie de l'au-delà. *La méditation de la douleur et le spectacle des misères universelles acheminent le poète de la confession lyrique à la réflexion métaphysique.* Hugo veut aller au-delà de son désespoir. De tout temps, l'univers lui est apparu comme une énigme à déchiffrer; en exil, il fixe son système et fonde une sorte de religion, où il puise l'apaisement et la confiance.

L'ART DES CONTEMPLATIONS

C'est par le jeu des oppositions et des contrastes, par le renouvellement des tours et des rythmes, que le poète peut satisfaire aux exigences d'une inspiration aussi diverse. Il fait voisiner des badinages tendres ou libertins, qui annoncent les *Chansons des rues et des bois* (*Vieille Chanson du jeune temps; La Coccinelle*) avec des tirades véhémentes dans le style des *Châtiments* (*Réponse à un acte d'accusation; Écrit en 1846*). Il évoque, avant Verlaine, en vers ailés, les plaisirs galants dont Watteau fut le peintre (*La Fête chez Thérèse*); mais il donne aussi l'exemple d'une poésie plastique, dont se réclameront les Parnassiens (*Le Rouet d'Omphale*). Il compose pour Juliette des idylles; pour sa fille des élégies; et sa pensée philosophique se moule parfois dans l'ample strophe de l'ode (*Les Mages*). D'une pièce à l'autre, ou à l'intérieur d'une pièce, il change de mètre au gré de l'inspiration; les alexandrins même, tantôt sont charpentés strictement et s'ordonnent en périodes, comme pour emprisonner l'idée, le sentiment ou l'image, tantôt s'écoulent selon un rythme fugace comme pour suggérer le vertige de l'Infini.

3   La Légende des siècles

Le génie épique de Victor Hugo s'épanouit dans les œuvres de l'exil et notamment dans *La Légende des siècles* (1859).

LE PROJET D'ÉPOPÉE COSMIQUE

Pendant le séjour à Jersey, de 1853 à 1855, Victor Hugo élargit son inspiration poétique aux dimensions de l'infini. En même temps que les poèmes apocalyptiques destinés pour la plupart aux *Contemplations*, il élabore deux recueils hallucinés, *Dieu* et *La Fin de Satan*, qui devaient être les pièces maîtresses d'une épopée cosmique.

Dieu. Le poète se pose une question : peut-on connaître Dieu ? Successivement se montrent une chauve-souris, un hibou, un corbeau, un vautour, un aigle et un griffon, qui représentent l'athéisme, le scepticisme, le manichéisme, le paganisme, le mosaïsme et le christianisme. Ces entrées en scène marquent l'ascension progressive de l'homme vers la connaissance de Dieu.

La Fin de Satan. L'ange Liberté, né d'une plume échappée à l'aile de Satan, va trouver l'archange maudit dans sa retraite et le supplie de ne plus poursuivre la création de sa haine. Une ère de paix et de bonheur commence pour l'humanité délivrée, et Satan obtient de Dieu son pardon. Ce poème devait comprendre trois parties; la dernière ne fut jamais écrite.

LA PUBLICATION DE LA LÉGENDE DES SIÈCLES

Installé à Guernesey, Hugo, sur le conseil de l'éditeur Hetzel, renonce momentanément à terminer et à mettre au point ses poèmes cosmiques et travaille activement à un recueil de « petites épopées », poèmes narratifs, inspirés, pour la plupart, des livres saints, de la mythologie et de l'histoire universelle. Dans sa préface, il présente cette *Légende des siècles* comme le premier volet d'un triptyque à compléter ultérieurement par *Dieu* et *La Fin de Satan*; ainsi l'épopée de l'Humanité devait être englobée dans un ensemble plus vaste, qui constituerait l'épopée de la Création.

L'épopée de l'Humanité : La Légende des siècles (première série).

Les poèmes de la première section, « d'Ève à Jésus », sont inspirés surtout de la Bible. Dans *Le Sacre de la Femme*, on assiste à la naissance de la race humaine. L'histoire de Caïn *(La Conscience)* symbolise l'éveil du sens moral; celle de Daniel *(Les Lions)*, celle de Booz *(Booz endormi)* évoquent des héros investis par Jéhovah d'une mission divine. *Première Rencontre du Christ avec le tombeau* célèbre le message évangélique. A un poème unique sur Rome *(Au Lion d'Androclès)* succèdent plusieurs poèmes sur l'Islam, où apparaît la figure de Mahomet *(Le Cèdre, L'An Neuf de l'Hégire)*. Puis s'ouvrent « le cycle héroïque chrétien » et celui des « chevaliers errants » : aux souvenirs de la mythologie scandinave *(Le Parricide)* s'associent ceux des légendes espagnoles *(Bivar)*, germaniques *(Eviradnus)*, françaises *(Le Mariage de Roland, Aymerillot, Le Petit Roi de Galice)*.

Le poète médite ensuite sur « les trônes d'Orient » *(Zim Zizimi, Sultan Mourad)* et représente, dans le cycle consacré au tyran « Ratbert », l'Italie à la fin du Moyen Age. C'est ensuite le « seizième siècle » : grâce à la Renaissance revit l'audacieux esprit du paganisme, et *Le Satyre* symbolise le génie humain à la conquête de l'Univers; mais ce siècle est aussi celui de l'Inquisition et de la tyrannie espagnole *(La Rose de l'Infante)*.
Un seul poème est consacré au « dix-septième siècle » *(Le Régiment du baron Madruce)*; et aussitôt, nous voici transportés au « temps présent » : dans *Après la Bataille, Le Crapaud, Les Pauvres Gens, Paroles dans l'épreuve*, le poète adresse aux hommes un message de bonté et de confiance. Enfin, une section « vingtième siècle » contient le double poème mythique *Pleine Mer-Plein Ciel*; et le recueil s'achève « hors des temps », avec *La Trompette du Jugement*.

LE DESSEIN DE LA LÉGENDE

La Légende des siècles *est d'abord l'histoire de l'Humanité,* conçue, non par un savant attaché à la vérité littérale des faits, mais par un poète attaché à la vérité symbolique des mythes. *Elle retrace en outre l'ascension de l'Humanité* : un fil relie entre eux tous les poèmes, « le grand fil mystérieux du labyrinthe humain, le Progrès ». Cette ascension ne va pas sans difficultés, car le Mal mène contre le Bien une lutte perpétuelle ; mais l'Humanité relève toujours la tête, grâce aux héros qui la servent, avec la protection de la Nature et de Dieu. Au cours d'âges privilégiés, celui du message évangélique, celui de la chevalerie, celui de la Renaissance, elle s'est purifiée et elle a pris une conscience plus claire d'elle-même ; elle achèvera cette transfiguration par la Science et par l'Amour.

LES SOURCES DE LA LÉGENDE

Hugo voudrait témoigner d'une « fidélité absolue à la couleur des temps et à l'esprit des civilisations diverses » ; aussi puise-t-il à toutes les sources d'information. Il s'inspire, tantôt d'un article sur les chansons de geste, tantôt d'un conte mongol, tantôt d'un ouvrage érudit sur les civilisations orientales ; d'une manière plus générale, le dictionnaire de Moreri lui fournit des listes considérables de noms propres et des foules de notions historiques. *Hugo utilise pourtant cette érudition avec désinvolture* et commet des erreurs ou des anachronismes : il prête au Cid des conquêtes imaginaires, donne à un roi le nom d'une ville, à une colline le nom d'un puits, met dans la bouche de Charlemagne une allusion à la Sorbonne ; d'ailleurs, il recrée plus souvent qu'il n'imite et restitue l'âme d'une époque, plutôt que le détail d'un événement. Ainsi, *Hugo transpose les données qu'il emprunte à la vie réelle et enfante un univers où se meut librement son génie.*

L'ART DE LA LÉGENDE

L'ensemble du recueil possède une sorte de grandeur monumentale, qui assure son unité et qui est celle de l'épopée. Hugo possède le sens du décor épique : il montre un goût particulier pour les sites grandioses, qui semblent un cadre prédestiné aux grandes aventures ; il imagine les jardins de l'Eden, la splendeur d'une nuit orientale (*Booz endormi*) ; il décrit, dans *Eviradnus,* la gigantesque salle à manger d'un palais, où le double alignement des armures crée un climat de mystère et d'épouvante. Dans ces décors presque toujours saisissants se déroulent des événements extraordinaires et parfois merveilleux : pour continuer à se battre, Roland déracine un chêne (*Le Mariage de Roland*) ; pour libérer le petit roi de Galice, le même héros lutte seul contre cent bandits, et il en triomphe. A ce foisonnement de formes visuelles répond un foisonnement de formes verbales : le poète s'abandonne souvent à une verve descriptive et évocatrice qui rejaillit sans cesse (*Le Satyre*) ou à une méditation visionnaire qui se prolonge sous des aspects constamment nouveaux (*Plein Ciel*). Ce délire témoigne d'une fièvre inspirée : Hugo prophétise et lance un message mystique.

4 *Les Misérables*

Au cours de l'exil encore, Hugo achève et publie, en 1862, un très long roman, qu'il avait mis en chantier avant 1850 : *Les Misérables*. Sous ce nom, il désigne toutes les victimes d'un ordre social dont il est de plus en plus résolu à condamner les rigueurs et les injustices.

Le roman de la pitié humaine : Les Misérables.

Jean Valjean et l'évêque. Jean Valjean, un ancien forçat, trouve asile, après une lamentable course errante, chez Monseigneur Myriel, évêque de Digne. Il se laisse tenter par des couverts d'argent et déguerpit à l'aube. Des gendarmes le reprennent; mais l'évêque témoigne en sa faveur et le sauve. Cette générosité le bouleverse. Il cède à une dernière tentation, puis il devient un honnête homme (I, 1 à 4).

M. Madeleine et Fantine. Fantine a été séduite, puis abandonnée avec sa petite-fille Cosette. Arrêtée à la suite d'une dispute, elle est âprement interrogée par le policier Javert; mais le maire de la ville, M. Madeleine, la fait relâcher. Cette clémence, déconcertante de la part d'un magistrat, confirme un soupçon de Javert : M. Madeleine et Valjean ne font qu'un. Quelque temps plus tard, un malheureux, Champmathieu, est pris pour l'ancien forçat, de nouveau recherché. Après un douloureux débat intérieur, le vrai Jean Valjean se fait reconnaître en plein tribunal. Momentanément laissé libre, il assiste à l'agonie de Fantine et lui jure de veiller sur Cosette : puis il s'échappe et gagne Paris (I, 5 à 8).

Cosette et les Thénardier. Cosette est servante chez le sinistre Thénardier, qui a fait fortune en détroussant les morts de Waterloo. Jean Valjean a été repris par Javert et réintégré au bagne; il s'est encore évadé; mais tout le monde le croit noyé. Il revient, arrache Cosette au ménage Thénardier, se cache avec elle dans une masure, puis à la communauté de l'Adoration Perpétuelle, rue de Picpus (II).

« L'idylle rue Plumet ». Jean Valjean s'installe rue Plumet sous le nom de Fauchelevent. Il lie connaissance avec un jeune républicain, Marius, qui aime Cosette. Une fois de plus, arrêté par Javert, il se sauve (III, IV).

« L'épopée rue Saint-Denis ». En 1832, l'émeute gronde rue Saint-Denis. Sur la barricade, Jean Valjean lutte, avec Marius et le gamin de Paris Gavroche, sous les ordres de l'étudiant Enjolras. L'ancien forçat se voit confier le policier Javert : généreusement, il lui rend la liberté, puis sauve Marius blessé. Celui-ci, guéri, épouse Cosette; Jean Valjean a rempli jusqu'au bout sa promesse à Fantine. Quand il meurt, les chandeliers de l'évêque sont allumés à son chevet (V).

Les Misérables *sont une œuvre extrêmement touffue et diverse*, tour à tour naïve comme un récit édifiant, mouvementée comme un roman d'aventures, lyrique comme une confession personnelle, réaliste comme une étude de mœurs, *mais inspirée d'un bout à l'autre par une intention sociale*. Hugo veut dénoncer « la dégradation de l'homme par le prolétariat, de la femme par la faim, de l'enfant par la nuit ». Jean Valjean est le symbole du rachat que son optimisme a cru possible; illuminé par la rayonnante charité de l'évêque, il devient, à son tour, un apôtre, secourt Fantine, protège Cosette, soutient Marius, épargne même Javert et défend les Misérables qui luttent pour leur affranchissement. Dans cette grande figure, l'écrivain a incarné tous les élans et tous les espoirs de son cœur généreux.

Les Misérables *passionnèrent un public très étendu et peuvent passer pour le chef-d'œuvre de la littérature d'inspiration populaire.* Leur succès encouragea Victor Hugo à composer d'autres romans, où se succèdent les épisodes pathétiques, les visions saisissantes et les digressions humanitaires : *Les Travailleurs de la mer* (1866), *L'Homme qui rit* (1869), *Quatre-vingt-treize* (1874).

5 *La revanche de la fantaisie*

L'écrivain exilé ne s'est pas toujours tenu sur les cimes. Aux accents solennels du prophète qui vaticine face à l'Océan se mêlent parfois, jusque dans les œuvres les plus graves, les accents frivoles d'un faune qui gambade en liberté par les chemins et les taillis. La fantaisie répond chez Victor Hugo à une exigence permanente du tempérament : déjà présente dans les œuvres antérieures à l'exil, elle lui dicte le rythme de ses chansons, dans les *Châtiments*, inspire de nombreux poèmes dans les deux premiers livres des *Contemplations*, s'insinue dans *Le Satyre* ou dans *Eviradnus*, se répand dans les pages des *Misérables* consacrées à Gavroche. Enfin, elle s'épanouit dans *Les Chansons des rues et des bois*, publiées en 1865, et dans le *Théâtre en liberté*.

LES CHANSONS DES RUES ET DES BOIS

Ce recueil, commencé en 1859 pendant un séjour dans l'île de Serk, voisine de Jersey, a été achevé en 1865, au cours d'un voyage en Belgique et en Allemagne. Il paraît en France à son heure : la fantaisie est à la mode; Paris s'amuse, prépare avec une fièvre joyeuse l'Exposition de 1867 et acclame *La Belle Hélène*. Le poète a pris le parti de mettre « Pégase au vert »; il chante la joie de vivre, les plaisirs de l'amour et de la nature. Les croquis de banlieue, les paysages rustiques, imprégnés de senteurs printanières, alternent avec des évocations sensuelles de nymphes ou de jeunes femmes. Hugo plaisante à tout propos, cultive le calembour ou le coq à l'âne (« Je vais à vêpres chez Vesper ») et manie avec souplesse les rythmes légers, notamment la strophe octosyllabique, chère à Théophile Gautier :

Midi chauffe et sèche la mousse,
Les champs sont pleins de tambourins;
On voit dans une lueur douce
Des groupes vagues et sereins.

Là-bas, à l'horizon, poudroie
Le vieux donjon de Saint-Louis;
Le soleil dans toute sa joie
Accable les champs éblouis.

(Jour de fête aux environs de Paris)

LE THÉÂTRE EN LIBERTÉ

Ce recueil a pris corps également pendant les années d'exil; mais il n'a été publié qu'après la mort du poète. Hugo, las du drame, compose en vers, pour son plaisir, des saynètes d'une inspiration variée et tout à fait imprévue, où domine généralement l'humour. Dans *A la Lisière d'un bois*, il met en scène un couple d'amoureux, dont un faune impertinent commente les aveux avec une verve narquoise; dans *La Forêt mouillée*, il prête une voix à l'arbre, à l'oiseau, à l'insecte, au brin d'herbe et mêle à des plaisanteries souvent faciles un lyrisme raffiné. Quelques-unes de ces fantaisies ont pu être représentées; leur fraîcheur, leur esprit, ne sont pas indignes d'un génie qui, jusque dans ses jeux, révèle les ressources infinies de son invention poétique.

M. bignan renvans la pied de poésie
à l'académie.

perfide! dans quel état m'ave
vous réduite!

Gavroche
rêveur

comment je me figure
Diogène

F   Le grand-père (1870-1885)

ANNÉES DE GLOIRE

Après la chute de l'Empire, Hugo retrouve Paris, où on l'acclame. En 1871, il est élu député à l'Assemblée Nationale, mais il se démet de son mandat. Les événements de la guerre civile l'ont bouleversé ; et il évoque en vers *L'Année terrible*. L'orientation du nouveau régime le déçoit : en août 1872, il regagne Hauteville-House, sa demeure d'exil, où il séjourne de nouveau pendant onze mois. Désormais, quoique nommé sénateur en 1876, il ne se mêle plus guère à la vie publique. Sa gloire, pourtant, ne cesse de grandir. En 1881, Paris célèbre officiellement son entrée dans sa quatre-vingtième année ; à sa mort, son cercueil est exposé sous l'Arc de Triomphe et transporté au Panthéon.

L'ACHÈVEMENT DE LA LÉGENDE DES SIÈCLES

Hugo méditait depuis longtemps d'élargir *La Légende des siècles*. Il conservait dans ses tiroirs des pièces que, pour des raisons diverses, il avait momentanément écartées du recueil (*Vision d'où est sorti ce livre, Le Romancero du Cid, Abîme, Océan, Inferi, Vision de Dante, Les Quatre Jours d'Elciis*). Dans son exil, après 1859, il a composé de nouveaux poèmes, comme *Les Sept Merveilles du monde, L'Épopée du ver, Welf castellan d'Osbor*. D'autres encore s'ajoutent, après 1870 : deux poèmes cosmiques, *La Terre* et *Le Titan*, une légende médiévale, *L'Aigle du casque*, un récit historique, *Le Cimetière d'Eylau*. Sous le titre qui a fait fortune, *La Légende des siècles*, il publie, en 1877, une « nouvelle série », puis, en 1883, une « dernière série » de poèmes ; les préoccupations idéologiques y prennent plus d'importance et s'expriment de façon plus directe : le poète exhale sa haine contre les oppresseurs, sa pitié pour les faibles, et il clame sa foi mystique. Les trois séries furent amalgamées en 1885 dans une édition collective.

LES DERNIERS RECUEILS

En 1877, Victor Hugo réunit dans *L'Art d'être grand-père* les pièces que lui ont inspirées ses deux petits-enfants, Georges et Jeanne ; ce volume contribua beaucoup à sa popularité, en ornant de couleurs fraîches et naïves son image déjà légendaire. Au cours des années suivantes, il publie des recueils en partie composés de fragments anciens, où s'expriment, non sans puérilité parfois, ses idées philosophiques ou religieuses : *Le Pape* (1878), pamphlet anticlérical ; *La Pitié suprême* (1879), amplification sur la misère des tyrans ; *Religions et Religion* (1880), poème d'inspiration déiste ; *L'Ane* (1880), poème sur la science, ses limites et son avenir. Enfin, il regroupe les quatre aspects majeurs de son génie, satirique, lyrique, épique et dramatique, dans *Les Quatre Vents de l'esprit* (1881). Après la mort du poète, ses exécuteurs testamentaires mettent au jour des manuscrits. Ainsi paraissent le *Théâtre en liberté*, les deux poèmes cosmiques *La Fin de Satan* et *Dieu, Toute la Lyre, Les Années funestes, Dernière Gerbe*. A ces œuvres poétiques s'ajoutent des mémoires (*Choses vues*), des récits de voyages (*Alpes et Pyrénées, France et Belgique*), des lettres. De nombreuses pages demeurent inédites.

II LE GÉNIE DE VICTOR HUGO
A La personnalité

Équilibre, orgueil et générosité apparaissent comme les traits essentiels de la physionomie morale de Victor Hugo.

L'ÉQUILIBRE

Victor Hugo n'a rien d'un inadapté ni d'un névrosé; il possède au contraire un équilibre qui lui permit toujours de faire face aux nécessités communes de l'existence. Il jouissait d'une santé robuste; sexagénaire, à Guernesey, il partait, seul, hiver comme été, pour d'interminables promenades; il se délassait de ses travaux littéraires par des exercices manuels et meubla de ses créations les pièces d'Hauteville-House; il conserva toujours un appétit qui faisait l'étonnement de ses commensaux. Il savait appliquer la lucidité de son vigoureux esprit à la gestion de ses intérêts matériels. Il aimait la vie de famille; et ce ne fut pas tout à fait sa faute, s'il ne put satisfaire pleinement son goût; il fut un père excellent, sinon un époux modèle. Dans ses rapports avec ses contemporains, il se montrait sociable; sa conversation était charmante et son amitié chaleureuse.

L'ORGUEIL

Cet équilibre ne se situe pas toutefois au niveau de l'humanité moyenne ; Hugo a pleinement conscience de sa supériorité. Il n'hésite pas à se comparer au mont Blanc, qui protège et dépasse tous les sommets environnants, ou à Atlas, qui soulève un monde. Tout jeune, il s'impose comme chef d'école et il exerce une autorité souvent pesante sur ses camarades romantiques; proscrit, il adopte une attitude hautaine et farouche. Il recherche les honneurs, il est assoiffé de popularité; il se croit un « flambeau », un interprète de Dieu sur terre. Dans l'ivresse de sa toute-puissance, il se fait fort de traverser les espaces et de percer le mystère de l'infini :

J'irai lire la grande Bible;
J'entrerai nu
Jusqu'au tabernacle terrible
De l'inconnu...

Jusqu'aux portes visionnaires
Du ciel sacré;
Et si vous aboyez, tonnerres,
Je rugirai.

(Les Contemplations : Ibo)

LA GÉNÉROSITÉ

Cet orgueil démesuré et naïf à la fois s'associe à une générosité naturelle. On pourrait dire, en lui empruntant le titre d'un de ses poèmes, que chez Hugo « Puissance égale Bonté ». Sans doute y a-t-il à l'origine de son amour pour les enfants et de sa pitié pour les humbles l'orgueil du fort qui protège le faible et le désir assez égoïste de se faire aimer. Il n'en reste pas moins que Hugo a possédé un don de sympathie universelle. Sa mission sociale l'a amené à se pencher sur les grands problèmes humains : il a espéré qu'on pouvait supprimer la misère, relever moralement et intellectuellement l'humanité, réconcilier les classes et les nations. Si, parmi tous nos poètes, il est resté le plus populaire, c'est en partie parce qu'il a traduit les espoirs et les illusions dont le peuple a besoin.

B La pensée philosophique

Hugo, à Jersey, interrogeait les tables tournantes et vaticinait face à l'Océan. Son assurance de prophète et ses expériences de spirite ont été cruellement raillées. Sa réflexion, pourtant, fut cohérente ; des études récentes l'ont, dans une certaine mesure, réhabilitée.

LE SYSTÈME MÉTAPHYSIQUE

La philosophie de Hugo est exprimée dans de nombreux poèmes composés pour la plupart en exil, notamment dans Ce que dit la Bouche d'ombre, *à la fin des* Contemplations. *Elle a pour point de départ une méditation sur l'existence du Mal, dont il s'agit de justifier la nécessité métaphysique.* Selon Hugo, Dieu a dû créer le monde imparfait ; faute de quoi les créatures n'auraient pas été distinctes de lui. Le principe de toute imperfection est la matière. Entraînés par leur poids dans une chute inévitable, les êtres tombent des hauteurs célestes. Ils ne sombrent pas tous : les uns, vivifiés par le souffle divin, se maintiennent dans les régions éthérées, tandis que d'autres descendent jusqu'au fond de l'abîme :

> Selon que l'âme, aimante, humble, bonne, sereine,
> Aspire à la lumière et tend vers l'idéal,
> Ou s'alourdit, immonde, au poids croissant du mal,
> Dans la vie infinie on monte et l'on s'élance,
> Ou l'on tombe ; et tout être est sa propre balance.

L'homme occupe dans cette hiérarchie une place intermédiaire ; il conserve, du ciel, un souvenir confus et nostalgique, mais il est sollicité par de mauvais instincts inhérents à la matière ; entre les deux directions, sa liberté choisit ; s'il fait le Bien, il remonte et tend vers l'existence angélique ; s'il fait le Mal, il s'alourdit, s'enfonce, et son âme doit habiter après la mort dans des créatures inférieures, animaux, végétaux ou minéraux. La « brute » est donc un homme que ses tares ont fait déchoir et qui subit une disgrâce momentanée. Mais un jour viendra où toutes les créatures, guidées par la bonté divine, s'élèveront de nouveau jusqu'au seuil du paradis perdu.

LES CONVICTIONS RELIGIEUSES

Hugo pose comme une certitude le salut de l'Humanité entière. Selon lui, une nouvelle religion doit naître, plus clémente que la religion chrétienne et tout illuminée par l'espérance : ses fidèles y puiseront la force de supporter les souffrances nécessaires. Il croit, en outre, que des êtres privilégiés, poètes, penseurs, artistes, inventeurs, ont été désignés par la Providence pour éclairer la route aux hommes et pour leur montrer le ciel. Ceux-là savent ou pressentent les secrets que la foule ignore ; baignés d'une lumière surnaturelle, ils sont des « Mages », plus ou moins proches, selon le temps où ils vivent, de la Vérité éternelle. Hugo se range lui-même dans la lignée glorieuse de ces Mages et se flatte de révéler à ses contemporains l'Évangile des Temps nouveaux. Cet Évangile annonce l'avènement de la République universelle comme un prélude terrestre à la réconciliation finale de toutes les créatures en Dieu.

C   L'imagination

L'imagination, faculté maîtresse de Victor Hugo, apparaît déjà brillante dans ses premiers recueils et s'épanouit magnifiquement dans les œuvres de sa maturité. Les images ne sont jamais pour lui un procédé ni un ornement, mais correspondent à un besoin de sa nature; elles surgissent et s'imposent, irrésistibles. Elles revêtent des formes multiples, du simple croquis à la vision inspirée.

LE SENS DU CONCRET

Hugo possède une extraordinaire acuité visuelle et saisit toutes les occasions de fixer des images dans sa mémoire. En voyage, il emporte un carnet ou un album; sous forme de notes ou de dessins, il enregistre tous les détails qui le frappent. Son imagination élabore l'expérience acquise et lui fournit sans effort, aux heures de création, les éléments concrets qui rendent l'œuvre vivante.

La naissance des images. Le mécanisme de cette transposition n'est pas toujours le même. *Le poète commente volontiers une forme par une autre forme*; il compare la foule à une mer, une bataille à une fournaise, une toile d'araignée à une dentelle d'argent, une vague à une cavale hennissante; souvent, la comparaison éveille un écho dans la sensibilité et suggère une correspondance profonde : une tombe est un nid d'où l'âme s'envole; un carillon est une danseuse espagnole qui secoue sur les toits « son tablier d'argent plein de notes magiques ». *En d'autres occasions, un spectacle éveille une idée abstraite* et prend la valeur d'un symbole : une vache aux pis féconds fait songer à la terre nourricière; une chouette clouée sur un mur évoque les victimes des persécutions injustes. *Inversement, l'image peut naître d'une idée* : la déroute s'incarne sous les traits d'une « géante à la face effarée »; le remords prend la forme d'un œil ouvert dans les ténèbres ou d'une pluie sanglante; l'âme est un alambic, la foi une braise allumée et la mort une faucheuse.

La diversité des images. Cette faculté d'engendrer des images est inépuisable et s'exerce selon des modes fort variés. *Hugo est très sensible à la forme des objets et met souvent en évidence des analogies géométriques* : une araignée, corps central d'où partent des lignes divergentes, devient un soleil, le croissant de la lune une faucille et la pleine lune une hostie. *Souvent encore, il exerce son imagination sur le spectacle d'un mouvement* : l'alternance du flux et du reflux ressemble à l'oscillation d'un balancier et le tremblement d'un éventail dans une main au battement d'ailes d'un papillon. *Il traduit aussi des sensations colorées*, mais préfère aux nuances les oppositions franches d'ombre et de lumière, où excelle son génie antithétique :

> Cette vision sombre, abrégé noir du monde,
> Allait s'évanouir dans une aube profonde,
> Et, commencée en nuit, finissait en lueur.

> *(La Légende des siècles : Vision d'où est sorti ce livre)*

LA PUISSANCE VISIONNAIRE

L'imagination entraîne le poète hors du monde réel et anime des spectacles qui apparaissent à notre esprit comme une matérialisation de l'impossible ou comme une expression de l'ineffable. Hugo donne une forme sensible au Temps, à l'Espace, à l'Infini, au Néant ; il prête une voix à un cheval, à un lion, à un âne, à une montagne, à un volcan, à un astre ou à la Bouche d'ombre ; il transfigure la représentation commune ou embrasse en une intuition l'étendue intersidérale.

Vision hallucinée. *Si intense est parfois le regard fixé par le poète sur l'objet que la réalité revêt pour lui un aspect fantastique.* Tantôt il cède à un vertige qui trahit son obsession profonde et, par exemple, hanté par le souvenir des morts du Deux Décembre, il croit voir dans la lune une tête coupée ; tantôt il s'abîme dans une extase et entoure un paysage d'un halo mystique ; ainsi l'avancée d'un rocher et l'ondoiement des vagues lui suggèrent une comparaison grandiose où s'élargit en vision solennelle le panorama de l'Océan :

Et là-bas, devant moi, le vieux gardien pensif
De l'écume, du flot, de l'algue, du récif,
Et des vagues sans trêve et sans fin remuées,
Le pâtre promontoire au chapeau de nuées
S'accoude et rêve au bruit de tous les infinis,
Et, dans l'ascension des nuages bénis,
Regarde se lever la lune triomphale,
Pendant que l'ombre tremble, et que l'âpre rafale
Disperse à tous les vents avec un souffle amer
La laine des moutons sinistres de la mer.

(Les Contemplations : Pasteurs et Troupeaux.)

Vision cosmique. *Mais, dans les derniers recueils, la concentration de la pensée fécondée par le rêve suffit souvent, en l'absence de tout appel extérieur, pour faire surgir dans l'imagination du poète des tableaux dont il discerne nettement les lignes, les couleurs, les mouvements, les reliefs. Son regard mesure alors l'ensemble des choses visibles et invisibles et se donne l'univers pour horizon.* Grâce à une création permanente de formes visuelles, Hugo crée l'illusion d'une chevauchée à la lisière de deux mondes, entre terre et ciel. Il décrit le steamer désemparé du passé et le navire ailé du Progrès (*Pleine Mer-Plein Ciel*) ; il pénètre au cœur du mystère divin, entend Jéhovah qui se nomme aux créatures et qui, en épelant les sept lettres de son nom, égrène dans le firmament « les sept astres géants du noir septentrion » (*Nomen, Numen, Lumen*) ; il contemple le gigantesque clairon qui doit sonner l'heure du Jugement dernier :

Son embouchure, gouffre où plongeait mon regard,
Cercle de l'Inconnu ténébreux et hagard,
Pleine de cette horreur que le mystère exhale,
M'apparaissait ainsi qu'une offre colossale
D'entrer dans l'ombre où Dieu même est évanoui.
Cette gueule, avec l'air d'un redoutable ennui,
Morne, s'élargissait sur l'homme et la nature ;
Et cette épouvantable et muette ouverture
Semblait le bâillement noir de l'éternité.

(La Légende des siècles : La Trompette du Jugement)

Dolmen où m'a parlé la bouche d'ombre.
Lavis de V. Hugo. Maison V. Hugo.

Le Burg. Gravure de Chenay
d'après un dessin de V. Hugo.

D La technique

Parmi les écrivains romantiques, Hugo est peut-être celui qui attache le plus d'importance à l'art. La création poétique n'est à ses yeux ni un épanchement sans contrôle ni un mystère subconscient, mais une activité méthodique et rigoureuse. Même lorsqu'il s'abandonne au délire prophétique, il veille à bien composer et à bien écrire, il choisit avec soin ses mots, ses rythmes et ses rimes.

L'ART DE LA COMPOSITION

Victor Hugo est habile dans l'art de composer, dont il applique tour à tour les recettes diverses. Il manie la période oratoire, fortement articulée par la répétition régulière d'un même mot, qui arrache la strophe en un effort puissant et scande la montée de l'émotion (« Maintenant que... » dans *A Villequier*; « Puisque ... » dans *Veni, vidi, vixi*; « Quand même... » dans *Ultima Verba*). Il agence de vastes tableaux et déroule son thème central selon un ordre géographique (*Feu du Ciel*) ou historique (*L'Expiation*). Il juxtapose, dans une intention déterminée, un mouvement continu en crescendo et un mouvement continu en decrescendo (*Les Djinns*). Il équilibre deux mouvements qui se répondent (*A l'obéissance passive*) ou oppose un vers ou même un fragment de vers à tout le reste d'un poème (*Aymerillot, Les Pauvres Gens*). Il ménage, de la simplicité à la splendeur, une progression qui lui permet de terminer en fanfare (*Stella, Booz endormi*) ou achève au contraire une pièce brillante, comme *La Fête chez Thérèse*, par des vers discrets qui invitent au recueillement et à la rêverie :

Ils sentaient par degrés se mêler à leur âme,
A leurs discours secrets, à leurs regards de flamme,
A leur cœur, à leurs sens, à leur molle raison,
Le clair de lune bleu qui baignait l'horizon.

LA SOUPLESSE DE LA FORME

Hugo recherche avec soin le ton ou le tour qui convient le mieux à son inspiration et à son dessein. Son style, indéfiniment varié, peut exprimer toutes les nuances du sentiment : la mélancolie, la ferveur patriotique, la douleur contenue, la fureur sacrée, l'épouvante, l'extase. Le poète passe sans effort, dans une même pièce, de l'enjouement à la mélancolie (*La Fête chez Thérèse*) et du récit nu au monologue lyrique (*Tristesse d'Olympio*). Il sait faire naître le pathétique d'une image grandiose ou d'une exclamation solennelle : « O Seigneur, ouvrez-moi les portes de la nuit » (*Veni, vidi, vixi*); et il obtient un effet aussi saisissant en recourant aux mots les plus ordinaires, aux tours les plus dépouillés, aux images les plus communes; c'est ainsi qu'il donne la mesure de son désarroi paternel au moyen d'une comparaison qui paraîtrait vulgaire, si elle ne frappait d'emblée par sa justesse :

Maintenant mon regard ne s'ouvre qu'à demi;
Je ne me tourne plus, même quand on me nomme;
Je suis plein de stupeur et d'ennui, comme un homme
Qui se lève avant l'aube, et qui n'a pas dormi.

(Les Contemplations : Veni, vidi, vixi)

LA RICHESSE DU VERBE

Hugo possède un vocabulaire extraordinairement abondant et varié. Il se flatte d'avoir affranchi la langue poétique et « mis un bonnet rouge au vieux dictionnaire ». Il refuse de distinguer entre les termes nobles et les termes « roturiers »; il recourt, à l'occasion, aux vocables populaires, archaïques ou techniques. Ces mots, il est capable de les employer avec beaucoup de sobriété; mais il aime aussi les accumuler avec une apparente frénésie pour traduire son indignation ou son exaltation. Cette luxuriance présente des dangers; mais elle répond à une exigence intérieure. *Hugo pense, du reste, que les mots ne sont pas de simples formes, mais des êtres vivants*; ils naissent au fond de nous-mêmes et accomplissent leur mission dans le langage; libérer les mots, c'est donc libérer l'âme; la véritable poésie est celle qui, dédaignant les contraintes pédantesques et les scrupules vains, accomplit ce double acte de liberté :

> Les mots heurtent le front comme l'eau le récif;
> Ils fourmillent, ouvrant dans notre esprit pensif
> Des griffes ou des mains, et quelques-uns des ailes;
> Rêveurs, tristes, joyeux, amers, sinistres, doux,
> Sombre peuple, les mots vont et viennent en nous;
> Les mots sont les passants mystérieux de l'âme.

(Les Contemplations : Réponse à un Acte d'accusation)

LA VIRTUOSITÉ DU VERS

Hugo, dès ses premiers recueils, a fait la preuve d'un instinct infaillible et d'une science consommée dans le maniement du vers. La rime, dans son œuvre, devient une esclave-reine, qui tantôt commande et tantôt obéit ; exceptionnellement riche dans des morceaux de bravoure, comme *La Fiancée du Timbalier*, elle devient, au contraire, discrète et passe inaperçue dans les pièces où le poète cherche à produire un effet de simplicité quasi prosaïque. Le rythme est indéfiniment varié; Hugo recourt à tous les types de strophes ou de vers, du monosyllabe à l'alexandrin; et s'il marque une prédilection pour l'alexandrin, c'est en raison de la souplesse même qu'il a su lui donner : à la césure fixe des classiques, il substitue une césure mobile, qui s'adapte au caractère de la pensée ou du sentiment; il obtient, à son gré, un mouvement tantôt ample et tantôt haché, tantôt solennel et tantôt allègre; ainsi, dans une pièce des *Contemplations* (*On vit, on parle*), il parvient à reproduire, par la plasticité du rythme, la diversité mouvante de la vie.

OUVRAGES A CONSULTER

HUGO. *Poésies*, éd. B. Leuilliot, 3 vol., *Romans*, éd. H. Guillemin, 3 vol., L'Intégrale, Seuil. *Le Rhin*, 2 vol., éd. J. Gaudon, Imprimerie Nationale, 1985.
J.-B. BARRÈRE. *Victor Hugo*, Hatier, 1952. *La Fantaisie de Victor Hugo*, 3 vol., José Corti, 1949-1960. (réimpr. chez Klincksieck). P. ALBOUY. *La création mythologique chez Victor Hugo*, José Corti, 1964. J. GAUDON. *Victor Hugo. Le temps de la contemplation*, Flammarion, 1969. C. GÉLY. *Victor Hugo poète de l'intimité*, Nizet, 1969. A. UBERSFELD. *Le Roi et le Bouffon* (étude sur le théâtre de Victor Hugo), José Corti, 1974.

I. UN PERSONNAGE FATAL

HERNANI

Oh! par pitié pour toi, fuis! Tu me crois peut-être
Un homme comme sont tous les autres, un être
Intelligent, qui court droit au but qu'il rêva.
Détrompe-toi. Je suis une force qui va!
Agent aveugle et sourd de mystères funèbres!   5
Une âme de malheur faite avec des ténèbres!
Où vais-je? Je ne sais. Mais je me sens poussé
D'un souffle impétueux, d'un destin insensé.
Je descends, je descends et jamais ne m'arrête.
Si parfois, haletant, j'ose tourner la tête,   10
Une voix me dit : Marche! et l'abîme est profond,
Et de flamme ou de sang, je le vois rouge au fond!
Cependant, à l'entour de ma course farouche,
Tout se brise, tout meurt. Malheur à qui me touche!
Oh! fuis! détourne-toi de mon chemin fatal.   15
Hélas! sans le vouloir, je te ferais du mal.

Hernani, acte III, scène IV, vers 281 à 297.

Situation du passage.

Hernani, dont la tête est mise à prix, s'est réfugié au manoir des Silva, déguisé en pèlerin. Voyant doña Sol en robe de mariée et se croyant trahi, il a révélé son nom de banni et demandé qu'on le livrât. Mais don Ruy Gomez, fidèle aux lois de l'hospitalité, est résolu à le protéger et va mettre le château en état de défense contre les troupes royales. Pendant son absence, Hernani reproche à doña Sol sa trahison; mais la jeune fille se disculpe sans peine. Le héros se jette alors à ses pieds, implore son pardon et la supplie de ne pas le suivre. La tirade, malgré le ton passionné et l'allure apparemment chaotique, est très nettement composée : doña Sol doit fuir Hernani car, jouet du destin, il se trouve précipité vers l'abîme et entraînerait avec lui celle qui commettrait l'imprudence de s'attacher à ses pas.

Le texte.

L'idée générale est précisée dès le début et mise en valeur par la coupe insolite : *fuis!* Le ton est à la fois douloureux et suppliant. Hernani, cœur noble et désintéressé, est prêt à sacrifier son amour à sa *pitié*. L'heure est grave : c'est celle qu'il choisit pour sa confession; ainsi espère-t-il détourner doña Sol de son chemin.

Hernani est un jouet du destin (vers 1 à 6). — Hernani n'est pas *un homme comme sont tous les autres :* l'orgueil du héros romantique perce à travers la simplicité voulue des mots et l'ironie amère de l'aveu; s'il est marqué par le malheur, c'est à la fois son tourment et sa fierté, car l'infortune a ses élus, comme la félicité. Il n'est pas *un être intelligent :* entendons qu'il ne peut se fixer librement un but et subordonner à ce but toute sa conduite. Le rythme des trois premiers vers est saccadé et comme oppressé; certains mots sont mis en valeur par les coupes (*un homme..., un être*) ou par les rejets (*un être intelligent*). Un impératif, *Détrompe-toi*, sert de transition : Hernani, à vrai dire, est mauvais psychologue; doña Sol l'aime précisément parce qu'il n'est pas comme les autres et parce qu'il semble marqué d'un signe fatal; s'il veut vraiment l'éloigner de lui, ce n'est pas à un tel argument qu'il doit recourir. N'importe : il se définit, maintenant, comme *une force qui va;* l'expression s'oppose aux termes précédents, *un homme, un être;* elle donne à entendre qu'il est soumis à une puissance supérieure qui le lance dans une direction inconnue. La même idée est reprise au vers suivant, Hernani est un *agent aveugle et sourd de mystères funèbres;* il agit aveuglément, obéissant à des ordres mystérieux qui le conduisent à sa perte; les épithètes *aveugle* et *sourd* ne sont d'ailleurs pas très heureuses, car, aveugle, Hernani va voir au fond de l'abîme (vers 12), et sourd, il va entendre la voix qui lui dit : *Marche!* (vers 11). Obscure aussi, cette nouvelle définition : *Une âme de malheur faite avec des ténèbres;* mais elle éveille une impression sinistre. Ces vers sont d'un mouvement plus ample que les précédents : la régularité des coupes, les sonorités étouffées, leur donnent un accent à la fois solennel et macabre.

Il est voué à l'abîme (vers 7 à 12). — *Un destin insensé*, c'est-à-dire un destin qui n'offre pas de sens intelligible, pèse sur le héros. *Où vais-je ? je ne sais.* Après cette question et cette réponse, le rythme, de nouveau, prend de l'ampleur; un vers semble pousser l'autre, comme la fatalité tyrannique pousse Hernani. Peu à peu se précise une image, celle d'un gouffre insondable et inévitable. *Je descends, je descends :* ce halètement marque les étapes de cette marche à l'abîme, tandis que le second hémistiche, *et jamais ne m'arrête*, suggère, avec son absence de coupe, un mouvement continu. Hernani, pourtant, a des sursauts et tente parfois de réagir contre cette poussée implacable; le rythme du vers, chaotique et brisé, traduit maintenant cette résistance éperdue : *Si parfois — haletant — j'ose tourner la tête.* Le héros voudrait obtenir un répit pour goûter en paix quelques instants de bonheur avec celle qu'un regard lui a permis d'entrevoir; mais le destin, symbolisé par *une voix*, ne se laisse pas fléchir et ordonne : *Marche!* Les phrases, dès lors, se succèdent dans un mouvement rapide, que scande la coordination *et... et...* L'image, jusque-là suggérée seulement, surgit avec brutalité : *l'abîme est au fond.* Hernani fait songer à un damné qu'entraînent les tourbillons de l'enfer.

Il répand le malheur autour de lui (vers 13 à 16). — Mais le sombre héros n'est pas seul à souffrir; tous ceux qui s'attachent à ses pas partagent sa destinée malheureuse. Pour suggérer l'idée que le malheur s'étend autour de lui, le mouvement est d'abord large : *à l'entour de ma course farouche.* Puis le vers est haché, comme pour évoquer les ravages produits : *Tout se brise, tout meurt.* Enfin, tous les tons se heurtent; c'est d'abord une sorte d'avertissement menaçant, *Malheur à qui me touche!*, puis une adjuration qui reprend celle du début, *Oh! fuis!*, enfin une exclamation douloureuse : *Hélas!* Comme Satan, Hernani est un réprouvé; mais il ne veut pas entraîner dans le gouffre celle qu'il aime, et il la supplie de se détourner de son *chemin fatal :* l'adjectif, employé dans son sens fort de « fixé par un inéluctable destin », prend ici une importance capitale. Le dernier vers est formé des mots les plus simples et les plus émouvants; il nous rappelle qu'Hernani n'est pas le maître de ses actes, et qu'il possède, au fond, une âme tendre et compatissante.

Conclusion.

Cette tirade offre peu de valeur dramatique et psychologique. Elle est inutile à l'action, car Hernani ne parviendra pas à convaincre doña Sol. Elle décrit un personnage peu consistant, qui incarne, avant tout, l'état d'âme d'une génération tourmentée.

Mais elle possède une grande valeur poétique. Elle est emportée dans un mouvement irrésistible par l'émotion intense qui anime le héros; et cette éloquence passionnée communique sa vibration au spectateur. Les mots ont parfois un sens approximatif et vague; mais le jeu savant des sonorités leur donne une grande puissance de suggestion. Enfin, le poète désarticule l'alexandrin, et, par la souplesse du rythme, traduit tous les sentiments d'une âme agitée.

Je vis cette faucheuse. Elle était dans son champ.
Elle allait à grands pas, moissonnant et fauchant,
Noir squelette laissant passer le crépuscule.
Dans l'ombre où l'on dirait que tout tremble et recule,
L'homme suivait des yeux les lueurs de la faux,   5
Et les triomphateurs sous les arcs triomphaux
Tombaient; elle changeait en désert Babylone,
Le trône en échafaud et l'échafaud en trône,
Les roses en fumier, les enfants en oiseaux,
L'or en cendre et les yeux des mères en ruisseaux.   10
Et les femmes criaient : « Rends-nous ce petit être :
Pour le faire mourir, pourquoi l'avoir fait naître ? »
Ce n'était qu'un sanglot sur terre, en haut, en bas;
Des mains aux doigts osseux sortaient des noirs grabats;
Un vent froid bruissait dans les linceuls sans nombre;   15
Les peuples éperdus semblaient sous la faux sombre
Un troupeau frissonnant qui dans l'ombre s'enfuit;
Tout était sous ses pieds deuil, épouvante et nuit.

Derrière elle, le front baigné de douces flammes,
Un ange souriant portait la gerbe d'âmes.   20

Les Contemplations, IV, 16.

Introduction.

Mors est l'avant-dernier poème du livre *Pauca meae*, dans *Les Contemplations*. Hugo l'a composé en 1854, onze ans après la disparition tragique de sa fille. Avec le temps, sa douleur s'est apaisée; mais il interroge maintenant le lugubre infini de la tombe. L'idée de la mort est symbolisée par une faucheuse, dont le poète évoque la puissance malfaisante, avant de faire apparaître l'image de l'ange qui recueille les âmes.

Le poème.

La faucheuse (vers 1 à 5). Sans préambule, Hugo décrit l'hallucination née dans son imagination de visionnaire : la mort lui est apparue sous la forme d'une *faucheuse* au milieu d'un *champ*. L'ombre crépusculaire donne à cette vision fantastique des profondeurs indéfinies (*on dirait que tout tremble et recule*) qu'éclairent *les lueurs de la faux*. Trois personnages se distinguent dans ce clair-obscur : au premier plan, la *faucheuse;* puis *l'homme,* qui est le symbole de l'humanité tout entière; enfin, à l'écart, le poète qui assiste à la scène. Le rythme rend d'abord, par sa rigueur, la précision crue du tableau : *Je vis cette faucheuse. | Elle était dans son champ;* puis, par sa régularité, la marche implacable de la faucheuse : *Elle allait | à grands pas | moissonnant | et fauchant, | Noir squelette;* enfin, par son indécision, que souligne la répétition des *l,* le tremblement de l'ombre : *Dans l'ombre où l'on dirait que tout tremble et recule.*

Sa puissance malfaisante (vers 6 à 18). Le tableau prend plus d'ampleur : la faux sinistre commence ses ravages. Le génie antithétique du poète se déploie à l'aise au milieu de ces sombres visions. Semblable à la Némésis antique, la mort s'attaque d'abord aux puissants de la terre, aux *triomphateurs;* et les sonorités éclatantes du vers rendent plus expressif le rejet *Tombaient* qui donnent la sensation d'une c.ute brutale. Elle s'attaque aussi aux villes opulentes, dont *Babylone* est le symbole. Elle se complaît en des métamorphoses : la royauté mène à *l'échafaud* et au roi mort succède un nouveau roi; la fleur, née de la terre, y retourne et se transforme en *fumier,* tandis que l'âme de *l'enfant,* encore toute proche du ciel d'où elle arrive, regagne son premier séjour sous forme d'*oiseau* (« Je regarde toujours ce moment de ma vie / Où je l'ai vue ouvrir son aile et s'envoler », écrivait déjà Hugo dans *A Villequier*); quant aux *mères*, elles crient leur douloureuse indignation devant la cruauté du destin. Ce thème de la mort de l'enfant a toujours obsédé le poète : il est déjà traité dans *Les Rayons et les Ombres* (*Écrit sur la tombe d'un petit enfant*); il est repris, dans les *Châtiments* (*Souvenir de la nuit du 4*). Le tableau s'élargit encore et prend les proportions d'une vision d'apocalypse. De tous les points de la terre, désignés avec une imprécision voulue, *en haut, en bas*, s'échappe *un sanglot*. Le spectre de la mort est gravé en eau-forte; l'impression de terreur est rendue par le rythme haché et par les sonorités grinçantes : *Des mains / aux doigts osseux / sortaient / des noirs grabats*.

Le poète donne même la sensation du frisson glacé qui accompagne la mort : *Un vent froid bruissait*, et de l'épouvante qui saisit l'humanité, courbée *sous la faux sombre*. Un vers plus abstrait termine cette évocation des ravages que provoque la mort : *Tout était sous ses pieds deuil, épouvante et nuit*. La faux, maintenant, ne produit plus de lueurs : c'est l'obscurité complète d'une *nuit* effrayante.

L'ange qui recueille les âmes (vers 19 et 20). Mais, par un procédé qui lui est familier, le poète, de l'ombre opaque, fait brusquement jaillir la lumière. La nuit se dissipe soudain; le fond de la toile s'éclaire et laisse apparaître *l'ange* qui porte *la gerbe d'âmes*. Cette antithèse entre la sombre moissonneuse et l'ange *souriant* résume poétique-

ment les croyances spiritualistes de Victor Hugo. La moisson de la faucheuse fait se lever de nouvelles vies; de même, selon la philosophie de *A Villequier*, « le tombeau qui sur les morts se ferme / Ouvre le firmament ». Ce contraste est souligné par les sonorités calmes et douces des deux derniers vers.

Conclusion.

Cette courte pièce marque le retour à l'apaisement et à l'espérance après une longue crise. Le poète a retrouvé la sérénité et il médite sur la mort; il y voit une loi universelle et en même temps une promesse de vies nouvelles. Il traduit ses idées en images symboliques d'un relief saisissant et dans un rythme qui s'adapte savamment à toutes les nuances de la pensée.

SUJETS DE COMPOSITION FRANÇAISE

1   Une réunion au Cénacle, rue Notre-Dame-des-Champs, en 1829.

2   Expliquer et discuter cette formule de Fernand Gregh : « Les drames de Victor Hugo sont des fresques d'Épinal. »

3   D'après les deux premières strophes de *Tristesse d'Olympio*, dégager quelques aspects essentiels du sentiment de la nature chez Victor Hugo, puis étudier brièvement son expression artistique.

4   Commenter ce propos de Victor Hugo sur *Les Contemplations* : « Si jamais il y aura eu un miroir d'âme, ce sera ce livre-là. »

5   Examiner cette opinion de Baudelaire sur *La Légende des siècles* : « Victor Hugo a créé le seul poème épique qui pût être créé par un homme de son temps pour des lecteurs de son temps. » (*L'Art romantique.*)

6   Des critiques ont défini le romantisme français comme « le triomphe de l'individualisme et l'étalage du moi ». Pensez-vous que cette formule suffise à caractériser l'œuvre poétique de Victor Hugo ?

7   Boileau prescrivait en 1674 : « Jamais de la nature il ne faut s'écarter ». En 1827, Victor Hugo s'écrie à son tour : « La nature, donc, la nature et la vérité ! » Pensez-vous que le mot « nature » ait le même sens pour ces deux écrivains ?

8   Commenter cette formule de Baudelaire : « Hugo possède non seulement la grandeur, mais l'universalité. » (*L'Art romantique.*)

9   André Gide répondit un jour à quelqu'un qui lui demandait quel était à son avis, le plus grand poète français : « Victor Hugo, hélas! » Quelles réflexions vous inspire cette boutade ?

10   Kléber Haedens écrit à propos de Victor Hugo : « Il est le plus varié, mais le moins pur, le moins profond, le moins secret de nos poètes. » Examiner ce jugement.

11   Faire apparaître le contraste noté par Jules Lemaître entre l'imagination de Lamartine et celle de Victor Hugo : « L'un nous enchante d'harmonies, l'autre nous éblouit d'antithèses. »

12   Certains critiques ont proposé d'appeler le XIXᵉ siècle « le siècle de Victor Hugo ». Qu'entendent-ils par cette formule ? Dans quelle mesure est-elle valable ?

CHAPITRE V

ALFRED DE VIGNY

Alfred de Vigny. Musée Carnavalet.

Issu d'une vieille famille noble qui gardait le culte du passé, Alfred de Vigny, après une jeunesse morose, rêve d'abord de devenir un grand capitaine. Mais le métier militaire l'ennuie et il décide de se consacrer aux lettres. Il se mêle à la bataille romantique et observe le mouvement politique. Déçu par ses contemporains, il abandonne pour un temps la poésie, qu'il cultivait depuis sa vingtième année, et, loin de toute chapelle, il attire l'attention du public sur la condition misérable des « parias » de la société moderne, en particulier du poète et du soldat. A la suite de chagrins intimes, il traverse une crise violente, exhale son désespoir dans de nouveaux poèmes, puis retrouve peu à peu l'équilibre et, en dépit de toutes les épreuves, proclame sa foi dans le progrès et dans l'affranchissement de la conscience humaine.

Sensible et généreux, mais naturellement réservé, Alfred de Vigny répugne aux effusions du sentiment et s'applique à traduire sous la forme de symboles une pensée grave et dense.

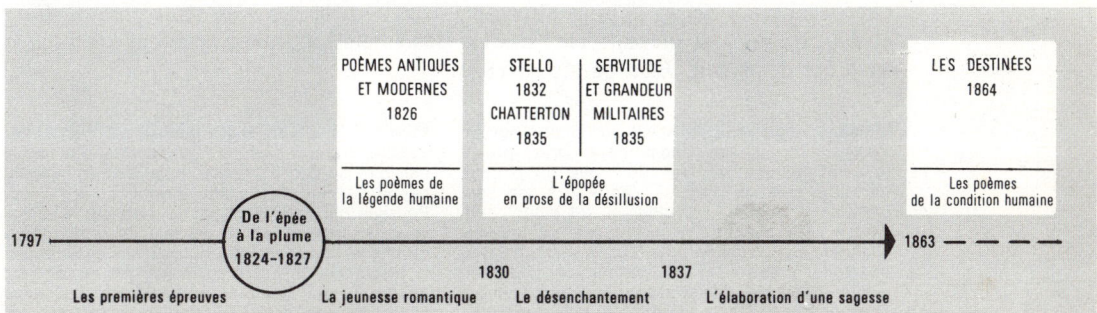

	POÈMES ANTIQUES ET MODERNES 1826	STELLO 1832 CHATTERTON 1835	SERVITUDE ET GRANDEUR MILITAIRES 1835		LES DESTINÉES 1864
	Les poèmes de la légende humaine	L'épopée en prose de la désillusion			Les poèmes de la condition humaine

1797 — De l'épée à la plume 1824-1827 ————————→ 1863 - - -

Les premières épreuves   La jeunesse romantique   1830   Le désenchantement   1837   L'élaboration d'une sagesse

LA CARRIÈRE DE VIGNY
A Les premières épreuves (1797-1824)

LES TRISTESSES DE L'ENFANT

Alfred de Vigny né à Loches, en Touraine, appartient à une famille d'ancienne noblesse ruinée par la Révolution. Ses ancêtres paternels ont servi par tradition dans l'armée de terre, ses ancêtres maternels dans la marine. Il hérite de leur fierté; mais il s'apercevra de bonne heure que l'ancienne aristocratie se trouve déclassée dans la société moderne. Dès sa petite enfance, qui s'écoule à Paris aux côtés de parents éprouvés par la vie, il apprend à se replier sur lui-même. A la pension Hix, où il entre comme externe en 1807, il subit les tracasseries de ses camarades, qui lui reprochent sa naissance, envient ses succès scolaires, raillent sa délicatesse. Au lycée Bonaparte, où il prépare l'École Polytechnique de 1811 à 1814, il rêve, comme ses condisciples, de gloire militaire, mais résiste à l'engouement collectif pour Napoléon, que son entourage familial lui représente comme un usurpateur.

LES DÉCEPTIONS DE L'OFFICIER

La Restauration emplit son cœur d'espérances qui seront bientôt déçues. Dès 1814, il s'engage dans l'armée; il sert d'abord, comme sous-lieutenant de cavalerie, sous le manteau blanc et l'habit rouge des gendarmes royaux; mais les Compagnies Nobles sont licenciées après les Cent-Jours, et il doit passer dans l'infanterie de la Garde. Alors commence pour lui une monotone vie de garnison, tout entière occupée par la théorie, l'exercice, les parades. Lors de l'expédition espagnole, en 1823, il obtient de servir avec le grade de capitaine dans un régiment de ligne; mais son unité, désignée pour garder la frontière, ne participe pas à la campagne. Alfred de Vigny désespère de s'illustrer dans la carrière des armes et songe à donner sa démission.

L'ÉVEIL DU POÈTE

Le jeune officier consacre ses loisirs forcés à la poésie. En 1822, il publie, non sans succès, un premier recueil de dix *Poèmes*. La même année, il compose son premier chef-d'œuvre, *Moïse;* l'année suivante, deux « mystères » en trois chants, *Éloa* et *Le Déluge*. Ces pièces, consacrées à des sujets bibliques, attestent l'influence majeure de Byron. *Éloa* paraît en 1824.

Moïse. Tandis que le soleil se couche sur la Terre sainte, Moïse, l'homme de Dieu, gravit le mont Nébo; aux pieds du mont, un peuple immense prie. Le prophète s'adresse à son Seigneur ; il exhale sa douleur en un monologue lyrique : il se plaint de sa lassitude, et aussi de sa solitude, rançon de sa grandeur; humblement, il demande à être relevé de sa mission. L'Éternel exauce sa prière : Moïse disparaît dans un nuage et Josué assume la lourde tâche de sa succession.

Éloa ou la Sœur des anges. Éloa, vierge engendrée par une larme du Christ, entend raconter l'histoire de Lucifer, le plus beau des archanges, banni du ciel pour s'être révolté contre Dieu. Poussée par la pitié et par la curiosité, elle traverse l'espace et va trouver, dans les profondeurs du chaos, l'ange maudit, dont la voix et le regard la fascinent. Un moment troublé par la candeur d'Éloa, Lucifer se reprend, l'attendrit par ses pleurs fallacieux et l'entraîne dans l'abîme.

B   La jeunesse romantique (1824-1830)

DE L'ÉPÉE A LA PLUME

En décembre 1824, le capitaine Alfred de Vigny obtient un congé, qui sera indéfiniment renouvelé jusqu'à sa radiation des cadres. Il épouse en février 1825 une jeune anglaise, Lydia Bunbury; il s'installe à Paris et fréquente les cercles littéraires : il voudrait conquérir par la plume la gloire que l'épée lui a refusée. En 1826, il publie, outre un roman historique, *Cinq-Mars,* la première édition des *Poèmes antiques et modernes. Libéré du métier militaire en mars 1827, il se voue désormais à la carrière d'écrivain.* Il adapte en alexandrins plusieurs pièces de Shakespeare; son *More de Venise,* imité d'*Othello,* est représenté en 1829 au Théâtre-Français. Au Cénacle, Alfred de Vigny est considéré comme un maître de la jeune école, mais son orgueil souffre des succès plus éclatants de Hugo.

CINQ-MARS (1826)

Dans Cinq-Mars, *Vigny raconte une conjuration ourdie en 1639 contre le cardinal de Richelieu.* Il ne s'est pas borné, cependant, à une reconstitution historique. En peignant son héros, un officier à l'âme ardente, passionnément attaché aux prérogatives de sa caste, il se peint lui-même, et *il exalte la noblesse, humiliée par la monarchie absolue, mais fidèle dans l'épreuve à ses traditions de grandeur.*

Le destin d'un jeune noble : Cinq-Mars.

L'ambition de Cinq-Mars *(chap. I à VIII).* Richelieu, malgré la puissance du parti espagnol à la Cour, mène la guerre contre Philippe IV. Le jeune marquis de Cinq-Mars, qui rêve de jouer un grand rôle politique pour pouvoir épouser la princesse Marie de Gonzague, se signale parmi les mécontents.

L'ascension de Cinq-Mars *(chap. IX à XIX).* A Perpignan, Cinq-Mars brave Richelieu en servant de témoin à un duel; il attire l'attention du Roi par ses exploits militaires. Trois ans plus tard, grand écuyer, favori de la Reine, il s'apprête, avec la complicité des Espagnols, à engager la partie décisive contre le ministre.

La réaction de Richelieu *(chap. XX à XXIV).* Richelieu, qui a repris son ascendant sur le faible Roi, apprend par le père Joseph le détail de la conjuration. La Reine, finalement, refuse son appui à l'entreprise. Marie de Gonzague hésite à se mésallier. Cinq-Mars, ruiné dans ses espérances, se constitue prisonnier.

La victoire de Richelieu *(chap. XXV à XXVI).* Cinq-Mars refuse le concours du père Joseph, tout prêt à trahir Richelieu. Il est exécuté à Lyon, en même temps que son fidèle ami de Thou. Le ministre triomphe. Marie de Gonzague s'évanouit en apprenant la mort du généreux marquis; le cœur navré, elle accepte la couronne de Pologne.

LES POÈMES ANTIQUES ET MODERNES (1826-37)

Dans la première édition des *Poèmes antiques et modernes* (1826), Vigny publie *Moïse, Le Déluge* et quatre autres pièces, dont *La Neige* et *Le Cor.* L'édition définitive (1837) contient vingt et un poèmes dont les derniers composés datent de 1830. Le recueil comporte un « Livre mystique » (*Moïse, Éloa, Le Déluge*), un « Livre antique », qui se subdivise en antiquité biblique et antiquité homérique, enfin un « Livre moderne », qui évoque le Moyen Age (*La Neige, Le Cor*), les guerres de religion, le règne de Louis XIV, le XIXe siècle et s'achève par deux « élévations » inspirées par des événements contemporains : *Les Amants de Montmorency* et *Paris.*

C Le désenchantement (1830-1837)

L'ÉPOPÉE EN PROSE DE LA DÉSILLUSION

La révolution de 1830 affligea profondément Vigny. Certes, il n'approuvait pas les ordonnances de Polignac et blâmait la politique intransigeante de Charles X, mais il demeurait attaché à la monarchie légitime. Pendant les Journées de Juillet, il se sentit solidaire des gardes royaux, ses anciens compagnons, qui défendaient le régime et l'ordre public. Il accueillit avec une réserve mélancolique le règne bourgeois de Louis-Philippe.

Déçu par son siècle, Vigny renonce momentanément à la poésie et entreprend d'écrire, en prose, une « épopée de la désillusion », consacrée aux « parias » de la société moderne. Qui sont ces parias ? Tous ceux qui gardent leur idéal intact dans un monde qui a perdu son âme : le gentilhomme, l'écrivain de génie, l'officier, le penseur spiritualiste. A la noblesse vaincue, il a dédié *Cinq-Mars*. Il va peindre, dans *Stello* et dans *Chatterton*, la détresse du Poète; dans *Servitude et Grandeur militaires*, celle du Soldat; dans *Daphné*, celle du Théosophe.

STELLO (1832)

Dans *Moïse*, Vigny montrait la solitude douloureuse de l'homme supérieur; mais, à défaut d'amour, le prophète hébreu recevait de la foule qu'il guidait un tribut d'admiration et de respect. Après 1830, le poète découragé ne croit même plus à la possibilité, pour le génie, de se faire reconnaître et honorer; il accuse les pouvoirs publics et la foule de craindre « ceux qui planent » et d'aimer « la médiocrité qui se vend bon marché » (*Lettre à Brizeux*, 1831). C'est dans cet état d'esprit qu'il compose *Stello*.

Détresse du poète : Stello.

Stello, un jeune homme à l'âme ardente, se sent une vocation de poète. Son ami le Docteur-Noir, qui redoute pour lui les déceptions de la vie, le traite comme un malade et entreprend de le guérir. Il lui conte l'histoire lamentable de Gilbert, puis celle de Chatterton, enfin celle d'André Chénier : ces trois poètes, l'un dans l'État monarchique français, le second dans l'État constitutionnel anglais, le dernier dans l'État révolutionnaire et démocratique, ont été semblablement victimes d'un gouvernement qui a redouté leur génie. Stello est indigné par ces exemples; et le Docteur-Noir rédige une ordonnance où il prescrit de « séparer la vie poétique de la vie politique ».

LA PORTÉE DE STELLO

Vigny, dans Stello, *pose et résout pour son propre compte le problème des rapports entre le Poète et la Cité.* Selon lui, toute poésie tend à l'affirmation d'une vérité; toute société repose sur l'acceptation d'un mensonge : le conflit est inévitable entre la création poétique et l'existence collective. Dans ce conflit, le Docteur-Noir, qui représente la pensée de l'écrivain comme Stello représente son cœur, prend la défense du génie : « En vérité, je vous le dis, l'individu n'a jamais tort, l'ordre social toujours. » Pourtant, il ne tire pas de cet anarchisme théorique des conséquences extrêmes. A son malade, il conseille, non l'égoisme, mais la réserve. Que Stello ne s'engage pas inconsidérément dans les luttes dégradantes; qu'il s'assure la liberté et l'indépendance nécessaires à toute réflexion valable; et que, de sa retraite, il lance aux hommes, en paroles de feu, les vérités fécondes : il aura ainsi accompli sa « mission ».

CHATTERTON (1835)

La faveur que connut *Stello* encouragea Vigny à revenir sur le sujet en le transposant pour la scène. Depuis longtemps, il rêvait de s'imposer au théâtre : après avoir adapté Shakespeare, il avait évoqué en un drame touffu, *La Maréchale d'Ancre*, la minorité de Louis XIII, puis conté dans un acte mi-plaisant, mi-sévère, *Quitte pour la peur*, une aventure conjugale; mais ces deux pièces avaient eu un médiocre succès. Avec *Chatterton*, il trouve la formule qui convient le mieux à la gravité de son caractère. En présentant au public l'illustration d'un problème social qui lui tient à cœur, il obéit à sa vocation de philosophe : « Avec *La Maréchale d'Ancre*, j'essayai de faire lire une page d'histoire sur le théâtre. Avec *Chatterton*, j'essaie d'y faire lire une page de philosophie. » (*Journal*, 1834). La pièce, jouée par Marie Dorval, reçut, au soir de la première représentation, le 12 février 1835, un accueil triomphal.

Le destin d'un jeune poète : Chatterton.

Acte I. John Bell ou la dureté des puissants. John Bell, riche industriel de Londres, est un patron autoritaire et un époux tyrannique : il refuse de reprendre un ouvrier qui s'est rompu le bras dans une de ses machines et brusque sa femme, la mélancolique et douce Kitty, pour une erreur relevée dans son livre de comptes. Chatterton, un jeune poète sans fortune, a loué chez lui une modeste chambre; il s'entretient avec son ami le quaker, un familier de la maison, et, dans une profession de foi, oppose au matérialisme prosaïque de John Bell son idéalisme exalté. Il souffre de se sentir incompris et envisage le suicide comme une délivrance.

Acte II. Kitty Bell ou la pitié de la femme. Au cours d'une promenade avec le quaker, Chatterton a croisé Lord Talbot et quelques jeunes nobles, ses anciens compagnons d'Oxford. Les voici justement chez John Bell : Lord Talbot signale la noble origine de son locataire, le bruit qu'a fait la publication de ses poèmes; il ajoute des allusions impertinentes à l'intimité qu'il croit deviner entre le jeune poète et la femme de son hôte. Après le départ des visiteurs, Kitty Bell se plaint au quaker de leur attitude et lui avoue que la vue de Chatterton suffit à l'émouvoir. Le quaker lui révèle le mal qui ronge le jeune homme. Chatterton, cependant, s'est résolu à écrire une lettre au lord-maire pour obtenir un emploi; il attend anxieusement la réponse.

Acte III. Chatterton ou la misère du génie. Chatterton, seul dans sa chambre froide, médite et écrit. Il se lance dans une diatribe contre la société, qui oblige le poète à quémander des emplois. Au moment où il va avaler de l'opium, le quaker l'arrête et lui révèle l'amour de Kitty. Il renaît pour un moment à l'espoir. Mais bientôt, il apprend coup sur coup qu'un créancier veut le faire arrêter, qu'une critique l'accuse de plagiat et que le lord-maire lui offre un emploi humiliant de valet. Il boit alors le poison. Kitty, qu'agite un obscur pressentiment, lui arrache le secret de son amour. Il tombe dans les bras du quaker; et Kitty ne peut lui survivre.

LA THÈSE DE CHATTERTON

Dans Chatterton *comme dans* Stello, *Vigny montre la solitude et l'inadaptation foncière du vrai poète.* La vie moderne transforme ce génie en paria : s'il veut subsister, il doit accepter des fonctions utilitaires qui le détournent de sa mission. L'orgueilleux Chatterton refuse tout compromis : dès lors, il n'y a pas d'autre issue pour lui que le suicide. *Mais en peignant la détresse de son héros, Vigny veut attirer l'attention des pouvoirs publics sur les droits méconnus de la Poésie.* Ainsi, *Stello* était un réquisitoire contre la société, une mise en garde à l'adresse du poète candide; *Chatterton* est plutôt un plaidoyer pour le poète, une mise en demeure à l'adresse de la société indifférente : « Quelques vers suffisent à faire reconnaître (les grands poètes) de leur vivant, si l'on savait y regarder. »

SERVITUDE ET GRANDEUR MILITAIRES (1835)

Vigny a lui-même mis en lumière une continuité d'inspiration de *Stello* à *Servitude* : « Après avoir, sous plusieurs formes, expliqué la nature et plaint la condition du Poète dans notre société, j'ai voulu montrer ici celle du Soldat, autre paria moderne. » Il a noté d'autre part entre les deux récits une analogie de structure : « (L'un) a ses trois soldats comme l'autre ses trois poètes. » Mais il avait pour porte-parole, dans *Stello*, deux personnages imaginaires ; dans *Servitude*, il rapporte directement des souvenirs : « Toutes les fois que, dans ce livre de *Servitude*, il y a *je*, c'est la vérité. » Deux des trois nouvelles dont se compose l'ouvrage retracent des aventures dont il a été le témoin ; et il a exprimé dans des chapitres d'introduction, de liaison ou de conclusion sa pensée personnelle sur les problèmes posés par la vie militaire.

Détresse du Soldat : Servitude et Grandeur militaires.

Laurette ou le Cachet rouge. Vigny a rencontré au cours d'une campagne un vieux militaire qui lui conte une douloureuse histoire. Capitaine d'un brick sous le Directoire, il s'est pris d'une vive sympathie pour un jeune déporté et pour sa femme Laurette. En haute mer, il ouvre, conformément à la consigne reçue, une enveloppe scellée d'un immense cachet rouge : elle contient l'ordre de faire fusiller le jeune homme. Le cœur déchiré, il obéit, puis recueille Laurette.

La Veillée de Vincennes. Vigny, en garnison à Vincennes sous la Restauration, cause avec un vieil adjudant. Ce sous-officier se reproche de n'avoir pu examiner encore, pour l'inspection du lendemain, tous les obus de la poudrière dont il est responsable. A la nuit tombante, Vigny va visiter ce zélé serviteur, qui lui fait entendre un touchant concert de famille et lui conte les amours de sa jeunesse. Au petit matin, il est réveillé par l'explosion de la poudrière, provoquée par l'adjudant, qui a voulu vérifier ses derniers obus.

La Canne de jonc ou la Vie et la Mort du capitaine Renaud. Le capitaine Renaud, un officier plein de distinction, a toujours accompli noblement son devoir, sans obtenir jamais la récompense de son exceptionnel mérite. Tout jeune, il fut attaché à la personne de Bonaparte et semblait promis à un brillant avenir ; mais, prisonnier sur parole de l'amiral Colingwood, il se souvint de l'exemple autrefois donné par son père et repoussa la tentation de s'évader, sacrifiant ainsi l'intérêt de sa carrière à son honneur de soldat. Une fois libéré, il accomplit sur tous les champs de bataille des missions héroïques, mais obscures. Il garde un souvenir particulièrement cruel de l'assaut livré près de Reims, en 1814, à un corps de garde russe, car il tua dans cette opération un enfant de quatorze ans. Pendant les journées révolutionnaires de 1830, il lutte dans la rue pour la sauvegarde de l'ordre public : un autre enfant le frappe, qui ressemble à son innocente victime ; et il meurt dans une chambre d'hôpital, désenchanté, mais la conscience en paix.

LES ENSEIGNEMENTS DE « SERVITUDE »

Vigny décrit la condition militaire avec une humanité profonde et une pitié fraternelle. Il s'élève avec fermeté contre la doctrine formulée par Joseph de Maistre, qui exaltait le guerrier comme l'instrument aveugle et prestigieux d'une mission divine. Il regarde la guerre comme un fléau et définit la grandeur par l'abnégation, c'est-à-dire par l'acceptation vaillante de la servitude. Dans les armées modernes, en effet, le troupier et même l'officier ne sont que des esclaves : ils doivent l'obéissance passive à une autorité factice qui les prend à ses gages. Mais ce renoncement à soi, souvent obtenu au prix des plus cruels sacrifices, permet à l'homme de sauvegarder sa dignité personnelle. Ainsi se définit une religion de l'honneur. Au sein d'un monde où semble régner la fatalité, cette mystique nouvelle rend à la vie un sens et atteste l'existence d'une liberté.

DAPHNÉ (1837)

Vigny méditait d'écrire, sous le titre *Lamuel* ou *Emmanuel*, une « deuxième consultation du Docteur-Noir », faite, comme la première, d'épisodes distincts, reliés par un fil conducteur : « Que ce soit une épopée à triple nœud et triple fable, avec unité de pensée, comme *Stello* et *Servitude*. *Emmanuel* aura trois actions dans trois siècles différents, mais à des époques de fièvre religieuse. » Les héros de ces trois actions devaient être l'empereur Julien, le réformateur Mélanchton et Jean-Jacques Rousseau. Seul fut rédigé, en définitive, le récit consacré à Julien. Il fut publié pour la première fois en 1912 par Fernand Gregh.

Détresse du Théosophe : Daphné.

Le prélude. Stello et le Docteur-Noir se sont rendus au chevet d'un jeune malade que hantent les problèmes religieux. Dans la chambre, ils découvrent la statue d'un jeune empereur sans couronne, le flanc percé d'une blessure en forme de croix; à sa ceinture pend un rouleau de papyrus qui porte, en caractères grecs, le titre : *Daphné*. « Les deux inséparables ennemis » prennent connaissance du manuscrit, composé de quatre lettres envoyées par le marchand juif Joseph Jechaïah à un ami d'Alexandrie pour lui rendre compte des événements dont il a été le témoin.

Le manuscrit. Antioche est déchirée par les luttes religieuses entre païens et nazaréens. Joseph traverse la ville en effervescence, gagne le faubourg et rend visite au sage païen Libanius, son ami, dans la retraite de Daphné; il y rencontre deux disciples du vieux maître, Jean Chrysostome et Basile de Césarée. Libanius s'alarme en songeant à son ami Julien, qui, devenu empereur, affronte les périls de l'action publique. Basile, puis Jean, rappellent l'évolution religieuse du jeune homme, qui, élevé dans la doctrine arienne, veut maintenant restaurer les cultes païens.

Julien arrive à Daphné. Il proclame sa foi dans le Logos platonicien, d'où procèdent tous les dieux, et demande à Libanius les lumières de sa sagesse. A la surprise générale, Libanius condamne son entreprise : il pense que les dieux païens sont morts; les barbares chrétiens ont seuls aujourd'hui des croyances fraîches et fortes; leurs dogmes, sans posséder une vertu littérale, perpétuent symboliquement l'enseignement de la sagesse éternelle. Julien avoue tristement : « Je croyais mon ouvrage meilleur. » Quelques jours plus tard, l'armée impériale est décimée, et le jeune théosophe trouve au combat une mort qui ressemble à un suicide : « Il s'est retranché lui-même comme on détruit une digue dont l'usage est reconnu pernicieux après une épreuve. »

L'épilogue. Stello et le Docteur-Noir, après leur lecture, regardent par la fenêtre. Le spectacle de la rue est pitoyable. Un cortège de carnaval passe, symbole du matérialisme grossier. Un homme appelé Saint-Simon se laisse adorer par quelques fidèles; un prêtre, La Mennais, prêche la démocratie chrétienne; mais la foule raille ces illuminés. Cette débâcle de la foi consacre le triomphe de Voltaire, le contempteur universel.

LA SIGNIFICATION DE DAPHNÉ

Le sens de ce récit étrange apparaît clairement. Il existe, selon Vigny, une Vérité suprême. Cette Vérité, seuls quelques sages la possèdent; la foule ne saurait la comprendre sous sa forme pure; elle y accède par l'intermédiaire de dogmes qui, vains en eux-mêmes, enveloppent comme un cristal transparent le trésor de la Sagesse. Chaque religion a son destin : lorsqu'un culte disparaît, il est inutile de vouloir le sauver; mieux vaut faire confiance à celui qui le remplace pour la préservation des valeurs éternelles. Mais si l'humanité perd contact avec toute vie spirituelle, alors elle risque de sombrer dans l'anarchie et dans le désarroi. Tel est le siècle, hélas! « Où est le Maître? où le Législateur? où le Prophète? où le demi-dieu? » demande Stello; et ses questions angoissées font écho à celles de Rolla, le tragique héros d'Alfred de Musset : « Qui de nous, qui de nous va devenir un dieu? »

D L'élaboration d'une sagesse (1837-1863)

LA GRANDE CRISE

Alfred de Vigny traverse en quelques mois les épreuves les plus cruelles de sa vie. Il perd sa mère après une douloureuse maladie et s'abîme dans un désespoir dont son *Journal* garde les traces émouvantes. Il rompt la liaison orageuse qu'il entretenait depuis six ans avec l'actrice Marie Dorval et connaît les tristesses de la solitude morale. Découragé, troublé par la lecture d'un livre du docteur Strauss, *La Vie de Jésus*, il s'éloigne de toute foi religieuse.

L'INSPIRATION PESSIMISTE

Au lendemain de cette crise, Alfred de Vigny revient à la poésie et il exhale sa souffrance, son amertume ou son désarroi dans quelques poèmes d'une inspiration très sombre, *La Mort du loup* (1838), *La Colère de Samson* (1839), *Le Mont des Oliviers* (1839). Le loup traqué par les chasseurs, le guerrier trahi par sa compagne, le Christ abandonné par son Père, traduisent sous une forme symbolique la misère de la créature humaine, qui affronte les rigueurs de la Destinée.

La Mort du loup. En forêt, le poète, avec quelques chasseurs, cerne un vieux loup qui, se voyant perdu, meurt sans jeter un cri. Il médite sur la leçon que ce farouche animal donne ainsi aux hommes.

Le Mont des Oliviers. Pendant la nuit qui précède son supplice, Jésus demande à son Père de le laisser vivre encore et l'interroge sur les grands problèmes qui tourmentent l'humanité; mais Dieu, insensible à son angoisse, demeure muet.

La Colère de Samson. Aux côtés de Dalila endormie, Samson médite sur les illusions funestes de l'amour qui met l'homme à la merci de la perfidie féminine; lui-même se sait trahi et il exhale sa colère, trop longtemps contenue. A son tour, il s'endort; les Philistins s'emparent de lui pendant son sommeil et font fête à Dalila qui l'a livré; mais Samson secoue les colonnes du temple où ils célèbrent leur victoire et engloutit sous les ruines ses trois mille ennemis avec sa criminelle maîtresse.

LA CONQUÊTE D'UN ÉQUILIBRE

Peu à peu, Vigny retrouve la sérénité. Fixé à Paris, il fréquente de nouveau les milieux littéraires, pose sa candidature à l'Académie, où il est élu en 1845, après six échecs. Il s'intéresse aux problèmes politiques, s'attache aux principes d'ordre et de progrès qu'a mis en honneur la philosophie positiviste. Dans *La Flûte* (1842), il justifie l'inégalité des conditions, tout en proclamant l'égalité des âmes; dans *La Sauvage* (1843), il justifie la colonisation, tout en énonçant les devoirs des colons. Enfin, dans *La Maison du Berger*, son chef-d'œuvre (achevé en 1844), il développe un symbole qui traduit à la fois les aspirations du citadin mécontent, de l'amant ombrageux, du rêveur nostalgique, du poète fervent.

La Maison du Berger.

Si Éva, la femme aimée, est lasse, comme le poète, des contraintes sociales, qu'elle parte goûter avec lui les charmes de la retraite; tous deux se réfugieront dans la maison roulante du berger (I). La poésie, diamant de la pensée, s'est corrompue dans les jeux impurs du libertinage ou de la politique, alors qu'elle devrait illuminer de ses feux les conquêtes méthodiques de la Raison; mais un jour se lèvera où elle saluera le triomphe de l'Humanité (II). La femme est faible, impulsive, mais aussi intuitive et pitoyable; la Nature s'adoucit en sa présence. Pourtant le poète ne voudrait pas rester seul avec la Nature, divinité dédaigneuse et indifférente à l'homme. Il se détourne de cette marâtre pour donner son amour à la créature éphémère et souffrante (III).

Le Maine-Giraud.
« C'est une petite forteresse entourée de bois. »
(Journal d'un poète, 1838.)
Vigny avait hérité
de ce domaine familial, situé en Charente.
Il aimait à s'y retirer
et il y vécut les dernières années de sa vie.

L'EXALTATION DE L'ESPRIT

Déjà dans *La Maison du Berger*, Vigny rendait hommage à la pensée de l'Homme et annonçait le règne prochain de l'Esprit. Cette conviction lui permet de faire front contre les nouveaux coups du sort : échecs électoraux en 1848, soucis causés par la santé de sa femme et, dans les dernières années de sa vie, tortures physiques. Il persiste à croire que la créature ne doit rien attendre de Dieu ; mais au pessimisme religieux qui s'affirme dans le poème intitulé *Les Destinées* (1849) s'oppose l'optimisme humaniste de *La Bouteille à la mer* (1847) et de *L'Esprit pur* (1863). Les doutes, les amertumes, les douleurs d'autrefois, se résolvent dans un acte d'espérance orgueilleuse : le Poète, en créant pour l'éternité, triomphe des fatalités attachées à la condition humaine. Ainsi naît une mystique nouvelle, une religion sans dogme à la gloire du Génie.

Les Destinées. Au temps du paganisme, l'Homme était asservi aux Destinées. Lorsque vint le Sauveur, ces déesses remontèrent dans les cieux et la terre libérée poussa un soupir de bonheur. Hélas! cette libération était illusoire : à l'antique loi de la Nécessité a succédé la loi chrétienne de la Grâce, qui a mis la créature à la merci de Dieu. Le christianisme a « élargi le collier » de l'Humanité, mais il ne l'a pas véritablement affranchie.

La Bouteille à la mer. Un navire va sombrer. Le capitaine enferme le journal de ses découvertes dans une bouteille qu'il jette à la mer. Après bien des vicissitudes, le message sera recueilli dans les filets d'un pêcheur.

L'Esprit pur. Vigny demeure fier de ses aïeux, mais il se flatte de les avoir surpassés grâce à son œuvre et il songe avec orgueil à la postérité qui lui rendra hommage.

LE RECUEIL DES DESTINÉES

En 1844, Vigny projetait de publier, pour faire pendant aux *Poèmes antiques et modernes*, un recueil de *Poèmes philosophiques*, comprenant *La Maison du berger, La Sauvage, La Mort du loup, La Flûte, Le Mont des Oliviers* ; il réservait *La Colère de Samson*. Lorsqu'il eut écrit le poème *Les Destinées*, il voulut en faire la pièce liminaire d'un autre recueil qui aurait reçu ce même nom de *Destinées* et qui se serait achevé par *La Bouteille à la mer*. Aucun de ces deux recueils ne vit le jour ; mais, en 1864, après la mort du poète, Louis Ratisbonne, son exécuteur testamentaire, respectant sans doute ses intentions définitives, réunit onze de ses pièces sous le titre *Les Destinées* et avec le sous-titre « Poèmes philosophiques ». Cette double désignation est heureuse : le problème de la destinée demeure posé d'un bout à l'autre du recueil, et Vigny l'aborde à la fois en poète et en philosophe ; il montre, à travers une succession de symboles, comment la conscience humaine, d'abord esclave, réussit à s'affranchir et à proclamer sa liberté.

Poèmes de la condition humaine : Les Destinées.

Le recueil s'ouvre tout naturellement avec la pièce *Les Destinées*, qui porte en épigraphe : « C'était écrit. » Puis vient *La Maison du berger*, qui, dans le dessein primitif des « Poèmes philosophiques », devait servir de prologue. Après *Les Oracles*, un poème inédit qui flétrit le parlementarisme et la monarchie de Juillet, se succèdent *La Sauvage, La Colère de Samson, La Mort du loup,*

La Flûte, Le Mont des Oliviers. A la résignation ou à l'amertume qui dominent dans ces pièces s'oppose la robuste confiance qui s'affirme dans *La Bouteille à la mer.* Enfin, succédant à *Wanda,* un autre poème inédit, qui dénonce la cruauté des tyrans, *L'Esprit pur,* couronne le recueil et apparaît comme le testament spirituel du poète glorieux et triomphant.

II LA PERSONNALITÉ DE VIGNY

A L'homme

Alfred de Vigny laissait, à sa mort, soixante-dix carnets remplis de documents sur sa vie et sur sa pensée. Sous le titre *Journal d'un poète*, Louis Ratisbonne publia un premier choix de ces témoignages, approximativement classés par années. Des érudits contemporains ont enrichi ce *Journal* en y introduisant un grand nombre d'autres reliques autobiographiques, empruntées, soit aux carnets, soit à des « agendas » ou à des feuillets épars, conservés dans la famille de l'écrivain. Dans ces pages se révèlent les hautes préoccupations d'une âme ardente, dont la réserve hautaine a masqué parfois la ferveur.

LA RÉSERVE

Vigny a souffert d'un orgueil qui l'isolait parmi les hommes. A la fierté de ses origines aristocratiques s'ajoutait, plus exigeante encore, la conscience d'un mérite personnel que l'avilissement du siècle ne pouvait, selon lui, reconnaître. Il refusa de s'abaisser pour plaire et de s'assurer par des compromissions une gloire factice : « Un des plus grands malheurs qui puissent arriver à un homme, c'est d'être populaire. La popularité est un signe infaillible de sa faiblesse par un côté de l'esprit. » (*Journal*, 1844). Ce mépris des contemporains lui inspire, dans les périodes de découragement, des accents d'une misanthropie farouche : « Oh! fuir, fuir les hommes et se retirer parmi quelques élus, élus entre mille milliers de mille! » (*Journal*, 1830.) A l'horreur des promiscuités dégradantes, il oppose la sainteté de la solitude.

LA FERVEUR

Vigny, pourtant, s'intéresse avec passion aux problèmes qui mettent en jeu l'avenir de l'homme. Il ne s'est jamais enfermé, comme on le croit souvent, dans une tour d'ivoire : « Quand j'ai dit : la solitude est sainte, je n'ai pas entendu par solitude une séparation et un oubli entier des hommes et de la société, mais une retraite où l'âme se puisse recueillir en elle-même, puisse jouir de ses propres facultés et rassembler ses forces pour produire quelque chose de grand. » (*Journal*, 1832). Son orgueil n'implique donc aucun égoïsme : « J'aime l'humanité. J'ai pitié d'elle. » (*Journal*, 1832.) Sa tristesse au spectacle de la médiocrité qui l'entoure s'explique par la pureté de l'idéal qui l'habite : « Le poète est toujours malheureux parce que rien ne remplace pour lui ce qu'il voit en rêvant. » (*Journal*, 1828.) Parfois, le découragement l'envahit et lui fait concevoir l'espérance comme une folie; mais dès qu'il se ressaisit, il proclame sa mission de régénérer l'homme en l'instruisant comme un « prédicateur laïque », en lui enseignant le respect des valeurs éternelles : « J'élèverai sur ces débris, sur cette poussière, la sainte beauté de l'enthousiasme, de l'amour, de l'honneur, de la bonté, la miséricordieuse et universelle indulgence qui remet toutes les fautes... » (*Journal*, 1835.) Il pense ainsi travailler, non pour sa génération, trop corrompue, mais pour les générations futures; et s'il dédaigne l'illusoire griserie d'un succès éphémère, il compte, en échange de son zèle, sur l'impérissable hommage de la postérité.

B Le poète

L'œuvre de Vigny, ardente et discrète, traduit fidèlement une expérience intérieure, mais la plupart du temps sous une forme générale et symbolique.

L'EXPÉRIENCE INTÉRIEURE

En dépit d'une légende tenace, Vigny est peut-être le plus personnel des écrivains romantiques. « J'ai dit ce que je sais et ce que j'ai souffert », notait-il quelques mois avant sa mort. Il a subi avant de les décrire les humiliations du gentilhomme déclassé, de l'officier déçu, du poète incompris ou de l'amant trompé. Il a été obsédé par l'inquiétude politique, par le doute religieux, par le tourment métaphysique. Il a découvert en lui-même ce sentiment de l'honneur et cet instinct de la pitié qui lui ont permis de surmonter ses souffrances avant de lui fournir les principes de sa morale; et c'est en mesurant son œuvre du regard qu'il a pu clamer sa foi dans le rayonnement du génie humain.

L'ÉLABORATION PHILOSOPHIQUE

Vigny, pourtant, ne s'abandonne guère au lyrisme. D'ordinaire, il n'éprouve ni le besoin ni le goût de l'épanchement. Même lorsqu'il raconte des souvenirs, il témoigne plutôt qu'il ne se confie. *De ses sentiments naissent des idées, que sa réflexion élabore lentement.* Son esprit l'incline à retrouver dans sa propre angoisse l'angoisse fondamentale de l'Homme. Il s'est d'ailleurs flatté d'être un philosophe et d'avoir mis l'Art au service de l'Idée.

LA TRANSPOSITION SYMBOLIQUE

Vigny rend sa pensée concrète grâce au procédé du symbole. Chacune de ses œuvres est la mise en scène d'une abstraction sous l'aspect d'un épisode historique ou d'une fiction dramatique : Cinq-Mars figure la noblesse humiliée par la monarchie absolue; Chatterton résume les tourments du génie ignoré; l'aventure de la bouteille lancée à la mer illustre les vicissitudes de la pensée dans sa marche vers le progrès. En recourant à ces transpositions, l'écrivain n'est pas toujours heureux : son vers est quelquefois rude ou prosaïque; mais *ses plus belles strophes sont des miracles de densité lumineuse ou de grâce impondérable.* Vigny, en cristallisant l'idée, obtient ce « diamant pur », ce « miroir », cette « perle de la pensée » dont il a célébré l'éclat magique; et en suggérant les nuances fragiles du sentiment, il crée des rythmes aériens, des harmonies évanescentes :

> L'oiseau n'est sur la fleur balancé par le vent
> Et la fleur ne parfume et l'oiseau ne soupire
> Que pour mieux enchanter l'air que ton sein respire;
> La terre est le tapis de tes beaux pieds d'enfant.
>
> *(La Maison du berger)*

OUVRAGES A CONSULTER

VIGNY. *Œuvres*, éd. P. Viallaneix, L'Intégrale, Seuil. P. FLOTTES. *La Pensée politique et sociale d'Alfred de Vigny*, Les Belles Lettres, 1927. G. BONNEFOY. *La Pensée religieuse et morale d'Alfred de Vigny*, Hachette, 1944. F. GERMAIN. *L'Imagination d'Alfred de Vigny*, José Corti, 1962.

Marie Dorval dans le rôle de Kitty Bell.
Dessin de Pisan (Bibl. de l'Arsenal).

Selon Sainte-Beuve,
l'interprétation de Marie Dorval
contribua largement
au succès de « Chatterton ».
Vigny décrit ainsi le costume
qu'il avait prévu pour ce rôle :
« Chapeau de velours noir,
de ceux qu'on nomme à la Paméla;
robe longue, de soie grise;
rubans noirs... »

PISAN.

Éd. Hédouin

L'INVITATION
A LA RETRAITE

Si ton cœur, gémissant du poids de notre vie,
Se traîne et se débat comme un aigle blessé,
Portant, comme le mien, sur son aile asservie,
Tout un monde fatal, écrasant et glacé;
S'il ne bat qu'en saignant par sa plaie immortelle,   5
S'il ne voit plus l'amour, son étoile fidèle,
Éclairer pour lui seul l'horizon effacé;

Si ton âme, enchaînée ainsi que l'est mon âme,
Lasse de son boulet et de son pain amer,
Sur sa galère en deuil laisse tomber la rame,   10
Penche sa tête pâle et pleure sur la mer,
Et, cherchant dans les flots une route inconnue,
Y voit en frissonnant, sur son épaule nue,
La lettre sociale écrite avec le fer;

Si ton corps, frémissant des passions secrètes,   15
S'indigne des regards, timide et palpitant,
S'il cherche à sa beauté de profondes retraites
Pour la mieux dérober au profane insultant;
Si ta lèvre se sèche au poison des mensonges,
Si ton beau front rougit de passer dans les songes   20
D'un impur inconnu qui te voit et t'entend;

Pars courageusement; laisse toutes les villes,
Ne ternis plus tes pieds aux poudres du chemin;
Du haut de nos pensers vois les cités serviles
Comme les rocs fatals de l'esclavage humain.   25
Les grands bois et les champs sont de vastes asiles,
Libres comme la mer autour des sombres îles.
Marche à travers les champs une fleur à la main.

VIGNY, *La Maison du Berger*, vers 1 à 28.

Introduction.

Le vaste mouvement oratoire qui entraîne les quatre premières strophes de *La Maison du Berger* leur confère une certaine unité. Le poète, développant un thème qui lui est cher, montre l'être d'élite écrasé par la vie sociale; et il recourt à une longue période, où il oppose aux contraintes de l'existence en société (strophes 1, 2 et 3) les joies fortes et pures de la solitude (strophe 4).

Le texte.

Vigny s'adresse à Éva, qui est le symbole de la femme idéale, de l'être d'exception, digne d'accompagner le penseur dans son exil volontaire; il dresse d'abord le douloureux bilan des souffrances qu'entraîne, pour elle et pour lui, le séjour à la ville, parmi les hommes.

Les blessures du cœur (première strophe). Ce sont d'abord les blessures de la sensibilité, du *cœur*. Ce cœur, de quoi souffre-t-il? *Du poids de notre vie*. C'est l'idée maîtresse du recueil tout entier : la fatalité pèse sur la créature et l'écrase. L'idée se développe ici sous la forme d'une image; les deux verbes se *traîne* et *se débat* font naître une comparaison avec *un aigle blessé*. Idée et image se pénètrent bientôt au point de se confondre dans l'expression *sur son aile asservie*. La pensée, en même temps, devient plus précise : c'est *tout un monde* qui pèse sur cette aile; ce monde est celui des passions viles; soumis à un destin implacable (*fatal*), il donne une sensation d'accablement (*écrasant*) et de froid (*glacé*). La métaphore de l'aigle est abandonnée à partir du cinquième vers; celle de la blessure, appliquée au cœur, se prolonge : la *plaie* est *immortelle* car la pesée est permanente. Mais le cœur peut trouver une consolation dans l'*amour*, guide de la vie; aussitôt naît une nouvelle

image : l'amour est l'*étoile* du navigateur, qui éclaire *pour lui seul l'horizon effacé*. Pour les autres êtres, en effet, pour ceux dont l'existence n'est pas illuminée par cette joie, le ciel reste sombre; tel est peut-être le cas du poète et d'Éva, semblablement meurtris par des épreuves diverses.

Les servitudes de l'âme (deuxième strophe). Ce sont ensuite les douleurs de l'*âme*. Un adjectif, *enchaînée*, met en branle l'imagination du poète; et il compare la créature d'élite enfermée dans le bagne des villes au forçat qui rame sur les galères royales. Toute la strophe est bâtie sur cette image symbolique, régulièrement développée par une suite d'indications concrètes : *boulet, pain amer, galère, rame*, qui s'ordonnent en un tableau; et peut-être Vigny s'est-il inspiré d'une toile de Gleyre, « La Barque » ou « Les Illusions perdues ». L'image, en transposant l'idée, se charge d'émotion (*galère en deuil*), mais conserve une valeur picturale ou plastique : le galérien découragé *penche sa tête pâle et pleure sur la mer*; l'œil égaré *sur les flots*, songe à la liberté; mais les flots lui renvoient son reflet, et il voit *la lettre* d'infamie que la société (selon un usage d'ailleurs aboli en 1832) a imprimée au fer rouge *sur son épaule*.

Les révoltes du corps (troisième strophe). Ce sont enfin les révoltes de la pudeur, du *corps*. Nous notons une progression bien définie : le poète invoque des raisons d'évasion de plus en plus personnelles et intimes. Nous remarquons, d'autre part, un gauchissement dans le plan : au cours des deux premières strophes, le poète liait son sort à celui d'Éva (*comme le mien; ainsi que l'est mon âme*); mais les détails de la troisième strophe concernent seulement la femme. Tout en développant l'idée générale qu'il n'y a rien de pur dans la société et que tout y froisse la pudeur féminine,

Vigny semble songer avec précision à une amie. On a nommé Marie Dorval, puisque le métier de comédienne consiste en quelque manière à nourrir *les songes* d'un *inconnu*, d'un spectateur et d'un auditeur anonymes. Cette interprétation traditionnelle, mais forcée, soulève de grandes difficultés littérales; il faut l'abandonner. D'ailleurs, à la date où est composée la pièce, Marie Dorval se trouve exclue de la vie sentimentale du poète. Mieux vaut peut-être ne pas trop serrer le sens des mots, afin de conserver à la figure d'Éva son mystère et sa poésie.

Les joies de la solitude (quatrième strophe). Au lent mouvement de la période précédente, dont le rythme crée une sensation étouffante, s'oppose le mouvement plus vif de la quatrième strophe, qui propose un remède aux contraintes sociales. Le monosyllabe *Pars* marque ce changement de rythme; il indique aussi que l'heure est venue d'une grande décision : il faut rompre avec le monde et chercher la sérénité de l'âme, loin de *toutes les villes*, dans la solitude de la nature. Cette solitude est celle du penseur qui trouve sa libération dans la philosophie (*Du haut de nos pensers*); cette fois encore, l'idée est traduite sous une forme symbolique : l'homme esclave du destin apparaît comme une sorte de Prométhée et les villes sont les rocs sur lesquels il est enchaîné; mais, dans sa retraite, il dominera les cités et s'affranchira de toute servitude. A des vers durement martelés : *Du haut de nos pensers vois les cités serviles/Comme les rocs fatals de l'esclavage humain*, s'opposent des vers d'une ampleur majestueuse et sereine, où la nature est représentée comme un *asile* inviolable; l'homme s'y retirera, comme l'esclave fugitif trouvait autrefois un abri dans les temples. Les vastes étendues des *bois* et des *champs, libres* autour des agglomérations noires que forment les cités, suscitent une nouvelle image, celle de *la mer libre, autour des sombres îles* : ainsi, à deux vers d'intervalle, les villes, tour à tour, sont comparées à des *rocs* et à des *îles*. Enfin, dans le dernier vers, le poète imagine une vision idéale, d'une simplicité suggestive : *Marche à travers les champs une fleur à la main.*

Conclusion.

Ces quatre strophes révèlent en Vigny un poète philosophe, qui déve-loppe une idée impliquant une leçon : Vigny traite de l'attitude à adopter, pour un homme de génie ou de cœur, en face de la vie sociale. Mais elles révèlent aussi un artiste, qui traduit l'idée sous forme de symboles et choisit un rythme heureusement adapté au mouvement de sa pensée : l'expression possède ce caractère à la fois imagé et vigoureux qui conserve au poème sa dignité tout en évitant la froideur de l'abstraction. La poésie de Vigny concilie l'art et la philosophie.

SUJETS DE COMPOSITION FRANÇAISE

1 Commenter cette formule d'Alfred de Vigny à propos de ses poèmes : « Une pensée philosophique est mise en œuvre sous une forme épique ou dramatique » (Préface aux *Poèmes antiques et modernes*, édition de 1829).

2 Commenter cette définition de l'honneur, que donne Vigny dans *Servitude et Grandeur militaires* : « L'honneur, c'est la conscience, mais la conscience exaltée. C'est le respect de soi-même et de la beauté de sa vie porté jusqu'à la plus pure élévation et jusqu'à la passion la plus ardente. »

3 « La vérité sur la vie, c'est le désespoir », écrit Vigny dans le *Journal d'un poète*. L'œuvre de cet écrivain confirme-t-elle entièrement sa proposition ?

4 Albert Thibaudet appelle Vigny « le Père la Pensée » de la poésie romantique. Un autre critique déclare : « Vigny n'est pas un penseur; il est un poète et un artiste, voilà sa gloire. » Où est, selon vous, la vérité ?

5 Examiner cette opinion d'un critique : « Il faut chercher l'origine de tous les poèmes de Vigny sans exception non dans l'inspiration, mais dans la méditation. Il n'en est aucun qui soit dû à un tumulte de l'âme; tous sont les résultats d'une réflexion calme et un peu froide. »

6 Vigny, dans *La Maison du Berger*, appelle la Poésie « perle de la Pensée ». Vous expliquerez cette formule et vous en montrerez la portée.

7 Dans la dernière strophe de *L'Esprit pur*, Alfred de Vigny exprime sa confiance dans la survie de son œuvre. Cette confiance était justifiée : sa renommée est sans doute plus grande aujourd'hui qu'au lendemain de sa mort. Quelles raisons assurent ainsi à ses écrits une actualité renouvelée ?

CHAPITRE VI

Alfred de Musset, par Gavarni.

ALFRED DE MUSSET

Dès l'adolescence, Alfred de Musset fait une entrée éblouissante dans la carrière littéraire : sa grâce désinvolte séduit les habitués du Cénacle; ses premières poésies, d'un romantisme tapageur, sont accueillies avec enthousiasme. Rebelle à toute servitude, Musset s'écarte bientôt de ses compagnons et fixe les grandes lignes d'une esthétique qui fait de la poésie la transcription sincère des passions exaltées. Un grand désespoir d'amour vient, comme à point nommé, lui fournir l'aliment nécessaire à son inspiration; mais, tout en fécondant son génie, la douleur l'a marqué pour toujours. Il lui arrive encore, après la crise, de s'abandonner, aux heures d'oubli, à une verve pleine d'élan et de fraîcheur, mais certains aveux révèlent son épuisement. Au-delà de la trentième année, sa veine se tarit; et il meurt prématurément.

Musset a été tour à tour le poète de la fantaisie, de la passion et de la détresse : aux jeux brillants du virtuose et à l'éloquence somptueuse du passionné, on peut préférer la poignante simplicité de l'homme qui décrit sa misère sans aucun artifice et sur le ton de la confidence.

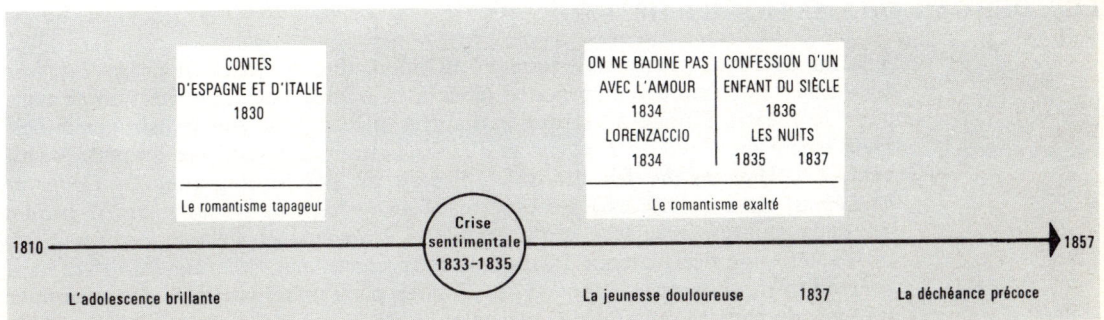

CONTES D'ESPAGNE ET D'ITALIE 1830		ON NE BADINE PAS AVEC L'AMOUR 1834 LORENZACCIO 1834	CONFESSION D'UN ENFANT DU SIÈCLE 1836 LES NUITS 1835 1837
Le romantisme tapageur		Le romantisme exalté	

1810 — Crise sentimentale 1833-1835 — 1857

L'adolescence brillante   La jeunesse douloureuse   1837   La déchéance précoce

I LA CARRIÈRE DE MUSSET
A L'adolescence brillante (1810-1833)

L'ENTRÉE AU CÉNACLE (1828)

Après d'excellentes études au lycée Henri-IV, Alfred de Musset fait la connaissance de Victor Hugo, pontife de la jeune école littéraire. *A peine âgé de dix-huit ans, il est introduit par Paul Foucher au Cénacle de la rue Notre-Dame-des-Champs.* Son élégance, son esprit, son aisance mondaine, lui valent des succès flatteurs; ses premiers vers sont accueillis avec enthousiasme; on acclame l'enfant prodige.

LES DÉBUTS POÉTIQUES (1830)

En janvier 1830, le jeune poète publie son premier recueil de vers, les Contes d'Espagne et d'Italie, *dont le romantisme tapageur donne parfois une impression de parodie.* Pour l'inspiration, Musset cultive cette prétendue couleur locale dont Victor Hugo a donné l'exemple dans les *Ballades* et dans les *Orientales*; il crée des personnages factices et déroule de fantaisistes intrigues dans le cadre de pays qu'il n'a jamais vus : dans *Don Paëz*, il évoque l'âpre Espagne, pays de passion brûlante et de sang, telle qu'on peut l'imaginer d'après les tableaux de Goya, et conte l'histoire d'un farouche hidalgo qui, ayant tué son rival en duel, frappe à mort, avant de succomber lui-même au poison, celle dont il se croit trahi; dans *Portia*, il décrit Venise, ville traditionnelle des plaisirs et de l'amour, avec ses palais, ses maisons de jeu, ses gondoles, et campe un héros byronien, à la fois sceptique et passionné, qui tue la mère de sa maîtresse. Pour la métrique, Musset imite également Hugo, dont il cherche à égaler la virtuosité; tantôt il use d'un alexandrin disloqué, tantôt il agence, avec une désinvolture apparente, des strophes au rythme savant, aux rimes riches et imprévues; ainsi dans *Vénise*, une « chanson » pittoresque, dans *Le Lever*, un poème d'atmosphère médiévale, ou dans la célèbre *Ballade à la lune* :

C'était dans la nuit brune,	Lune, quel esprit sombre
Sur le clocher jauni,	Promène au bout d'un fil,
La lune,	Dans l'ombre,
Comme un point sur un i.	Ta face et ton profil ?

LES DÉBUTS DRAMATIQUES (1830-32)

A la fin de 1830, Musset fait jouer, à l'Odéon, une comédie en prose, *La Nuit vénitienne*, qui échoue. Il renonce alors à la scène; mais son goût impérieux pour le théâtre l'incite à composer d'autres pièces pour son plaisir personnel. Déjà parmi les *Contes d'Espagne et d'Italie* figurait une esquisse dramatique en vers, *Les Marrons du feu*. En 1831, il écrit un poème tragique, *La Coupe et les Lèvres*, ainsi qu'une exquise bluette, *A quoi rêvent les jeunes filles*; il publie ces deux œuvres, avec le « conte oriental » *Namouna* et l'élégie *Le Saule*, en un recueil significativement intitulé *Un Spectacle dans un fauteuil* (1832) : il prétend offrir au lecteur le moyen de s'évader par l'imagination et de se donner les joies du théâtre sans quitter son salon.

Devéria.
Alfred de Musset en costume de page.

LA RUPTURE AVEC LE CÉNACLE (1831-32)

Trop indépendant pour se rattacher à une école, Musset, bien vite, s'insurge, et s'affranchit du parrainage de Victor Hugo. Il condamne, du reste, le nouvel esprit du romantisme, qui exalte la mission sociale de l'écrivain et qui adore des idoles politiques : « C'est un triste métier que de suivre la foule. » Dès 1831, il proclame son dessein d'abandonner la lutte : « Vétéran, je m'asseois sur mon tambour crevé. » Il regrette d'avoir sacrifié son beau pays de France à la mode de l'exotisme, qu'il raille au début de *Namouna*. Il rend hommage, en alexandrins vigoureux, à la Grèce, « mère des arts », et à l'Italie de la Renaissance. Il prend plaisir à retrouver, par-delà les errements romantiques, l'esprit et l'âme du classicisme éternel.

L'ÉVOLUTION POÉTIQUE (1832-33)

Musset, pourtant, condamne l'art impersonnel des poètes néo-classiques. Il voit au contraire dans la Poésie l'épanchement sincère d'une sensibilité exaltée. S'il abandonne un pittoresque superficiel et un lyrisme gratuit, c'est pour s'engager plus profondément dans l'étude de son propre cœur; s'il quitte le Cénacle, c'est pour retrouver l'inspiration intime qui fut celle du premier romantisme français. Il proclame dans une pièce dédiée à son ami Édouard Bocher : « Ah! frappe-toi le cœur, c'est là qu'est le génie »; et dans *Namouna* : « Sachez-le, c'est le cœur qui parle et qui soupire/Lorsque la main écrit. » Dès lors, sa poétique est trouvée, et il s'y tiendra. Lorsque, dans *Rolla* (1833), il regrette le bonheur disparu des âges antiques ou la foi perdue des premiers siècles chrétiens, il traduit sa propre inquiétude d'enfant du siècle; lorsqu'il chante l'amour, « secret de la nature entière », il met dans ce mouvement lyrique tous les espoirs d'une âme jeune qui, malgré son scepticisme, demeure ardente, naïve, avide de bonheur et d'idéal.

LES PREMIERS CHEFS-D'ŒUVRE DRAMATIQUES (1833)

Musset exprime aussi ses tendances et ses préoccupations dans plusieurs pièces de théâtre, qu'il a conçues, comme les précédentes, en toute liberté, sans se soucier de les faire jouer. Dans *Les Caprices de Marianne*, il semble se dédoubler entre les deux protagonistes masculins, Octave, le romantique libertin, et Celio, le romantique passionné. Dans *Fantasio*, il se peint tout entier, au contraire, sous les traits du héros qui donne son nom à la pièce, avec son apparente frivolité et sa mélancolie profonde, sa volonté débile et son imagination exaltée.

Les Caprices de Marianne.

Celio est amoureux de Marianne, qui est l'épouse du vieux juge Claudio. Trop timide pour se déclarer, il charge de ses intérêts son ami Octave, cousin de Marianne, qui se heurte d'abord au dédain, puis au courroux de la jeune femme. Blessée cependant par les soupçons injurieux de son mari, Marianne, d'elle-même, renoue la conversation avec Octave et lui laisse clairement entendre qu'elle serait prête à une aventure avec lui. Loyal, Octave se refuse à profiter de l'occasion; il croit le moment venu pour Celio de tenter directement sa chance et le persuade de se rendre auprès de Marianne, mais Celio tombe dans un guet-apens tendu par Claudio et il est assassiné. Octave pleure cette mort tragique, dont il s'est rendu involontairement responsable, et repousse durement Marianne, qui, avec une révoltante inconscience, s'offrait à le consoler par son amour.

B La jeunesse douloureuse (1833-1837)

LA CRISE SENTIMENTALE (1833-35)

Alfred de Musset appelait de ses vœux un grand amour qui le révélât à lui-même; il espérait y trouver, non seulement le bonheur, mais l'inspiration. Il réalisa la moitié de son espoir : *l'aventure douloureuse meurtrit son cœur, mais féconda son génie*. A la fin de 1833, ayant achevé un drame en cinq actes, *Lorenzaccio*, il part pour l'Italie avec George Sand. Les deux amants séjournent à Gênes, à Pise; des nuages traversent déjà leur bonheur. A Venise, la légèreté du poète irrite sa maîtresse, qui, bientôt, noue une intrigue avec le docteur Pagello. Musset, douloureusement, s'efface et rentre à Paris en mars 1834. L'absence ranime la passion; ils échangent des lettres ardentes; mais plus jamais ils ne parviendront à un accord profond. Après bien des péripéties navrantes, ils rompent définitivement, en mars 1835. Brisé par l'épreuve, Musset tâche pourtant de se ressaisir; il trouve une diversion dans la vie mondaine et compose même de charmantes comédies, où le badinage se mêle à l'émotion : *La Quenouille de Barberine; Le Chandelier; Il ne faut jurer de rien; Un Caprice;* mais il demeurera toujours marqué par le souvenir de Venise.

ON NE BADINE PAS AVEC L'AMOUR (1834)

Au retour d'Italie, en 1834, Musset a écrit et publié une pièce dont le titre pourrait être placé en épigraphe à sa propre aventure : *On ne badine pas avec l'amour*. Dans cette œuvre d'une structure complexe, le burlesque alterne avec le pathétique; toutefois, les éléments comiques s'éliminent progressivement à mesure que l'intrigue se déroule; et le dénouement est d'une cruauté tragique.

Acte I. Deux amis d'enfance se retrouvent. Un chœur alterné de paysans accueille avec ironie le bedonnant précepteur Blazius et l'osseuse dame Pluche, qui annoncent la prochaine arrivée au château de Perdican, fils du baron, et de Camille, sa nièce. Le baron révèle à Blazius et à Bridaine, le curé du village, son projet de marier les jeunes gens. Mais, dès leur première rencontre, un désaccord apparaît entre eux; et un peu plus tard, Camille reste insensible lorsque son cousin évoque pour elle leurs communs souvenirs d'enfance. Dépité, Perdican emmène souper au château la jeune paysanne Rosette, sœur de lait de Camille; et le baron est stupéfait en apprenant que son fils fait la cour à l'une de ses « vassales ».

Acte II. Ils badinent avec l'amour. Camille annonce à Perdican son prochain départ; mais elle charge dame Pluche de lui faire parvenir un billet pour le convier à un rendez-vous. Perdican continue son jeu avec Rosette; toutefois, il se rend à l'invitation de sa cousine. Camille lui révèle qu'une amie de couvent l'a éclairée sur l'égoïsme des hommes et l'a décidée à renoncer au monde; Perdican réplique en attaquant avec véhémence l'éducation des couvents et en exaltant la passion qui transfigure les êtres.

Acte III. Une mort tragique les sépare à jamais. Perdican intercepte une lettre que Camille adresse à son amie religieuse et il constate que la jeune fille se flatte de l'avoir désespéré. Piqué au vif, il s'efforce de la rendre jalouse, et Camille entend les paroles d'amour qu'il adresse à Rosette. Elle fait alors venir son cousin dans sa chambre et cache la petite paysanne derrière un rideau. Perdican finit par avouer à sa cousine qu'il l'aime; et Rosette s'évanouit. Devant les reproches de Camille, il décide d'épouser celle qu'il a compromise et bercée d'un espoir mensonger. Camille alors souffre, prise à son propre piège. Enfin les deux jeunes gens se laissent aller à leur passion et tombent dans les bras l'un de l'autre; ils ne se doutent pas que Rosette assiste à la scène. Tout à coup, ils entendent un cri, et Camille découvre Rosette, que l'émotion a tuée.

LORENZACCIO (1834)

Musset publie également, au lendemain de sa crise sentimentale, son drame en prose *Lorenzaccio*, dont le sujet, tiré des chroniques florentines de Varchi, avait déjà inspiré George Sand. Dans cette œuvre puissante et touffue, qui rappelle la manière shakespearienne, il semble s'être proposé avant tout un dessein d'art ; mais il a prêté au personnage principal quelques-unes de ses tendances et de ses hantises. Le vice « colle à la peau » de Lorenzo, gâche ses dons, altère sa volonté, ruine sa joie de vivre. Pas plus qu'avec l'amour, on ne badine avec la débauche.

LA CONFESSION D'UN ENFANT DU SIÈCLE (1836)

Dès 1834, Musset a entrepris de fixer pour la postérité, sous une forme romanesque, les principaux épisodes de son aventure passionnelle : deux ans plus tard, il publie *La Confession d'un enfant du siècle*. Dans cette œuvre semi-autobiographique, il se représente sous les traits d'un libertin qui croit trouver le bonheur dans l'amour, puis qui retombe dans ses déplorables habitudes et doit se résigner à perdre la femme aimée. Le récit proprement dit est précédé d'une dissertation un peu déclamatoire, mais lucide, où l'écrivain analyse le mal qui voue sa génération au scepticisme.

LES NUITS (1835-37)

Enfin, Musset épanche ses sentiments dans des œuvres poétiques et compose, en particulier, ses quatre poèmes les plus célèbres, *Les Nuits*. Trente mois séparent la première et la dernière de ces pièces ; chaque fois, le poète traduit, sous la forme d'un entretien lyrique avec sa Muse ou, dans *La Nuit de décembre*, avec son double, les moments successifs d'un dialogue intérieur entre son accablement et son exigence de bonheur. Si l'on s'en tient à ce témoignage, l'amant meurtri semble avoir surmonté, avec le temps, une crise violente : en mai 1835, il souffre au point de se refuser à toute création poétique ; en décembre, il éprouve la conscience aiguë de sa solitude ; en août 1836, il s'étourdit ; en octobre 1837, il décide d'oublier ses déceptions et de renouer avec les plaisirs de la vie.

La Nuit de mai ou les vaines séductions de la poésie. La Muse exhorte le poète à chanter et lui propose d'oublier son mal en laissant errer son inspiration ; mais il persiste à se taire et demeure abîmé dans sa douleur. Ne peut-il alors, suggère-t-elle, servir au public en festin poétique les souffrances de son cœur ? Il juge la tâche au-dessus de ses forces et se dérobe définitivement.

La Nuit de décembre ou l'obsession de la solitude. Un personnage qui ressemble au poète comme un frère lui est toujours apparu aux heures amères de la vie. Il interroge ce double mystérieux, qu'il vient de retrouver au moment où il enfermait dans un coffret les reliques d'un amour brisé. L'étrange vision révèle son secret : elle s'appelle la Solitude.

La Nuit d'août ou les illusions du plaisir. Le poète accueille avec joie sa Muse ; mais elle s'inquiète de le voir plongé dans une ivresse factice : pense-t-il être guéri de sa blessure, et ne regrettera-t-il pas, plus tard, son innocence perdue ? Le poète refuse de partager ses alarmes ; il veut renaître au bonheur dans l'exaltation de nouvelles amours.

La Nuit d'octobre ou les bienfaits de la douleur. Le poète se croit guéri de son mal ; mais, en évoquant ses souvenirs, il s'indigne bientôt et maudit celle qui l'a fait souffrir. La Muse alors le console : ne doit-il pas à cette expérience de savoir mieux goûter désormais les joies terrestres ? Le poète, dans un sursaut, se dispose à renaître avec le jour qui se lève.

Eugène Lami. Illustration pour « La Nuit de mai ».
Musée de la Malmaison.

Eugène Lami. Illustration pour « La Confession d'un enfant du siècle ».
Musée de la Malmaison.

C La déchéance précoce (1838-1857)

LES NOUVELLES ÉPREUVES

En réalité, Musset porte une blessure inguérissable; l'entraînement des plaisirs ne peut lui faire oublier qu'il a gaspillé ses chances de bonheur. De nouvelles épreuves l'épuisent. Ayant rompu avec son amie Aimée d'Alton, qui pouvait l'aider, par son dévouement, à retrouver un équilibre, il se lance délibérément dans une existence de désordres. Il compromet gravement sa santé, se relève à grand-peine d'une pleurésie et contracte une affection cardiaque. En outre, il subit une pénible déconvenue sentimentale auprès de la princesse Belgiojoso et doute désormais de sa séduction. L'enfant prodige, l'enfant terrible d'autrefois, est devenu, à trente ans, un homme las et blasé, dont la jeunesse est morte et l'énergie ruinée. Son inspiration appauvrie n'apparaît plus que par accès; elle n'a rien perdu, toutefois, de sa vertu, ni de sa diversité.

LES SURSAUTS DU GÉNIE

Légèreté et fantaisie. *Aux heures de détente et d'oubli, Musset retrouve sans effort, nuancée d'émotion vraie, l'exquise fantaisie de ses débuts.* Il compose d'aimables pièces de circonstance : deux sonnets pour Mme Mennessier-Nodier; un éloge de Molière, entraîné dans le mouvement d'une rêverie capricieuse (*Une Soirée perdue*); une souple méditation sur le parc de Versailles (*Sur Trois Marches de marbre rose*). Il écrit aussi des contes en prose (*Frédéric et Bernerette*; *Mimi Pinson*; *Histoire d'un merle blanc*). Ces œuvres pleines de finesse et de mesure révèlent le goût de l'écrivain pour l'esprit classique.

Angoisse et détresse. *Aux heures graves, le poète fait retentir des accents nobles ou amers, parfois plus dépouillés et plus purs que ceux des* Nuits. Quelques pièces, comme *Souvenir* (1841), font revivre l'aventure avec George Sand, estompée dans un passé déjà lointain. D'autres traduisent des aspirations spiritualistes : l'incroyant, qui n'a pu conquérir le bonheur sur la terre, cherche désespérément un appui dans la religion; *L'Espoir en Dieu* (1838) traduit les démarches d'une âme tourmentée par l'angoisse de l'infini et qui veut s'élever aux consolantes intuitions de la foi. Mais cet effort échoue; et la courte pièce *Tristesse* (1840) exprime dans son admirable et profonde simplicité l'épuisement d'un être désormais sans espoir.

LES DERNIÈRES ANNÉES

A mesure que le mal empire, les échappées vers l'oubli se font plus rares, les plaintes plus désolées. Musset se met d'ailleurs de plus en plus rarement à sa table de travail; et *sa veine poétique se tarit.* En 1847, cependant, un réconfort tardif lui parvient : une actrice française, Mme Allan, a fait acclamer *Un Caprice* à la cour de Russie, puis à Paris. Il adapte alors pour la scène quelques-unes de ses pièces et compose même de nouvelles comédies (*Carmosine*, 1850; *Bettine*, 1851). L'Académie l'accueille en 1852. Mais il n'a plus la force nécessaire pour se reprendre. Vieilli avant l'âge, il meurt à quarante-six ans.

L'ŒUVRE DE MUSSET

A Le poète

Musset nous apparaît tantôt comme un mondain, qui goûte avec avidité la joie de vivre, tantôt comme un passionné, qui aspire avec ardeur à l'extase, finalement comme un désenchanté, qui ne croit plus au bonheur et qui trouve au plaisir une saveur amère. Ces visages divers se retrouvent dans son œuvre.

LA VERVE BRILLANTE

Musset aime les jeux de la rime et du rythme, de l'imagination et de la sensibilité. Au début de sa carrière, il cultive surtout l'acrobatie verbale; quelques années plus tard, il préfère aux séductions de la virtuosité les charmes du badinage spirituel ou de la rêverie capricieuse. Volontiers, le vers affecte, non sans étude, l'allure de la prose la plus familière et semble naître sous la plume du poète aussi spontanément que naissent les mots sur les lèvres d'un brillant causeur :

> Du pauvre mois de mars il ne faut pas médire,
> Bien que le laboureur le craigne justement :
> L'univers y renaît; il est vrai que le vent,
> La pluie et le soleil s'y disputent l'empire,
> Qu'y faire? Au temps des fleurs, le monde est un enfant!
> C'est sa première larme et son premier sourire.
>
> *(A la Mi-Carême)*

L'ÉLOQUENCE PASSIONNÉE

Musset recherche des effets tout à fait différents dans les poèmes où il évoque les élans, les déceptions et les luttes de sa vie. Les *Nuits*, notamment, renferment des accents d'une poignante intensité, des comparaisons d'une émouvante splendeur. *Quelquefois, pourtant, le poète, en sacrifiant à l'éloquence, verse dans la déclamation.* Dans *La Nuit de mai*, l'image si vantée du pélican qui donne ses propres entrailles en pâture à ses petits nous paraît aujourd'hui forcée et déplaisante.

LA CONFIDENCE DÉPOUILLÉE

Musset atteint à une humanité plus profonde lorsqu'il transcrit ses états d'âme avec une simplicité sans artifices. Déjà, dans *La Nuit de décembre*, il nous associait directement à son tourment intérieur en évoquant un compagnon mystérieux qui n'est pas un symbole créé pour une raison esthétique, comme la Muse conventionnelle des autres *Nuits*, mais un double, une hallucination dont il a été réellement victime. Plus il s'enlise dans son mal, plus il tend, pour en décrire la cruauté, à une forme nue et pure; ainsi dans le sonnet intitulé *Tristesse*, ou dans les derniers vers de sa main, dont le rythme haletant et sourd exprime pathétiquement l'extrême lassitude d'un homme arrivé au bout de ses forces :

> L'heure de ma mort, depuis dix-huit mois,
> De tous les côtés sonne à mes oreilles.
> Depuis dix-huit mois d'ennuis et de veilles,
> Partout je la sens, partout je la vois.
> Plus je me débats contre ma misère,
> Plus s'éveille en moi l'instinct du malheur;

> Et dès que je veux faire un pas sur terre,
> Je sens tout à coup s'arrêter mon cœur.
> Ma force à lutter s'use et se prodigue;
> Jusqu'à mon repos, tout est un combat;
> Et comme un coursier brisé de fatigue,
> Mon courage éteint chancelle et s'abat.

B L'homme de théâtre

Musset, parmi les écrivains romantiques, est certainement le plus doué pour le théâtre. Mais il a conçu la plupart de ses pièces sans se préoccuper d'un public; aussi a-t-il pu s'y exprimer sans contrainte : son théâtre est lyrique, au même degré que sa poésie.

LE SENS DRAMATIQUE

Le théâtre de Musset représente le triomphe de l'aisance sur l'effort, des dons naturels sur les techniques apprises. D'instinct, l'auteur s'accommode à des genres très dissemblables et allie dans une même pièce les tons les plus variés.

La diversité des genres. *Musset a assuré la gloire d'un genre dramatique longtemps réputé frivole et inférieur, le proverbe.* Sous ce nom, Carmontelle au XVIIIe siècle, puis Sauvage et Leclercq se sont assuré des succès faciles en développant avec esprit des lieux communs relevant de l'observation morale. Quelques proverbes de Musset demeurent dans la ligne de cette tradition et ne sont que des badinages mondains d'une finesse particulièrement déliée (*Il faut qu'une porte soit ouverte ou fermée*). D'autres brisent les cadres du genre : *Il ne faut jurer de rien* est une comédie étoffée; *On ne badine pas avec l'amour* est un drame aux multiples aspects. Comédies encore, *Fantasio, Un Caprice, Le Chandelier*; drames, *André del Sarto, Les Caprices de Marianne, Lorenzaccio*.

La diversité des tons. *Alfred de Musset, seul en son temps, a su étroitement associer le grotesque et l'émotion.* Dans la plupart de ses pièces s'agitent des fantoches montés comme des mécaniques, souvent ridicules, parfois odieux, qu'il crible de son ironie : ainsi le vieux Claudio, dans *Les Caprices de Marianne*; Bridaine, Blazius, dame Pluche, le baron, dans *On ne badine pas avec l'amour*; le prince de Mantoue, dans *Fantasio*. D'autres personnages, au contraire, et tout particulièrement les personnages d'amoureux, nous charment ou nous émeuvent par leurs aventures touchantes ou pathétiques. D'une manière générale, l'écrivain s'abandonne au caprice de son imagination; il situe ses pièces dans un décor d'une poétique imprécision; sa liberté d'allures fait songer, tantôt à Shakespeare, tantôt à Marivaux.

LE LYRISME DRAMATIQUE

Cette fantaisie reflète l'âme mobile de l'écrivain. Dans presque toutes ses pièces, Musset transpose ses sentiments, exprime indirectement les tourments ou les joies de son cœur. Ses héros sont à sa ressemblance : Octave, Celio, Perdican, Fantasio, Lorenzaccio. Ses héroïnes, Marianne ou Camille, ont le charme et la cruauté des femmes qui l'ont fait souffrir. Son expérience lui a permis de peindre des âmes et d'analyser avec une pathétique justesse la passion de l'amour.

OUVRAGES A CONSULTER

Musset. *Œuvres*, éd. Ph. Van Tieghem, L'Intégrale, Seuil. *Lorenzaccio*, éd. B. Masson, Imprimerie Nationale, 1977.
Ph. Van Tieghem. *Musset*, Hatier, 1945. L. Lafoscade. *Le Théâtre de Musset*, nouv. éd., Nizet, 1966. B. Masson. *Musset et le théâtre intérieur. Nouvelles recherches sur Lorenzaccio*, Armand Colin, 1974.

TRISTESSE

J'ai perdu ma force et ma vie
Et mes amis et ma gaieté;
J'ai perdu jusqu'à la fierté
Qui faisait croire à mon génie.

Quand j'ai connu la Vérité,   5
J'ai cru que c'était une amie;
Quand je l'ai comprise et sentie,
J'en étais déjà dégoûté.

Et pourtant elle est éternelle,
Et ceux qui se sont passés d'elle   10
Ici-bas ont tout ignoré.

Dieu parle, il faut qu'on lui réponde.
— Le seul bien qui me reste au monde
Est d'avoir quelquefois pleuré.

MUSSET, *Poésies posthumes.*

Introduction.

Le sonnet *Tristesse* a été découvert un matin de l'année 1840 par un ami de Musset, Alfred Tattet, sur la table de chevet du poète, qui avait hâtivement crayonné ces vers sur le papier pendant une insomnie. On ne saurait trouver un témoignage plus direct et plus émouvant sur son âme douloureuse que cette confidence à peine murmurée en une heure d'abattement.

Le poème.

Premier quatrain. Quelques mots très simples désignent les biens que le poète déprimé pense avoir définitivement perdus. Sa *force* et sa *vie*, d'abord; il faut entendre : « sa force vitale ». Après sa grande douleur d'amour, il s'était senti l'énergie nécessaire pour réagir; dans *La Nuit d'août*, il clamait sa volonté de renaître aux joies de l'existence, à l'exemple de la nature sans cesse renouvelée; dans *La Nuit d'octobre*,

il prêtait le serment d'oubli « Par la puissance de la vie, / Par la sève de l'univers »; aujourd'hui, s'il se sentait encore en humeur de chercher des images symboliques, il se comparerait peut-être à une plante dont la sève s'épuise. Dans *La Nuit d'octobre* encore, il se laissait persuader par sa Muse que la douleur lui avait appris à mieux goûter désormais le plaisir de boire « avec un vieil ami » et à mieux sentir « le prix de la gaieté »; il songe maintenant avec amertume à ses *amis*, en effet clairsemés depuis quelques années, à sa *gaieté*, qu'il ne retrouve plus; la répétition de *et*, la reprise de *J'ai perdu* accentuent l'impression d'accablement. Dans *La Nuit d'août*, le poète évoquait son *génie*, qu'il sacrifiait à l'amour; maintenant il voudrait faire entendre qu'il n'a jamais eu de génie et qu'il a donné le change par sa *fierté* de dandy byronien.

Deuxième quatrain. Pour éviter de sombrer dans la débauche, Musset

a tenté de recourir à la foi et de revenir à de sains principes de conduite : le mot *Vérité*, avec sa majuscule solennelle, désigne à la fois les vérités religieuses et les vérités morales. Il l'a *connue*, c'est-à-dire qu'il est parvenu à la distinguer de l'erreur. Il l'a pénétrée à la fois par l'intelligence (*comprise*) et par l'intuition (*sentie*). Mais il n'a pu s'y tenir, car la volonté lui a fait défaut. Avec Ovide, il pourrait s'écrier : « Video meliora proboque, deteriora sequor »; je vois le bien, je l'approuve, et je fais le mal.

Premier tercet. Le poète souligne l'absurdité navrante de ce divorce entre ses principes et son attitude pratique. La Vérité est *éternelle*, c'est-à-dire hors du temps et de l'espace; la vie humaine a pour cadre une misérable planète (*ici-bas*) et s'accomplit dans les limites d'une brève durée : le passé *ont ignoré* suggère l'idée d'une existence périssable et comme déjà retournée au néant.

Second tercet. Le sens des derniers vers est plus fuyant. Ceux dont le poète vient de signaler la profonde disgrâce sont les sceptiques et les inconscients qui ont ignoré Dieu : tel n'est pas son cas. Il déclare au contraire que les égarements du péché n'empêchent pas son cœur d'entendre la voix du Ciel : *Dieu parle*. Malheureusement, cet appel demeure étouffé par le tumulte impur des passions et des vices : Musset est trop inconstant pour y *répondre*, pour entretenir avec son Créateur, grâce à la prière et aux pratiques régulières de la vie religieuse, ce dialogue permanent où le chrétien puise son aliment spirituel. *Quelquefois*, pourtant, il s'est senti ébranlé dans les profondeurs de son être, et il a *pleuré*. Qu'importe que ces larmes soient nées d'une émotion esthétique, d'une douleur d'amour ou d'un remords; elles révèlent, parmi les égarements du plaisir, la présence d'une âme. Dieu, qui a refusé au poète la force nécessaire pour assurer son salut par la foi agissante et par la vertu, montre qu'il ne l'abandonne pas tout à fait : seule consolation dans la détresse, *seul bien qui reste*, puisque les autres sont « perdus ». Cette noblesse de la souffrance, qu'il célébrait dans *La Nuit de mai*, demeure au cœur de son inspiration.

Conclusion.

Ces vers pathétiques font revivre le drame intérieur de Musset. Sa vie tout entière fut une lutte entre l'instinct de plaisir qui l'entraîna progressivement dans la débauche et l'exigence d'idéal qui, fourvoyée un moment dans la passion, chercha trop tard à s'appuyer sur des principes sérieux et sur des croyances solides. Au moment où il écrit *Tristesse*, il pressent l'inutilité de ses efforts pour s'arracher au mal : son corps est déjà las, sa volonté de plus en plus vacillante. Il connaîtra encore des heures de répit et même d'oubli; mais en cette heure de dépression, il a l'intuition d'une déchéance qui va se consommer lamentablement.

Le poète exprime cet état d'âme avec une simplicité bouleversante. Rien d'oratoire; aucune image; mais des mots communs; un rythme discret; des rimes en général pauvres, qui contribuent à créer, par leurs sonorités assourdies, une impression de tristesse et de nostalgie. C'est le langage de la confidence, enveloppé d'une imprécision qui reproduit fidèlement l'instabilité douloureuse de l'âme; Verlaine trouvera des accents analogues, dépouillés de toute « éloquence » et de toute « littérature ».

SUJETS DE COMPOSITION FRANÇAISE

1 Examiner cette opinion de Verdun-L. Saulnier : « Ce qui survit victorieusement de Musset, c'est son théâtre. »

2 Doit-on rattacher Musset malgré lui à l'école romantique?

3 Que pensez-vous de la théorie exprimée par Musset dans ce vers : « Ah! frappe-toi le cœur, c'est là qu'est le génie! »

4 Commenter ce jugement d'un critique moderne sur Musset : « Ce fut un grand poète par accès, ce ne fut pas un artiste accompli. »

CHAPITRE VII

Gérard de Nerval. Photographie de Nadar.

THÉOPHILE GAUTIER
ET
GÉRARD DE NERVAL

Théophile Gautier et Gérard de Nerval ont été condisciples au collège Charlemagne; ils ont lutté côte à côte pour le triomphe d'Hernani; ils ont animé, l'un et l'autre, l'Hôtel du Doyenné; ils ont connu les mêmes plaisirs, les mêmes ardeurs, les mêmes inquiétudes.

Mais Théophile Gautier s'est fixé un idéal esthétique et put se donner ainsi des joies pures et sereines; Gérard de Nerval voulut accéder vivant à un paradis sentimental et mystique, poursuivit sans trêve des « chimères » et sombra finalement dans la plus cruelle détresse.

L'un apparaît comme un précurseur des poètes parnassiens, qui, renonçant à toute recherche transcendante, ont voué un culte à la beauté plastique; l'autre incarne le pur esprit du romantisme, avec ses ambitions, son audace, son héroïsme tragique, et il prélude aux tentatives symbolistes par les nouveautés hardies de son art.

1832	Théophile Gautier : *Albertus*.
1845	Théophile Gautier : *España*.
1852	Théophile Gautier : *Émaux et Camées*.
1853	Gérard de Nerval : *Sylvie*.
1853	Gérard de Nerval : *Les Chimères*.
1853-54	Gérard de Nerval : *Aurélia*.

I   THÉOPHILE GAUTIER

Théophile Gautier débute dans l'avant-garde romantique : puis il condamne le lyrisme indiscret et fonde une religion de l'Art. Il exerce avec ennui sa profession de journaliste; mais la poésie le console.

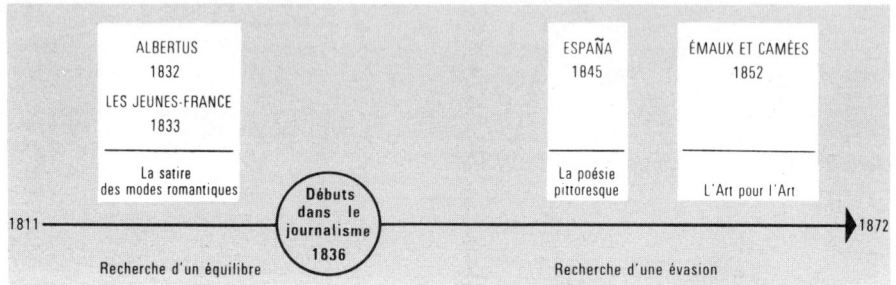

ALBERTUS 1832		ESPAÑA 1845	ÉMAUX ET CAMÉES 1852
LES JEUNES-FRANCE 1833			
La satire des modes romantiques		La poésie pittoresque	L'Art pour l'Art

Débuts dans le journalisme 1836

1811 ——————————————————————————————▶ 1872

Recherche d'un équilibre   Recherche d'une évasion

A   La carrière de Gautier

RECHERCHE D'UN ÉQUILIBRE (1811-1836)

Théophile Gautier, tarbais de naissance, parisien d'adoption, suit les cours du collège Charlemagne, fréquente à dix-huit ans l'atelier du peintre Rioult, puis opte pour la littérature, lutte aux côtés de Victor Hugo et prend part à la bataille d'*Hernani*. Mais bientôt il veut s'affranchir des outrances romantiques et dégage son originalité; en même temps, non sans quelque nonchalance, il cherche à s'assurer par la plume des ressources régulières.

Du lyrisme à l'ironie. En 1830, Gautier révèle dans un recueil de *Poésies*, à travers les fantaisies déjà savantes du rythme, une sincérité ingénue. De bonne heure, cependant, il apprend à se réserver ou à se dédoubler; aux confidences indirectes, il mêle une ironie narquoise : le long poème *Albertus* (1832) est l'histoire, à dessein encombrée de poncifs, d'un jeune peintre qui se damne pour une sorcière; *Les Jeunes-France* (1833) sont une suite de récits humoristiques où l'écrivain raille gentiment le goût de ses contemporains pour la fausse couleur locale, les inventions fantastiques et la frénésie.

Du dilettantisme à l'angoisse. Gautier songe en effet à fuir son siècle et pense que l'Art éternel peut apporter une consolation aux âmes raffinées et déçues : dans une véhémente préface à son premier roman *Mademoiselle de Maupin* (1836), il dénonce l'utilitarisme sordide et célèbre la Beauté pure. Il fréquente l'Hôtel du Doyenné, où règnent l'insouciance et l'élégance. Cependant, il conserve en lui-même l'inquiétude et l'amertume qui marquent sa génération : un pessimisme profond transparaît dans *Mademoiselle de Maupin* et dans *La Comédie de la mort*, un long poème, où il exprime son angoisse métaphysique et son horreur de la condition humaine.

Aquarelle de Théophile Gautier.
Balzac et Théophile Gautier en visite chez Frédérick Lemaître.
Collection Claretie.

RECHERCHE D'UNE ÉVASION (1836-1872)

En 1836, Gautier trouve une position sociale : il devient journaliste. Désormais, il doit consacrer la plus grande partie de son temps à la rédaction de chroniques ou de feuilletons. Il s'acquitte de sa besogne avec maîtrise et s'impose comme critique d'art. Pourtant, *son métier lui pèse*; *il saisit toutes les occasions de s'évader, tantôt par le voyage, tantôt par la création poétique, tantôt par le rêve.* En même temps, il arrête définitivement les principes de son esthétique; il veut être un homme « pour qui le monde extérieur existe ».

Les diversions du voyage. En 1840, Gautier part pour l'Espagne, où il séjourne six mois; ce voyage est pour lui un enchantement; il en donne, dans *Tra los montes,* une relation fidèle. Il visitera plus tard l'Italie, la Grèce, la Russie, la Turquie. Les pays d'Orient, plus particulièrement, laissent en lui une nostalgie profonde. Ses impressions de touriste, sobres et vivantes, alimentent ses chroniques, puis sont réunies en volumes.

Les consolations de la poésie. Dans l'intervalle de ses voyages, Gautier emploie volontiers ses loisirs à ciseler des poèmes. Dans le recueil *España* (1845), il transpose ses souvenirs de la péninsule ibérique. Mais son chef-d'œuvre est *Émaux et Camées* (1852), qu'il enrichit de pièces nouvelles jusqu'à sa mort : dans ce volume sont groupés comme au hasard des poèmes sans lien, mais qui ont tous en commun la perfection de la forme et du rythme.

Affinités secrètes. Des sympathies s'établissent entre les êtres et les objets que le destin a fait voisiner. Ces sympathies survivent dans les molécules dissociées et se retrouvent dans les formes nouvelles qu'elles composent. L'attirance mystérieuse de l'amour s'explique ainsi par le souvenir vague d'un passé vécu en commun sous d'autres apparences.

Symphonie en blanc majeur. D'où vient l'éclat de cette femme-cygne échappée d'un conte nordique? Est-elle givre, hostie, flocon, lis, écume, marbre, argent, opale, ivoire, hermine? Oh! cette obsession de blancheur!

Nostalgies d'obélisques. Exilé sur la place de la Concorde, l'obélisque de Paris pleure son Égypte. Solitaire dans son désert d'Afrique, l'obélisque de Louqsor envie son frère parisien.

Vieux de la Vieille. Trois vieux grognards, un jour de fête, se promènent en uniforme dans les rues de la capitale, et leurs silhouettes grotesques symbolisent la grandeur déchue de la France napoléonienne.

Ce que disent les hirondelles. C'est l'automne; les hirondelles préparent leur départ, et le poète entend leurs paroles. Ah! s'il pouvait s'envoler avec elles!

Les charmes du rêve. L'écrivain traduit aussi ses aspirations à l'Idéal dans des œuvres en prose, contes, fantaisies, nouvelles ou romans. Beaucoup de ces œuvres répondent à une exigence de dépaysement : ainsi *Arria Marcella* (1852), où est évoquée l'antique Pompéi, *Le Roman de la momie* (1858), où revit l'ancienne Égypte, et même *Le Capitaine Fracasse* (1863), où sont contées les aventures héroï-comiques d'un jeune noble ruiné qui joue les rôles de matamore dans une troupe de comédiens ambulants. Mais le plus émouvant de ces récits est sans doute *Spirite* (1866), dont le héros, hanté par un esprit féminin, croit pénétrer dans un paradis sentimental et mystique : « Le génie est vraiment divin : il invente l'Idéal, il entrevoit la beauté supérieure et l'éternelle lumière. Où ne monte-t-il pas, lorsqu'il a pour ailes la foi et l'amour! »

B L'art de Gautier

LES THÉORIES ESTHÉTIQUES

Éclairée par sa vie, l'œuvre de Gautier, pudique et discrète, mais non pas froide et impassible, révèle le tourment d'une âme délicate, que la réalité afflige et que le rêve exalte. L'écrivain, cependant, veut que le rêve même « se scelle dans le bloc résistant » et soumet la création poétique à des lois rigoureuses.

Le culte de la Beauté. *Gautier bannit de la poésie toute autre préoccupation que celle de la Beauté.* Il se détourne des problèmes contemporains pour contempler les formes éternelles et condamne tout artiste qui, pour se rendre « utile » aux hommes de son temps, met son génie au service d'une idée. L'art n'est pas un moyen, mais un but, et n'a que faire avec la politique ou la morale.

Le culte de la forme. *Gautier recherche donc avant tout la pureté de la forme.* Selon lui, la valeur d'une œuvre tient essentiellement à la qualité de l'exécution. Dans une pièce intitulée *L'Art*, publiée en 1857 et ajoutée aux éditions postérieures d'*Émaux et Camées*, il définit la Beauté comme une conquête sur la matière informe; plus la lutte a été pénible, plus l'œuvre est durable.

LE TALENT POÉTIQUE

Gautier applique à sa poésie ses théories esthétiques. Il est doué d'une imagination brillante et fantaisiste; mais sa représentation possède toujours des contours précis : c'est celle d'un artiste, qui cherche avant tout à rendre les effets de lumière et de perspective, le jeu des lignes, des formes, des reliefs et des couleurs.

La vision pittoresque. *Gautier a un œil de peintre; il voit avant de penser et de sentir.* Ses idées naissent généralement d'images, que son art élabore en symboles : le pin qui verse sa résine par son tronc éventré lui suggère une comparaison avec le poète dont s'épanche le cœur blessé. Son émotion est souvent éveillée par un spectacle, comme celui de trois grognards de Napoléon. Volontiers, même, il s'inspire d'une toile, d'un pastel, d'une aquarelle, d'une eau-forte et procède ainsi à des « transpositions d'art ».

L'évocation plastique. *Mais si sa vision est celle d'un peintre, sa technique est plutôt celle d'un orfèvre.* Gautier ne compose pas de grands ensembles, des fresques. Il décore des « émaux »; il sculpte des « camées ». Il choisit ses mots avec un soin minutieux, car « il y a des mots diamant, saphir, rubis, émeraude, d'autres qui luisent comme du phosphore quand on les frotte »; puis il les assemble pour les monter « en bracelets, en colliers ou en bagues »; il manie alors des rythmes rares, enchâsse des rimes somptueuses, agence des strophes à la fois strictes et impondérables :

> Marbre, perle, rose, colombe,
> Tout se dissout, tout se détruit;
> La perle fond, le marbre tombe,
> La fleur se fane et l'oiseau fuit...

> Vous devant qui je brûle et tremble,
> Quel flot, quel fronton, quel rosier,
> Quel dôme nous connut ensemble,
> Perle ou marbre, fleur ou ramier ?
>
> *(Affinités secrètes)*

GÉRARD DE NERVAL

Gérard de Nerval fréquente la bohème romantique, puis se lie avec une actrice, Jenny Colon, mais ne parvient pas à s'en faire aimer. Cette déconvenue sentimentale entraîne un bouleversement intérieur qui s'achève dans la folie. Ses dernières œuvres, et notamment le récit en prose intitulé Aurélia, *retracent les phases de sa pathétique aventure.*

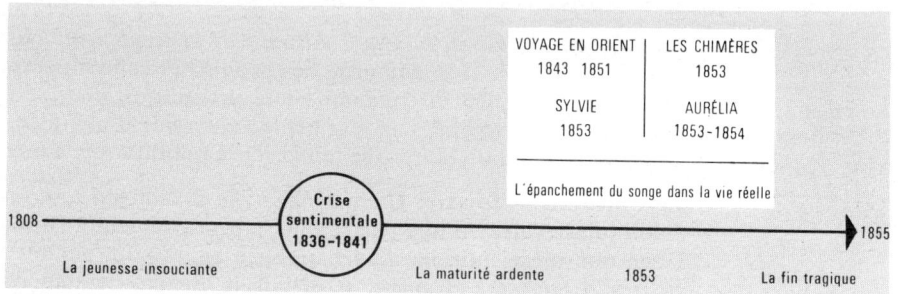

VOYAGE EN ORIENT 1843 1851	LES CHIMÈRES 1853
SYLVIE 1853	AURÉLIA 1853-1854

L'épanchement du songe dans la vie réelle

1808 — Crise sentimentale 1836-1841 — 1855

La jeunesse insouciante   La maturité ardente   1853   La fin tragique

A Le destin de Nerval

LA JEUNESSE INSOUCIANTE (1808-1836)

Gérard Labrunie, qui adoptera pour pseudonyme Gérard de Nerval, passe ses premières années dans le Valois, auprès de son grand-oncle Antoine Boucher. En parcourant les forêts ou en écoutant les récits légendaires de sa province, il prend l'habitude de la rêverie; de bonne heure, il voue un culte à la mémoire de sa mère, qu'il n'a pas connue. Il s'adapte pourtant à la vie parisienne : au collège Charlemagne, où il a Théophile Gautier pour condisciple, il se montre un élève studieux; au Cénacle, il est considéré comme un aimable compagnon; à l'Hôtel du Doyenné, il s'amuse et joue volontiers au dandy : « Quels temps heureux! On donnait des bals, des soupers, des fêtes costumées; on jouait de vieilles comédies... Nous étions jeunes, toujours gais, quelquefois riches... » (*Petits Châteaux de Bohème*).

Aucune inquiétude véritable ne transparaît dans ses premières œuvres. Gérard de Nerval suit ou devance les modes littéraires. Imprégné de culture germanique, il révèle à ses contemporains les maîtres qu'il aime et qu'il imite en bon écolier, notamment Gœthe, dont il traduit le *Faust* en 1828; Hoffmann, dont les inventions fantastiques l'attirent; et il compose un conte, *La Main de gloire* (1832), où la magie intervient, mais où domine l'humour. En poésie, il « ronsardise » et compose des odelettes un peu frêles, où il montre la délicatesse de son goût, plutôt que la profondeur de sa sensibilité. Dans l'un de ces poèmes, pourtant, surgit à l'appel d'un air magique une dame en habits anciens, qu'il reconnaît pour l'avoir rencontrée peut-être au cours d'une existence antérieure; ainsi, il introduit déjà, sous la forme d'une « fantaisie », un thème qui, bientôt, va commander son inspiration.

LA CRISE SENTIMENTALE (1836-1841)

En 1836, Gérard de Nerval devient amoureux de Jenny Colon, chanteuse et comédienne. Il la poursuit, se déclare à elle et, semble-t-il, touche un moment son cœur; mais elle sacrifie bientôt la romanesque idylle à un mariage de raison et elle épouse un flûtiste de l'Opéra-Comique. La déception qu'éprouve l'écrivain n'entraîne dans son existence aucun bouleversement immédiat; mais un long travail intérieur commence à s'accomplir en lui. *Chassée de son horizon terrestre, Jenny demeure dans son souvenir comme une image idéale.* La lecture du *Second Faust,* qu'il traduit en 1840, entretient son mysticisme amoureux; il se persuade que, comme Faust, il a chéri, sous une apparence humaine, l'incarnation fragile d'un éternel féminin. *Son exaltation aboutit en 1841 à une crise très grave* : il est soigné, pour troubles mentaux, dans une maison de santé.

LA MATURITÉ ARDENTE (1841-1853)

Momentanément guéri, Gérard de Nerval apprend la mort de Jenny Colon, survenue en 1842; son rêve s'épanouit désormais en toute liberté : le souvenir de la morte s'estompe; à l'image indécise d'une créature périssable se substitue la vision rayonnante d'un être céleste. Dans les pays d'Orient, qu'il va visiter en 1843, il poursuit sa chimère, et des aspirations religieuses se mêlent au rêve sentimental; il étudie avec passion les diverses mythologies : la Vénus grecque, l'Isis égyptienne, lui apparaissent comme des symboles de son idéal. A son retour, il se voue délibérément aux recherches ésotériques et compose, outre une relation de son voyage, une suite de monographies sur « les Illuminés », en particulier sur Cazotte et Restif de la Bretonne, qui lui apparaissent comme des génies fraternels. *Mais une nouvelle crise survient en 1851;* il doit séjourner quelque temps dans une clinique. La menace est plus précise, cette fois; amis et médecins appréhendent une rechute prochaine, et lui-même se sent guetté par la folie; aussi consacre-t-il au travail les instants de répit dont il dispose; il publie, notamment, dans *L'Artiste,* de nombreuses pages de souvenirs où, de place en place, reparaissent ses obsessions : *La Bohème galante, Lorely, Les Nuits d'octobre* (1852).

LA FIN TRAGIQUE (1853-1855)

A partir de 1853, les périodes d'équilibre alternent avec des périodes de délire. Gérard de Nerval est soigné chez le docteur Dubois, puis, du mois d'août 1853 au mois de mai 1854, interné dans la maison de santé du docteur Émile Blanche, à Passy. Rendu à la liberté, il voyage en Allemagne; mais à son retour il doit entrer de nouveau en traitement chez le docteur Blanche, du mois d'août jusqu'au mois d'octobre 1854. Il traîne ensuite une existence misérable; le 25 janvier 1855, on le découvre, à l'aube, pendu dans une ruelle parisienne. Mais avant de mourir, *il a transcrit les principaux épisodes de sa tragique aventure : ses œuvres les plus émouvantes,* Sylvie, Les Chimères, Aurélia *surtout, et enfin* Pandora, *révèlent comment son rêve a pris naissance, puis s'est épanoui et épanché dans la vie réelle, jusqu'à désorganiser sa représentation du monde.*

B La transcription du drame intérieur

LE VOYAGE EN ORIENT (1843-1851)

La relation du Voyage en Orient, *publiée sous sa forme définitive en 1851, est le premier ouvrage où Nerval ait exprimé ses hantises.* Le voyageur, certes, conserve assez de liberté d'esprit pour noter avec curiosité d'innombrables détails de mœurs et pour fixer en récits désinvoltes de fugitives aventures; mais il revient souvent à sa pensée familière : en Égypte, au pied des Pyramides, il pense aux joies de l'initié, admis après mainte épreuve à contempler Isis, d'abord sous les traits évanescents de la femme aimée, puis sous l'aspect d'une Vierge éternelle. En outre, il modèle à son caprice les légendes qu'il rapporte, s'identifie au calife Hakem, qui entretient des relations avec un double mystérieux et qui aspire à un mariage mystique, ou à l'architecte de Salomon Adoniram, qui aime la reine de Saba et qui « rêve toujours l'Impossible ».

SYLVIE (1853)

Sylvie *est la meilleure des nouvelles que Gérard de Nerval a réunies sous le titre* Les Filles du feu. L'écrivain l'a composée à un moment de son existence où il cherchait à se libérer de ses inquiétudes en se plongeant dans les souvenirs du passé; elle parut d'abord en revue au mois d'août 1853, alors même qu'une nouvelle crise venait de rendre son internement nécessaire. *Nerval remonte aux premières années de son existence, évoque le charme vaporeux du Valois et décrit l'éveil de son mysticisme sentimental,* car il croit avoir eu dès l'adolescence la révélation de l'Idéal que Jenny a pour quelque temps incarné.

Sylvie est une petite paysanne qui a partagé les jeux de Gérard. Mais il sacrifie sa tendresse au souvenir d'Adrienne, qui lui est apparue, un soir, éblouissante, dans le parc d'un château. Adrienne s'était mêlée à des jeunes filles qui dansaient une ronde avec lui; un moment vint où, suivant les règles de la danse, il lui donna un baiser; puis il l'entendit chanter avec une voix céleste et connut toute la ferveur d'un amour mystique. Il se persuade qu'il l'a revue à Chaalis, alors que, devenue religieuse, elle figurait parmi les interprètes d'un drame sacré.

Plus tard, il rencontre Aurélie (Jenny Colon) et s'imagine qu'Adrienne s'est réincarnée en elle : « Si c'était la même! il y a de quoi devenir fou! c'est une entraînement fatal où l'inconnu vous attire comme le feu follet fuyant sur les joncs d'une eau morte! » Un jour, il révèle à Aurélie la source de son amour, « entrevu dans les nuits, rêvé plus tard, réalisé en elle »; mais elle refuse de partager sa chimère. Il apprend plus tard qu'Adrienne est morte au couvent; et Sylvie lui apparaît comme l'image d'un bonheur accessible, que son esprit aventureux a refusé.

LES CHIMÈRES (1853)

Les Chimères *sont une suite de sonnets qui parurent ensemble pour la première fois avec* Les Filles du feu. *Gérard de Nerval y évoque ses expériences en vers souvent obscurs, mais très denses,* où se mêlent aux souvenirs d'épisodes vécus des réminiscences livresques et des allusions à l'astrologie ou à l'alchimie. Les deux chefs-d'œuvre de cette suite marquent les moments principaux de son aventure : dans *El Desdichado*, il se remémore, comme dans *Sylvie*, les illusions d'un passé disparu; dans *Artémis*, il exalte la figure lumineuse qu'il a contemplée parmi les ténèbres de sa folie, et qu'il a nommée ailleurs Aurélia.

AURÉLIA (1853-1854)

Dans le récit en prose intitulé Aurélia *et qui fut rédigé chez le docteur Blanche, Gérard de Nerval retrace toute l'histoire de sa vie intérieure depuis sa rupture avec Jenny Colon et, plus particulièrement, décrit ses rêves délirants.* Des visions étranges et précises se mêlent aux événements dont le tragique héros a entrepris la description fidèle.

Gérard, par sa faute, vient de perdre Jenny, qu'il appelle désormais Aurélia; mais il obtient un pardon qui purifie le souvenir de la liaison dénouée. Désormais, il porte en lui une image qui, nuit et jour, le hante. Un soir, il croit distinguer le fantôme de sa bien-aimée; puis, pendant son sommeil, il aperçoit un être mystérieux qui voltige péniblement; cette hallucination et ce rêve sont les signes précurseurs de la crise qui éclate en 1841.

Au cours de cette crise commence « l'épanchement du songe dans la vie réelle ». Le malade se croit transporté dans une maison du pays rhénan, puis dans les rues d'une ville mystérieuse, enfin chez son grand-oncle, à Mortefontaine. Toutes ces visions correspondent à un besoin de croire que rien ne s'achève en ce monde et qu'il existe quelque part un refuge pour les espérances déçues. Il apprend bientôt la mort d' « Aurélia »; alors, il la divinise en imagination, voit en elle l'âme de la nature et fonde pour lui seul une religion intérieure qui répond aux exigences de son cœur. Aurélia est retrouvée et lui appartient, pense-t-il, dans l'éternité.

Cette certitude exaltante succombe à une autre crise. En 1851, Gérard voit surgir dans un nouveau rêve un esprit qui lui ressemble et croit que ce double va lui enlever Aurélia; il provoque alors un scandale qui indigne les personnes présentes; à son réveil, il entend la voix d'une femme qui résonne douloureusement dans la nuit. Inquiétante correspondance entre le songe et la vie réelle; cruel avertissement! Il se livre alors à un examen de conscience et s'accuse de n'avoir pas reconnu dans son aventure nocturne une épreuve solennelle : ce double était une incarnation divine et venait lui reprendre Aurélia pour le punir de l'avoir idolâtrée au lieu de l'aimer en Dieu. En vain, il veut s'humilier pour obtenir son pardon; d'autres visions l'avertissent qu'il est trop tard; par sa faute encore, et pour la seconde fois, Aurélia est perdue pour lui, comme Eurydice pour Orphée. Il sombre alors dans une cruelle détresse. Mais une nuit, en 1853, chez le docteur Blanche, il a une illumination radieuse. La déesse de ses rêves lui apparaît et lui dit : « Je suis la même que Marie, la même que ta mère, la même que sous toutes les formes tu as toujours aimée. A chacune de tes épreuves, j'ai quitté l'un des masques dont je voile mes traits, et bientôt tu me verras telle que je suis. » Cette révélation efface ses remords : puisque Aurélia s'identifie avec sa mère et avec la Vierge chrétienne, il a pu l'aimer sans pécher et le salut demeure possible.

Ainsi rassuré, il s'abandonne à un délire mystique; mais son médecin l'arrache à ses chimères en l'intéressant au sort d'un autre malade, et son zèle sacré se transforme en pitié fraternelle. La charité le sauve; et, dans un dernier rêve, Aurélia, encore retrouvée, brille pour lui au firmament.

PANDORA (1853-1854)

Le bref récit en prose intitulé Pandora *et rattaché par les éditeurs contemporains aux* Filles du feu *donne à penser que l'idéal contemplé à la fin d'*Aurélia *s'est évanoui et que le songeur désenchanté a été rendu à sa détresse.* Si la première partie de l'œuvre, rédigée en 1853, est écrite avec une verve désinvolte, la seconde, achevée sans doute en 1854, atteste le désarroi sentimental et la débâcle intellectuelle de l'écrivain. Au mythe d'Aurélia, qui divinisait la femme, s'oppose le mythe de Pandora, qui la dénonce comme l'instrument de tout le malheur humain; Gérard, qui s'est identifié en pensée à Faust, à Adoniram, à Orphée, se compare au plus pitoyable parmi ces héros de la connaissance, à Prométhée, le titan vaincu, humilié dans son orgueil et meurtri dans sa chair, qui, le flanc déchiré, attend dans l'angoisse l'heure incertaine de la délivrance.

C Le génie de Nerval

LE RÊVEUR

Gérard de Nerval a toujours préféré les séductions spécieuses du rêve aux mornes réalités de la vie : il aime à ressusciter les légendes du Valois ou du folklore germanique ; il se plaît dans l'atmosphère des fêtes costumées qui lui donnent l'illusion d'un siècle disparu ; il modèle en imagination la forme immatérielle de son idéal féminin ; il évoque les pays lointains qu'il a visités et transfigure les paysages familiers de son enfance par la magie du souvenir. *Il est même allé plus loin ; il a cherché des correspondances entre le rêve et la vie :* dans *Aurélia*, il affirme que le songe aide à pénétrer le sens caché de l'aventure terrestre et à « percer les portes d'ivoire et d'or qui nous séparent du monde invisible » ; il se réclame des grands visionnaires qui ont, avant lui, exploré les ténèbres, Apulée, Dante, Swedenborg ; il considère ses visions successives comme des épreuves ou comme des révélations partielles qui préludent à une illumination finale.

LE POÈTE

La poésie a été pour Gérard de Nerval un moyen de fixer les images de ses rêves. Elle ne brille pas seulement dans le charme naïf des odelettes ou dans les incantations mystérieuses des *Chimères*. Sans cesse, elle affleure dans les œuvres en prose. Dans *Sylvie*, la phrase, discrète dans les passages narratifs, se pare soudain d'une grâce diaphane pour suggérer une présence immatérielle : « Cet amour vague et sans espoir, conçu pour une femme de théâtre qui tous les soirs me prenait à l'heure du spectacle, avait son germe dans le souvenir d'Adrienne, fleur de la nuit éclose à la pâle clarté de la lune, fantôme rose et blond glissant sur l'herbe verte à demi baignée de blanches vapeurs. » Dans *Aurélia*, la phrase reproduit avec une grande précision de trait associée à une harmonie impondérable les formes entrevues dans un état second : « La dame que je suivais, développant sa taille élancée dans un mouvement qui faisait miroiter les plis de sa robe en taffetas changeant, entoura gracieusement de son bras nu une longue tige de rose trémière, puis elle se mit à grandir sous un clair rayon de lumière, de telle sorte que peu à peu le jardin prenait sa forme, et les parterres et les arbres devenaient les rosaces et les festons de ses vêtements, tandis que sa figure et ses bras imprimaient leurs contours aux nuages pourprés du ciel. » Nerval recrée ainsi, avec des mots, l'univers magique où il s'est aventuré et perdu.

OUVRAGES A CONSULTER

GAUTIER. *Poésies complètes*, éd. R. Jasinski, 3 vol., Nizet, 1970. *Contes fantastiques.* José Corti, 1962. NERVAL. *Œuvres*, éd. J. Richer, 2 vol., Pléiade, Gallimard ; éd. H. Lemaître, 2 vol., Classiques Garnier. A. BOSCHOT. *Théophile Gautier*, Desclée de Brouwer, 1933. R. JASINSKI. *Théophile Gautier. Les Années romantiques*, Vuibert, 1929. L. CELLIER. *Gérard de Nerval*, Hatier, 1956. M.-J. DURRY. *Gérard de Nerval et le mythe*, Flammarion, 1956. R. JEAN. *Nerval par lui-même*, Seuil, 1964. J. RICHER. *Nerval, expérience et création*, nouv. éd., Hachette, 1970. P.-G. CASTEX. *Sylvie, Aurélia* (texte et commentaire), Sedes, 1970 et 1971. CAHIERS DE L'HERNE. *Nerval*, vol. collectif, 1980.

EL DESDICHADO

Je suis le ténébreux, — le veuf, — l'inconsolé,
Le prince d'Aquitaine à la tour abolie :
Ma seule *étoile* est morte, — et mon luth constellé
Porte le *soleil noir* de la *Mélancolie*.

Dans la nuit du tombeau, toi qui m'as consolé,⠀⠀⠀⠀⠀⠀5
Rends-moi le Pausilippe et la mer d'Italie,
La *fleur* qui plaisait tant à mon cœur désolé,
Et la treille où le pampre à la rose s'allie.

Suis-je Amour ou Phébus?... Lusignan ou Biron?
Mon front est rouge encor du baiser de la reine;⠀⠀⠀⠀10
J'ai rêvé dans la grotte où nage la sirène...

Et j'ai deux fois vainqueur traversé l'Achéron;
Modulant tour à tour sur la lyre d'Orphée
Les soupirs de la sainte et les cris de la fée.

⠀⠀⠀⠀⠀⠀GÉRARD DE NERVAL, *Les Chimères*.

Introduction.

Gérard de Nerval a composé ce sonnet en 1853, au lendemain d'une nouvelle période de troubles mentaux. Il vit désormais sous la menace constante d'une rechute. Il tente de se ressaisir en se reportant par le souvenir, comme il l'a déjà fait dans *Sylvie*, aux jours heureux de son enfance et de sa jeunesse; mais il n'a plus guère d'espoir et prend conscience d'une fatalité redoutable qui pèse sur lui. *Le Destin*, tel est le premier titre qu'il a donné à ces vers. Il s'arrête finalement à un autre titre, plus concret, plus poignant, plus suggestif aussi par sa couleur étrangère : *El Desdichado*, le Déshérité. C'est la devise que porte sur son bouclier, dans *Ivanhoe* (chapitre VIII), un mystérieux compagnon de Richard Cœur de Lion, dépossédé de son château par le roi Jean. Nerval l'adopte à son tour et se décrit, lui aussi, sous l'aspect d'un chevalier du Moyen Age que hante le malheur.

Le sonnet.

Premier quatrain. Trois termes, accompagnés de l'article défini, qui souligne leur cruauté implacable, évoquent la détresse du poète. Gérard est *le ténébreux*, l'homme condamné à vivre dans les ténèbres (faute d'avoir désormais une *étoile* pour éclairer sa route); *le veuf*, l'homme privé de toute compagnie, après la disparition de sa bien-aimée Jenny; *l'inconsolé*, l'homme qui, malgré des tentatives de diversion, conserve au fond de son cœur une douleur éternelle. Le rythme et les coupes de ce premier vers concourent à créer une double impression de fatalité et de tristesse : après la forte césure qui ponctue le premier hémistiche, le monosyllabe *veuf*, suivi d'une virgule, peut suggérer la brutalité du deuil et le tétrasyllabe *inconsolé* sa durée indéfinie. Le second vers, au contraire, se prononce d'une seule haleine et prend une valeur incantatoire : *Le prince d'Aquitaine à la tour abolie*. L'oreille s'abandonne à la musique des sons qui se succèdent avec une diversité mélodieuse. Gérard de Nerval croit descendre d'un châtelain du Périgord qui portait sur ses armoiries trois tours d'argent. Mais, dans le sonnet, le mot *tour* est en même temps le symbole du trésor sentimental que le poète a perdu; l'adjectif *abolie* est donc pris à la fois dans son acception littérale (le pouvoir seigneurial des Labrunie est aboli avec l'Ancien Régime) et dans une acception figurée, plus importante, quoique imprécise (le bonheur amoureux de Gérard est aboli depuis que Jenny a quitté la terre). Le premier hémistiche du troisième vers contient une allusion plus explicite au malheur qui a engendré une telle détresse : *Ma seule étoile est morte*. Comme dans *Sylvie*, comme dans *Aurélia*, l'*étoile* est ici le symbole de la femme aimée : Gérard n'a jamais eu qu'un seul amour, qu'une *seule étoile*, et l'Éternel Féminin s'est fixé pour lui dans l'image évanouie de Jenny. Nous l'imaginons dans le décor médiéval que suggérait déjà le titre : ses doigts font retentir sur les cordes d'un *luth* de douloureux accents ; et ce *luth*, comme le bouclier du Desdichado, porte sur son armature l'insigne d'une destinée cruelle, un *soleil noir*, dont le sombre éclat efface à jamais la lueur fugitive des amours terrestres, mùltiples (le luth est *constellé*), mais décevantes. Ce *soleil noir* est celui que fixa sur sa toile Albert Dürer dans son célèbre tableau *Melancholia* : Nerval l'évoque encore dans le *Voyage en Orient* et dans *Aurélia*.

Second quatrain. Pour comprendre les quatre vers suivants, il faut se reporter à une nouvelle des *Filles du feu*, *Octavie*, où l'écrivain conte un souvenir d'Italie. Il séjournait, déjà fatigué de vivre, sur la côte méditerranéenne. La tentation lui vint d'en finir et de se jeter à la mer, afin « d'aller demander compte à Dieu de sa singulière existence ».

Mais l'idée d'un rendez-vous qu'il avait donné à une jeune Anglaise le détourna momentanément de ce projet funeste. A l'heure où il se sent déjà *dans la nuit du tombeau*, il se souvient de celle qui l'a ainsi *consolé* (pour un temps, puisqu'il demeure, en définitive, *inconsolé*). Il associe à son image celle du *Pausilippe*, qui domine la baie de Naples ; celle aussi d'une *fleur* mystérieuse (l'ancolie, précise le poète lui-même en marge d'un manuscrit de ce sonnet appartenant à M. Paul Éluard), dont la distinction triste est en secret accord avec la désolation de son cœur ; celle enfin d'une *treille* sous laquelle eut lieu le rendez-vous salutaire. Cette lumineuse évocation de l'Italie contraste avec les sourdes plaintes du premier quatrain, comme les enchantements du passé avec les réalités cruelles du présent.

Premier tercet. Au neuvième vers, un tour interrogatif rompt le mouvement du sonnet. Le poète tente

une évasion plus hardie, dans la légende et non plus dans le souvenir. Il voudrait s'identifier par l'imagination aux dieux de la mythologie grecque, *Amour ou Phébus* ; aux personnages du folklore national, *Lusignan*, comte de Poitou, qui devint roi de Chypre et qui épousa la fée Mélusine, *Biron*, qui apparaît dans des « Légendes du Valois » reproduites à la fin de *Sylvie*. Mais la propre enfance de Gérard n'a-t-elle pas baigné dans de telles légendes ? Il songe maintenant à ce parc qu'il a décrit dans *Sylvie*, à ce *baiser* inoubliable que déposa un soir sur son *front* Adrienne, *reine* de la fête et d'ailleurs issue de sang royal (*Sylvie*, II), reine encore de l'univers idéal du rêve. Il songe aussi à ses méditations champêtres auprès des ruisseaux qu'une poétique tradition peuple d'êtres merveilleux, ondines ou *sirènes*.

Deuxième tercet. Mais le poète s'arrache au charme de cet éden où il passa ses premières années pour évoquer des moments plus pathétiques de sa vie : *Et j'ai deux fois vainqueur traversé l'Achéron.* Ces deux traversées sont ses deux grandes crises de folie, en 1841 et en 1853; il s'en souvient, écrira-t-il à la fin d'*Aurélia*, comme d'une « descente aux enfers ». Dans la nuit qui l'entourait, il rêvait, en effet, d'un magique au-delà où revivrait son beau mythe amoureux; il poursuivait confusément le fantôme de son amour; il crut même l'étreindre, au terme d'une suite d'épreuves; et il retourna dans la vie réelle avec le sentiment d'une victoire remportée sur les puissances de la nuit. Nouvel *Orphée*, il a pris une *lyre* comme compagne de ses voyages dans les ténèbres; et il a chanté son Eurydice éternelle sous les deux incarnations terrestres qui l'ont ému le plus profondément, celle de *la sainte*, Adrienne, morte religieuse, celle de la *fée*, Jenny Colon, fée de la scène, cantatrice et comédienne. Le dernier vers, où règne une harmonieuse symétrie, s'étale avec une sorte de majesté, tout en suggérant des ombres impalpables.

Conclusion.

Gérard de Nerval fixe dans ce sonnet l'une de ses dernières images. Il est « déshérité » et comme en deuil; mais non pas encore tout à fait désespéré, car certains souvenirs semblent conserver pour lui une vertu apaisante. Il s'abandonne à leur poésie, sans pouvoir s'arracher toutefois à cette « mélancolie » qui l'a envahi et qui, illustrée par d'émouvantes visions, enveloppe le poème tout entier.

SUJETS DE COMPOSITION FRANÇAISE

1 Une soirée en 1835, à l'Hôtel du Doyenné. (On lira l'*Histoire du romantisme* de Th. Gautier et les *Petits châteaux de Bohème* de Gérard de Nerval.)

2 Brunetière appelle Th. Gautier un « transfuge du romantisme ». Cette formule peut-elle être acceptée sans réserves?

3 Examiner ce jugement d'André Gide sur Th. Gautier : « Je ne reproche point à Gautier cette théorie de *l'art pour l'art* en dehors de quoi je ne sais point trouver de raison de vivre; mais d'avoir réduit l'art à n'exprimer rien que si peu. »

4 Albert Thibaudet oppose en ces termes Gérard de Nerval et Théophile Gautier : « On constatera sans regret excessif que la place de Gérard de Nerval l'emporte aujourd'hui sur celle de Théophile Gautier. L'esprit de Gérard est celui de la musique plus que de la peinture, du mystère plus que de l'expression, de la poésie intérieure plus que de l'extérieure. Mais surtout, au contraire de Gautier, c'est un être et un maître complexe, chez qui on fait toujours des découvertes, qui abonde en tournants brusques et en percées sur l'infini. » Expliquer et apprécier ce jugement.

5 Kléber Haedens appelle Gérard de Nerval « notre seul romantique ». Qu'entend-il par cette formule et qu'en pensez-vous?

6 Pourquoi les symbolistes ont-ils reconnu Gérard de Nerval comme un précurseur?

CHAPITRE VIII

Marceline Desbordes-Valmore.
Portrait par Champ. Martin.

Les romantiques mineurs

On peut appeler « romantiques mineurs » un certain nombre d'écrivains, pour la plupart poètes, dont le talent, tantôt trop exalté, tantôt méconnu de leur vivant, est aujourd'hui, grâce au recul du temps, plus équitablement apprécié. Plusieurs d'entre eux illustrent des tendances proprement romantiques ; d'autres préparent à l'art des voies nouvelles et parfois fécondes.
Marceline Desbordes-Valmore, Auguste Brizeux, Pétrus Borel, Béranger, Auguste Barbier, représentent, non sans distinction ou sans éclat, quelques aspects dominants de la poésie. En outre, deux écrivains morts jeunes et dont les destinées offrent de curieuses analogies, Aloysius Bertrand et Maurice de Guérin, consacrent, avec des mérites tout à fait différents, la vogue d'un genre neuf, le poème en prose, où brilleront plus tard Charles Baudelaire et Arthur Rimbaud.

1810-1857	Béranger : *Chansons.*
1819	Marceline Desbordes-Valmore : *Élégies et Romances.*
1831	Auguste Brizeux : *Marie.*
1831	Auguste Barbier : *Iambes.*
1832	Pétrus Borel : *Rhapsodies.*
1840	Maurice de Guérin : *Le Centaure* (publication).
1842	Aloysius Bertrand : *Gaspard de la nuit* (publication).

LE POÈME EN VERS

LES ÉLÉGIAQUES

L'élégie, magnifiquement illustrée par Lamartine, est représentée aussi par quelques poètes de second ordre et surtout par un groupe de poétesses dont la plus sincère et la mieux douée est Marceline Desbordes-Valmore.

Marceline Desbordes-Valmore (1786-1859) passa pour « la première lyre de son temps ». Durement éprouvée par la vie, elle chercha dans la poésie une consolation à ses infortunes. Ses principaux recueils, *Élégies et Romances* (1819), *Les Pleurs* (1833), *Pauvres Fleurs* (1839), *Bouquets et Prières* (1843) furent fort goûtés dans les salons. Mmes Desbordes-Valmore représente le lyrisme à l'état pur ; la poésie, chez elle, est l'effusion directe et naïve des émotions : inquiétudes et tourments de l'amour, joies de la maternité, ferveur religieuse. Le vers est d'une facture un peu molle ; mais son rythme, parfois impair, chante agréablement à l'oreille. Marceline Desbordes-Valmore prélude à l'art musical et simple d'un Verlaine :

> Pardonnez-moi, Seigneur, mon visage attristé,
> Vous qui l'avez formé de sourire et de charmes ;
> Mais sous le front joyeux vous aviez mis les larmes,
> Et de vos dons, Seigneur, ce don seul m'est resté.

Hégésippe Moreau (1810-1838), auteur de chansons et d'élégies réunies après sa mort sous le titre *Myosotis* ; **Félix Arvers** (1806-1850), auteur du recueil intitulé *Mes heures perdues,* ont survécu, le premier par sa rêveuse évocation du ruisseau la Voulzie, le second par un émouvant sonnet que lui inspira Marie Nodier :

> Mon âme a son secret, ma vie a son mystère,
> Un amour éternel en un moment conçu.
> Mon mal est sans espoir, aussi j'ai dû le taire
> Et celle qui l'a fait n'en a jamais rien su.

LES INTIMISTES

En 1829, Sainte-Beuve mit à la mode une poésie discrète qui, dans sa simplicité voulue, suggérait la vie profonde de l'âme[1]. Cette veine intimiste, sensible chez la plupart des poètes élégiaques, apparaît notamment chez Brizeux

Auguste Brizeux (1806-1858), un Breton mélancolique et quelque peu farouche, se révéla en 1832 par la publication de *Marie,* un recueil d'idylles délicates, qui évoquaient, dans le cadre de forêts sauvages ou de landes fleuries, l'amour discret et pur, mais profond, du poète pour une jeune paysanne de son pays. En 1845, il présenta, dans une épopée rustique en vingt-quatre chants, *Les Bretons,* un « fidèle tableau » des mœurs bretonnes. La poésie de Brizeux, grave et pénétrante, révèle un artiste soucieux d'exprimer les nuances de la pensée ou du sentiment, mais elle est laborieuse et aussi un peu grise, comme le ciel qu'elle a chanté.

---

1. Sur la poésie de Sainte-Beuve, voir page 207.

LES FRÉNÉTIQUES

Les poètes « frénétiques » sont des révoltés, en lutte ouverte contre toutes les valeurs consacrées. Leur attitude répond à un besoin ardent de se dépasser en affirmant, par le défi ou le blasphème, la toute-puissance de l'homme.

Pétrus Borel (1809-1859) publia en 1832 un recueil de *Rhapsodies*, tumultueuses variations en vers sur le thème de la révolte; puis des contes cruels, réunis sous le titre *Champavert* (1833); enfin un roman au style parfois apocalyptique, *Madame Putiphar* (1839). Borel lasse souvent par ses excentricités tapageuses et ses raffinements macabres; mais il laisse apparaître la logique exaspérée d'une intelligence qui a sondé les plaies de la société et les abîmes du cœur.

Théophile Dondey, dit **Philothée O'Neddy** (1811-1875), écrivit d'abord quelques poèmes incendiaires, *Rodomontade*, *Nécropolis*; puis il publia, en 1833, un recueil poétique, *Feu et Flammes*, qui évoque dans une langue originale et souvent éclatante la bohème des « bousingos ». O'Neddy semble cultiver avec prédilection l'extravagance et le mauvais goût; mais on découvre, sous ses outrances volontaires, l'angoisse d'un homme qui, après avoir vainement cherché une évasion dans l'amour, dans la gloire et dans un idéal libertaire, s'abandonne au désespoir et aspire à la mort.

LES SATIRIQUES

Quelques poètes enfin, célèbres en leur temps, un peu oubliés de nos jours, se distinguèrent dans la satire : en particulier Béranger et Barbier.

Béranger (1780-1857) s'est rendu populaire, sous l'Empire, en composant des chansons épicuriennes (*Le Roi d'Yvetot*). Sous la Restauration, il se risque à railler les prêtres, les nobles et les ministres; emprisonné, il passe pour un grand homme et un martyr; une fois libéré, il devient plus prudent et manifeste indirectement son hostilité au régime en célébrant le culte de Napoléon (*Parlez-nous de lui, grand'mère*). Ce chansonnier, spirituel, parfois mordant ou éloquent, suscita une admiration disproportionnée avec son mérite.

Auguste Barbier (1805-1882) se révéla brusquement en publiant dans la *Revue de Paris* une pièce satirique, *La Curée* (1830), où il flagellait les profiteurs du nouveau régime. Stimulé par le succès, il composa d'autres satires, qui, réunies sous le titre *Iambes* (1831), furent portées aux nues : à la cupidité et à la bassesse de ses contemporains, le poète opposait les vieilles traditions de grandeur et de gloire. Barbier possède du mouvement et de la vigueur :

> Quand le sanglier tombe et roule sur l'arène,
>   Allons! Allons! les chiens sont rois!
> Le cadavre est à nous; payons-nous notre peine,
>   Nos coups de dents et nos abois.
> Allons! nous n'avons plus de valet qui nous fouaille
>   Et qui se pende à notre cou :
> Du sang chaud, de la chair, allons, faisons ripaille,
>   Et gorgeons-nous tout notre saoul!   *(La Curée)*

II   LE POÈME EN PROSE

ALOYSIUS BERTRAND (1807-1841)

Louis dit Aloysius Bertrand, né dans le Piémont, mais dijonnais d'adoption, vient en 1828 à Paris, où il vit misérablement; il meurt, phtisique, à trente-quatre ans. Ses poèmes furent publiés en 1842 par Victor Pavie, sous le titre *Gaspard de la nuit ou Fantaisies à la manière de Rembrandt et de Callot.*
Aloysius Bertrand, solitaire et ombrageux, travaille avec l'application tranquille et minutieuse d'un ciseleur du Moyen Age. Il choisit des mots rares, des images suggestives, et transporte le lecteur dans l'univers illimité du rêve : « La lune peignait ses cheveux avec un démêloir d'ébène qui argentait d'une pluie de vers luisants les collines, les prés et les bois. » Aloysius Bertrand a éveillé chez Baudelaire le goût du petit poème en prose.

MAURICE DE GUÉRIN (1810-1839)

Maurice de Guérin, né dans le Tarn, passe son enfance au château du Cayla, où il subit l'influence de sa sœur, la pieuse et intelligente Eugénie. Il termine ses études à Paris et y végète quelques années. En 1832, il séjourne à la Chesnaie, auprès de La Mennais. Il meurt, phtisique, à vingt-huit ans, laissant des poésies, des lettres, un journal intime : *Le Cahier vert*, une *Méditation sur la mort de Marie*, enfin deux poèmes en prose, *Le Centaure*, publié en 1840 par George Sand, et *La Bacchante*, inachevée.

Le Centaure.

Le centaure Macarée, dernier de sa race, raconte sa vie au devin Mélampe. Au sortir de l'antre natal, il fut ébloui par la splendeur de la nature; emporté par l'ardeur de sa jeunesse, il voulut absorber toutes les énergies de l'univers. Mais l'âge mûr vint, et l'angoisse d'une pensée obstinée à pénétrer le mystère de la création. Pour guérir Macarée de son inquiétude, le vieux centaure Chiron lui donna un jour une leçon de sagesse : le mal, c'est le tumulte de l'âme, le besoin de s'égaler au monde, la recherche d'une science inaccessible; le bien, c'est la soumission aux disciplines naturelles, l'acceptation du travail libérateur, l'apaisement mérité par le don de soi.

Maurice de Guérin a étoffé le genre du poème en prose, qui devient, sous sa plume, une longue méditation symbolique et lyrique. La publication du *Cahier vert* a révélé que *Le Centaure* et *La Bacchante* traduisaient les sentiments profonds de l'auteur : ainsi, l'enfance de Macarée, c'est celle de Guérin dans la paix du Cayla; la confidence de Chiron à Macarée, c'est l'enseignement qu'il cherchait auprès de La Mennais pour apaiser son angoisse.
La forme de ces œuvres est à la fois ample et condensée. La phrase est rythmée comme une mélodie calme et lourde d'émotion; elle aboutit à une clausule précieusement choisie; mais à cette harmonie pleine d'ampleur, Maurice de Guérin joint souvent la rigueur de l'expression et l'intensité de l'effet.

OUVRAGES A CONSULTER

LES CAHIERS DU SUD. Numéro spécial sur *Les Petits Romantiques*, dirigé par F. Dumont, 1949.

CHAPITRE IX

Balzac, par Louis Boulanger.

HONORÉ DE BALZAC

La vie émouvante de Balzac est intimement mêlée à l'histoire de ses œuvres A travers des luttes pénibles, où le drame de l'argent tient la première place, le romancier se révèle progressivement à lui-même, et son génie s'épanouit dans une œuvre immense, La Comédie humaine, *dont il cimente les matériaux jusqu'à sa mort avec un indomptable acharnement.*

Balzac s'est soumis à une discipline inflexible pour représenter avec une minutieuse précision les mœurs et les personnages de son temps. Mais à ses dons d'observateur et de peintre réaliste, il joint une inépuisable imagination de poète et de visionnaire, qui transfigure le réel et le recompose en une puissante synthèse.

Balzac a renouvelé de fond en comble le genre romanesque, qui pénètre avec lui dans tous les domaines, philosophie, science, histoire, politique, religion, sociologie; il a marqué de son empreinte indélébile tout le roman moderne, depuis le milieu du XIXᵉ siècle jusqu'à nos jours.

	LA COMÉDIE HUMAINE	
	1829 1848	
	EUGÉNIE GRANDET	ILLUSIONS PERDUES
	1833	1837-1843
	LE PÈRE GORIOT	LA COUSINE BETTE
	1834	1846
	LE LYS DANS LA VALLÉE	LE COUSIN PONS
	1835	1847
	L'univers balzacien	

1799 ———————————————— **Premières réussites 1829** ————————————————► 1850

La quête du succès   L'épanouissement du génie

I LA CARRIÈRE DE BALZAC
A La quête du succès

L'ÉVEIL D'UNE VOCATION (1799-1821)

Honoré de Balzac est né à Tours dans une famille de bonne bourgeoisie. Son père, disciple des « philosophes », s'intéresse aux problèmes sociaux, échafaude constamment des systèmes généreux ou ingénieux et, par l'activité de son esprit, exerce sur le futur romancier un grand ascendant. Honoré passe six ans comme interne au collège oratorien de Vendôme, dans une sorte d'engourdissement que traversent de brusques illuminations (1807-1813); il achève ses études dans deux institutions parisiennes (1814-1816). Suivant le désir de ses parents, il entre ensuite comme clerc chez un avoué et commence son Droit; mais il assiste aussi à des cours de Sorbonne et se croit une vocation de philosophe. *En 1819, il affirme sa résolution de devenir un écrivain, obtient l'autorisation de tenter sa chance* et s'installe à Paris dans une mansarde, rue Lesdiguières. Il compose, sans succès, une tragédie en vers, *Cromwell*, puis réintègre le foyer familial et ébauche deux romans, *Falthurne* et *Sténie*, où s'expriment ses convictions de jeunesse : il incline au positivisme et même au matérialisme.

L'APPRENTISSAGE D'UNE TECHNIQUE (1821-1825)

En 1821, Balzac se lie avec Le Poittevin de l'Égreville; en collaboration avec lui, il publie, pour gagner sa vie, sous le pseudonyme de lord R'Hoone, deux romans pleins d'inventions « noires » ou « gaies » dans le goût de Ducray-Duminil ou de Pigault-Lebrun, *L'Héritière de Birague* et *Jean-Louis*; puis il écrit seul *Clotilde de Lusignan*, un roman d'atmosphère médiévale où domine l'influence de Walter Scott. Soutenu par la tendresse et par les conseils d'une femme plus âgée que lui, Mme de Berny, il publie en 1822 un récit d'aventures magiques, *Le Centenaire*, puis un roman d'intrigue sentimentale, *Le Vicaire des Ardennes*, qui sera complété l'année suivante par *Annette et le criminel*; dans ces deux dernières œuvres apparaît un fascinant personnage de hors-la-loi, Argow, qui préfigure Vautrin. Il écrit enfin un conte féerique, *La Dernière Fée*, et s'initie, dans *Wann-Chlore*, au roman psychologique. Ainsi, *le romancier essaie son jeune talent dans des directions diverses, sans parvenir toutefois à dégager son originalité* ; il apprend, du moins, à ourdir une intrigue et témoigne déjà de son goût pour le « document » vrai.

L'EXPÉRIENCE DES AFFAIRES (1825-1829)

En dépit de ces efforts, Balzac ne parvient pas à conquérir le succès. Il se lance alors dans les affaires, s'associe à un libraire, puis, aidé par son amie Laure de Berny, achète une imprimerie rue Visconti. Il entretient des relations avec des hommes de lettres comme Latouche, avec des publicistes comme Horace Raisson, qui lui font connaître le monde du journalisme et celui des écrivains. *Mais il doit liquider son entreprise dans des conditions désastreuses,* contracte à cette occasion de terribles dettes et, pour les payer, revient délibérément à la littérature.

B L'épanouissement du génie

LES PREMIERS CHEFS-D'ŒUVRE (1829-1834)

En 1829, Balzac publie un roman historique, Le Dernier Chouan, *puis la* Physiologie du mariage, *riche déjà en observations de mœurs ; ces deux œuvres sont accueillies avec une certaine faveur. Désormais, il est lancé ;* il collabore à de nombreux journaux, fréquente de nombreux salons. Ses nouvelles expériences lui inspirent des « Scènes de la vie privée », une suite de récits, dont le plus important présente pour la première fois le personnage de l'usurier Gobseck. La philosophie le hante toujours : il exprime ses préoccupations vitales dans *La Peau de chagrin* (1831) et dans un ensemble de contes ; il énonce ses idées sociales dans *Le Médecin de campagne* (1833) ; il transpose ses ambitions scientifiques dans *La Recherche de l'Absolu* (1834) ; il traduit ses aspirations mystiques dans un récit semi-autobiographique, *Louis Lambert* (1832), puis dans *Séraphîta.* Parallèlement à ces œuvres idéologiques, il publie des *Contes drolatiques* dans le goût rabelaisien, de nouvelles « scènes de la vie privée » comme *La Femme de trente ans,* et ses premiers chefs-d'œuvre réalistes, *Eugénie Grandet* (1833), *Le Père Goriot* (1834). Dans ces derniers romans se révèle en pleine lumière la maîtrise du romancier dans l'art de peindre les mœurs de son temps et les types humains.

L'ÉLABORATION D'UN UNIVERS (1834-1842)

En écrivant Le Père Goriot, *Balzac exploite une idée qui lui est venue l'année précédente et, systématiquement, il fait reparaître plusieurs personnages déjà présentés dans des œuvres antérieures. Son système romanesque est désormais fixé.* Il se propose d'animer toute une société fictive « qui sera comme un monde complet ». Soutenu par l'amour d'une dame polonaise, Mme Hanska, avec laquelle il entretient une correspondance passionnée, il compose *Le Lys dans la vallée* (1835), *César Birotteau* (1837), *Illusions perdues* (1837-43), *Le Curé de village* (1839-41), *Béatrix* (1839), *Ursule Mirouët* (1841), etc. Pour souligner l'unité de son œuvre, il se propose de réunir ses romans sous une même rubrique ; en 1837, il songe à les présenter tous comme des « Études sociales ».

LE DÉVELOPPEMENT D'UN SYSTÈME (1842-1850)

En 1842, Balzac s'arrête définitivement au titre La Comédie humaine, proclame son dessein de peindre les « Espèces Sociales » selon une méthode analogue à celle des naturalistes qui étudient les « Espèces Zoologiques » et se flatte, en animant ses personnages, de « faire concurrence à l'État Civil ». Dans *La Comédie humaine* viendront encore prendre place *Les Paysans* (1844), *Modeste Mignon* (1844), *La Cousine Bette* (1846), *Le Cousin Pons* (1847), etc. Non content de ce labeur gigantesque, Honoré de Balzac écrit aussi pour le théâtre, mais sans grand succès. A plusieurs reprises, il est allé rejoindre Mme Hanska, à Dresde ou en Ukraine; en mars 1850, il l'épouse; mais quelques mois plus tard, il meurt, à Paris, épuisé par le travail.

II   LA COMÉDIE HUMAINE

Balzac a réparti les œuvres dont se compose La Comédie humaine *en* Études de mœurs, Études philosophiques *et* Études analytiques. Les *Études analytiques*, où figure la *Physiologie du mariage*, sont restées en chantier. Les *Études philosophiques* sont beaucoup plus importantes et s'ordonnent toutes autour d'une idée centrale. Les *Études de mœurs*, qui sont les plus nombreuses, se répartissent en Scènes de la vie privée, Scènes de la vie de province, Scènes de la vie parisienne, Scènes de la vie politique, Scènes de la vie militaire, Scènes de la vie de campagne ; elles constituent, selon le romancier, « l'assise » de l'édifice.

A   Les Études philosophiques

ROMANS PHILOSOPHIQUES

Balzac a voulu peindre, dans ses romans philosophiques, « les ravages de la pensée ». Il entend par pensée toute idée violente qui accapare l'être tout entier : « Les passions, les vices, les occupations extrêmes, les douleurs, les plaisirs sont des torrents de pensée. » *Selon lui, la pensée consume ceux qu'elle inspire; ses héros se brûlent à la flamme de la passion ou du génie qu'ils nourrissent en eux; leur activité, souvent dangereuse pour autrui, est presque toujours funeste pour eux-mêmes; ils meurent précocement, ruinés par leur effort, tandis que des êtres moins doués ou moins ardents sont assurés, sauf accident, d'une longue vie. Il illustre cette fatalité tragique dans* La Peau de chagrin, *dans* La Recherche de l'Absolu, *où des personnages se condamnent eux-mêmes à mort en s'abandonnant à une frénésie de jouissance ou de puissance. Lui-même a pris conscience, en se lançant à corps perdu dans la création littéraire, qu'il s'exposait à un sort semblable; la thèse de ses romans philosophiques se trouve en quelque sorte vérifiée par l'exemple de son existence fiévreuse et épuisante.*

La Peau de chagrin. Un jeune homme, Raphaël de Valentin, ayant perdu au jeu ses dernières ressources, songe à se donner la mort. Il découvre, chez un vieil antiquaire, un talisman, une peau de chagrin, qui doit lui permettre de satisfaire les tumultueuses passions de son âge. Il cède alors à l'entraînement du plaisir, mène une existence de débauche, rêve aussi à l'amour et va de la cruelle Fœdora à l'angélique Pauline. Dans ses expériences successives, il s'épuise. A chaque joie nouvelle qu'il se procure, la peau, qui est taillée à la mesure de sa vie, se rétrécit; il s'aperçoit un jour qu'elle est réduite à quelques pouces et cherche vainement à conjurer son mauvais destin : irrémédiablement condamné, il disparaîtra en même temps que son talisman. Cette aventure est le symbole de l'alternative où les hommes se trouvent placés du fait de leur condition : une vie longue, mais morne, ou une vie intense, mais brève.

La Recherche de l'Absolu. Balthazar Claës habite à Douai une demeure flamande. Ce chimiste est obsédé par la passion de la Science; il se consume en efforts gigantesques, soutenu par l'espoir de découvrir le principe substantiel unique d'où procède toute vie. Tout entier à son rêve d'Absolu, il devient le bourreau de son entourage, compromet l'avenir de ses enfants en se livrant à de folles dépenses de laboratoire et torture sa femme, douloureusement jalouse de la Science, qui lui a ravi l'affection de son mari. A la mort de son épouse, sa fille Marguerite entreprend de lutter contre sa folie, l'oblige à accepter la gérance d'une recette des finances en Bretagne et profite de son absence pour reconstituer la fortune des Claës. Balthazar revient, guéri, semble-t-il. Mais Marguerite se marie et part en voyage avec son époux. Ce départ réveille la passion sommeillante de Claës; il se ruine une seconde fois et meurt misérablement.

CONTES PHILOSOPHIQUES

A ces romans se rattachent des œuvres plus courtes, mais pathétiques et chargées de sens, qui content les aventures de héros partis, eux aussi, à la recherche d'un Absolu. Cet Absolu revêt des formes diverses : dans *Le Chef-d'œuvre inconnu*, il correspond à la Beauté idéale; dans *Les Proscrits*, à la Vérité divine.

Le Chef-d'œuvre inconnu. En 1612, à Paris, le jeune Nicolas Poussin rencontre un inquiétant vieillard, Frenhofer, qui pénètre avec lui chez son maître Porbus, se lance dans de longues considérations esthétiques et finalement l'entraîne dans son propre atelier, où il lui montre des toiles incomparables. Frenhofer obtient de Poussin l'autorisation de faire le portrait de sa fiancée Gillette et il s'extasie devant son œuvre achevée; mais Poussin et Porbus ne voient sur sa toile qu'un enchevêtrement incohérent de lignes et de formes. Le vieillard semble s'obstiner dans son illusion; mais, la nuit suivante, il meurt après avoir brûlé ses toiles.

Les Proscrits. En 1308, à Paris, un mystérieux vieillard et un jeune homme nommé Godefroid vont assister en Sorbonne au cours de Sigier, professeur de théologie mystique. Le savant orateur, en décrivant pour eux les sphères où Dieu a rangé ses créatures selon les lois d'une hiérarchie secrète, les aide à discerner leur génie ou leur vocation : le vieillard a reçu du ciel les dons d'un visionnaire; Godefroid enferme dans la fragilité de son enveloppe charnelle une essence angélique. Finalement, Godefroid pénètre le mystère de sa naissance illustre et le vieillard, qui est le grand poète Dante Alighieri, retrouve l'accès de sa patrie perdue.

ROMANS MYSTIQUES

L'aventure mystique se distingue de toutes les autres; elle ne se ramène ni à une quête de science, ni à un désir de jouissance, ni à une volonté de puissance; elle oriente toutes les ambitions de l'homme vers un idéal de communion avec Dieu; elle résume en un seul rêve immense tous les rêves d'Absolu. Aussi a-t-elle hanté l'imagination de Balzac. *En 1835, il réunit en un* Livre mystique, *avec sa nouvelle* Les Proscrits, *ses deux romans* Louis Lambert *et* Séraphîta, qui se déroulent dans un climat analogue, mais sont placés tous deux sous l'invocation de Swedenborg; et si la recherche de Louis Lambert est finalement meurtrière comme celle des autres héros des *Études philosophiques*, celle des personnages de *Séraphîta* s'achève au contraire sur un acte d'espérance métaphysique.

Louis Lambert. Louis Lambert est élève au collège de Vendôme. L'illuminisme l'attire; à l'exemple de Swedenborg, il croit que « les anges se révèlent au milieu des hommes »; obéissant à une vocation personnelle, il tente d'accéder à l'existence angélique en faisant triompher son « être intérieur » sur son « être extérieur ». En même temps, il cherche à résoudre le problème de la connaissance et entreprend d'expliquer tous les phénomènes par l'action d'une substance éthérée, dont la pensée et la volonté sont des modes comme l'électricité, la chaleur ou la lumière. Parvenu à l'âge adulte, il poursuit ses réflexions, tout en vivant un grand amour, mais sa raison ne parvient plus à coordonner les visions fulgurantes qui illuminent son âme de voyant; il meurt à vingt-huit ans, ayant épuisé ses forces dans son double rêve d'angélisme et de connaissance.

Séraphîta. En Norvège, une jeune fille, Minna, escalade des hauteurs enneigées, guidée par un être mystérieux qu'elle croit aimer et qu'elle appelle Séraphîtüs; mais pour son fiancé, Wilfrid, et pour son tuteur, le pasteur Becker, cet être est une jeune fille et se nomme Séraphîta. M. Becker expose aux deux jeunes gens la doctrine de Swedenborg et leur apprend que Séraphîtüs-Séraphîta est un être angélique, né d'un disciple du maître suédois. L'ange complète leur initiation en leur révélant les correspondances universelles et leur enseigne « le chemin qui mène au ciel »; puis son âme s'élève dans les airs et elle est accueillie parmi les séraphins. Wilfrid et Minna assistent, foudroyés, à sa transfiguration; puis ayant entrevu les hauts mystères, ils se disposent à parcourir, la main dans la main, la route qui les conduira jusqu'à Dieu.

B   Les Études de mœurs

SCÈNES DE LA VIE PRIVÉE

Parmi les Études de mœurs, *qui, à l'inverse des* Études philosophiques, *peignent généralement une réalité commune et immédiate, les* Scènes de la vie privée *sont les plus anciennes.* Elles marquent, en 1830, l'adhésion du jeune écrivain à l'esthétique réaliste : « L'auteur croit fermement que les détails constitueront désormais le mérite des ouvrages improprement appelés romans. » La plupart sont des œuvres assez brèves, ou même de simples contes. Quelques-unes sont plus étoffées, comme *La Femme de trente ans.* Balzac y rattachera vers la fin de sa vie des œuvres postérieures, comme *Béatrix* ou *Modeste Mignon*; et même *Le Père Goriot*, classé d'abord parmi les *Scènes de la vie parisienne.*

Le Père Goriot.

Les mystères de la pension Vauquer. L'action se déroule à Paris, fin 1819. Dans une triste et nauséabonde pension de la rue Neuve-Sainte-Geneviève, tenue par Mme Vauquer, végètent des êtres falots ou misérables, comme la vieille demoiselle Michonneau, l'employé en retraite Poiret et la jeune orpheline Victorine Taillefer. Trois pensionnaires tranchent sur ces comparses : Eugène de Rastignac, jeune étudiant en droit, noble, mais pauvre, résolu à tenter sa chance à Paris; Vautrin, sorte de colosse bon enfant, jovial, mais énigmatique; enfin, le Père Goriot, un ancien vermicellier, qui semble absorbé par un chagrin mystérieux. Des scènes étranges intriguent le jeune Rastignac : Vautrin rentre sans bruit à la pension, en pleine nuit, alors qu'on a mis le verrous; le Père Goriot reçoit de belles dames et envoie à l'une d'elles un billet acquitté. Quels sont donc ces mystères ?

Les découvertes de Rastignac. Le jeune homme est introduit dans la haute société parisienne par sa cousine Mme de Beauséant et sent s'échauffer son ardeur de conquête. Il commet d'abord un pas de clerc et se voit fermer les portes du salon de la comtesse de Restaud pour avoir prononcé le nom du Père Goriot. Mais la vie de Paris va rapidement lui donner l'expérience du monde : il apprend par Mme de Beauséant le secret du Père Goriot, qui s'est ruiné et condamné à une vie misérable pour assurer à ses filles une existence luxueuse; Anastasie a épousé un gentilhomme, M. de Restaud; Delphine, un financier juif, le baron de Nucingen; les gendres ont bien accueilli le vieillard tant que ses coffres ont été à leur disposition, puis ils ont refusé de le recevoir. A ces révélations, Mme de Beauséant ajoute quelques conseils pratiques où se révèle sa science amère de l'existence.

Les machinations de Vautrin. Vautrin devine les rêves ambitieux du jeune homme. Avec un aplomb cynique, il lui propose un marché : Rastignac devra conquérir l'amour de la jeune Victorine Taillefer, dont le père avait une immense fortune; moyennant une petite commission de deux cent mille francs, il se chargera, lui, de faire disparaître le frère de Victorine, seul obstacle à son héritage : l'étudiant épousera alors les millions de l'orpheline. Rastignac s'indigne, mais on le sent fasciné par cette offre. Pour le moment, suivant le conseil de Mme de Beauséant, il songe surtout à réussir dans le monde. Présenté à Mme de Nucingen, il devient l'amant de la belle baronne. Cependant Vautrin a poursuivi l'exécution de son plan; mais la vieille demoiselle Michonneau, indicatrice de la police, démasque en lui un forçat évadé et le fait arrêter le jour même où un spadassin à sa solde tue le frère de Victorine.

La mort du père Goriot. A quelque temps de là, les deux filles de Goriot viennent en larmes implorer le secours de leur père : leurs maris ont découvert leurs intrigues et menacent de les ruiner. Les deux sœurs, opposant leurs vanités blessées, s'affrontent dans une monstrueuse querelle, sous les yeux du vieillard qui s'effondre, frappé d'apoplexie. Goriot agonise maintenant sur un grabat, en proie à un délire de passion paternelle, pendant que l'une de ses filles est au bal, l'autre occupée par ses affaires. Il rend l'âme en les bénissant, entouré seulement de Rastignac et de Bianchon, étudiant en médecine. Resté seul, après avoir suivi le misérable convoi du vieillard, Eugène de Rastignac récapitule les foudroyantes leçons qu'il vient de recevoir. Du haut du Père-Lachaise, il lance à Paris un défi grandiose : « A nous deux maintenant! » Puis il va dîner chez Mme de Nucingen.

Gravures pour illustrer « Le Père Goriot ». (B. N. Imp.)

Le Père Goriot : « Aux uns, il faisait horreur;
aux autres, il faisait pitié. »
Madame Vauquer : « Enfin toute sa personne explique
la pension comme la pension implique sa personne. »

SCÈNES DE LA VIE DE PROVINCE

Balzac aimait Tours, sa ville natale, et la province eut toujours pour lui des charmes secrets. Beaucoup de ses romans ont pour cadre une petite ville : l'intrigue d'*Eugénie Grandet* se déroule à Saumur, celle d'*Ursule Mirouët*, à Nemours, dans le Gâtinais, celle d'*Illusions perdues*, en partie, à Angoulême. Le romancier peint le décor provincial avec la plus grande exactitude; pour Angoulême, par exemple, il demande à son amie Mme Zulma Carraud de lui procurer un plan minutieux des rues et des monuments. Le silence et la torpeur de la province sont propices à l'éclosion de passions violentes.

Eugénie Grandet.

L'appât de l'or. M. Grandet, un ancien tonnelier, a édifié sous la Révolution une prodigieuse fortune. Comme il est férocement avare, il mène une existence étriquée à Saumur dans une sombre demeure, entre sa femme qu'il tyrannise, sa servante Nanon qui lui est aveuglément dévouée et sa fille Eugénie. Modeste et soumise au despotisme de son père, Eugénie est la plus riche héritière du pays et deux factions, celle des Cruchot et celle des Des Grassins, sont en compétition pour obtenir sa main; mais la jeune fille, indifférente à tout, vit en recluse et s'étiole comme une fleur privée de lumière.

Des fiançailles sous le signe de l'or. L'amour va brusquement illuminer sa vie et lui donner un sens. M. Grandet reçoit chez lui un neveu, dont le père mis en faillite s'est suicidé. Eugénie se sent attirée vers son cousin Charles, élégant dandy parisien; son amour, mêlé de pitié, la pousse au sacrifice : tandis que Grandet manœuvre pour racheter les créances de son frère, elle offre à son cousin toutes ses économies, un « douzain » de pièces d'or que son père lui a données une à une. Ainsi Charles pourra s'embarquer pour les Indes : il y fera fortune et à son retour il épousera sa cousine.

La tyrannie de l'or. Le jour de l'an suivant, le père Grandet s'aperçoit que sa fille a donné son or et il laisse exploser sa fureur. Mais il apprend qu'à la mort de sa mère, Eugénie pourrait exiger le partage de la succession. Il se réconcilie alors avec elle; lorsque Mme Grandet s'éteint après un long martyre, il lui arrache une renonciation à l'héritage maternel. Il meurt lui-même peu de temps après, dans la contemplation fiévreuse de ses écus. Eugénie reçoit une lettre de Charles qui, rapidement enrichi, a fait un mariage d'intérêt. Elle se résigne à épouser le président Cruchot; bientôt veuve, elle vit parcimonieusement chez elle, en consacrant une grande partie de sa fortune à des œuvres de charité.

Illusions perdues.

Première partie. Les deux poètes. David Séchard, que son génie méditatif prédisposait à la poésie, s'est résigné à gérer le vieux fonds d'imprimerie de son père. Il s'est lié avec Lucien Chardon, dit de Rubempré, dont il épouse la sœur. Lucien, plus racé que David, mais voluptueux et efféminé, acquiert à Angoulême un certain renom de poète. Une précieuse de la ville, Mme de Bargeton, s'enfuit un jour à Paris avec lui.

Deuxième partie. Un grand homme de province à Paris. Mme de Bargeton abandonne bientôt son protégé, qui, livré à lui-même, se fait des relations. Daniel d'Arthez, jeune homme de talent et de cœur, l'introduit dans un cénacle d'idéalistes; Lousteau, feuilletoniste sans scrupules, lui fait connaître le tout-puissant libraire-éditeur Dauriat. Lucien présente un recueil de sonnets à Dauriat, qui le lui rend sans en avoir pris connaissance. Il entre alors dans le journalisme et, pour se venger de l'éditeur, il écrit un cruel article contre le dernier livre de son grand homme, Nathan. Dauriat capitule et achète le manuscrit de Lucien, qui, pour se concilier Nathan, réfute sa précédente argumentation en un second article publié sous un nom d'emprunt. Lucien devient l'enfant gâté des salons. Mais il commet de nouvelles lâchetés qui le discréditent. Honni, blessé en duel, ruiné, il regagne Angoulême comme un vagabond.

Troisième partie. Les souffrances de l'inventeur. Cependant, David Séchard a mis au point un nouveau procédé pour la fabrication du papier. Il est victime de l'indélicatesse de Lucien, qui, dans sa détresse, a négocié des billets sous son nom, et il est emprisonné pour dettes. Lucien, plein de remords, quitte Angoulême avec des idées de suicide, mais il rencontre un singulier prêtre espagnol (en fait, c'est Vautrin) qui lui promet d'édifier sa fortune. David, pour obtenir sa liberté, doit vendre son brevet d'invention; à la mort de son père, il hérite et peut enfin vivre paisiblement en cultivant les lettres.

SCÈNES DE LA VIE PARISIENNE

Aux drames secrets de la vie provinciale s'opposent les drames tumultueux de la vie parisienne. Paris est une grande scène où les ambitions de toutes sortes s'affrontent en une lutte féroce. Les puissances de la société moderne, la Bourse, la Politique, le Journalisme, y exercent une tyrannie sans frein. Cette jungle est peinte avec âpreté dans une succession de quatre romans, *Splendeurs et Misères des courtisanes*, qui forment une suite aux *Illusions perdues*, ou dans les trois épisodes de la romanesque *Histoire des Treize : Ferragus, La Duchesse de Langeais, La Fille aux yeux d'or*. Vers la fin de sa vie, Balzac compose les deux chefs-d'œuvre de cette série, *Le Cousin Pons* et *La Cousine Bette*, deux récits qui sont réunis sous l'étiquette commune *Les Parents pauvres* et « mis en pendant comme deux jumeaux de sexe différent ».

Le Cousin Pons.

Sylvain Pons est un compositeur de musique qui a eu sous le Premier Empire son heure de célébrité. Un séjour en Italie a éveillé chez lui le goût passionné des objets d'art et il a peu à peu rassemblé une collection de grande valeur. Cependant il végète, vieilli, oublié de tous, obscur chef d'orchestre dans un petit théâtre : ses cousins, des mondains fortunés, l'invitent de temps en temps à leur table, mais, persuadés qu'il est pauvre, l'accablent d'humiliations. Pons, qui a l'âme délicate, rend le bien pour le mal. Il voudrait aider une de ses jeunes cousines à se marier; malheureusement le prétendant qu'il a découvert se dérobe et la mère de la jeune fille, Madame de Marville, se croyant victime d'une mystification, le poursuit de sa haine. Miné par le chagrin, Pons se meurt. Brusquement ses cousins découvrent que ce parent pauvre possède une grande fortune : aussitôt les convoitises s'éveillent; toutes sortes d'êtres immondes grouillent autour de lui et le grugent. Malgré sa candeur, Pons finit par percer à jour ces intrigues et il désigne comme légataire universel son ami, le musicien allemand Schmucke. Mais, après sa mort, le brave Schmucke se laisse dépouiller de ses droits et va finir ses jours chez un accessoiriste du théâtre où il était musicien.

La Cousine Bette.

Adeline Fischer, fille de paysans lorrains, a conquis par sa beauté et par sa douceur le baron Hulot d'Ervy, qui l'a épousée. Le baron est devenu un haut fonctionnaire de l'administration militaire. Adeline, par bonté, a fait venir à Paris sa cousine Lisbeth, dite Bette. Dès lors, Bette vit en parente pauvre; elle cache sous des airs de bon ange protecteur l'envie qui la ronge. Elle tient reclus chez elle un jeune slave en exil, Wenceslas Steinbock, qu'elle a sauvé du suicide et sur qui elle a reporté toute sa tendresse refoulée de vieille fille. Or, un jour, elle apprend que Wenceslas s'est fiancé à la fille d'Adeline. Elle ne songe désormais qu'à ourdir le malheur de sa famille : pour se venger de Wenceslas, elle sème la brouille dans son ménage; pour se venger d'Adeline, elle encourage les débauches du baron Hulot, qui se ruine, pille la caisse de l'État et précipite la mort de son frère aîné, un maréchal sans reproche et sans tache. Pourtant la famille du baron remonte peu à peu la pente; Hulot est réhabilité. Bette meurt, rongée par la tuberculose. Mais le baron est bientôt repris par son vice : il trompe sa femme avec une affreuse maritorne; Adeline le surprend et meurt trois jours plus tard. Agathe Piquetard deviendra la baronne Hulot d'Ervy.

SCÈNES DE LA VIE POLITIQUE

Balzac a toujours montré beaucoup de curiosité pour les jeux de la politique. Il s'est engagé personnellement dans la lutte et, en 1832, il a donné son adhésion au parti néo-légitimiste. Il a voulu décrire les mœurs des régimes successifs, depuis la Révolution jusqu'au règne de Louis-Philippe; mais il n'eut pas le temps de remplir tout son programme. Il a évoqué, du moins, les événements de 1793 dans *Un Épisode sous la Terreur;* le Consulat dans *Une Ténébreuse Affaire:* la monarchie de Juillet dans *Z. Marcas* et dans *Le Député d'Arcis.*

SCÈNES DE LA VIE MILITAIRE

Balzac méditait aussi de conter dans une suite de romans les événements militaires de la Révolution, puis les campagnes napoléoniennes et la conquête de l'Algérie; mais il n'a guère laissé que de vagues indications sur les œuvres projetées. Seul se range en définitive sous cette rubrique son roman *Les Chouans*, avec une nouvelle intitulée *Une Passion dans le désert*.

Les Chouans

Dans la région de Fougères, en 1799, les troupes « bleues » du commandant Hulot mènent la lutte contre les Chouans, qu'anime le tout jeune marquis de Montauran, dit le Gars. Il rencontre Marie de Verneuil, qui a accepté en secret une mission d'espionne, confiée par Fouché. Il l'aime et se fait aimer d'elle. Mais Marie, trompée par un faux message signé de lui et rédigé par le policier Corentin, se croit trahie. Elle fait prendre par Hulot les dispositions nécessaires à sa perte. Trop tard, elle comprend que Corentin les a joués. D'avance, elle accepte son destin : ils périssent tous deux, quelques heures après leur mariage, sous les balles des Bleus.

SCÈNES DE LA VIE DE CAMPAGNE

Enfin, Balzac s'est proposé d'illustrer dans des « Scènes de la vie de campagne » ses « grands principes d'ordre, de politique, de moralité » : à ce dessein répondent *Le Médecin de campagne*, *Le Curé de village* et, dans une moindre mesure, *Les Paysans*. Vers la fin de sa vie, il fit entrer parmi ces « scènes » *Le Lys dans la vallée*. Ce roman, inspiré par ses expériences amoureuses, révèle un mysticisme sentimental qui semble une réplique au mysticisme religieux de *Séraphîta*.

Le Lys dans la vallée.

La naissance d'une union mystique. Félix de Vandenesse, cadet d'une famille aristocratique, a vécu une enfance studieuse et comprimée, loin de l'affection des siens. A la veille de la Restauration, son père le rappelle à Tours : il assiste à un bal, où la beauté d'une jeune femme provoque en lui une fièvre soudaine de passion. Il retrouve en vacances l'inconnue au château de Clochegourde, sur les bords de l'Indre; c'est la comtesse Henriette de Mortsauf, « le lys » de cette vallée, âme pure et simple, qui vit une existence douloureuse auprès d'un époux sombre et violent. La jeune femme s'attendrit au récit de l'enfance malheureuse de Félix et lui raconte à son tour les tristesses de son passé; un amour discret et pur naît entre ces deux êtres.

L'unique pensée d'un unique amour. Henriette se laisse aller aux délices de la tendresse; cependant, Félix doit s'éloigner pour se créer une situation. Il fait son chemin à la cour, où il est remarqué par Louis XVIII; grâce aux relations de la comtesse, il est nommé maître des requêtes. Fidèle à son amour idéal, il correspond fréquemment avec Mme de Mortsauf, qu'il retrouve en Touraine après une absence de deux ans : une longue maladie du comte les rapproche dans une intimité silencieuse, mais Félix est rappelé à Paris par ses affaires.

Amour de hasard et amour d'élection. Félix rencontre dans la haute société une « lionne », Lady Dudley, dont la passion tapageuse le subjugue un moment. Mme de Mortsauf apprend l'infidélité; elle pardonne, mais elle est touchée à mort. Félix, bientôt las de la belle Anglaise, vole à Clochegourde, où Henriette agonise; il arrive juste à temps pour recueillir son dernier soupir. Une lettre, qui lui est destinée, lui révèle ce que la tendresse alanguie de Mme de Mortsauf cachait de passion tumultueuse et de luttes intimes. Félix de Vandenesse rentre à Paris et cherche une diversion à sa douleur en s'occupant de science, de littérature et de politique.

Illustration pour « Le Lys dans la vallée ». (B. N. Imp.)
« J'aperçus, sur un banc, Mme de Mortsauf occupée avec ses deux enfants. »

III   LE GÉNIE DE BALZAC

A   Le visionnaire

Des familiers de Balzac l'ont considéré avant tout comme un visionnaire :
« Il vivait dans une hallucination perpétuelle », a écrit Philarète Chasles. Balzac
lui-même se flattait de posséder un « don de seconde vue ». Sa peinture de la
société ne peut être dissociée des intuitions qui illustrent sa conception de
l'univers ou des rapports idéaux entre les hommes.

LA VISION MÉTAPHYSIQUE ET RELIGIEUSE

*Balzac n'a jamais renoncé entièrement aux hypothèses métaphysiques de sa jeunesse.
Il croit que tous les phénomènes se ramènent à l'action d'une substance unique, d'un
fluide éthéré, qui, chez l'homme, prend la forme de la Pensée :* les idées enfantées
par le cerveau sont des êtres véritables, qui se meuvent dans l'univers. A la
lumière de cette audacieuse théorie, il justifie la télépathie et le magnétisme, car
il admet que des esprits vigoureux puissent projeter leur pensée et agir à dis-
tance sur des esprits plus faibles. Il a longtemps rêvé de conquérir ce pouvoir
prestigieux et d'accéder ainsi à la toute-puissance : une semblable ambition lui
apparaît légitime, au moins dans son principe, puisqu'elle repose sur une discipline méthodique du génie humain.
*De bonne heure, pourtant, Balzac incline à penser que l'homme ne peut pénétrer
par ses seules forces les secrets de l'univers. Il interroge alors les doctrines illuministes,
se fait initier au martinisme, puis se passionne pour l'œuvre de Swedenborg.* Par la
bouche de l'ange Séraphîta, il dénonce l'insuffisance des méthodes positivistes : « Vos sciences les plus exactes, vos méditations les plus hardies, vos plus
belles clartés sont des nuées. Au-dessus est le sanctuaire d'où jaillit la vraie
lumière. » Il s'imagine d'ailleurs que ses rêves mystiques peuvent se concilier
avec l'authentique tradition chrétienne : « Aujourd'hui comme au temps du
docteur Sigier, il s'agit de donner à l'homme des ailes pour pénétrer dans le
sanctuaire où Dieu se cache à nos regards. » (*Les Proscrits.*)

LA VISION POLITIQUE ET SOCIALE

*Balzac n'a jamais renié l'individualisme farouche qui s'exprime dans ses premières
œuvres :* même après son adhésion au légitimisme, il continue de témoigner une
évidente sympathie à ceux de ses personnages qui, comme Vautrin, bravent
superbement les lois maudites. *Mais son goût de l'énergie et de l'efficacité l'a
conduit à exalter l'autorité sous ses formes les plus rigoureuses.* Son système se
définit notamment dans *Le Médecin de campagne* : selon son porte-parole Benassis,
le pouvoir, qui est le cœur d'un État, doit être concentré entre les mains d'un
seul homme; la démocratie est une erreur et le suffrage universel une absurdité;
qui vote discute, et l'autorité discutée n'existe pas; le seul contrepoids efficace
aux abus de la puissance est la religion. Balzac apparaît ainsi comme un disciple
de Bonald et de Joseph de Maistre; à son anarchisme fondamental, il associe
curieusement une mystique de l'ordre social.

B   Le réaliste

Les années où Balzac fixe sa doctrine illuministe et son système politique
sont aussi celles où il arrête définitivement les principes d'une esthétique réaliste. Il se prépare à représenter « toutes les figures et toutes les positions sociales »; pour y parvenir, il procède à des inventaires rigoureux, à des enquêtes
minutieuses. Beaucoup de ses personnages, sans doute, demeurent entourés
d'un halo magique et lui apparaissent littéralement, soit comme des anges,
soit comme des possédés. Mais, pour les rendre vivants, il commence par les
enraciner dans un milieu; et il les saisit dans leur individualité concrète. Il se
révèle ainsi comme un admirable peintre des mœurs et des caractères.

LA PEINTURE DES MŒURS

Les Études de mœurs *constituent, dans* La Comédie humaine, *une immense fresque
de la société française depuis la révolution de 1789 jusqu'à celle de 1848; mais la
plupart se déroulent en un temps que l'écrivain a connu, sous la Restauration ou
sous la monarchie de Juillet; aussi les détails de la peinture ont-ils pu être directement
observés.* Balzac représente toutes les classes sociales : la noblesse ruinée qui se
mésallie pour redorer son blason et pour retrouver un reflet de sa splendeur
passée; la haute bourgeoisie qui court aux honneurs et à la fortune; la petite bourgeoisie qui rêve d'accéder aux sphères supérieures; le peuple, et surtout les
paysans, qui, avec leurs solides qualités, pourraient introduire dans la société
un élément d'équilibre et de stabilité. Il représente aussi les diverses professions et décrit, avec leurs habitudes ou leurs manies, les banquiers, les
commerçants, les avocats, les médecins, les prêtres, les journalistes, les fonctionnaires, les domestiques ou les employés. Surtout, il montre l'avènement
des puissances nouvelles, la presse, « cette religion des sociétés modernes »,
qui exerce sa tyrannie sur l'opinion; la bureaucratie, cette force gigantesque,
dont les rouages compliqués sont aux mains d'employés misérables et routi-
niers; la haute finance, âme d'une société matérialiste, qui lance les gens d'affaires
à la conquête du monde.

Cette peinture est généralement sombre et cruelle. Paris, notamment, y apparaît
comme « le grand monstre moderne », la cité grouillante de vices et d'ailleurs
fascinante dans son cynisme. Les fauves de la jungle parisienne obéissent à trois
passions dominantes, celle du plaisir, celle de l'or, celle de l'ambition. Ces
passions sont solidaires : le goût effréné des jouissances entraîne la course
aux richesses, et l'or est l'instrument de toute puissance sociale. La vie est
une lutte perpétuelle, où le seul problème est de vaincre, sans égard aux moyens.
Dans cette frénésie, l'énergie accumulée pendant les années glorieuses de la
Révolution ou de l'Empire se décompose et se dégrade. Cette corruption est
dénoncée par ceux-là mêmes qui s'en accommodent : le monde est « un bour-
bier » pour la duchesse de Langeais, « un océan de boue » pour Rastignac, et
pour Vautrin « une réunion de dupes et de fripons ». Le romancier, du reste,
mêle à cette peinture implacable une intention morale; il pense qu'on peut
régénérer l'homme en l'instruisant de ses misères et de ses tares.

LA PEINTURE DES CARACTÈRES

Les ravages de la passion. *Pessimiste, Balzac l'est encore, bien souvent, lorsqu'il décrit les caractères individuels. Il idéalise les êtres « en sens inverse, dans leur laideur ou leur bêtise »; et il montre comment une passion maîtresse, tournant à l'idée fixe, désorganise les fonctions sociales et absorbe les affections naturelles.* Les héros proprement balzaciens sont souvent des monomanes en proie à leur obsession. « Ces gens-là, dit fortement Vautrin, chaussent une idée et n'en démordent pas. Ils n'ont soif que d'une certaine eau puisée à une certaine fontaine et souvent croupie; pour en boire, ils vendraient leurs femmes, leurs enfants; ils vendraient leur âme au diable. » Tel est Balthazar Claës, que son rêve isole de sa famille, confine dans son laboratoire et transforme peu à peu en une loque dérisoire; tel est Goriot, qui, dans l'égarement de son amour paternel, est prêt aux plus honteux marchés pour se procurer la joie misérable de se coucher aux pieds de ses filles et de frotter sa tête contre leurs robes. Ainsi représentés, ces personnages semblent identifiés à leur passion et deviennent des types pleins d'une grandeur monstrueuse, car « l'être le plus stupide arrive sous l'effet de la passion à la plus haute éloquence de l'Idée ».

Les méfaits de la vie sociale. *Balzac, il est vrai, ne montre pas toujours l'homme immobilisé dans sa manie. Il excelle à noter comment un caractère se modèle et généralement se corrompt au contact de la vie sociale.* Si Rastignac, par exemple, symbolise l'ambition d'une jeunesse qui se lance avec une âpreté farouche à la conquête de la fortune, il n'apparaît pas d'emblée sous ce jour cynique et dépasse par sa personnalité le type qu'il représente : il possède, à ses débuts dans la vie, une candeur qui le rend sympathique et « sa jeunesse est encore bleue comme un ciel sans nuages »; ses premières expériences le scandalisent et « sa conscience se dresse lumineuse devant lui »; puis le poison social s'inocule dans ses veines, transforme en passion tyrannique son instinct de domination; la poussée de son ambition devient plus impérieuse que les sursauts de sa conscience; bientôt perce sous ce jeune homme inquiétant un futur condottiere de la politique. Rubempré ressemble à Rastignac et marche d'abord sur ses traces; mais le romancier introduit dans l'analyse de son caractère d'autres nuances, qui expliquent sa destinée différente : l'énergie lui fait défaut, et sa veulerie le perd.

L'isolement de la vertu. *A ces personnages pervers ou dégradés, Balzac en oppose d'autres qui demeurent isolés dans leur vertu.* Près d'Henriette de Mortsauf, écrit-il dans *Le Lys dans la vallée*, « on respirait un parfum du ciel ». Comme elle, Eugénie Grandet, Ursule Mirouët, sont des créatures angéliques, rayonnantes de charité. De même, un César Birotteau, à côté de sa digne épouse, force l'admiration, en dépit de quelques ridicules, et nous apparaît comme le vivant symbole de la probité commerciale. Beaucoup de ces personnages succombent aux injustices de la vie sociale; mais ils répandent autour d'eux une sorte de lumière et attestent aux yeux du romancier la permanence de certaines valeurs morales auxquelles il s'obstine à croire, malgré l'implacable cruauté des peintures qu'il nous a laissées.

C   Le maître des techniques

La Comédie humaine offre une variété qui est à l'image de l'univers conçu par l'écrivain. Mais Balzac ne perd jamais de vue son dessein d'ensemble, ni l'exigence d'unité qu'implique toute œuvre d'art; il met toujours sur pied des œuvres fortement composées, qu'il étoffe grâce aux multiples ressources d'une technique sans défaut.

L'UNITÉ DE COMPOSITION

Balzac a vanté le système du naturaliste Geoffroy-Saint-Hilaire, qui postule, à l'origine de toutes les espèces animales, un principe d'«unité de composition» : « Le Créateur ne s'est servi que d'un seul et même patron pour tous les êtres organisés ». Il affirme qu'à cet égard la Société ressemble à la Nature : elle fait ressortir, entre les individus, des différences spécifiques, dont l'observateur doit saisir la complexité, mais sans perdre de vue l'existence, à l'origine, d'une nature humaine. *Il se propose donc de classer les espèces sociales, avec la rigueur que le naturaliste apporte à classer les espèces animales.* Aussi veut-il présenter son œuvre, non pas comme une collection de récits indépendants, mais comme une somme, et même comme une synthèse. Le retour des personnages d'un roman à l'autre permet cette organisation synthétique; *l'univers balzacien apparaît comme un ensemble ordonné et lié.*

Dans cet ensemble, pourtant, chaque roman possède une autonomie, grâce à l'aménagement interne qui assure sa progression méthodique vers une fin bien déterminée. Balzac compose presque toujours avec simplicité et vigueur. L'histoire du *Médecin de campagne* se déroule presque tout entière en deux journées, où les repas succèdent aux promenades et les anecdotes pittoresques aux considérations idéologiques. L'histoire de *La Femme de trente ans* s'étend au contraire sur une longue durée, découpée en tranches chronologiques. Celle du *Père Goriot* semble plus complexe; mais Goriot, Vautrin et les autres personnages gravitent autour de Rastignac, dont les aventures demeurent au centre du roman; toutes les expériences du jeune homme concourent à fouetter son ambition naissante et le désir qu'il a de réaliser, par tous les moyens, son rêve de gloire.

Schéma du PÈRE GORIOT

LA DIVERSITÉ DES PROCÉDÉS

Balzac, afin de créer une atmosphère, accumule souvent dans la première partie d'un roman les descriptions ou les portraits; puis il lance ses personnages dans l'action, avec une science magistrale de l'effet à produire.

Les descriptions. *Balzac tisse entre l'habitant et son habitat tout un réseau de relations secrètes.* Dans *Le Père Goriot,* par exemple, il peint d'abord le Quartier Latin, oasis de province solitaire et silencieuse à quelques pas d'un Paris fiévreux, puis il décrit l'extérieur de la pension Vauquer, avec sa façade lézardée, son jardinet planté de tilleuls, sa cour, son hangar, franchit enfin le seuil, pénètre au rez-de-chaussée, dans le salon, dans la salle à manger, énumère les pièces du mobilier, visite les étages et monte jusqu'au grenier.

Les portraits. *Avec la même minutie, Balzac peint chaque personnage et consacre des pages entières à leurs particularités physiques ou morales :* les portraits de Gobseck, de Grandet, de Pons, de Vautrin, sont célèbres. Mais les comparses, dessinés généralement avec une précision caricaturale qui accentue les tics et les ridicules, ne sont pas évoqués d'une manière moins saisissante : Mademoiselle Michonneau, la dénonciatrice de Vautrin, « gardait sur ses yeux fatigués un crasseux abat-jour en taffetas vert, cerclé par du fil d'archal... Son regard blanc donnait froid, sa figure rabougrie menaçait. Elle avait la voix clairette d'une cigale criant dans son buisson aux approches de l'hiver ».

Les scènes à effet. *Lorsque le drame est noué, les dialogues, les tableaux pittoresques, les épisodes violents, les coups de théâtre se succèdent et se précipitent.* Avec un inégalable relief, Balzac représente une scène d'orgie, un bal, une arrestation, une dispute, une bataille, un assassinat. Pour entretenir l'intérêt, il veille à ménager des contrastes : dans *La Femme de trente ans,* la scène terrible où Hélène, fascinée par un assassin, déclare à son père et à sa mère qu'elle sera sa compagne suit immédiatement le paisible tableau d'une veillée familiale.

LA LIBERTÉ DU STYLE

Des critiques ont relevé à l'envi, dans l'œuvre immense, des passages embarrassés, des expressions outrées, des images incohérentes. Mieux vaut reconnaître la magnifique liberté d'une langue qui, la plupart du temps, s'adapte spontanément à la puissante coulée de l'inspiration. Parfois jaillissent des formules denses, des « mots » profonds. « La vie est une affaire », dit M. Grandet à sa fille; et l'énergique sobriété de la proposition révèle tout un caractère, à la façon de l'art classique.

OUVRAGES A CONSULTER

BALZAC. *La Comédie humaine,* éd. P. Citron, 7 vol., L'Intégrale, Seuil. *La Comédie humaine,* éd. dirigée par P.-G. Castex, 12 vol., Pléiade. *Correspondance générale,* éd. R. Pierrot, 5 vol., Classiques Garnier. *Lettres à Mme Hanska,* éd. R. Pierrot, 4 vol., éd. du Delta.
PH. BERTAULT. *Balzac,* Hatier. F. MARCEAU. *Balzac et son monde,* Gallimard, 1955. J.-H. DONNARD. *Les réalités économiques et sociales dans la Comédie humaine,* Colin, 1961. B. GUYON. *La Pensée politique et sociale de Balzac,* Colin, nouv. éd., 1968. P. BARBÉRIS. *Balzac et le mal du siècle,* 2 vol., Gallimard, 1970. *Le Monde de Balzac,* Arthaud, 1973. M. BARDÈCHE. *Balzac,* Julliard, 1980. J. GUICHARDET, *Balzac archéologue de Paris,* Sedes, 1986.

Entre ces deux personnages et les autres, Vautrin, l'homme de quarante ans à favoris peints, servait de transition. Il était un de ces gens dont le peuple dit : « Voilà un fameux gaillard. » Il avait les épaules larges, le buste bien développé, les muscles apparents, des mains épaisses, carrées et fortement marquées aux phalanges par des bouquets de poils touffus et d'un roux ardent. Sa figure, rayée par des rides prématurées, offrait des signes de dureté que démentaient ses ⁵ manières souples et liantes. Sa voix de basse-taille, en harmonie avec sa grosse gaieté, ne déplaisait point. Il était obligeant et rieur. Si quelque serrure allait mal, il l'avait bientôt démontée, rafistolée, huilée, limée, remontée, en disant : « Ça me connaît. » Il connaissait tout d'ailleurs, les vaisseaux, la mer, la France, l'étranger, les affaires, les hommes, les événements, les lois, les hôtels et les prisons.

10

BALZAC, Le Père Goriot.

Situation du passage.

Balzac, après avoir décrit la triste et nauséabonde « pension Vauquer », interrompt son récit, selon un procédé familier, pour présenter les acteurs du roman. Il respecte les lois de la perspective sociale et se borne à esquisser les comparses, tandis qu'il étudie minutieusement les personnages principaux. Parmi ceux-ci se détache Vautrin, l'un des piliers de *La Comédie humaine*.

Le texte.

Un fameux gaillard. D'emblée le lecteur apprend que Vautrin a *quarante ans* et qu'il a les *favoris peints*; ce détail singulier pique sa curiosité : Vautrin veut-il paraître plus jeune, ou bien éviter d'être reconnu ? L'effet que produit le personnage par son seul aspect est traduit sous la forme d'une exclamation à dessein vulgaire : « *Voilà un fameux gaillard.* »

Un colosse. L'imagination de Balzac crée l'illusion de la vie; le romancier, comme halluciné, voit ses personnages. Ici, Vautrin prend une sorte d'épaisseur concrète. Il nous apparaît taillé en force; et tous les détails, ordonnés du général au particulier, concourent à donner une impression de vigueur saine et fruste : *Il avait les épaules larges, le buste bien développé, les muscles apparents, des mains épaisses, carrées...* Nous comprenons déjà mieux l'exclamation précédente : *le peuple a une sympathie instinctive, mêlée d'admiration, pour les athlètes éclatants de santé*. Quelques notations, insignifiantes en apparence, achèvent de donner à ce colosse sa physionomie propre, en impliquant un caractère bestial et redoutable : les mains *marquées aux phalanges par des bouquets de poils touffus et d'un roux ardent*.

Un personnage inquiétant. Balzac introduit de nouveaux détails d'ordre physique; en même temps, il oriente le portrait vers l'analyse morale, car il est persuadé que l'étude de la physiologie permet de pénétrer les âmes. Il attache une grande importance aux visages, selon la théorie de Lavater; aussi décrit-il la *figure* de Vautrin, *rayée par des rides prématurées*. Des rides, chez ce joyeux athlète ? Elles ne sauraient s'expliquer, en tout cas, ni par la maladie, ni par la neurasthénie; mais peut-être a-t-il eu des soucis et mené une existence agitée... L'homme est d'ailleurs complexe : sa figure *offrait des signes de dureté que démentaient ses manières souples et liantes*. Ces manières, dès lors, ne mentiraient-elles pas ? Il y a, semble-t-il, de dangereuses finesses chez ce personnage qui semblait taillé tout d'une pièce. Notons l'importance de l'adjectif *liantes*, qui prendra tout son sens dans plusieurs romans de *La Comédie humaine* : cet homme, qui a déclaré la guerre à la société, redoute la solitude morale et cherche toujours un complice ou un protégé, Rastignac, puis, à la fin d'*Illusions perdues*, Rubempré... Aussi révélatrice que la figure est la voix, *une voix de basse-taille*, c'est-à-dire une voix basse et profonde, qui s'accorde avec *sa grosse gaieté*; il y a du commis-voyageur en Vautrin, et nous comprenons mieux la sympathie superficielle qu'inspire ce boute-en-train de table d'hôte à l'organe prenant. Deux adjectifs s'ajoutent encore à ces diverses indications : le premier, *rieur*, confirme cette grosse gaieté qui vient d'être signalée, le second, *obligeant*, va être précisé au cours de la phrase suivante.

Un habile homme qui connaît tout. Jusqu'ici, le personnage était fixé devant nous dans une attitude. Nous allons maintenant entrer plus avant dans son intimité. Les traits, pourtant, demeurent extérieurs : Vautrin est habile à *démonter* et à *rafistoler* les serrures. Pourquoi cet exemple ? est-il seulement destiné à

Honoré de Balzac 161

montrer son obligeance ? le lecteur perspicace est intrigué par la précision inattendue du détail. Puis s'accumulent des adjectifs, *démontée, rafistolée, huilée, limée, remontée,* qui semblent mimer la hâte de l'homme à opérer et qui révèlent son habileté, son expérience ; l'exclamation : « *Ça me connaît !* » paraît grosse de sous-entendus. La dernière phrase, enfin, révèle chez Vautrin une prodigieuse expérience de la vie et des hommes. Il a beaucoup voyagé : *il connaissait... les vaisseaux, la mer, la France, l'étranger...* Il connaît aussi *les affaires, les hommes et les événements* ; il a donc l'esprit pratique et observateur. Est-ce tout ? non ! car le portrait s'achève sur des détails qui rendent le personnage plus troublant encore. Vautrin connaît les *lois,* sans avoir rien, certes, d'un magistrat ; est-il donc un policier ou... un bandit ? Il connaît *les hôtels :* ne serait-il pas un individu qui se cache, qui emprunte des noms ou des déguisements ? Nous pensons aux favoris peints... Enfin un dernier détail oriente plus nettement encore nos soupçons : qui donc, sinon un voleur ou un assassin, connaîtrait aussi bien *les prisons ?*

Conclusion.

Ce portrait est d'une vie et d'une précision saisissantes dans sa sobriété. Il n'est pourtant pas complet en lui-même. Balzac s'est gardé de révéler tout de suite en Vautrin le bandit Trompe-la-Mort, l'ancien forçat en révolte contre la société ; il s'est contenté de glisser dans son évocation quelques détails typiques, qui, progressivement, nous acheminent vers la solution de l'énigme. Il ménage ainsi l'intérêt et il éveille très habilement la curiosité du lecteur. A la vigueur pittoresque, il associe le sens de l'effet et le génie de la conduite dramatique.

SUJETS DE COMPOSITION FRANÇAISE

1 Balzac écrit dans la préface des *Scènes de la vie privée* : « L'auteur croit fermement que les détails seuls constitueront désormais le mérite des ouvrages improprement appelés romans. » Estimez-vous que l'ensemble de l'œuvre balzacienne justifie cette opinion ?

2 Grandet et Harpagon.

3 Émile Zola écrit que l'œuvre de Balzac est une « zoologie humaine ». Que pensez-vous de cette formule ?

4 Commenter ce propos de Baudelaire : « J'ai maintes fois été étonné que la grande gloire de Balzac fût de passer pour un observateur ; il m'avait toujours semblé que son principal mérite était d'être visionnaire, et visionnaire passionné. »

5 André Gide écrit dans son *Journal* à propos de Balzac : « Comment ne point comprendre que ses défauts font aussi bien partie de sa grandeur ; que plus parfait, il ne serait pas aussi gigantesque ? » Vous apprécierez ce jugement.

CHAPITRE X

Stendhal. Portrait par de Dreux (1839).

STENDHAL
ET
MÉRIMÉE

Mérimée a vingt ans de moins que Stendhal. Malgré cette différence d'âge, les deux écrivains ont entretenu d'étroites relations d'amitié, et leurs œuvres sont contemporaines. Ils ont fréquenté les mêmes salons; ils ont eu des curiosités communes; ils ont aimé, l'un et l'autre, les voyages, les beaux-arts, l'aventure. Leurs positions littéraires sont voisines : tous deux ont dénoncé les excès du lyrisme romantique, cultivé les apparences de l'impassibilité et de l'observation objective; tous deux, à ce titre, peuvent être considérés comme des précurseurs de l'esthétique réaliste. Stendhal, cependant, a plus de souffle que Mérimée : il compose des romans d'une extrême richesse psychologique. Mérimée écrit des nouvelles ingénieusement agencées, mais un peu sèches, et se borne à rechercher la perfection dans un genre inférieur. Mérimée obtint un succès immédiat et durable; mais Stendhal, plus lent à s'imposer, apparaît aujourd'hui d'une autre dimension.

1830	Stendhal :	*Le Rouge et le Noir.*
1837	Mérimée :	*La Vénus d'Ille.*
1839	Stendhal :	*La Chartreuse de Parme.*
1840	Mérimée :	*Colomba.*
1845	Mérimée :	*Carmen.*
Posthumes	Stendhal :	*Journal.* — *Vie de Henri Brulard.* — *Souvenirs d'égotisme.*

STENDHAL (1783-1842)

Henri Beyle, dit Stendhal, après une enfance morose, découvre l'Italie et mène une existence aventureuse. Assez tard, il obéit à sa vocation profonde et compose des romans, sans parvenir au succès. La postérité consacrera avec éclat le talent de cet écrivain audacieux et varié, initiateur d'une littérature éprise de clairvoyance psychologique et d'observation réaliste.

DE L'AMOUR	LE ROUGE ET LE NOIR	LA CHARTREUSE DE PARME	JOURNAL	
			VIE DE HENRY BRULARD	SOUVENIRS D'ÉGOTISME
1822	1830	1839		
L'analyse de la passion	Le roman de l'énergie	Le roman de l'aventure	Le roman vécu	

1783 — Découverte de l'Italie **1800** — 1814 — 1821 — Le dandy 1830 — → 1842 - - -

L'étudiant — Le soldat — Le Milanais — Le diplomate

A   La carrière de Stendhal

L'ÉTUDIANT (1783-1800)

Henri Beyle, né à Grenoble, révèle dès son plus jeune âge un tempérament fougueux et révolté. Il déteste son père : par réaction contre lui, il se déclare athée et jacobin. De 1796 à 1799, il suit les cours de l'École Centrale de Grenoble et se prépare à l'École Polytechnique; il se passionne pour le dessin et pour les mathématiques. Il se rend à Paris pour le concours, mais ne se présente pas : il est impatient de vivre; l'aventure l'attire.

LE SOLDAT (1800-1814)

Grâce à la protection de son cousin Pierre Daru, il entre dans l'armée. Sous-lieutenant de dragons en Italie, il est émerveillé par le pays, en particulier par Milan, où il trouve « les premiers plaisirs », mais écœuré par la monotonie de la vie militaire. En 1802, il démissionne et, soutenu par l'espoir de conquérir la gloire, se retire à Paris dans une mansarde; puis, il suit une jeune actrice à Marseille. En 1806, il se résigne à reprendre du service dans l'intendance; il passe plusieurs années en Allemagne, en Autriche, et accompagne la Grande Armée en Russie. Il demeure sous les drapeaux jusqu'à la chute de l'empereur. *Pendant toute cette période, il est déjà préoccupé de littérature.* Les idéologues, dont il a lu les écrits avec délices, ont éveillé en lui le sens des analyses rigoureuses. Dès 1801, dans le dessein de se mieux connaître, il a entrepris de tenir un *Journal* avec une sincérité totale. En outre, il voudrait écrire « des comédies comme Molière »; mais il montre peu de dispositions pour l'art dramatique.

LE MILANAIS (1814-1821)

Au retour des Bourbons, Henri Beyle renonce à tout métier pour se consacrer à la littérature et se fixe à Milan, qui devient sa patrie d'élection. Il partage son temps entre la vie mondaine et le travail. Il s'oriente d'abord vers des études de critique et d'esthétique : il écrit en 1815, sous le pseudonyme de Louis-Alexandre-César Bombet, les *Vies de Haydn, Mozart et Métastase*, puis, en 1817, une *Histoire de la peinture en Italie*; mais ces essais contiennent de nombreux et indiscrets emprunts à des auteurs italiens. *Rome, Naples et Florence*, publié la même année sous le nom de Stendhal, est un recueil plus personnel de notations psychologiques sur la société italienne; la spontanéité du ton s'y allie à la finesse du goût.

LE DANDY PARISIEN (1821-1830)

En 1821, Stendhal, inquiété par la police autrichienne, regagne Paris. Les plaisirs de la capitale française succèdent à ceux de Milan. L'écrivain joue au dandy et fait briller son esprit dans de nombreux salons, notamment ceux de Destutt de Tracy, de Delécluse, de Mme Ancelot et de l'actrice Mme Pasta. Il publie en 1822 une monographie psychologique, *De l'Amour*; puis son *Racine et Shakespeare* (1823-1825), où il prend position pour l'école nouvelle; il rédige une *Vie de Rossini*; en 1827, enfin, il tente un premier essai dans le genre du roman et publie *Armance*, qui passe inaperçu. Comme il demeure pauvre, il sollicite, mais en vain, une place d'auxiliaire à la Bibliothèque royale. Il traverse alors une grave crise morale.

De l'Amour.

L'ouvrage se présente comme « une description détaillée et minutieuse de tous les sentiments qui composent la passion nommée *amour* ».
Le livre premier est une monographie descriptive de l'amour. Après avoir distingué quatre espèces fondamentales d'amour, l'auteur étudie les étapes du sentiment : admiration, désir, espérance, naissance de l'amour, première cristallisation, doute, seconde cristallisation. Stendhal entend par cristallisation le lent travail de l'esprit qui, modelant la réalité sur ses désirs, couvre de perfections l'objet aimé : ainsi, lorsqu'on jette un rameau d'arbre dans les mines de sels de Salzbourg et qu'on l'en retire deux ou trois mois plus tard, les plus petites branches sont couvertes d'une infinité de cristallisations brillantes. A la cristallisation s'oppose le coup de foudre, choc inattendu, qui fait atteindre tout d'un coup le sommet de l'amour.
Le livre second est intitulé : « Des nations par rapport à l'amour ». Selon Stendhal, les variétés de tempéraments, le régime politique, l'état des mœurs, les différences d'âge et les particularités individuelles compliquent et nuancent les espèces fondamentales d'amour. Suivent des chapitres sur les caractères de l'amour dans les différents pays, sur l'éducation des femmes et sur le mariage.

Racine et Shakespeare.

L'ouvrage paraît pour la première fois en 1823 : c'est une mince brochure de 55 pages, qui s'enrichit en 1825 de développements complémentaires.
Le « Racine et Shakespeare » de 1823 se compose de trois chapitres. Le premier traite de la tragédie : Stendhal s'efforce de montrer que le public contemporain s'accommode mieux des formules shakespeariennes que des formules raciniennes. Le second traite du rire : Stendhal affirme que les comédies de Molière, étant écrites pour une société disparue, sont démodées; il dénonce leur conformisme et cherche à définir le véritable comique. Le troisième traite du romantisme en général, que Stendhal identifie au goût moderne : « Le *romantisme* est l'art de présenter aux peuples les œuvres littéraires qui, dans l'état actuel de leurs habitudes et de leurs croyances, sont susceptibles de leur donner le plus de plaisir possible. »
Le « Racine et Shakespeare » de 1825 comporte, outre les trois chapitres déjà publiés, une suite de lettres adressées par un romantique à un classique. Stendhal attaque avec violence les corps constitués, en particulier l'Académie française. Il définit les genres dramatiques appelés, selon lui, au succès dans un avenir prochain : la tragédie historique et la comédie réaliste en prose.

LE DIPLOMATE (1830-1842)

Après l'avènement de Louis-Philippe, Stendhal obtient un poste de consul à Trieste. Quelques mois auparavant, il avait donné à imprimer le manuscrit d'un roman, *Le Rouge et le Noir, chronique du XIXe siècle*, qui, publié en novembre 1830, déconcerte, mais excite les curiosités. A Trieste, il se rend suspect de carbonarisme ; on l'envoie bientôt à Civita Vecchia, dans les États pontificaux. En 1834, il entreprend *Lucien Leuwen*, roman autobiographique et satire aiguë des mœurs françaises sous la monarchie de Juillet ; mais l'œuvre restera inachevée.

En 1836, il obtient un congé, et renoue avec la vie parisienne ; puis il part « sur les chemins de la France » et rapporte de ses excursions les *Mémoires d'un touriste* (1838). A Paris, il improvise avec ardeur *La Chartreuse de Parme*, qui lui vaut un article élogieux de Balzac ; il publie des « récits d'aventures tragiques », *Vittoria Accoramboni, Les Cenci, L'Abbesse de Castro, La Duchesse de Palliano*, qui porteront plus tard le titre de *Chroniques italiennes*.

Mais il doit rejoindre son poste : à l'ennui de la solitude s'ajoutent des attaques de goutte. Pour échapper à la souffrance, il met en chantier des œuvres nouvelles, notamment un dernier roman, *Lamiel*. En 1841, il obtient un nouveau congé et revient à Paris ; mais il meurt l'année suivante, frappé d'apoplexie. Après sa mort paraîtront *Lucien Leuwen, Lamiel*, le *Journal* et deux autres récits autobiographiques rédigés en Italie, la *Vie de Henri Brulard*, où il évoque fragmentairement son adolescence, et les *Souvenirs d'égotisme*, où il retrace son existence de 1821 à 1830.

Le Rouge et le Noir.

Vers 1826, à Verrières, en Franche-Comté, le maire, M. de Rênal, a choisi pour précepteur de ses enfants Julien Sorel, fils d'un scieur de bois, un jeune plébéien d'apparence timide, mais dévoré d'ambition. Puisque la carrière des armes (le Rouge) semble désormais fermée, il rêve de réussir dans la carrière ecclésiastique (le Noir). Julien Sorel parvient à se faire aimer de la tendre Mme de Rênal.

Éloigné par M. de Rênal, il entre au séminaire ; il gagne assez vite la confiance du Supérieur, l'abbé Pirard, qui obtient pour lui une place de secrétaire chez un ultra, le marquis de La Mole. Julien se rend indispensable au marquis et il éveille la curiosité exaltée de sa fille, la romanesque Mathilde. Il la séduit, arrache aux parents un nom, un grade et une promesse de mariage ; son triomphe semble assuré.

Mais Mme de Rênal, toujours amoureuse et dévorée par la jalousie, dénonce Julien au marquis comme un intrigant. Julien cède à un impérieux besoin de vengeance : il retourne à Verrières et la blesse d'un coup de pistolet. Il est arrêté, condamné et meurt sans faiblir sur l'échafaud. Mathilde de La Mole ensevelit sa tête avec solennité dans une grotte du Jura. Mme de Rênal meurt silencieusement en embrassant ses enfants.

La Chartreuse de Parme.

Fabrice del Dongo, jeune homme ardent et romanesque, grandit près de Milan, au château de Grianta, et rêve d'une vie partagée entre la gloire et l'amour. Ébloui par le prestige de Napoléon, il rejoint l'armée impériale et assiste à la bataille de Waterloo. Après bien des péripéties, il regagne Milan ; mais il est soupçonné de libéralisme et traqué par le prince de Parme.

Fabrice est sauvé par sa tante, la belle duchesse de Sanseverina, qui éprouve une vive passion pour lui. Elle use de son influence sur le comte Mosca, premier ministre du prince de Parme, et obtient de lui la promesse de pousser le jeune homme vers les dignités ecclésiastiques. Mais les ennemis de Mosca cherchent à l'atteindre en frappant son protégé. Fabrice, attiré dans un piège, est arrêté et emprisonné à la tour Farnèse.

Par la fenêtre de la prison, Fabrice aperçoit la fille du gouverneur de la tour, Clélia Conti, et en devient amoureux. La Sanseverina favorise son évasion et fait empoisonner le prince de Parme, dont elle séduit le successeur. Sous le nouveau règne, Fabrice devient un prédicateur en vogue, retrouve Clélia et touche au bonheur ; mais un fils, né de leur union, meurt ; et Clélia ne lui survit pas. Fabrice renonce au monde et se retire à la Chartreuse de Parme.

« Madame de Rênal... aperçut près de la porte d'entrée la figure d'un jeune paysan presque encore enfant, extrêmement pâle et qui venait de pleurer. Il était en chemise, et avait sous le bras une veste fort propre de ratine violette. » (I, 6).
Julien Sorel, en présence de Mathilde, serre la main de son avocat, qui est venu le voir dans sa prison :
« Je vous remercie, vous êtes un brave homme. » (II, 43).
Deux scènes de « Le Rouge et le Noir ». Gravures de Dubouchet pour l'édition de 1884.

B   L'originalité de Stendhal

LE TEMPÉRAMENT

La personnalité de Stendhal apparaît en pleine lumière dans ses trois ouvrages autobiographiques : le *Journal*, la *Vie de Henry Brulard*, les *Souvenirs d'égotisme*.

Le passionné. « *Je sais que je suis très passionné* », *déclare Stendhal*. Il avoue même dans la *Vie de Henry Brulard* : « La nature m'a donné les nerfs délicats et la peau sensible d'une femme. » L'inflexion d'un mot, l'esquisse d'un geste, suffisent à le mettre au comble du bonheur ou du désespoir : à la mort de sa mère, on fut obligé de l'emmener, parce que « sa douleur faisait trop de bruit ». *Son âme sensible rêve sans cesse des* « *plus nobles passions* » : il voudrait avoir un ami, mais un ami, écrit-il, « qui fût tout pour moi, comme moi tout pour lui », et professe que « le sublime de l'amitié est moins à mourir pour son ami dans une occasion éclatante qu'à se sacrifier journellement et obscurément pour lui ». Deux passions surtout, l'amour et la gloire, se partagent son cœur. Toute sa vie, Stendhal a bâti « des châteaux en Espagne de bonheur par l'amour » : il ose croire qu'étant aux pieds de la femme aimée, il pourra lui montrer son amour « d'une manière digne d'elle et de lui, en traits d'une beauté immortelle ». Mais il lui arrive aussi de penser qu'aucune volupté n'est égale à celles de l'action et de la domination. *Cette sensibilité s'épanche aussi dans les arts* : Stendhal aime « passionnément la musique de Cimarosa et de Mozart »; il vibre devant de belles toiles ou de belles statues; il se sent poète pour avoir éprouvé un nombre infini d'émotions douces ou intenses; il est habité par le démon du théâtre, fréquente assidûment la Scala de Milan ou la Comédie-Française, se figure que tous les sujets seraient bons, traités de ses mains, ébauche les canevas d'une quantité de pièces et prend même des leçons de diction avec le comédien Dugazon, qui apprécie chez lui « la chaleur de l'âme ».

L'analyste. *Stendhal, cependant, ne se laisse pas toujours aller à la passion.* Il s'est aperçu « qu'un cœur trop passionné ne sent pas bien des choses : le comique, le naïf, les fines sensations du style »; et il en vient à affirmer : « Trop de sensibilité empêche de juger. » « Or presque tous les malheurs de la vie viennent des idées fausses que nous avons sur ce qui nous arrive ». Il convient donc de connaître à fond les choses et d'apprécier sainement les événements. Cabanis, Destutt de Tracy, l'ont aidé à « dérousseauiser son jugement ». Dès lors, il a vu « l'homme dans l'homme et non plus dans les livres »; il a éprouvé le besoin de tenir un fidèle registre de lui-même en « s'expliquant, se commentant, s'analysant, s'épiloguant »; il a cherché à être « davantage perception et moins sensation ». *A force de s'analyser et d'observer ses semblables, il a comprimé la bonté et la franchise de son cœur* : sous prétexte que l'injustice sociale et la bêtise humaine rendent l'hypocrisie nécessaire, il s'est habitué à calculer ses attitudes, à jouer « la grande froideur » ou au contraire à « faire l'amoureux »; d'une manière générale, à cacher ses sentiments « sous (son) manteau de housard ».

LE TÉMOIGNAGE HISTORIQUE

Stendhal a peint dans ses romans la société et les mœurs politiques de son temps. *Le Rouge et le Noir* est une « chronique » de la vie française sous Charles X ; *Lucien Leuwen* se déroule en grande partie dans les milieux gouvernementaux sous la monarchie de Juillet ; *La Chartreuse de Parme* a pour cadre l'Italie.

La France sous Charles X. *Dans* Le Rouge et le Noir, *Stendhal prend pour devise ces mots de Danton : « La vérité, l'âpre vérité. » Sa peinture est en effet cruelle et passionnée. Il déteste le régime légitimiste*, qui ne lui a valu que déceptions ou avanies ; il en dénonce l'hypocrisie et les tares avec une satisfaction amère. Il montre, en province, le triomphe insolent du parti ultra : M. de Rênal est un personnage médiocre, qui doit son crédit à sa fortune ; encore a-t-il à redouter les menées d'un odieux intrigant, M. Valenod, qui est une créature de la toute-puissante Congrégation. Il décrit, à Paris, le salon aristocratique de M. de La Mole, que fréquentent tant de personnages haïssables ou nuls. Dans cette société de privilégiés ou de parvenus, Julien Sorel dissimule ses sentiments et cherche à s'imposer par son intelligence ; mais, finalement vaincu, il jette le masque, et, s'adressant à ses juges, exhale sa haine pour un ordre injuste : « Messieurs, je n'ai pas l'honneur d'appartenir à votre classe ; vous voyez en moi un paysan qui s'est révolté contre la bassesse de sa fortune. »

La France sous la monarchie de Juillet. *Dans* Lucien Leuwen, *Stendhal attaque avec la même âpreté, nuancée d'ironie, le régime décevant qui s'est installé en France après la Révolution de 1830.* Partout, l'argent triomphe. Le pouvoir central achète les consciences et dicte des mots d'ordre aux journaux. Les vrais dirigeants du pays sont les banquiers : « Un ministère ne peut pas défaire la Bourse et la Bourse peut défaire un ministère », observe M. Leuwen. Les ministres sont de simples instruments entre les mains de la bourgeoisie financière ; le comte de Vaize, ministre de l'Intérieur, s'humilie devant Lucien afin de se ménager les bonnes dispositions de son père : « Dans sa joie comme dans son anxiété, il a des gestes de laquais ». Lucien fraie avec les puissants du jour ; mais il les méprise profondément.

L'Italie. *Dans* La Chartreuse de Parme *enfin, Stendhal peint la patrie de son cœur, l'Italie*. Certes, ce pays au passé glorieux n'a pas conservé tout son prestige d'autrefois ; mais la conquête napoléonienne y a éveillé un désir violent de liberté et une noble contagion d'héroïsme : aussi est-il possible d'y trouver encore « des âmes ». Stendhal évoque avec une sorte d'allégresse les épisodes de l'occupation française, qui lui rappellent les plus chers souvenirs de sa jeunesse. Puis il décrit les intrigues d'une petite cour italienne ; mais la satire est moins virulente que dans les romans précédents et prend parfois des aspects bouffons. Quant à Fabrice, il a le caractère d'un vrai grand seigneur ; tout entier à la pensée de son bonheur personnel, il s'élève au-dessus de toute haine et même de tout mépris : cette superbe indifférence, cet anarchisme aristocratique, apparaissent à Stendhal, face aux contingences sociales, comme l'expression d'une suprême sagesse.

L'ART DE VIVRE

Stendhal a érigé en système quelques « idées générales » auxquelles son nom demeure attaché : le mot « beylisme » définit aujourd'hui une certaine attitude devant la vie.

Le culte du moi. *Stendhal élève son individualisme au niveau d'une doctrine :* « *l'égotisme* », *le culte systématique du moi.* La vie est un champ, dont il convient d'exploiter au maximum les richesses. Il y a « un art d'aller à la chasse au bonheur » qui consiste à affiner son intelligence, sa sensibilité, et surtout à rechercher avidement les sensations inédites, les passions enivrantes. *Si Stendhal a fait de l'Italie sa patrie d'élection, c'est qu'elle représente à ses yeux un pays où la chasse au bonheur est particulièrement exaltante.*

Le culte de l'énergie. *L'Italie est aussi la terre bénie de l'énergie, de la «virtù», qui donne à la vie son sens et à l'homme son prix.* Le héros stendhalien est un fort, dont la volonté impérieuse prétend plier le monde à sa loi : Julien Sorel refoule sa sensibilité un peu folle afin de se tendre vers un seul but, « arriver », conquérir la fortune et le pouvoir ; Mathilde de La Mole aime « l'immensité de la difficulté à vaincre et la noire incertitude de l'événement ». Préjugés mondains, conventions morales, lois civiles, impératifs religieux, plus rien ne compte; l'énergie est à elle-même sa fin ; tant pis si elle blesse, et même si elle échoue.

LE GOÛT LITTÉRAIRE

Stendhal s'est rapidement détaché de l'école romantique. Il en a subi l'influence; mais il adopte une manière originale, qui fait de lui un précurseur du réalisme.

Le romantique. *Comme les écrivains romantiques, Stendhal tire une riche matière de sa propre existence.* En Julien Sorel, en Fabrice, il se peint avec son tempérament à la fois lucide et passionné, ses rêves, sa nostalgie d'une vie ardente, ses ambitions et ses regrets; Lucien Leuwen, original et distant comme lui, suit la même carrière, tour à tour officier, homme du monde et diplomate. A ses héroïnes, la mélancolique Mme de Rênal, l'impérieuse Mathilde, la brillante Sanseverina et « l'amazone » Lamiel, il prête les traits des femmes que cet éternel amoureux a aimées ou aurait voulu aimer.

Le réaliste. *Stendhal, cependant, reproche à ses contemporains leur complaisance au pittoresque conventionnel ou à la prédication éloquente, bref leur « charlatanisme » littéraire. Selon lui, « la seule règle est d'être vrai ».* Pour bâtir ses romans, il s'appuie, de préférence, sur des faits authentiques : le sujet du *Rouge* est emprunté au compte-rendu d'une cause criminelle, celui de *La Chartreuse* à une chronique italienne de la Renaissance. Il analyse le mécanisme des sentiments et les mobiles profonds des âmes avec une froideur scientifique. Il admire la sobriété du Code Civil et veut se borner « à noter les sons de (son) âme par des paroles imprimées ». Pour y parvenir, il s'habitue, soit à dicter, soit à écrire « à course de plume », sans rien changer au premier jet.

II

MÉRIMÉE (1803-1870)

Mérimée révéla de bonne heure la virtuosité de son talent et s'imposa définitivement lorsqu'il eut découvert les ressources d'un genre à sa mesure : la nouvelle.

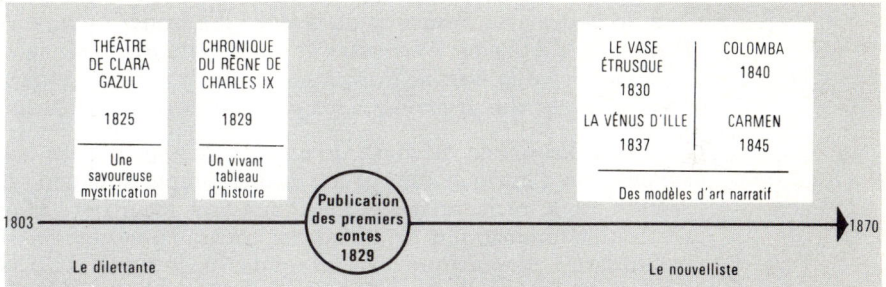

THÉÂTRE DE CLARA GAZUL 1825	CHRONIQUE DU RÈGNE DE CHARLES IX 1829		LE VASE ÉTRUSQUE 1830	COLOMBA 1840
Une savoureuse mystification	Un vivant tableau d'histoire		LA VÉNUS D'ILLE 1837	CARMEN 1845
			Des modèles d'art narratif	

1803 ———————— Publication des premiers contes 1829 ——————————► 1870

Le dilettante   Le nouvelliste

A La carrière de Mérimée

LE DILETTANTE (1803-1829)

Prosper Mérimée, pur Parisien, appartient à une famille bourgeoise et artiste de tendances voltairiennes. Aussitôt ses études achevées, il fréquente les salons, où il fait briller sa culture et son esprit; il se lie d'amitié avec Stendhal. Au début de sa vie littéraire, il cherche sa voie; *mais déjà il s'impose à l'attention de ses contemporains, d'abord en les mystifiant, puis en flattant leur goût de l'histoire.*

Les mystifications. En 1825, Mérimée publie, sous le titre *Théâtre de Clara Gazul*, un ensemble de pièces qu'il attribue à une comédienne espagnole. Quelques-unes de ces pièces sont de simples pochades; d'autres, beaucoup plus élaborées, comme *Les Espagnols en Danemark*, drame historique, ont pu être portées à la scène avec succès. A ce théâtre pseudo-espagnol succèdent en 1827, sous le titre *La Guzla* (anagramme de Gazul), des ballades pseudo-illyriennes, présentées à grand renfort de notes, qui égarèrent plus d'un érudit.

Les tableaux d'histoire. Après ces débuts brillants et un peu scandaleux, Mérimée cultive plus sérieusement le pittoresque à la mode. Il fait revivre le Moyen Age dans les scènes dramatiques de *La Jaquerie* et de *La Famille de Carvajal;* puis il compose un roman historique mouvementé et coloré, la *Chronique du règne de Charles IX* (1829).

Chronique du règne de Charles IX.

Au cours de tumultueuses réjouissances, le calviniste Bernard de Mergy s'est fait dire la bonne aventure; il a appris qu'il se laisserait charmer par des « yeux bleus » et qu'il verserait « son propre sang ». A Paris, il est entraîné dans une vie de plaisirs par son frère Georges, passé au parti catholique, et il conquiert la faveur royale; il tombe amoureux de la comtesse Diane de Turgis, se bat pour elle, et va peut-être se convertir pour ses « yeux bleus ». Mais la Saint-Barthélemy éclate : Bernard retrouve l'ardeur de ses convictions calvinistes; sauvé du massacre par Diane, il gagne la Rochelle et, dans les hasards d'une escarmouche, tue Georges, « son propre sang ».

LE NOUVELLISTE (1829-1870)

En 1829, Mérimée publie dans la *Revue de Paris* plusieurs écrits en prose qui sont accueillis avec beaucoup de faveur : il a trouvé sa vraie vocation d'écrivain. *Désormais, s'il se plaît à composer des ouvrages variés, qui touchent à l'archéologie, à l'histoire ou à la critique littéraire, il donne le meilleur de ses soins au genre de la « nouvelle », qu'il veut amener à son plus haut degré de perfection.*

La nouvelle brève. *Mérimée débute dans le genre par des œuvres d'une brièveté extrême*, où l'intrigue est réduite à une simple situation. *L'Enlèvement de la redoute* est le récit intense et nu d'un assaut meurtrier ; *Mateo Falcone* est une illustration dramatique de l'honneur corse ; *Vision de Charles XI* décrit une hallucination prophétique dont un roi de Suède aurait été la victime. La matière est un peu plus ample dans *Tamango*, où Mérimée raconte une révolte d'esclave, dans *Federigo*, où il rapporte une prétendue légende napolitaine, dans *La Partie de trictrac* et dans *Le Vase étrusque*, où il aborde, sobrement, l'analyse psychologique. Elles ont été réunies en recueil, avec des ballades et des impressions d'Espagne, sous le titre *Mosaïque* (1833).

L'élargissement du genre. *En 1834, Mérimée est nommé inspecteur des monuments historiques*. Au cours de ses voyages, son expérience s'enrichit. Il visite non seulement les provinces françaises, mais la Corse, l'Italie, la Grèce, l'Asie Mineure et aussi l'Espagne, qu'il connaît déjà. *Les nouvelles de sa maturité*, Les Ames du purgatoire (*1834*), La Vénus d'Ille (*1836*), Arsène Guillot (*1846*) *sont plus étoffées ; deux d'entre elles*, Colomba (*1840*) *et* Carmen (*1845*), *peuvent même être considérées comme de brefs romans.*

La Vénus d'Ille. Un archéologue catalan a découvert une Vénus en bronze. Son fils est sur le point de se marier ; le matin de la cérémonie, il engage une partie de paume contre les Espagnols et, pour ne pas être gêné en jouant, passe au doigt de la statue la bague qu'il destine à sa future femme. Le soir, bouleversé, il révèle qu'il n'a pu reprendre l'anneau et que la Vénus a serré le doigt pour le garder comme un gage de fiançailles. Le lendemain matin, on le trouve raide mort dans son lit ; et sa jeune femme prétend que la Vénus est venue l'étouffer. Un Aragonais, arrêté, est bientôt relâché faute de preuves ; et le juge d'instruction ne peut éclaircir le mystère.

Colomba. Un jeune lieutenant en demi-solde, Orso, fait connaissance, en regagnant la Corse, sa patrie, du colonel Nevil et de sa fille Lydia, dont il s'éprend. A son arrivée dans l'île, sa sœur Colomba trouble son beau rêve en l'appelant à une vendetta contre les Barricini, meurtriers de leur père. Orso, blessé par les deux frères Barricini, riposte et les abat d'un coup double, puis gagne le maquis ; Colomba et Lydia le rejoignent ; mais la petite troupe est capturée. Orso est considéré comme ayant agi en état de légitime défense et célèbre ses fiançailles avec Lydia, tandis que Colomba, implacable, savoure son triomphe en présence du vieux Barricini mourant.

Les dernières œuvres. *Vers 1848, Mérimée se passionne pour la littérature russe ;* il trouve dans les œuvres de Pouchkine, de Gogol ou de Tourguenieff une justification de son goût pour un pittoresque vigoureux ou pour un pathétique intense. Ses relations personnelles avec Eugénie de Montijo lui valent, sous le Second Empire, d'être reçu aux Tuileries. *Nommé sénateur, il devient un familier de la Cour.* Il compose ses dernières nouvelles, entre autres *Lokis*, dont le héros, un comte lithuanien, participe à la fois de l'homme et de l'ours, et *Djoumane*, où se trouvent retracés, dans un décor africain, les épisodes d'un rêve troublant.

Danse espagnole.
Dessin de Gustave Doré.
« J'entendais les castagnettes, les rires et les bravos. » (Carmen, III).

Pose de banderilles.
Dessin de Gustave Doré.
Mérimée, en Espagne, a assisté à des corridas;
il a applaudi aux exploits du célèbre Sevilla, qu'il compare à un « héros d'Homère ».
(Lettre au directeur de la « Revue de Paris » sur les combats de taureaux, 1830.)

B Le talent de Mérimée

LES CURIOSITÉS ROMANTIQUES

Mérimée a subi l'influence des modes et des goûts romantiques. Il cultive l'élégance du dandy. Il possède la passion des voyages et il élargit sans cesse les limites de son horizon ; il aime l'histoire, recherche l'exotisme et la couleur locale : vers 1830, il se taille un domaine littéraire en Espagne, comme Stendhal en Italie ; vingt ans plus tard, il révèle à ses compatriotes la littérature et la civilisation russes. Il déteste la réalité commune : dans ses nouvelles, il tâche constamment de rompre avec la monotonie de la vie quotidienne ; il scandalise le bourgeois en décrivant des sensations intenses, des passions primitives et fatales ; il il accorde une place importante à des épisodes fantastiques.

LES TENDANCES RÉALISTES

Au goût de l'étrange et du pittoresque, Mérimée joint le souci de l'information précise et du détail vrai. Lecteur impénitent, enquêteur inlassable, partout où il passe, il se renseigne sur les mœurs, sur les croyances, sur les œuvres ; il interroge ses guides, hante les musées et les bibliothèques, parcourt les campagnes et se livre ainsi à une prospection méthodique, qui se concilie avec son amour des plaisirs et laisse intacte sa liberté d'esprit : en Espagne, il s'informe des super-stitions valenciennes, s'entretient avec des cigarières et des toréadors, côtoie avec ravissement un bandit de grand chemin. Il conte souvent à la première personne, tout en conservant un ton calme et détaché ; de la sorte, il donne à son récit un air d'authenticité et d'objectivité.

L'INTELLIGENCE CLASSIQUE

Mérimée contrôle sévèrement ses diverses tendances et cherche avant tout à produire un effet d'art. Avec rigueur, il fixe l'esthétique de la nouvelle, qui doit être, selon lui, une œuvre logiquement organisée dans sa brièveté même pour éveiller chez le lecteur une émotion forte et intense. Il pense que les qualités principales du conteur ou du nouvelliste sont la rapidité, la concision et le relief. Quand il écrit, sa raison lucide choisit et retient les détails utiles à son dessein d'ensemble : ses descriptions, sobres et suggestives, sont étroitement liées à l'action ; ses personnages sont présentés en quelques traits et se peignent essentiellement par leurs actes ; son style vaut avant tout par la simplicité et la clarté. Cette technique impeccable a ses limites : l'œuvre est un peu figée dans sa perfection, un peu sèche dans sa sobriété ; elle séduit surtout l'intelligence.

OUVRAGES A CONSULTER

STENDHAL. *Romans*, éd. S. de Sacy, 2 vol., L'Intégrale, Seuil. *Correspondance*, éd. Martineau et Del Litto, 3 vol., Pléiade. *Le Rouge et le Noir*, éd. P.-G. Castex, *La Chartreuse de Parme*, éd. A. Adam, Cl. Garnier, 1973. MÉRIMÉE. *Théâtre, Romans et Nouvelles*, éd. J. Mallion et P. Salomon, Pléiade, Gallimard, 1938. *Correspondance générale*, éd. M. Parturier, 18 vol., Privat. H. MARTINEAU. *Le Cœur de Stendhal*, 2 vol., A. Michel, 1952-1953. G. BLIN. *Stendhal et les problèmes du roman*, José Corti, 1958. V. DEL LITTO. *La Vie intellectuelle de Stendhal*, P.U.F., 1959. M. BAR-DÈCHE. *Stendhal romancier*, nouv. éd., La Table Ronde, 1969. M. CROUZET, *Stendhal et le langage*, Gallimard, 1981. A. W. RAITT. *Prosper Mérimée* (en anglais), Charles Scribner's Sons, New York, 1970.

PORTRAIT D'AUGUSTE SAINT-CLAIR

Il était né avec un cœur tendre et aimant; mais, à un âge où l'on prend trop facilement des impressions qui durent toute la vie, sa sensibilité trop expansive lui avait attiré les railleries de ses camarades. Il était fier, ambitieux; il tenait à l'opinion comme y tiennent les enfants. Dès lors, il se fit une étude de supprimer tous les dehors de ce qu'il regardait comme une faiblesse déshonorante. Il atteignit son but, mais sa victoire lui coûta cher. Il put cacher aux autres les émotions de son âme trop tendre; mais en les renfermant en lui-même, il se les rendit cent fois plus cruelles. Dans le monde, il obtint la triste réputation d'insensible et d'insouciant; et dans la solitude, son imagination inquiète lui créait des tourments d'autant plus affreux qu'il n'aurait voulu en confier le secret à personne. 5

MÉRIMÉE, *Le Vase étrusque.*

Introduction.

Dans *Le Vase étrusque*, nouvelle psychologique, Mérimée analyse un cas de jalousie rétrospective. Avant de lancer dans l'action son personnage principal, Auguste Saint-Clair, il le présente au lecteur.

Le texte.

Une sensibilité refoulée (lignes 1 à 5). D'ordinaire, Mérimée peint ses personnages en mouvement, par leurs paroles et par leurs actes; s'il déroge ici à cette règle, c'est peut-être parce que Saint-Clair est son sosie moral : l'écrivain songe à son propre passé et il explique la transformation de son caractère. Dès le début, la tristesse contenue du ton nous suggère que nous sommes en présence d'une confidence indirecte : *Il était né avec un cœur tendre et aimant; mais, à un âge où l'on prend trop facilement des impressions qui durent toute la vie, sa sensibilité trop expansive lui avait attiré les railleries de ses camarades.* La phrase suit la ligne la plus simple; aucune recherche de rythme; un vocabulaire en apparence banal; tout l'intérêt consiste en une notation dont la justesse est confirmée par ce que nous pouvons connaître du jeune Mérimée : son père était un homme grave et froid; sa mère,

révèle Sainte-Beuve, lui éclata de rire au nez parce qu'à la suite d'une réprimande il lui avait demandé pardon à genoux sur un ton pathétique. L'écrivain s'abstient de faire allusion aux moqueries d'une mère, mais il évoque *les railleries de ses camarades*; et peut-être songe-t-il à ses cousins Fresnel, ses condisciples du lycée Napoléon, qui le taquinaient volontiers.

Les railleries offrent peu de prise sur un enfant dépourvu d'amour-propre; tel n'est pas le cas de Saint-Clair, ni de son modèle : *Il était fier, ambitieux; il tenait à l'opinion...* Ce dernier trait est révélateur, il est bien exact que Mérimée tenait à l'opinion et qu'il déroba sa vraie personnalité en se montrant, aux yeux de ses contemporains, sarcastique et dédaigneux. Il est plus discutable de prétendre que tous *les enfants y tiennent;* mais l'observation, sous sa forme générale, se présente comme une excuse : pourquoi reprocher à un enfant un préjugé qu'il partage avec ceux de son âge? Dans la phrase suivante, on note le passage de l'imparfait, qui évoquait les tendances profondes du personnage, au passé simple, qui décrit les conquêtes de sa volonté; et le tour un peu recherché *il se fit une étude de*, peint avec précision l'effort et l'application méthodique d'un homme qui refoule les élans

de son cœur. Le passage est sans articulations logiques, selon un procédé familier à l'écrivain; mais l'esprit du lecteur y supplée et peut même aisément résumer ces quelques lignes en une sorte de syllogisme : la sensibilité de Saint-Clair lui attira les railleries de ses camarades; or il tenait à l'opinion; donc il s'appliqua à refréner cette sensibilité.

Une sensibilité meurtrie (lignes 5 à 9). Quel fut le résultat de cet effort? Saint-Clair *atteignit son but, mais sa victoire lui coûta cher.* Présentée d'abord sous cette forme simple et vigoureuse, l'idée est ensuite précisée : *Il put cacher aux autres les émotions de son âme trop tendre* développe *Il atteignit son but;* on pense au jugement que Tourguenieff porta sur Mérimée : « La sensibilité était le vrai fond de son caractère, mais il vivait masqué »; et à la devise que l'auteur du *Vase étrusque* avait fait graver en grec sur son cachet : « Souviens-toi de te méfier. » Quant à la fin de la phrase, *mais en les renfermant en lui-même, il se les rendit cent fois plus cruelles,* elle développe *sa victoire lui coûta cher.* La contrainte que s'imposa Saint-Clair eut en effet deux conséquences fâcheuses, et vis-à-vis de son entourage, *dans le monde,* et vis-à-vis de lui-même, *dans la solitude. Dans le monde, il obtint la* triste réputation d'insensible et d'insouciant : le verbe *obtint*, appliqué d'ordinaire à quelque résultat heureux, récompense, faveur ou distinction, se charge ici d'une ironie discrète, mais amère; la réputation de Mérimée était, nous le savons, bien établie; son orgueil, son cynisme, son goût de la mystification, le faisaient souvent passer, non seulement pour un insensible et un insouciant, mais pour un fat assez haïssable; il en souffrit certainement, car, comme écrivait Taine à son sujet, « par crainte d'être dupe..., il a été dupe de sa défiance. » Mais les plus cruelles souffrances, il les éprouvait, lui aussi, *dans la solitude*; Mérimée, qui s'est complu à peindre des âmes tourmentées par la violence des passions, se représente lui-même, à travers Saint-Clair, comme un obsédé : *son imagination inquiète lui créait des tourments d'autant plus affreux qu'il*

n'aurait voulu en confier le secret à personne. Cette dernière indication est capitale pour la suite du récit : la tendance à l'obsession, chez Saint-Clair, expliquera les tourments de sa jalousie rétrospective.

Conclusion.

A travers la précision nuancée du portrait, Mérimée se révèle dans ce passage comme un psychologue attiré par les mystères du cœur humain; et l'intérêt de l'analyse est d'autant plus grand qu'elle nous apparaît d'un certain point de vue comme une confidence voilée. Mais si ses observations nous aident à pénétrer son caractère, l'expression illustre son art savant et objectif : l'écrivain cherche avant tout la sobriété; il ne développe pas, il suggère; et sa phrase, claire, dense, élégante, l'apparente à la tradition classique.

SUJETS DE COMPOSITION FRANÇAISE

1 Comparer Julien Sorel et Rastignac.

2 Comparer Julien Sorel et Fabrice del Dongo.

3 Expliquer et discuter cette définition que Stendhal donne du roman : « Un roman, c'est un miroir que l'on promène le long d'un chemin. »

4 Le héros stendhalien et le héros cornélien.

5 Comment expliquez-vous que les romans de Stendhal, méconnus à leur époque, aient obtenu un succès croissant de 1890 jusqu'à nos jours?

6 Mérimée, au cours de son voyage en Corse, écrit à l'un de ses amis (par exemple, à Stendhal). Il lui fait part de ses impressions de touriste, de sa rencontre avec Colomba et du roman qu'il a l'intention d'en tirer.

7 André Gide, après avoir lu *La Partie de trictrac*, écrit dans son *Journal* en 1909 : « Je retrouve cette insupportable impression de devoir réussi et de perfection inutile qui m'exaspère d'ordinaire chaque fois que je rouvre Mérimée. » La lecture de *Colomba*, de *Carmen*, de *La Vénus d'Ille* ou de quelque autre nouvelle à votre choix vous donne-t-elle cette impression?

CHAPITRE XI

George Sand. Portrait par Delacroix.

GEORGE SAND
et les écrivains populaires

George Sand conquit le public de son temps grâce à la fertilité de son imagination, à la fraîcheur de sa sensibilité, à la sûreté de son métier; ses romans sentimentaux, humanitaires ou rustiques touchèrent souvent le peuple par l'idéalisme qui les anime.

D'autres écrivains cherchèrent plus systématiquement les triomphes de librairie en écrivant des récits d'aventures Le plus prestigieux est Alexandre Dumas, qui, après s'être imposé à la scène par des drames historiques et par des mélodrames, exerça dans le genre du roman son exceptionnelle puissance d'invention et sa verve inépuisable. Eugène Sue s'est assuré, lui aussi, avec des moyens un peu vulgaires, une grande réputation. Ces romanciers ont souvent sacrifié la qualité à l'abondance et l'art à la facilité; mais ils ont atteint le but qu'ils s'étaient proposé; et Alexandre Dumas demeure un maître de la littérature populaire, qui va connaître désormais un extraordinaire développement.

1829	Alexandre Dumas : *Henri III et sa cour* (drame).
1831	George Sand : *Indiana*.
1833	George Sand : *Lélia*.
1842	Eugène Sue : *Les Mystères de Paris*.
1844	Alexandre Dumas : *Les Trois Mousquetaires* (roman).
1845	George Sand : *Le Meunier d'Angibault*.
1846	George Sand : *La Mare au Diable*.
1849	George Sand : *La petite Fadette*.

GEORGE SAND (1804-1876)

Aurore Dupin épouse en 1822 le baron Dudevant; mais elle le quitte après huit ans de mariage, s'installe à Paris et se consacre à la littérature; elle adopte le pseudonyme de George Sand. Dans ses premiers romans, elle exalte la passion romantique; puis elle s'enflamme pour les doctrines socialistes et publie des récits animés d'une inspiration humanitaire. Retirée dès 1839 dans sa terre berrichonne de Nohant, elle compose aussi des idylles champêtres, qui touchent encore par leur fraîcheur naïve; et elle écrit inlassablement jusqu'à sa mort.

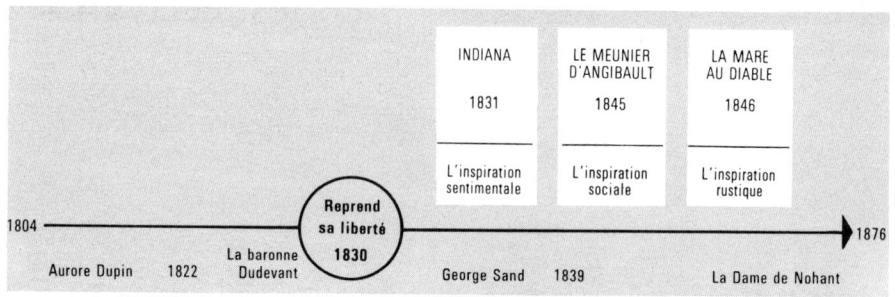

INDIANA	LE MEUNIER D'ANGIBAULT	LA MARE AU DIABLE
1831	1845	1846
L'inspiration sentimentale	L'inspiration sociale	L'inspiration rustique

1804 ———————— Reprend sa liberté **1830** ———————————————→ 1876

Aurore Dupin 1822 — La baronne Dudevant — George Sand 1839 — La Dame de Nohant

L'ÉVOLUTION DE GEORGE SAND

George Sand entretient son inspiration romanesque avec ses expériences; les manières successives de son talent correspondent aux étapes de sa vie.

L'inspiration personnelle. Lorsqu'elle eut conquis son indépendance, George Sand chercha d'abord le bonheur dans l'amour. Ses premiers romans, *Indiana* (1831), *Valentine* (1832), *Lélia* (1833) contiennent des justifications et des confidences. Elle revendique pour les femmes le droit à la passion et lance l'anathème aux conventions mondaines, aux préjugés sociaux, aux règles de la morale. Sa sensibilité se révèle plus directement dans les *Lettres d'un voyageur* (1834), où elle fixe, pour Musset, ses impressions d'Italie.

L'inspiration sociale. A partir de 1836, George Sand, qui subit l'influence de Pierre Leroux, se mêle à l'agitation politique. Les romans de sa seconde manière témoignent de sa ferveur nouvelle pour la cause du peuple. Déjà dans *Mauprat* (1837), puis dans *Le Compagnon du tour de France* (1840), *Le Meunier d'Angibault* (1845), *Le Péché de Monsieur Antoine* (1847), elle défend les humbles, prêche la solidarité, la fusion des classes, le partage des terres; elle prédit l'avènement de la paix universelle.

Le Meunier d'Angibault.

Le fermier Bricolin, paysan cupide, empêche ses filles de se marier selon leur cœur. L'aînée est devenue folle; la cadette, Rose, amoureuse de Grand-Louis, un meunier pauvre d'Angibault, souffre en silence. Mais la baronne de Blanchemont, une jeune veuve très bonne, vient à son aide: elle cède à bas prix son château à Bricolin, à condition qu'il accepte Grand-Louis comme gendre.

L'inspiration rustique. Vers 1845, George Sand, devenue « la dame de Nohant », entreprend une suite de récits champêtres, où elle témoigne de son amour pour la terre natale et de sa sympathie profonde pour les paysans. Ainsi paraissent successivement *La Mare au Diable* (1846), *La petite Fadette* (1849), *François le Champi* (1850), *Les Maîtres Sonneurs* (1853).

La Mare au Diable.

Germain, « le fin boulanger », aime passionnément sa terre, ses bœufs, son métier. Il aime aussi sa famille : sa femme étant morte, il reporte son affection sur ses trois enfants et sur ses beaux-parents, qui le considèrent comme leur fils. Voilà qu'ils lui demandent de se remarier : soumis à leur désir, il part pour faire la connaissance de celle qu'on lui destine; mais au cours du voyage, en pleine nuit, près de la sinistre Mare au Diable, il apprend à aimer Marie, la jeune bergère qui l'accompagne. Comme elle est différente de la veuve coquette qu'il doit épouser! Mais l'aimera-t-elle? et que diront ses beaux-parents? Ils ont, heureusement, le caractère aussi droit, le cœur aussi bon et, en outre, le jugement plus pénétrant que leur gendre; ils devinent la profondeur de son sentiment et découvrent la sagesse de Marie. Leurs conseils bienveillants lui donnent le courage de revoir celle qu'il aime; et il trouve dans son cœur les mots simples qui amèneront la jolie bergère à lui avouer enfin son amour.

La petite Fadette.

Deux jumeaux berrichons, Sylvinet et Landry, ont grandi ensemble. Landry, le cadet, est engagé dans une ferme de la région; et Sylvinet, qui souffre de la séparation, disparaît. Landry, alerté, part à sa recherche et le retrouve grâce à la petite Fanchon, dite Fadette, maigre et noire comme un grillon. Il a dû lui promettre en échange de la faire danser pour la Sainte-Andoche. Le jour venu, Landry, qui courtise Madelon, la nièce de son patron, s'exécute de mauvais gré; mais ses sentiments évoluent; et de son côté, Fadette, métamorphosée par l'amour, devient une séduisante jeune fille. Landry se déclare; Sylvinet, jaloux, souffre en silence; et Madelon, pour se venger, fait épier Fadette, qui doit quitter le pays. Elle revient pour recueillir l'héritage de sa grand-mère. Va-t-elle pouvoir épouser Landry? Sylvinet, tombé en langueur, est un obstacle à leur union. Elle le soigne, le sermonne, et il s'efface; mais, un mois après le mariage de son frère, il s'engage dans les armées de Napoléon.

Les derniers romans. George Sand, âgée, devenue grand-mère, a conquis une sorte de sérénité. Elle n'oublie pas ses passions d'autrefois, qu'elle rappelle dans l'*Histoire de ma vie* (1854) et dans *Elle et lui* (1859), un récit transposé de ses amours avec Alfred de Musset. Mais ses derniers romans sont dépourvus de toute exaltation. George Sand charpente désormais des intrigues solides, avec un souci du détail observé qui la rapproche des romanciers réalistes (*Le Marquis de Villemer*, 1860); et elle écrit, pour ses petits-enfants, d'aimables féeries (*Contes d'une grand-mère*).

LE TALENT DE GEORGE SAND

George Sand possède un puissant tempérament de romancier. Elle imagine avec une inépuisable fécondité, peint les mœurs et les paysages avec une grande justesse de trait, conduit sa narration avec une parfaite aisance. Enfin, elle gagne la sympathie de ses lecteurs par son idéalisme : elle croit à l'amour, au progrès, à la bonté de l'homme.
Mais beaucoup de ses romans, et surtout ceux qui défendent des thèses, ont vieilli. Ses effusions lyriques, ses déclamations humanitaires, appartiennent à une époque révolue; sa psychologie paraît quelquefois rudimentaire. Son style enfin, égal et facile, manque un peu de nerf.

II ALEXANDRE DUMAS (1803-1870)

LE DRAMATURGE (1829-1842)

Fils d'un créole de Saint-Domingue, qui fut général d'Empire, le jeune Alexandre Dumas, né en 1803, grandit à Villers-Cotterets, sa ville natale, comme un sauvageon. Après avoir été clerc chez un avoué, il vient chercher fortune à Paris en 1822. Grâce à la protection du général Foy, il entre comme expéditionnaire dans les bureaux du duc d'Orléans. Il lit avec une ardeur impétueuse, s'enthousiasme pour Shakespeare, Byron, Walter Scott, Schiller.

Le théâtre le tente : il donne quelques vaudevilles à l'Ambigu et à la Porte-Saint-Martin, puis brusquement il conquiert la gloire en faisant acclamer à la Comédie-Française, devant une galerie de princes, *Henri III et sa cour*, fresque d'histoire et drame d'amour, notre première pièce romantique jouée sur une scène (11 février 1829). En 1830, Dumas fait le coup de feu parmi les insurgés et espère un moment jouer un rôle politique. Il doit se contenter d'être l'idole du boulevard : *Antony*, « scène d'amour, de jalousie, de colère en cinq actes », est joué avec chaleur par Marie Dorval à la Porte-Saint-Martin et suscite un enthousiasme délirant (1831).

Dès lors, Alexandre Dumas produit sans relâche pour la scène, faisant alterner tragédies, drames et mélodrames; il demeure le plus acclamé des dramaturges romantiques : *La Tour de Nesle* (1832) eut huit cents représentations consécutives. Il s'essaie même dans de petites comédies, souvent pétillantes de verve et de bonne humeur (*Mademoiselle de Belle-Isle*, 1839).

Henri III et sa cour.

Catherine de Médicis, soucieuse de maintenir son fils Henri III sous sa tutelle, complote la perte de deux hommes susceptibles de contrecarrer ses desseins : Saint-Mégrin, le « mignon » favori de son fils, et le duc de Guise, chef de la Ligue, qui aspire au trône. Ayant appris que Saint-Mégrin et la duchesse de Guise s'aiment, elle favorise une entrevue des amoureux chez l'astrologue Ruggieri. Mais le duc a des soupçons et décide de se venger. Sous la contrainte de son gantelet de fer, il dicte à sa femme un mot de rendez-vous pour Saint-Mégrin. Celui-ci accourt à l'hôtel de Guise, mais la porte du salon se referme sur lui. La duchesse le met au courant du guet-apens : Saint-Mégrin lui dit son amour et tente de fuir par la croisée au moyen d'une corde que lui a lancée un page, mais il tombe percé de coups par des hommes postés dans la rue. Avant qu'il expire, le duc de Guise ordonne aux assassins de lui serrer la gorge avec un mouchoir qu'il leur jette par la fenêtre : « La mort lui sera plus douce; il est aux armes de la duchesse de Guise ».

Antony.

L'action se déroule à Paris, sous la Restauration. Adèle a épousé par devoir le colonel d'Hervey; une lettre lui annonce le retour d'un jeune homme, Antony, qu'elle a jadis aimé et qui avait brusquement disparu; elle part en voiture pour éviter l'entrevue, mais ses chevaux s'emportent. Un homme les maîtrise à la force des bras : c'est Antony, qu'on fait transporter chez elle, blessé. Antony, remis, révèle à Adèle la raison de sa disparition : il est un de ces enfants trouvés que les préjugés du monde condamnent à vivre en parias. Adèle se sent reconquise, mais trouve la force de prendre la poste pour rejoindre son époux, en garnison à Strasbourg. Antony se lance à sa poursuite, la rejoint à un relais et la ramène de force à Paris, où l'on jase sur leur aventure. Il apprend le retour imminent du colonel, court chez Adèle et la supplie de fuir avec lui : elle hésite à cause de sa fille. Le colonel frappe à la porte : c'est le scandale! Pour sauver l'honneur d'Adèle, Antony la poignarde et ouvre la porte au mari : « Elle me résistait, je l'ai assassinée! »

LE ROMANCIER (1843-1870)

Dès 1832, Alexandre Dumas avait mené de front le théâtre et le roman : grand admirateur de Walter Scott, il fait de l'histoire romancée une réalité vivante et pittoresque à l'usage du grand public. Toutefois il ne s'impose dans le genre qu'à partir du jour où des collaborateurs réguliers (en particulier l'historien Auguste Maquet) lui fournissent la documentation nécessaire. Ses principaux triomphes sont la célèbre trilogie constituée par *Les Trois Mousquetaires, Vingt ans après* et *Le Vicomte de Bragelonne* (1844-1847); *Le Comte de Monte-Cristo* (1844-45); *La Reine Margot* (1845); *La Dame de Monsoreau* (1846); *Ange Pitou* (1853). Les journaux se disputent ses romans, qui paraissent pour la plupart en feuilleton. Alexandre Dumas acquiert ainsi une fortune considérable, qu'il dilapide avec une folle prodigalité. Pour échapper à ses créanciers, il s'exile trois ans à Bruxelles (1851-1854), où il écrit, sous le titre de *Mémoires*, le savoureux roman de sa vie. A son retour en France, il ne produit plus guère, car le public, peu à peu acquis au réalisme, se détache de lui. Il meurt, presque pauvre, au début de la guerre de 1870.

Les Trois Mousquetaires.

Le jeune gascon d'Artagnan est venu chercher fortune à Paris. Il devient, à la suite d'un triple duel, l'ami de Porthos, d'Aramis et d'Athos, mousquetaires du roi; et il est admis dans leur compagnie. Les quatre jeunes gens engagent la lutte contre le cardinal de Richelieu et un de ses agents, la perfide Milady de Winter. D'Artagnan sauve l'honneur de la reine, compromis dans une intrigue d'amour avec le duc de Buckingham. Les Mousquetaires se couvrent de gloire pendant le siège de La Rochelle. Cependant, Milady a reçu du Cardinal l'ordre de supprimer le duc de Buckingham, allié aux protestants de La Rochelle. Les Mousquetaires la font emprisonner : elle s'échappe, fait assassiner le duc et empoisonne une lingère au service de la reine, que d'Artagnan aimait. Traquée par les Mousquetaires, elle expie ses crimes sur les bords de la Lys. D'Artagnan, réconcilié avec le Cardinal, est promu lieutenant des Mousquetaires. Athos se retire à la campagne, Porthos se marie et Aramis se fait abbé.

Monte-Cristo.

Le jeune et vaillant capitaine de vaisseau Edmond Dantès est accusé d'avoir croisé devant l'île d'Elbe pour recevoir un message de Napoléon. Il est arrêté et incarcéré, non loin de Marseille, au château d'If. Quinze années passent. Edmond Dantès a pour compagnon de captivité l'abbé Faria, un étrange prêtre au regard étincelant et aux prestiges magiques. Celui-ci, sur le point de mourir, lui révèle l'existence de trésors fabuleux dans une caverne de l'île de Monte-Cristo. Dantès se substitue au cadavre de l'abbé; il est ficelé dans un sac et lancé à la mer, mais il réussit à remonter à la surface. Il est recueilli par un bateau et atteint l'île de Monte-Cristo : il déterre les trésors dans la caverne. Possesseur de soixante millions, Edmond Dantès prend le titre de Monte-Cristo, se venge de ses ennemis et vient en aide à ses amis. Lorsque justice est faite, il disparaît en direction de l'Orient sur un yacht aux voiles blanches, en compagnie de la douce Haydée, sa fiancée.

UNE FORCE DE LA NATURE

On retrouve dans les écrits de Dumas l'exceptionnelle vigueur de cet athlète bon enfant : « Vous êtes une des forces de la nature », lui écrivait un jour Michelet. Un mouvement irrésistible anime toute sa production dramatique et romanesque; l'intrigue, nouée d'une poigne solide, entraîne le lecteur ou le spectateur dans un tourbillon d'aventures et le tient, haletant, jusqu'au dénouement. Ses héros, musclés comme lui, ont une volonté farouche et un courage à toute épreuve. Son style même, si sévèrement critiqué parfois, ne manque ni de vivacité ni d'agrément, lorsque l'écrivain s'abandonne à son élan naturel.

III DEUX ROMANCIERS POPULAIRES

EUGÈNE SUE (1804-1857)

Fils d'un médecin célèbre, Eugène Sue fut lui-même médecin de la marine. L'héritage paternel lui permit bientôt de mener une vie brillante dans le monde. Il débute en littérature par des romans d'aventures maritimes, riches en scènes de pirateries ou de massacres : *Plick et Plock* (1831); *Atar-Gull* (1831), dédié à Fenimore Cooper. Il fait ensuite deux incursions dans le roman de mœurs (*Arthur*, 1838; *Mathilde ou les Mémoires d'une jeune femme*, 1841). Enfin, sous l'influence des théories de Fourier et de Proudhon, il s'engage dans la voie du roman social et démocratique : *Les Mystères de Paris*, premier roman français publié par un journal dans son feuilleton quotidien, remportent en 1842 un immense succès et sont suivis par *Le Juif errant :* (1845-1847), *Les Sept Péchés capitaux* (1847-1849), *Les Mystères du peuple* (1849-1856).

Eugène Sue possède à un haut degré deux qualités qui séduisent le public populaire : la fertilité d'invention et le don de la vie. Dans les décors les plus variés, rues sombres, taudis, somptueuses demeures, souterrains, prisons, évoluent des personnages angéliquement bons ou effroyablement mauvais. Quelques-uns sont devenus légendaires : ainsi, dans *Les Mystères de Paris*, Fleur-de-Marie, La Chouette, Le Chourineur, M. et Mme Pipelet. Malheureusement Eugène Sue n'est pas un bon écrivain : son style est négligé et parfois déclamatoire.

CHAMPFLEURY (1820-1889)

Étienne Champfleury, fils de marchands de jouets à Laon, fréquenta la bohème parisienne et publia, à partir de 1847, une quinzaine de romans, dont le plus célèbre fut *Les Bourgeois de Molinchart*. Ses principes sont fixés dans un essai intitulé *De la Littérature populaire en France*. Selon lui, « le public du livre à vingt sous, c'est le vrai public »; le roman est destiné au peuple et doit emprunter ses sujets à la réalité la plus commune; en outre, le romancier doit peindre uniquement ce qu'il a vu et présenter dans son œuvre un « daguerréotype » de la vie quotidienne. Champfleury est un initiateur de l'esthétique réaliste.

OUVRAGES A CONSULTER

G. SAND. Principaux *Romans* dans les Classiques Garnier. *Correspondance*, éd. G. Lubin, Classiques Garnier, en cours de publication. A. DUMAS. *Les Trois Mousquetaires, Vingt Ans après*, Pléiade, Gallimard. *Le Comte de Monte Cristo*, éd. J.-H. Bornecque, Classiques Garnier, 1956.
P. SALOMON. *George Sand*, Hatier, 1953. A. MAUROIS. *Lélia ou la vie de George Sand*, Hachette, 1952. *Les Trois Dumas*, Hachette, 1957. J.-L. BORY. *Eugène Sue*, Hachette, 1962.

L'ÉVANOUISSEMENT DU CHAMPI

Quand la Zabelle le vit ainsi, elle le crut mort. Son amitié lui revint dans le cœur; et, ne songeant plus ni au meunier ni à la méchante vieille, elle reprit l'enfant à Madeleine et se mit à l'embrasser en criant et en pleurant. Elles le couchèrent sur leurs genoux, au bord de l'eau, lavèrent ses blessures et en arrêtèrent le sang avec leurs mouchoirs; mais elles n'avaient rien pour le faire revenir. Madeleine, réchauffant sa tête contre son cœur, lui soufflait sur le visage et ₅ dans la bouche comme on fait aux noyés. Cela le réconforta, et, dès qu'il ouvrit les yeux et qu'il vit le souci qu'on prenait de lui, il embrassa Madeleine et la Zabelle l'une après l'autre avec tant de cœur qu'elles furent obligées de l'arrêter, craignant qu'il ne retombât en pâmoison.

GEORGE SAND, *François le Champi.*

Situation du passage.

Sur les instances de Mme Blanchet, la mère du meunier Cadet Blanchet, dont elle est la locataire, Isabelle Bigot a consenti à se séparer de son fils adoptif, François le Champi, et à le reconduire à l'hospice qui le lui avait confié. Mais l'enfant, jusque-là très arriéré, prend brusquement conscience du sort qui l'attend. Au moment de monter dans la diligence qui le conduit à la ville, il s'abandonne à une véritable crise de désespoir et finit par s'évanouir. La douce Madeleine, la femme du meunier, passait justement par là; elle s'arrête et propose à Isabelle de prendre soin de l'enfant.

Le texte.

Au moment où se situe la scène, l'émotion est parvenue à son apogée. Larmes, gémissements, supplications, se sont succédé. Le drame va maintenant se dénouer. Ce que n'avaient pu faire ni les prières de l'enfant ni les reproches de Madeleine, cet évanouissement l'accomplit : *la Zabelle* est touchée de repentir. *Elle le crut mort.* Elle a peur, sans doute : ne va-t-on pas lui reprocher cet accident? c'est bien à cause d'elle que le Champi s'est livré à cette frénésie de désespoir. Aussitôt, *son amitié lui revint dans le cœur.* Le caractère sans envergure ni véritable méchanceté de cette femme est indiqué habilement. Au fond, la Zabelle est faible et lâche : de même qu'elle avait cédé aux menaces de Mme Blanchet, qui envisageait de la mettre à la porte si elle persistait à garder François, de même elle cède devant les conséquences possibles de sa conduite. Sa compassion à retardement, quoique sincère dans une certaine mesure, n'entraîne pas une sympathie sans réserves. Notons en passant les termes dont se sert George Sand pour désigner la mère du meunier : *la méchante vieille;* elle est méchante et elle est vieille, deux qualificatifs qui, sous la plume de cet écrivain, s'équivalent à peu de chose près.

Mais la scène prend une tournure plus pathétique encore. Zabelle se met à *embrasser* François : entendons qu'elle le couvre de baisers. Elle l'embrasse *en criant et en pleurant.* C'est bien le moment! Ce débordement de sensibilité nous semble excessif, autant qu'intempestif. Mais les larmes demeurent fort à la mode, à la date où écrit George Sand. Bref, c'est seulement après avoir gémi qu'on en vient aux actes utiles. Pour soigner le Champi, la Zabelle et Madeleine l'ont couché *sur leurs genoux, au bord de l'eau;* elles se sont donc assises, les jambes pendantes, au-dessus du ruisseau : leur attitude est à peine suggérée, l'écrivain faisant crédit à l'imagination du lecteur. Ainsi postées, les deux femmes ont sous la main de quoi laver les *blessures* : dans son chagrin, en effet, le Champi s'est roulé par terre, et sa tête a heurté durement les pierres du chemin. A l'occasion, George Sand ne recule pas devant un détail réaliste : elle évoque le *sang* qui coule des *blessures* du Champi. Le jeune garçon ne se décide à ouvrir les yeux que lorsque Madeleine entreprend de lui souffler *sur le visage et dans la bouche comme on fait aux noyés.* Peut être cette présence aimée le ranime-t-elle beaucoup mieux que les vertus thérapeutiques du traitement; mais l'idée est suggérée avec une grande discrétion. Il n'est pas question de supposer encore que le jeune innocent prenne conscience du sentiment qui germe au fond de son cœur.

Revenu à lui, le Champi *embrasse Madeleine et la Zabelle* : on s'embrasse beaucoup, tout au long du roman! Il se trouve encore dans un état de surexcitation anormale; et ses transports prennent un caractère frénétique, au point que les femmes redoutent de le voir retomber en *pâmoison*. Mais la crise est terminée. Si François souffre encore, c'est d'un trop-plein de bonheur. La décision de Madeleine est prise : elle s'occupera de lui; elle le soignera comme son propre fils, quoi qu'en puissent dire le meunier et sa mère.

Conclusion.

Ce récit délicat à conduire porte la marque d'une indéniable maîtrise. George Sand, pourtant, ne parvient pas pleinement à son but, qui est avant tout de nous émouvoir. Nous sommes un peu déconcertés par les réactions excessives de ses personnages. Son public avait d'autres sentiments, d'autres pensées, d'autres préoccupations que nous.

SUJETS DE COMPOSITION FRANÇAISE

1 Pour quelles raisons les romans champêtres de George Sand ont-ils mieux résisté au temps que la plupart de ses autres œuvres?

2 « Elle sonne le creux », écrit Albert Thibaudet de George Sand. Qu'entend-il par là? Etes-vous de son avis?

3 Est-il juste de refuser droit de cité en littérature à Alexandre Dumas?

4 Vers la fin de sa vie, George Sand écrit à son cadet Flaubert. Elle fait des concessions à la doctrine réaliste, sans l'accepter entièrement.

CHAPITRE XII

La Mennais. Gravure par Calamatta.

La pensée philosophique et sociale

Pendant la période romantique, la philosophie française se partage en deux courants : au spiritualisme vague de Victor Cousin s'oppose, à partir de 1830, le positivisme d'Auguste Comte, qui tend à fonder une religion de la Science et de l'Humanité.

Au cours de la même période, et surtout après la Révolution de 1830, les réformateurs sociaux étendent le champ de leur activité. Les saint-simoniens, les fouriéristes, se groupent en écoles, tandis qu'un isolé, Proudhon, publie des traités d'une grande hardiesse.

A l'intérieur de l'Église enfin, naît et se développe, sous l'impulsion de La Mennais, un mouvement de tendances libérales et démocratiques. Ce mouvement, qui a pour organe le journal l'Avenir, *est condamné à Rome. La Mennais continue cependant sa propagande et jette les bases d'un socialisme chrétien. Après 1840, un polémiste catholique de grand talent, Louis Veuillot, lutte, dans le journal* L'Univers, *contre ces tendances nouvelles.*

1830	Fondation par La Mennais du journal *L'Avenir*.
1831-1842	A. Comte : *Cours de philosophie positive*.
1832	Condamnation de *L'Avenir* à Rome.
1834	La Mennais : *Paroles d'un croyant*.
1848	Veuillot directeur de *L'Univers*.
1854	A. Comte : *Système de politique positive*.

I   LES DOCTRINES PHILOSOPHIQUES

LE SPIRITUALISME : VICTOR COUSIN (1792-1867)

Victor Cousin, après de brillantes études, est nommé, à vingt-trois ans, professeur en Sorbonne. Impérieux et séduisant à la fois, il jouit d'un rare prestige auprès de la jeunesse et règne sur l'Université. Il est pourtant suspendu à cause de ses idées libérales; il en profite pour voyager et il séjourne en Allemagne, où il s'imprègne des systèmes de Kant et de Hegel. Sous Louis-Philippe, il est nommé directeur de l'École Normale Supérieure, puis ministre de l'Instruction publique. Mais il s'éloigne de toute activité après le coup d'État et consacre ses loisirs à des études historiques ou littéraires. Ses principales idées sont formulées dans son traité *Du Vrai, du Beau, du Bien*, publié en 1853.

Victor Cousin est l'initiateur d'un spiritualisme éclectique. Il affirme hautement la liberté humaine et l'immortalité de l'âme; mais il refuse de s'enfermer dans un système et, pour parvenir à la Vérité, emprunte délibérément aux doctrines antérieures tout ce qu'elles lui paraissent comporter de meilleur. Ses ouvrages sont plus remarquables par l'ampleur oratoire du style que par la rigueur ou par l'originalité de la pensée.

Le principal disciple de Cousin est Jouffroy (1796-1842), un esprit ardent qui, ayant perdu la foi vers sa vingtième année, cherche dans la philosophie spiritualiste, en dehors de tout dogme, une solution aux angoissants problèmes de la destinée humaine. Jouffroy est l'auteur de *Mélanges philosophiques* (1833) et d'un *Cours d'esthétique* (1843).

LE POSITIVISME : AUGUSTE COMTE (1798-1857)

Auguste Comte est un polytechnicien. Pendant plusieurs années, il sert de secrétaire à Saint-Simon, dont il devient le disciple; puis il élabore un système original. De 1831 à 1842, il professe un *Cours de philosophie positive*, publié en six volumes. La passion violente que lui inspire Clotilde de Vaux bouleverse son existence et oriente sa pensée vers une sorte de mysticisme : dans son *Système de politique positive* (1854), il prétend instituer une « religion de l'Humanité ».

Auguste Comte est le fondateur du positivisme. Selon lui, la pensée humaine est passée par trois « états » : l'état théologique, l'état métaphysique et l'état positif, dont l'ère s'ouvre avec le XIXe siècle. Les préoccupations religieuses et les recherches métaphysiques ont fait leur temps; il faut désormais se tourner vers l'étude positive des faits, la seule satisfaisante pour l'homme moderne. Dans l'état positif, l'esprit humain renonce à chercher l'origine et la destination de l'univers, pour s'attacher uniquement à découvrir les lois effectives des phénomènes.

La doctrine d'Auguste Comte se propage rapidement. Claude Bernard, Marcelin Berthelot, Pasteur, se réclameront, à leur tour, dans leurs recherches, de la méthode positiviste. La science tend à devenir une foi nouvelle; et les préoccupations d'ordre scientifique gagneront bientôt les écrivains.

II LES DOCTRINES SOCIALISTES

LE SAINT-SIMONISME

La doctrine de Saint-Simon se répand, après la mort du maître, grâce à l'activité de ses disciples, en particulier de Bazard et d'Enfantin. Elle recrute des adeptes parmi les philosophes, les économistes, les financiers : le jeune Auguste Comte, Pierre Leroux, Michel Chevalier, sont parmi les fidèles de l' « École », qui organise et qui publie des conférences d'un caractère théorique. Après la Révolution de 1830, *Le Globe* devient l'organe quotidien du saint-simonisme.

Des divergences de vues séparent bientôt Enfantin et Bazard; mais Bazard meurt en 1832; Enfantin transforme alors l'École en une secte religieuse : le « Père » et ses « enfants » se retirent sur les hauteurs de Ménilmontant et se groupent en une communauté où chacun sert de domestique à tous. Le gouvernement met fin à l'expérience et traduit les saint-simoniens en justice. Cependant, d'autres disciples de Saint-Simon, pourvus d'un esprit plus pratique, tentent d'appliquer ses théories : ils s'assurent des postes de commande dans les banques, dans les compagnies de chemins de fer ou de navigation; ils favorisent le libre-échange, organisent le crédit et encouragent le développement des grands travaux.

LE FOURIÉRISME

La doctrine de Fourier est très populaire en France aux environs de 1840 et donne lieu à quelques tentatives d'application. Le fouriériste Victor Considérant (1808-1895) fonde un journal, *La Démocratie pacifique*, et répand les principes du système phalanstérien. L'influence de Fourier fut sensible en littérature : son idéologie a exercé un attrait certain sur George Sand, sur le jeune Leconte de Lisle, sur Émile Zola et, récemment, sur M. André Breton.

LE SYSTÈME DE PROUDHON

Pierre Proudhon (1809-1865) est successivement ouvrier typographe, imprimeur, employé dans un contentieux et publiciste. En même temps, il se cultive et s'initie à la philosophie, à l'histoire des religions, à l'économie politique. Proudhon publie en 1840 une brochure retentissante, qui contient la formule devenue célèbre : « La propriété, c'est le vol ». Il compose ensuite de nombreux traités : *Principes d'organisation politique* (1843); *Philosophie de la misère* (1846); *Système des contradictions économiques* (1846); *De la Justice dans la Révolution et dans l'Église* (1856); *Théorie de la propriété* (posthume).

Proudhon, farouchement individualiste, veut restreindre l'autorité de l'État. Il recommande une organisation décentralisée, où les travailleurs puissent disposer en toute liberté des instruments de production et vivre en échangeant leurs produits. Il est favorable au développement de sociétés mutualistes; et il pense qu'un jour « l'atelier remplacera le gouvernement ».

Proudhon est un logicien rigoureux. Il se livre à une critique serrée des diverses doctrines sociales. Il cherche, en écrivant, la formule frappante ou dense et s'élève parfois à une âpre éloquence.

III   LE CHRISTIANISME SOCIAL

A   La Mennais (1782-1854)

L'ÉVOLUTION DE LA MENNAIS

Félicité de La Mennais passe ses jeunes années dans la propriété de la Chesnaie, près de Dinan. A l'âge de vingt-deux ans, il se convertit au catholicisme; et il est ordonné prêtre en 1816. Ses premiers maîtres sont Chateaubriand et Joseph de Maistre. Dans son *Essai sur l'indifférence en matière de religion* (1817), il dénonce l'inertie de ses contemporains « indifférents à la Vérité » et s'institue le défenseur du Trône et de l'Autel.

Après la révolution de 1830, La Mennais devient libéral. Il se persuade que l'Église, pour sauver son prestige auprès du peuple, doit se détacher de la cause royale. Avec la collaboration de jeunes catholiques, Lacordaire, Montalembert, Maurice de Guérin, *il fonde, en octobre 1830, le journal* L'Avenir, qui porte en épigraphe : « Dieu et la liberté. » Mais le pape Grégoire XVI estime incompatibles la souveraineté du peuple et la souveraineté de Dieu : en 1832, dans l'encyclique *Mirari vos,* il condamne les thèses de *L'Avenir.*

La Mennais commence par se soumettre et se retire à la Chesnaie. Mais, après une longue crise de conscience, il décide de revenir à l'action publique. En 1834, il publie les *Paroles d'un croyant,* qui marquent son adhésion à un idéal socialiste. Exclu de l'Église, il combat dans les rangs du parti républicain. En 1848, il siège à l'Assemblée Nationale et fonde un journal de tendances démocratiques. Il confond désormais Dieu et le peuple dans un même amour; sa religion n'est plus qu'un humanitarisme mystique.

LES PAROLES D'UN CROYANT

Dans les Paroles d'un croyant, *La Mennais affirme que l'idéal républicain de liberté, d'égalité et de fraternité est l'état primitif institué pour les hommes par la volonté divine.* Mais quelques-uns écoutèrent la parole du serpent et dirent : « Nous sommes rois. » L'injustice naquit alors sur la terre. Pour sauver l'humanité souffrante, il faut rendre la liberté aux citoyens et supprimer les inégalités trop criantes : ainsi sera-t-on fidèle au véritable esprit de l'Évangile.

Les Paroles d'un croyant, *rédigées en versets comme la Bible, durent en partie leur immense succès aux prestiges de la forme.* La douceur pénétrante qui baigne l'œuvre, les paraboles, rappellent les Évangiles. Mais souvent le ton s'élève et la passion de La Mennais s'exprime en visions hallucinées, qui font songer à l'Apocalypse ou à certaines prophéties de l'Ancien Testament. Telle cette vision du mauvais roi : « Et voilà qu'ayant traversé plusieurs salles désertes, dans une petite chambre, sur un lit qu'éclairait à peine une lampe pâle, il aperçoit un homme usé par les ans. Autour du lit étaient sept peurs, quatre d'un côté, trois de l'autre. Et l'une des peurs posa la main sur le cœur de l'homme âgé, et il tressaillit, et ses membres tremblèrent : et la main resta là tant qu'elle sentit un peu de chaleur. Et après celle-ci une autre fit ce qu'avait fait la première, et toutes posèrent la main sur le cœur de l'homme âgé. Et il se passa en lui des choses qu'on ne peut dévoiler ».

Parmi tant de choses que l'on voudrait garder dans sa mémoire, vous avez des pages ravissantes de fraîcheur et de grâce, qu'on relit, qu'on relit encore, et qui paraissent toujours plus belles. Pourquoi nous dire, ce seront les dernières? Le génie ne vieillit point. Continuez d'enchanter et nous, et ceux qui viendront après nous. Il y a des chants d'automne comme des chants de printemps, et ceux-là ne sont ni les moins touchants, ni les moins mélodieux.

Fragment d'une lettre adressée par La Mennais à Chateaubriand.

La Mennais a profondément subi, dans sa jeunesse, l'influence de Chateaubriand, dont il fut l'un des disciples les plus fervents. Après 1830, il s'éloigna de ses leçons; mais il ne cessa de lui témoigner son respect et son admiration. Cette lettre a été écrite en mai 1844, alors que La Mennais venait de lire la « Vie de Rancé » : « ... Parmi tant de choses que l'on voudrait garder dans sa mémoire, vous avez des pages ravissantes de fraîcheur et de grâce, qu'on relit, qu'on relit encore, et qui paraissent toujours plus belles. Pourquoi nous dire, ce seront les dernières? Le génie ne vieillit point. Continuez d'enchanter et nous, et ceux qui viendront après nous. Il y a des chants d'automne comme des chants de printemps, et ceux-là ne sont ni les moins touchants, ni les moins mélodieux. »

B   Lacordaire et Montalembert

LACORDAIRE (1802-1861)

Lacordaire est d'abord avocat; il reçoit les ordres en 1827. Il mène, dans *L'Avenir*, aux côtés de La Mennais, la lutte pour le catholicisme libéral; mais, après la condamnation du mouvement par le Pape, il se sépare de son ami. En 1840, il entre dans l'ordre des Dominicains, qu'il contribue à restaurer. Il travaille à réconcilier l'Église avec le monde moderne et prononce dans cet esprit, à Notre-Dame, de retentissantes « conférences ». Sa sensibilité, son imagination, lui inspirent des élans d'une éloquence pathétique ou impétueuse.

MONTALEMBERT (1810-1870)

Le comte de Montalembert subit, comme Lacordaire, l'ascendant de La Mennais; il rompt avec lui après les *Paroles d'un croyant*. Nommé pair de France en 1835, il lutte pour la défense de l'Église et pour la conquête des libertés essentielles. Outre ses discours politiques, il laisse deux ouvrages historiques, l'*Histoire de sainte Élisabeth de Hongrie* (1836) et *Les Moines d'Occident* (1860). Son éloquence est châtiée et élégante.

C   La réaction : Veuillot (1813-1883)

Un polémiste, Louis Veuillot, a réagi contre ces tendances socialisantes ou libérales. Fils d'un ouvrier tonnelier, il s'instruit seul et se convertit au catholicisme en 1836. Il entre en 1843 comme rédacteur au journal *L'Univers*, dont il assure la direction à partir de 1848. Il professe un ultra-montanisme intransigeant et mène une ardente campagne pour faire admettre à l'opinion le principe de l'infaillibilité papale. Il défend aussi la cause monarchiste et s'oppose à ceux qui, comme Lacordaire, tentent de concilier le catholicisme avec la démocratie.

Veuillot a cultivé les genres les plus variés : roman, nouvelle, récit de voyage, poésie, dialogue philosophique. Mais il apparaît surtout à l'aise dans les œuvres de combat : ainsi, dans *Les Libres Penseurs*, il attaque avec violence les pontifes officiels de l'Académie et de l'Université. Il possède une éloquence chaleureuse, une verve allègre, une ironie cinglante, un sens aigu de la caricature; mais il est capable aussi de montrer, à l'occasion, une bonhomie exquise.

OUVRAGES A CONSULTER

LA MENNAIS. *Correspondance*, publiée par L. Le Guillou, A. Colin.
J.-R. DERRÉ. *La Mennais, ses amis et le mouvement des idées à l'époque romantique*, Klincksieck, 1962.
L. LE GUILLOU. *L'Évolution de la pensée religieuse de La Mennais*, A. Colin, 1966.

CHAPITRE XIII

Les historiens
de l'âge romantique

Michelet. Lithographie de Toullion. (B. N. Est.)

Les philosophes du XVIIIe siècle, puis les écrivains romantiques, ont mis à la mode l'histoire, qui, pendant la première moitié du XIXe siècle, devient un véritable genre littéraire. Malgré la diversité des tempéraments, on peut distinguer, au cours de cette période, deux tendances maîtresses. Augustin Thierry, Barante, Thiers, Mignet s'appliquent à restituer la physionomie exacte du passé et s'abstiennent en général de juger. François Guizot, Edgar Quinet, Alexis de Tocqueville, Louis Blanc, attachent plus d'importance aux idées qu'aux faits et cherchent à dégager la philosophie des événements.

Les deux tendances sont réunies chez Michelet, dont l'œuvre immense s'étale sur plus de quarante années. Cet historien, doublé d'un poète à la sensibilité profonde, illustre le genre avec éclat et réalise, au moins dans les ouvrages de sa maturité, une harmonieuse synthèse de la science et de l'art, de l'érudition et de l'imagination.

1831 J. Michelet : *Histoire romaine.*

1833-44 J. Michelet : *Histoire de France* (tomes I à VI, Moyen Age).

1835-40 A. de Tocqueville : *De la Démocratie en Amérique.*

1840 A. Thierry : *Récits des temps mérovingiens.*

1847 J. Michelet : *Histoire de la Révolution française.*

1855-67 J. Michelet : *Histoire de France* (tomes VII à XVII, de la Renaissance à la Révolution).

I   LE RENOUVEAU
DES ÉTUDES HISTORIQUES

Montesquieu, Voltaire, ont, les premiers, conçu l'histoire comme une science, tout en donnant à leurs récits la tenue d'une œuvre d'art; mais leur exemple n'a guère été suivi : les traités qui sont publiés sous la Révolution ou l'Empire sont généralement des compilations sans rigueur et sans art. Le genre ressuscite aux environs de 1815 et va fleurir magnifiquement pendant tout le siècle. Des influences diverses expliquent cette floraison.

INFLUENCES LITTÉRAIRES

Le mouvement romantique encourage les œuvres qui parlent à l'imagination et répand le goût d'une résurrection pittoresque du passé. Grâce à l'impulsion donnée par Chateaubriand et par l'Écossais Walter Scott, le roman, le drame, la poésie même, accordent une grande place aux évocations historiques. La curiosité du public est éveillée à l'égard de l'histoire nationale, surtout du Moyen Age et de la Renaissance. La recherche proprement dite bénéficie de cette ferveur.

INFLUENCES POLITIQUES

La Restauration a inauguré un régime relativement libéral, qui permet aux historiens d'exposer sans contrainte trop pesante les résultats de leurs recherches. En outre, le développement de la vie politique et des discussions parlementaires, le rôle croissant de la presse périodique ou quotidienne, créent mainte occasion de dérouler publiquement des perspectives historiques. L'histoire devient un instrument de combat : chaque chef de parti puise dans l'étude du passé des arguments pour étayer ses propres doctrines et pour combattre celles de ses adversaires. Aussi, au moins jusqu'en 1830, les études historiques, inspirées par les opinions politiques, sont-elles rarement impartiales.

INFLUENCES SOCIALES

Enfin, les nouveaux gouvernements, et surtout la monarchie de Juillet, tendent à ériger la science historique en institution nationale. De nombreux instruments de travail sont mis à la disposition des chercheurs. Des sociétés sont créées (*Société française d'archéologie*, 1830) et font paraître des revues (*Revue des études historiques*, 1834; *Revue archéologique*, 1844). Des écoles spéciales sont fondées ou réorganisées : École des Langues orientales (1795), École des Chartes (1816), École d'Athènes (1846). L'Enseignement Supérieur donne à l'histoire une place qu'elle n'a jamais eue jusque-là. Des enquêtes érudites sont méthodiquement entreprises : Guizot entreprend en 1835 de constituer un recueil de *Documents inédits relatifs à l'histoire de France* qui compte aujourd'hui plus de quatre cents volumes. La même année, l'École des Chartes fonde une bibliothèque pour les médiévistes. En 1837 est créée une Commission des Monuments historiques, destinée à faire l'inventaire des richesses nationales françaises. Enfin, des disciplines auxiliaires de l'histoire se constituent : l'égyptologie, avec Champollion, qui déchiffre les hiéroglyphes, en 1822; l'orientalisme, avec Eugène Burnouf; la numismatique, avec Charles Lenormant; la paléographie, avec Natalis de Wailly.

II   L'HISTOIRE NARRATIVE

« Guerre aux historiens sans érudition qui n'ont pas su voir; guerre aux écrivains sans imagination qui n'ont pas su peindre », a écrit Augustin Thierry. L'histoire, à ses yeux, doit être un art, en même temps qu'une science. Aussi peut-il être considéré comme l'initiateur au dix-neuvième siècle d'une école d'historiens qui ont cru hautement au prestige de la narration vivante.

A   Augustin Thierry (1795-1856)

LE LIBÉRAL

Augustin Thierry, né à Blois, prend conscience de sa vocation en lisant, à quinze ans, un passage des *Martyrs*. Il entre en 1811 à l'École Normale, professe quelque temps au collège de Compiègne, devient secrétaire de Saint-Simon, puis, en 1817, se lance dans le journalisme. *Il cherche d'abord dans l'histoire des arguments à l'appui de ses idées libérales,* et il échafaude toute une théorie qui tend à expliquer l'évolution des peuples par l'antagonisme séculaire entre race conquérante et race conquise. Son premier grand ouvrage, la *Conquête de l'Angleterre par les Normands* (1825), illustre cette théorie : l'auteur décrit les spoliations successives de la race indigène au profit de la race étrangère, puis évoque les relations hostiles des deux peuples, jusqu'au jour où Normands et Saxons, plus étroitement unis, forment enfin une nation. Cette thèse apparaît aujourd'hui beaucoup trop systématique; mais l'ouvrage demeure un modèle de narration historique.

L'ÉVOCATEUR DU PASSÉ

Augustin Thierry, dont la vue s'est de bonne heure affaiblie, devient aveugle en 1833; et bientôt s'éveille en lui le goût de revivre en imagination les scènes pittoresques du passé. Aidé par sa femme, il poursuit stoïquement ses travaux et publie en 1840 son ouvrage le plus populaire, les *Récits des temps mérovingiens* : des chroniques de Grégoire de Tours, il extrait une réalité vivante et dramatique. Le livre est un tableau de la Gaule au VIᵉ siècle : pas de récit continu, mais une succession d'épisodes groupés autour d'un personnage central; à côté de scènes de pillage et de meurtre, des images gracieuses et riantes; à côté de la figure sinistre de Frédégonde, la douce figure de Galswinthe.

LE SAVANT

En 1836, Augustin Thierry a été chargé par Guizot de diriger la publication de documents inédits sur l'histoire du Tiers État. La nécessité de dépouiller chartes et diplômes l'oriente vers une conception plus scientifique de l'histoire. Après la fougue de sa jeunesse, il trouve dans ses recherches l'apaisement et la sérénité. Son *Essai sur l'histoire de la formation et des progrès du Tiers État* (1850) comprend : une histoire de la bourgeoisie et des États généraux; un tableau de la révolution communale, qui contient quelques récits à juste titre classiques (insurrections de Laon, de Reims, de Vézelay). Il meurt en laissant l'ouvrage inachevé.

B Contemporains et successeurs d'Augustin Thierry

Parmi les historiens narrateurs, les uns cultivent par tempérament le pittoresque ou l'éloquence, les autres recherchent avant tout la clarté et la sobriété.

LE RÉCIT ÉLOQUENT

Barante (1782-1866). Le baron Prosper de Barante, orateur du parti doctrinaire sous la Restauration, fut publiciste et ambassadeur. Son œuvre maîtresse, l'*Histoire des ducs de Bourgogne* (1824-1828), porte en épigraphe la définition de l'histoire donnée par Quintilien : *scribitur ad narrandum, non ad probandum;* on écrit pour conter, non pour prouver. Barante s'est donné pour tâche « de restituer à l'histoire elle-même l'attrait que le roman historique lui a emprunté ». En fait, il montre une prédilection pour le récit orné et pour l'éloquence d'apparat.

LE RÉCIT RÉALISTE

Thiers (1796-1884). Adolphe Thiers, avocat, journaliste, orateur politique et homme d'État, a publié une *Histoire de la Révolution* (1823-1827), puis une *Histoire du Consulat et de l'Empire* (1845-1862). Réaliste, il s'intéresse avant tout aux faits : les questions économiques, financières et diplomatiques présentent à ses yeux une importance capitale; et il ne dédaigne pas, à l'occasion, « de donner jusqu'au prix du pain, du savon et de la chandelle ». *Thiers possède, à un degré éminent, la faculté selon lui « essentielle » de l'historien, l'intelligence;* son esprit vaste et pénétrant le met en mesure de démêler « le vrai du faux », d'entrer « dans les secrets ressorts des choses », d'éviter les exagérations, « le fard », et de peindre juste. Le souci qu'il a d'être constamment limpide l'entraîne, il est vrai, à méconnaître la complexité des événements et à en imposer une vision un peu schématique. En outre, son exposé, toujours clair, manque un peu de chaleur et de vie; selon lui, d'ailleurs, l'historien doit éviter toute recherche de style.

Mignet (1796-1884). François Mignet fut un grand ami de Thiers. Tour à tour avocat, journaliste, professeur d'histoire, il devient, en 1837, secrétaire de l'Académie des Sciences morales et politiques, puis conseiller d'État et directeur des Archives au ministère des Affaires étrangères. Son *Histoire de la Révolution française* (1824) contient des modèles de récits objectifs, bien composés, et d'un style aussi élégant que sobre.

Henri Martin (1810-1883). Henri Martin fut, dans sa jeunesse, romancier, dramaturge et poète. A partir de 1833, il se consacre à une *Histoire de France*, qu'il publie d'abord sous forme d'ébauche, puis qu'il remanie et complète de 1837 à 1854. Henri Martin a voulu donner aux Français « l'histoire nationale » qui leur manquait; il s'applique à retrouver à travers les époques de la France la persistance de l'élément gaulois. Il se réclame d'Augustin Thierry; mais il ne possède pas l'éclat ni le don de résurrection de son devancier.

III L'HISTOIRE PHILOSOPHIQUE

A cette école narrative s'opposent des historiens de tendances diverses, mais qui tous retourneraient volontiers la formule mise en honneur par Barante : ils écrivent pour prouver, plutôt que pour raconter.

GUIZOT (1787-1874)

François Guizot fut professeur à la Sorbonne et, sous la Restauration, défendit des idées libérales. Lorsque, sous la monarchie de Juillet, la bourgeoisie française eut accès au gouvernement du pays, il se tint pour satisfait et, logique avec lui-même, se rangea parmi les conservateurs. Lorsqu'il devint ministre, il voulut freiner l'évolution démocratique; et la révolution de 1848 se déclencha contre lui. Ses trois principaux ouvrages, *Histoire de la révolution d'Angleterre* (1826-1856), *Histoire de la civilisation en Europe*, *Histoire de la civilisation en France* (1845), sont une mise au point de cours professés en Sorbonne de 1822 à 1830.

Guizot, esprit systématique, s'attache à vérifier ses théories dans les faits : il répète constamment, à la lumière de l'histoire, que le gouvernement doit désormais appartenir à là bourgeoisie, dont les intérêts s'identifient à ceux de la nation. *Il applique, d'ailleurs, dans ses recherches et dans son analyse, une méthode rigoureuse :* il excelle à découvrir l'esprit des institutions, à reconstituer le mécanisme social des diverses époques, à esquisser largement l'évolution de la civilisation en Europe. Son style est abstrait et souvent sévère; les images sont rares et le pittoresque est absent; mais l'intérêt de la lecture est soutenu grâce à la vigueur de la démonstration et à l'accent parfois passionné d'une dialectique puissante.

QUINET (1803-1875)

Edgar Quinet subit profondément dans sa jeunesse l'influence du philosophe allemand Herder. En 1842, il fut nommé professeur au Collège de France. Champion de la lutte laïque, il entreprit avec son ami Michelet une violente campagne contre les Jésuites. Suspendu par Guizot, il fut rétabli dans sa chaire en 1848 et prit place sur les bancs de l'extrême gauche dans les assemblées révolutionnaires. Son œuvre, immense et bigarrée, contient, outre des récits de voyages, des poèmes symboliques en prose (*Ahasvérus*, 1833; *Merlin l'Enchanteur*, 1860) ou en vers (*Prométhée*, 1838), qui chantent les destinées de l'Humanité en marche vers le Progrès. Historien, il laisse trois œuvres maîtresses : *Le Génie des religions* (1842), réplique au *Génie du christianisme; Les Révolutions d'Italie* (1848-1852); et *La Révolution* (1865).

Quinet, par la véhémence de son lyrisme et par l'éclat de ses prophéties, est bien un écrivain romantique. Sa pensée est souvent confuse et sa philosophie de l'histoire est trop systématiquement orientée vers l'action militante. Pourtant, il prétend s'appuyer sur une méthode rigoureuse : « Aucun effort ne m'a coûté, écrit-il, pour établir avec solidité cet enchaînement des causes et des effets qui m'a toujours paru être l'âme de l'histoire. »

TOCQUEVILLE (1805-1858)

Le comte Alexis de Tocqueville fut magistrat sous la Restauration, député sous la monarchie de Juillet et ministre des Affaires étrangères sous la présidence de Louis-Napoléon. Le progrès des constitutions démocratiques dans les sociétés modernes attira tout particulièrement son attention et lui inspira deux ouvrages pénétrants, qui comptent parmi les chefs-d'œuvre de l'histoire philosophique : *De la Démocratie en Amérique* (1835-1840), *L'Ancien Régime et la Révolution* (1856).

De la Démocratie en Amérique. Dans cette étude conçue à l'occasion d'une mission officielle en Amérique, l'auteur détermine d'abord les conditions géographiques et historiques qui ont commandé l'avènement dans ce pays de la démocratie; puis il analyse les institutions sociales et politiques qui ont assuré la stabilité du régime; enfin il étudie l'influence de la démocratie sur la vie et les mœurs des Américains.

L'Ancien Régime et la Révolution. Dans cette étude, l'auteur tend à démontrer que, si la Révolution de 1789 a pu dérouter bien des esprits et faire perdre leur sang-froid aux hommes qu'elle porta au pouvoir, elle ne marque en fait aucune rupture : elle n'a été, sur le plan politique, social et administratif que l'aboutissement logique de l'Ancien Régime. Aucune puissance politique ne saurait donc entraver ses effets.

Chez Tocqueville, les faits ne sont pas rapportés pour eux-mêmes, mais servent à illustrer des idées générales : ils s'insèrent à l'intérieur d'une ample démonstration qui permet à la fois de les expliquer dans leur caractère particulier et de suivre dans leur logique interne les conditions générales du devenir historique. Ainsi, dans le premier ouvrage, les analyses particulières touchant l'Amérique amènent l'auteur à définir les conditions du fonctionnement d'une saine démocratie : institutions communales fortes, suffrage universel à plusieurs degrés, présence d'un sentiment religieux qui serve de frein aux entraînements passionnels des masses. Dans le second, les précisions sur la structure administrative de l'ancienne France sont destinées à prouver que la centralisation est une institution de la monarchie et non une conquête de la Révolution. Les deux ouvrages montrent que la France marchait et marche encore vers la démocratie, par le jeu inéluctable de causes profondes. *Tocqueville est un philosophe de l'histoire :* son œuvre, dense, d'une logique rigoureuse, d'un style grave, mais toujours clair, fait songer à *L'Esprit des lois;* elle exercera une grande influence sur la génération de Renan, de Taine et de Fustel de Coulanges.

LOUIS BLANC (1812-1882)

Louis Blanc, disciple de Saint-Simon, fut homme politique, publiciste et historien. Il fonda en 1839 *La Revue du Progrès* pour la défense d'un idéal démocratique et se fit surtout connaître en 1840 par un ouvrage de tendances socialistes, *De l'Organisation du travail.* Il publia, de 1841 à 1844, une *Histoire de dix ans*, où il étudie les origines et la première partie du règne de Louis-Philippe, puis de 1847 à 1862, une *Histoire de la Révolution française* en douze volumes : selon Louis Blanc, on peut distinguer, pendant la période révolutionnaire, deux courants; l'un, qui a son origine dans l'œuvre de Voltaire, triomphe; l'autre, qui est issu de Rousseau, succombe. Si ses convictions transparaissent dans son exposé, son information est sérieuse; et son style a de l'ampleur.

IV MICHELET (1798-1874)

*Jules Michelet est issu du peuple. Après de brillantes études, il débute dans l'enseignement. En 1831, il entre aux Archives Nationales et se consacre à son œuvre maîtresse, l'*Histoire de France : *c'est pour lui l'époque de la maturité. Vers 1843, il se lance dans de violentes campagnes démocratiques et anticléricales; après le coup d'État de 1851, il perd sa chaire et son poste aux Archives. Il termine son* Histoire de France, *mais l'esprit de parti fausse désormais sa vision. Dans sa vieillesse, il cherche un dérivatif à ses déceptions en écrivant des œuvres lyriques et descriptives.*

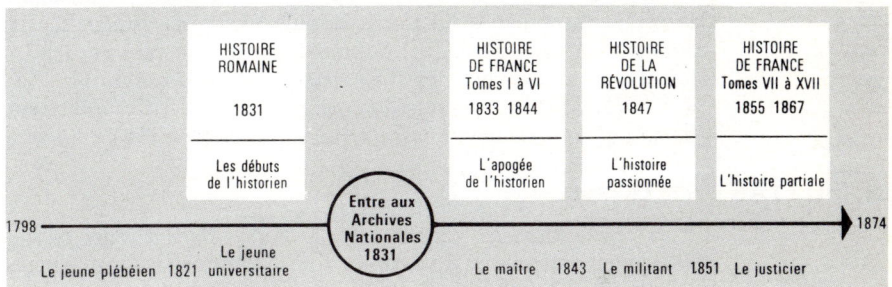

A   La carrière de Michelet

LE JEUNE PLÉBÉIEN (1798-1821)

Michelet, fils d'artisan, connaît la misère au foyer familial, et grandit, chétif, « comme une herbe sans soleil entre deux pavés de Paris ». Après l'école primaire, il entre au collège Charlemagne; ses études, poursuivies avec une volonté farouche, sont marquées par de retentissants succès. Une visite au musée des Monuments historiques détermine sa vocation : « C'est là que j'ai reçu d'abord la vive impression de l'histoire. Je remplissais ces tombeaux de mon imagination, je sentais ces morts à travers les marbres. »

LE JEUNE UNIVERSITAIRE (1821-1831)

En 1821, Michelet est reçu agrégé. Il enseigne d'abord au collège Sainte-Barbe; en 1827, il est nommé maître de conférences à l'École Normale Supérieure et chargé d'un cours d'histoire ancienne. Il subit l'influence de Victor Cousin, qui fortifie son goût pour les idées générales; il s'initie à la philosophie de l'histoire en étudiant les systèmes de l'Allemand Herder et surtout de l'Italien Vico. Il commence à concevoir de vastes synthèses; il songe à retrouver dans l'évolution humaine les épisodes d'un vaste drame, né de la lutte entre les événements qui tendent à imposer leur loi et l'homme qui cherche à les gouverner grâce à l'exercice de sa liberté. Animé de ces dispositions intellectuelles, il compose, en 1828, son premier grand ouvrage, l'*Histoire romaine*, publiée en 1831.

LE MAITRE (1831-1843)

En 1831, Michelet est nommé chef de la division historique aux Archives nationales : désormais, il dispose d'une masse considérable de documents inédits. A l'École Normale, il est chargé du cours d'Histoire du Moyen Age et du cours d'Histoire Moderne. Il supplée Guizot à la Sorbonne (1834-1836); puis il est nommé professeur d'histoire et de morale au Collège de France (1838).

Pendant cette période, Michelet se trouve dans des conditions idéales pour réaliser le projet immense qu'il mûrit depuis plusieurs années : écrire une *Histoire de France.* De 1833 à 1844, il poursuit son œuvre sans reprendre haleine et publie les six premiers volumes : I. *Origines de la France.* II. *Tableau de la France.* III à VI. *Moyen Age jusqu'à la mort de Louis XI.* Ces volumes marquent l'apogée de son génie : en même temps que l'historien se révèle un artiste prestigieux.

LE MILITANT (1843-1851)

Vers 1843, Michelet, cédant à des préoccupations d'ordre politique, change de voie. Guidé par son amour du peuple, dont il dénonce les souffrances (*Le Peuple,* 1846), il lutte avec âpreté pour le triomphe des idées libérales et démocratiques. Poussé par un anticléricalisme violent, qui se manifeste dans son livre *Des Jésuites,* écrit en collaboration avec Quinet, il combat la politique de l'Église, qu'il considère comme l'ennemie du progrès et de l'émancipation sociale. En 1848, il applaudit à la chute de la royauté.

Pendant cette période, Michelet, persuadé qu'il est impossible de comprendre l'histoire de la monarchie absolue sans étudier auparavant la période révolutionnaire, interrompt son *Histoire de France* et compose dans l'enthousiasme son *Histoire de la Révolution.* L'œuvre est supérieure à la réputation que lui ont faite ses détracteurs : colorée et vibrante, elle repose sur une documentation très neuve; mais les passions nuisent parfois à la sérénité de l'historien.

LE JUSTICIER (1851-1874)

Après le coup d'État, Michelet est destitué de sa chaire au Collège de France et perd sa place aux Archives. Il reprend pourtant son *Histoire de France* au point où il l'a laissée : les tomes VII à XVII, publiés de 1855 à 1867, conduisent le lecteur de la Renaissance à la Révolution. *Aigri par ses déceptions politiques, Michelet, de plus en plus, s'abandonne à l'esprit partisan :* au lieu de raconter, il se pose en justicier, face aux rois, aux prêtres et aux nobles; le polémiste déforme la réalité; l'histoire devient sous sa plume une malédiction prophétique.

Cependant, la contemplation de la nature offre un dérivatif à ses amertumes; et il compose une tétralogie riche en méditations lyriques et en paysages lumineux (*L'Oiseau,* 1856, *L'Insecte,* 1857, *La Mer,* 1861, *La Montagne,* 1868). Enfin, dans *La Bible de l'humanité* (1864), il interprète les mythes des diverses religions, formule son idéalisme social et proclame sa confiance en l'avenir. La mort l'empêche de mener à bien une *Histoire du dix-neuvième siècle.* Il laisse, en outre, un *Journal intime.*

B Le « programme historique » de Michelet

Michelet a défini lui-même son « programme historique » dans une formule célèbre : l'histoire doit être une « résurrection de la vie intégrale ». Écrire l'histoire intégrale, c'est faire œuvre de savant; ressusciter les époques disparues, c'est faire œuvre d'artiste.

L'HISTOIRE INTÉGRALE

L'histoire intégrale suppose d'abord une documentation rigoureuse et immense. Chercheur passionné, Michelet est toujours remonté directement aux sources : il compulse et dépouille inlassablement des liasses de documents inédits, enfouis jusqu'alors dans les dépôts publics. Aux textes imprimés, il ajoute ses observations personnelles; il examine les inscriptions, les médailles, les frontispices de monuments, les chapiteaux de cathédrales; il se rend en Italie avant d'écrire son *Histoire romaine* et prend des notes de voyage sur un carnet.

L'histoire doit reposer sur la géographie : « Sans une base géographique, le peuple, l'acteur historique, semble marcher en l'air, comme dans les peintures chinoises où le sol manque. » L'homme, en effet, est lié à la terre qui l'a vu naître par de profondes attaches : la géologie, le relief, le climat, les cultures d'une région façonnent le caractère et les mœurs de ses habitants. « Tel le nid, tel l'oiseau. Telle la patrie, tel l'homme. » Ainsi l'*Histoire romaine* s'ouvre par un tableau de l'Italie et le second volume de l'*Histoire de France* par le célèbre *Tableau de la France*, vaste tour d'horizon à travers nos vieilles provinces, évoquées dans la diversité de leurs aspects et de leurs mœurs : « C'est un grand et merveilleux spectacle... de voir l'éloquente et vineuse Bourgogne entre l'ironique naïveté de la Champagne et l'âpreté critique, polémique, guerrière de la Franche-Comté et de la Lorraine; de voir le fanatisme languedocien entre la légèreté provençale et l'indifférence gasconne; de voir la convoitise, l'esprit conquérant de la Normandie contenus entre la résistante Bretagne et l'épaisse et massive Flandre. »

Édifiée sur cette « forte base » qu'est la terre, l'histoire doit embrasser toutes les manifestations de la vie nationale. Institutions politiques et administratives, philosophie, religion, langue, littérature, beaux-arts font partie du domaine historique. De même, l'histoire ne saurait se limiter à l'étude d'une classe ou d'une caste : le peuple, en particulier, si longtemps laissé dans l'ombre, a le droit d'être mis enfin en pleine lumière.

L'histoire doit opérer la synthèse de tous ces éléments. Après avoir étudié isolément tous les aspects de l'activité nationale, l'historien cherche à dégager la loi fondamentale de l'évolution humaine. En dépit des forces extérieures qui la façonnent, l'humanité se crée elle-même par une mystérieuse gestation : « Dans le progrès humain, la part essentielle est à la force vive qu'on appelle l'homme. » L'histoire de Rome et l'histoire de France illustrent cette idée : le peuple romain a été l'artisan de son destin grâce à un effort continuel de sa volonté; la France a peu à peu conquis son individualité et son unité grâce à un « puissant travail de soi sur soi »... « La France a fait la France, et l'élément fatal de race m'y semble secondaire. Elle est fille de sa liberté. »

LA RÉSURRECTION DU PASSÉ

Michelet anime d'une vie intense les âges disparus. « Le cœur, écrivait-il, est le plus souvent chez moi le point de départ de mes pensées. Il féconde mon esprit. » Cette sensibilité ardente met aussi en branle son imagination. L'historien est halluciné par les images des temps révolus. Les personnages qu'il évoque ne sont pas des fantômes, mais des êtres de chair et de sang, dont il partage les souffrances et les joies. Les parchemins qu'il consulte lui parlent, comme jadis lui parlaient, au musée des Monuments historiques, les tombeaux des Mérovingiens : « Dans le silence apparent de ces galeries, je ne tardai pas à m'apercevoir qu'il y avait un mouvement, un murmure qui n'était pas la mort. Ces papiers, ces parchemins, laissés là depuis longtemps, ne demandaient pas mieux que de revenir au jour. Ces papiers n'étaient pas des papiers, mais des vies d'hommes, de provinces, de peuples, tous vivaient et parlaient. » Cette imagination de poète tend naturellement, comme celle d'un Hugo, vers le grandiose et le surhumain ; elle prête une existence mystérieuse aux montagnes, aux fleuves, à la mer ; elle brasse les masses populaires, ressuscite le tumulte des batailles, transforme en symboles les grandes figures de l'histoire : Vercingétorix, Charlemagne, Jeanne d'Arc.

Une prose frémissante et imagée concourt à cette résurrection. La phrase de Michelet, parfois ample, nombreuse, semée de vers blancs, est plus souvent courte, hachée, haletante. L'écrivain a le don de la formule qui fait balle et plus encore le sens inné de la métaphore : le Rhône au cours impétueux, c'est « un taureau qui a vu du rouge » ; le fisc à l'époque de Philippe le Bel, c'est « le cyclope, l'ogre, la gargouille vivante de la Seine ».

OUVRAGES A CONSULTER

MICHELET. *Oeuvres complètes*, éd. P. Viallaneix, en cours de publication, Flammarion.
J. EHRARD et G. PALMADE. *L'Histoire*, coll. U, A. Colin, 1964. P. VIALLANEIX. *La Voie royale. Essai sur l'idée de peuple dans l'oeuvre de Michelet*, Delagrave, 1959.

UNE MERVEILLEUSE AVENTURE

Une enfant de douze ans, une toute jeune fille, confondant la voix du cœur avec la voix du ciel, conçoit l'idée étrange, improbable, absurde si l'on veut, d'exécuter la chose que les hommes ne peuvent plus faire, de sauver son pays. Elle couve cette idée pendant six ans sans la confier à personne, elle n'en dit rien même à sa mère, rien à nul confesseur. Sans nul appui de prêtres ou de 5 parents, elle marche tout ce temps seule avec Dieu dans la solitude de ce grand dessein. Elle attend qu'elle ait dix-huit ans, et alors, immuable, elle l'exécute, malgré tous les siens et malgré tout le monde. Elle traverse la France ravagée et déserte, les routes infestées de brigands ; elle s'impose à la cour de Charles VII, se jette dans la guerre ; et, dans les camps qu'elle n'a jamais vus, dans les combats, rien ne l'étonne ; elle plonge intrépide au milieu des épées ; blessée toujours, découragée 10 jamais, elle rassure les vieux soldats, entraîne tout le peuple qui devient soldat avec elle, et personne n'ose plus avoir peur de rien. Tout est sauvé! La pauvre fille, de la chair pure et sainte de ce corps délicat et tendre, a émoussé le fer, brisé l'épée ennemie, couvert de son sein le sein de la France.

MICHELET, *Jeanne d'Arc* (Introduction).

Situation du passage.

L'histoire de Jeanne d'Arc occupait primitivement deux chapitres du tome V de l'*Histoire de France*. A partir de 1843, elle fut publiée à part. Le récit proprement dit est précédé d'une introduction : Michelet est entré un jour chez un homme « qui avait beaucoup vécu et beaucoup souffert » ; or, cet homme tenait à la main l'histoire de Jeanne et semblait plongé dans un rêve. Michelet entreprend à son tour de résumer à grands traits la carrière de Jeanne. Un point de départ : une enfant de douze ans ; un point d'arrivée : la France sauvée. Comment un tel miracle fut-il possible ? Quelles furent les principales étapes de cette merveilleuse aventure ?

Le texte.

L'étrange idée d'une enfant (1-3). Michelet veut commencer son récit par une antithèse : *Une enfant de douze ans... conçoit l'idée... de sauver son pays*. Mais, soucieux de mé-

nager l'intérêt dramatique, il enserre cette antithèse dans une période oratoire ; notons les répétitions : *une enfant... une toute jeune fille* ; *la voix du cœur... la voix du ciel* ; et les adjectifs accumulés, qui représentent des retouches successives de la pensée : *étrange, improbable, absurde*. Une sorte d'énigme est ainsi proposée, dont la solution ne nous est donnée que dans les derniers mots, *de sauver son pays*, clausule sèche, d'un effet saisissant. Les allusions de Michelet sont lourdes de sens : Jeanne confond *la voix du cœur avec la voix du ciel. La voix du cœur*, c'est sa sensibilité d'enfant qui, au récit des misères de la guerre, s'est émue de « la grande pitié qu'il y avait au royaume de France » ; *la voix du ciel*, c'est celle qui, à plusieurs reprises, par les apparitions de saint Michel, de sainte Catherine, de sainte Marguerite, lui a fait comprendre qu'elle était choisie par Dieu pour délivrer la France. A l'appel de ces deux voix, Jeanne *conçoit l'idée d'exécuter la chose que les hommes ne peuvent plus faire* :

cette phrase, volontairement dépouillée, fait allusion au découragement qui accable alors la France, livrée aux Anglais ; les hommes ne veulent plus combattre, car la victoire ne leur paraît plus possible. Et voici qu'une enfant prétend réaliser ce miracle !

Un lourd secret (3-5). Jeanne va-t-elle dévoiler son secret ? Non. *Elle couve cette idée* : le verbe, imagé, traduit bien l'intensité de vie intérieure que Michelet attribue à son personnage. Mais pourquoi garde-t-elle ce secret ? A nous de le deviner : c'est qu'elle n'est pas encore sûre de sa mission ; il faut que les voix se confirment et deviennent plus pressantes. En attendant, sa décision est bien arrêtée, tenace (*pendant six ans*) et jusqu'au bout secrète (*sans la confier à personne*). Jeanne *n'en dit rien même à sa mère*, pourtant sensible et mystique comme elle, *ni à un confesseur*, le seul être à qui l'on puisse se confier en toute quiétude. Le rythme soutenu de la phrase : *rien... rien*, évoque la volonté farouche de la jeune héroïne. Michelet revient sur la même idée : *prêtres* reprend *confesseur*; *parents* reprend *mère*; puis il la traduit sous la forme d'une vision symbolique, créant autour de Jeanne une atmosphère surnaturelle : *elle marche tout ce temps seule avec Dieu*; et la phrase se termine par une expression ample et sonore, plus suggestive que littéralement intelligible : *dans la solitude de ce grand dessein.*

Un chef de guerre intrépide (5-13). Une courte phrase de transition : *elle attend qu'elle ait dix-huit ans*; un temps d'arrêt : *et alors*; une forte coupe après l'adjectif *immuable*, qui met l'accent sur la ténacité de la jeune fille; et Jeanne *exécute* son grand dessein. Alors que la guerre se rapproche des régions de l'Est, elle décide de partir, *malgré tous les siens*, son père en particulier, qui avait juré que « si sa fille s'en allait avec les gens de guerre, il la noierait plutôt de ses propres mains », *malgré tout le monde*, malgré Baudricourt, malgré les soudards grossiers, malgré les

théologiens du parti armagnac, qui lui font subir des interrogatoires tortueux. Sa foi rayonnante triomphe de tous les obstacles; le rythme saccadé et haletant de la phrase se moule sur le mouvement même de la pensée. Michelet nous présente ensuite, sans le moindre commentaire, le déroulement rapide des événements. *Elle traverse la France ravagée et déserte*, cent cinquante lieues sans le moindre dommage, avec un faible équipage, dans un pays occupé par l'ennemi, couvert de rôdeurs et de coupeurs de bourses (*les routes infestées de brigands*) et, de même qu'elle avait inspiré aux soldats un respect qui devint vite de la vénération, *elle s'impose à la cour de Charles VII*, à Chinon, où elle obtient une armée pour aller délivrer Orléans. Le mouvement se précipite : *elle se jette dans la guerre*; une phrase bâtie sur une inversion hardie prend fin sur un verbe énergique dans sa simplicité et met ainsi en lumière une audace qui stupéfia alors les guerriers : *dans les camps qu'elle n'a jamais vus, dans les combats, rien*

ne l'étonne, c'est-à-dire rien ne l'effraie (sens étymologique), mais aussi rien ne lui paraît anormal. Son intelligence lui dicte d'emblée les résolutions les plus sages et la met, avec une promptitude miraculeuse, au fait de la stratégie. Deux idées distinctes sont exprimées de manière concrète et pittoresque : le courage est la première vertu de Jeanne (*elle plonge intrépide au milieu des épées*), et il est à ce point indomptable qu'elle ne sent pas ses blessures (*blessée toujours, découragée jamais*); d'autre part, elle exerce sur tout son entourage l'ascendant d'un chef. Cette idée est développée dans une gradation savante : d'abord, *elle rassure les vieux soldats*, ceux qui, las d'être vaincus, ne se battaient plus qu'en désespérés; ensuite, *elle entraîne tout le peuple qui devient soldat avec elle*; enfin, une alliance de mots particulièrement hardie, *et personne n'osa plus avoir peur*, nous révèle en quoi a consisté essentiellement le miracle de Jeanne d'Arc : elle a éveillé chez les Français l'idée d'une conscience nationale.

La victoire (14-17). Aussitôt après cette narration haletante, une exclamation traduit la réaction enthousiaste de Michelet : *Tout est sauvé!* La délivrance d'Orléans fut bien en effet le tournant décisif de cette guerre : en quelques jours, Jeanne chassa les Anglais des positions qu'ils occupaient et les contraignit à une retraite précipitée. La dernière phrase marque un retour à l'équilibre; elle traduit en termes pittoresques l'antithèse entre la faiblesse physique de Jeanne et le miracle qu'elle a réalisé. En même temps, l'imagination visuelle de Michelet s'élargit jusqu'au symbole : Jeanne, c'est la fille du peuple (*la pauvre fille*); c'est la vierge (*chair pure et sainte*); c'est la patrie (*couvert de son sein le sein de la France*). La phrase, d'abord ample et cadencée (*chair pure et sainte... corps délicat et tendre*), est ensuite fortement martelée (*a émoussé le fer, brisé l'épée ennemie*) et elle se termine par la répétition énergique du mot *sein*, qui permet une identification concrète de Jeanne d'Arc avec la France.

Conclusion.

Ce court passage présente un double intérêt, dramatique et pathétique. Pour Michelet, l'histoire est un drame qu'il s'agit de faire revivre sur la scène du monde. En quelques lignes, sans commentaire inutile, au moyen de phrases juxtaposées en un raccourci puissant et emportées par un mouvement irrésistible, il évoque à nos yeux non pas la Jeanne de légende, douce et fade, mais une jeune fille ardente, énergique, virile, un véritable chef dont l'ascendant merveilleux a sauvé la France. Le récit de Michelet dramatique d'abord, devient ensuite pathétique : poussé par un ardent besoin de sympathie, l'homme s'émeut, et communique au lecteur l'émotion qui le possède.

SUJETS DE COMPOSITION FRANÇAISE

1 On répartit quelquefois les historiens du XIXe siècle en diverses écoles : narrative, pittoresque, philosophique, réaliste. Dans quelle mesure cette classification est-elle valable?

2 Pensez-vous avec Thiers que l'intelligence soit la qualité essentielle de l'historien?

3 Michelet déclare qu'il a « reçu d'abord la vive expression de l'histoire » en allant visiter le musée des Monuments historiques. Vous supposerez qu'il écrit vers 1812 à l'un de ses camarades pour lui faire part de son émotion lorsqu'il a pénétré sous ces voûtes sombres et des réflexions que ce spectacle lui a suggérées.

4 Commenter ce jugement de Philippe Van Tieghem : « Michelet est un très grand poète, qui a pris pour matière de sa poésie le passé de son pays... Il faut le considérer comme tel. »

5 Commenter cette phrase de Michelet : « L'histoire, Thiers l'appelle *narration* et M. Guizot *analyse*; je l'ai nommée *résurrection*. »

Sainte-Beuve. Lithographie de Bornemann.
(B. N. Est.)

CHAPITRE XIV

La critique littéraire au temps du romantisme

La critique littéraire a lentement conquis ses titres de noblesse. Pratiquée d'abord par les écrivains en marge de leur création proprement dite, elle s'est constituée peu à peu comme une activité autonome; au XIXe siècle, elle s'élève au niveau des grands genres littéraires.

Au temps du romantisme, les défenseurs des traditions classiques, comme Nisard, s'opposent aux défenseurs de l'esthétique nouvelle. Mais de nombreux critiques refusent désormais de juger les œuvres au nom d'un idéal défini et condamnent le dogmatisme en matière de goût : ainsi, Villemain applique les méthodes de la critique dite explicative ou historique. A sa suite, Sainte-Beuve, avec beaucoup plus d'art et de souplesse, s'attache à étudier les écrivains dans l'intimité de leur vie et à les faire revivre dans leur singularité; ses études sont souvent des modèles de discernement, de pénétration et de finesse.

1828-1829	Villemain : *Tableau de la littérature française du XVIIIe siècle.*
1840-1859	Sainte-Beuve : *Port-Royal.*
1844-1849	Nisard : *Histoire de la littérature française.*
1851-1862	Sainte-Beuve : *Causeries du lundi.*
1863-1870	Sainte-Beuve : *Nouveaux Lundis.*

LA DIVERSITÉ DES TENDANCES

Pendant la première moitié du XIXᵉ siècle, les critiques sont nombreux. Les uns, comme Jules Janin, commentent cavalièrement les nouveautés de la scène; d'autres, comme Nisard ou Saint-Marc Girardin édifient des théories et prétendent restaurer les traditions de l'art classique; d'autres encore, comme Villemain, s'efforcent d'expliquer objectivement la naissance des œuvres littéraires.

LE FEUILLETON DRAMATIQUE

Jules Janin (1804-1874) abandonne le droit pour la littérature et se signale à l'attention du public comme romancier en publiant une œuvre étrange, *L'Ane mort et la Femme guillotinée* (1829), qui semble une parodie du roman frénétique et macabre. L'année suivante, il entre au *Journal des Débats*, où, à partir de 1835, il assure seul le feuilleton dramatique; pendant près de quarante ans, il est considéré comme « le prince des critiques ». Il recueille ses feuilletons en une *Histoire de la littérature dramatique* comportant six volumes. Janin manie une prose primesautière et brillante, cultive le paradoxe et séduit parfois grâce à son esprit; mais il est souvent bavard et frivole.

LA CRITIQUE CLASSIQUE : DÉSIRÉ NISARD

Désiré Nisard (1806-1888), rédacteur au *Journal des Débats* et professeur de littérature française à l'École Normale, flétrit le romantisme dans son *Manifeste contre la littérature facile* (1833); dans son *Histoire de la littérature française* (1844-1849), il juge les écrivains au nom de l' « esprit français ». Il admire sans réserve le classicisme, qui, selon lui, marque le triomphe du génie national. Nisard rachète par un style précis et nerveux l'étroitesse de son dogmatisme.

Saint-Marc Girardin (1801-1873), professeur à la Sorbonne, publie un *Cours de littérature dramatique* (1843), où il étudie le théâtre depuis l'antiquité jusqu'aux temps modernes; il veut montrer que les écrivains romantiques ont dénaturé, en les portant à la scène, les grands sentiments humains; et il attaque la littérature nouvelle au nom de la morale.

LA CRITIQUE EXPLICATIVE : VILLEMAIN

Villemain (1790-1870), professeur d'éloquence française à la Sorbonne, puis ministre de l'Instruction publique, insiste sur l'importance du milieu social dans la genèse des ouvrages de l'esprit. Après Mme de Staël, il s'attache à déterminer l'influence réciproque de la société sur l'écrivain et de l'écrivain sur la société, ainsi que les actions et réactions des diverses civilisations les unes sur les autres. Son *Tableau de la littérature au Moyen Age* et son *Tableau de la littérature au XVIIIᵉ siècle* (1828-1829) illustrent sa méthode. Villemain joint à une érudition solide un style clair et nuancé; mais il considère d'un peu haut les grands événements de l'histoire de la littérature. « L'explication » des œuvres sera poussée beaucoup plus loin par Sainte-Beuve : il reste à Villemain le mérite de lui avoir frayé la voie.

II   SAINTE-BEUVE (1804-1869)

Sainte-Beuve se mêle d'abord au mouvement romantique; il tente sa chance comme poète lyrique et comme romancier, mais ne parvient pas à s'imposer au premier rang. Il renonce alors aux œuvres d'imagination pour exercer le métier de critique. Amateur d'âmes et d'idées, il conquiert une place, grâce au prestige de son art, parmi les grands créateurs de sa génération, dont il jalousa longtemps la gloire.

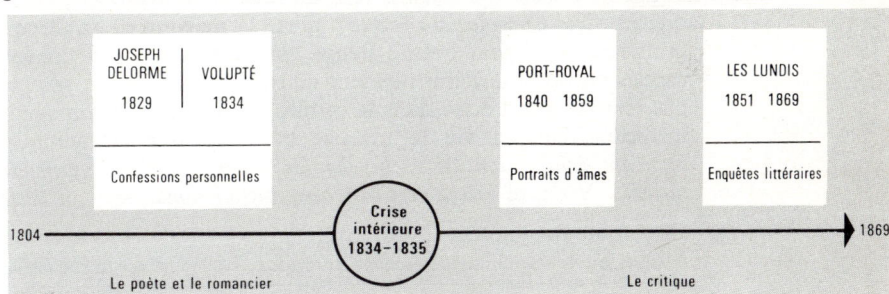

JOSEPH DELORME 1829 | VOLUPTÉ 1834		PORT-ROYAL 1840 1859	LES LUNDIS 1851 1869
Confessions personnelles		Portraits d'âmes	Enquêtes littéraires

1804 ——————————— **Crise intérieure 1834-1835** ———————————→ 1869

Le poète et le romancier   Le critique

A   La carrière de Sainte-Beuve

LE POÈTE

Charles-Augustin Sainte-Beuve, né à Boulogne, mais parisien d'adoption, entre en 1826 dans l'équipe du *Globe* et gagne bientôt l'amitié de Victor Hugo, qui l'accueille au Cénacle. En 1828, il publie un *Tableau historique et critique de la poésie française et du théâtre français au XVIe siècle* : c'est une réhabilitation éclatante d'écrivains méconnus, et particulièrement de Ronsard, dont il présente en même temps un choix de poèmes. Lui aussi voudrait s'illustrer dans la création poétique; mais, d'emblée, il prend conscience que, faute de souffle et d'imagination, le haut lyrisme lui est interdit. Il adopte un genre à sa mesure et donne le modèle d'une poésie familière, souvent terre à terre, mais riche en notations intimes et en confidences voilées.

Vie, Poésies et Pensées de Joseph Delorme (1829). *Ce premier recueil contient une suite d'élégies, précédées par une vie romancée de l'auteur, qui s'analyse à travers son héros, et accompagnées de réflexions diverses.* Joseph Delorme est un jeune homme timide, taciturne et tourmenté par un complexe d'infériorité : il voudrait aimer et se croit incapable de plaire; il voudrait écrire et se juge impuissant à créer; il voudrait être heureux et se voit « lancé dans une carrière qui l'éloigne du but même de ses vœux ». Autour de lui, d'autres hommes marchent à la conquête de la gloire et du bonheur; mais il ne peut les suivre. Dans ses vers, il se compare à un arbre infécond qui se consume ou à un pasteur immobile auprès d'un fleuve écumant, « et qui passe sa vie à voir passer les eaux ». Simple spectateur des grands drames que jouent quelques-uns de ses contemporains, il souffre de leurs triomphes, qui font ressortir sa propre disgrâce.

LE ROMANCIER

Après la publication de *Joseph Delorme*, Sainte-Beuve traverse une période plus heureuse : ceux-là mêmes qu'il envie le plus, Lamartine et Victor Hugo, lui font confiance et le saluent comme un de leurs pairs. Réconforté par l'amitié et par la poésie, il s'oriente vers un idéalisme mystique, et un second recueil de poésies, *Les Consolations* (1830), porte la marque de sa ferveur nouvelle. Mais ce bonheur dure peu. Sainte-Beuve ne parvient pas à convertir ses aspirations vagues en une foi définitivement consolante. En outre, ses essais poétiques n'ont pas trouvé grand écho dans le public. Enfin, une liaison avec Mme Victor Hugo introduit dans sa vie le malaise et le trouble. *Il éprouve le sentiment d'un immense échec, dont il recherche les causes en s'analysant avec une impitoyable lucidité.* Volupté (*1834*) *est la transposition romanesque de cette enquête intérieure.*

Le roman de l'échec : Volupté.

Amaury, au cours d'une adolescence studieuse et inquiète, lutte, non sans désordres intérieurs, contre son penchant secret à la volupté. Il se fiance avec Amélie de Liniers, puis s'éprend de Mme de Couaën, qui vit avec son mari dans un château breton. M. de Couaën est arrêté pour des raisons politiques; et Amaury accompagne à Paris sa femme et ses enfants, qui vont rendre visite avec lui au prisonnier. Le jeune homme se passionne un moment pour les idées de Lamarck, puis entre dans une conspiration royaliste, mais aucun idéal ne peut le retenir. Il renonce même à la chaste idylle avec Mme de Couaën et se lie avec la coquette et mondaine Mme R.

Conquis par sa nouvelle passion, Amaury, auprès de Mme R., cherche à satisfaire ses tendances profondes; mais il se lasse d'elle. Il retrouve Mme de Couaën, qui considère la perte d'un fils comme le châtiment mystique de sa faiblesse, revoit aussi Amélie, s'avise brusquement que son inconstance voluptueuse a causé le malheur de trois femmes et se sent au fond d'un abîme moral. Mais l'excès de son néant le ramène à Dieu. Persuadé qu'il ne peut agir utilement dans la société, il entre au séminaire, devient prêtre, administre Mme de Couaën mourante, va méditer à Rome, rompt définitivement avec son passé et, comme René, part pour le Nouveau Monde.

LE CRITIQUE

Volupté *déconcerte les contemporains; et ce nouvel échec aggrave la crise intérieure que traverse l'écrivain. Sainte-Beuve, désormais, se détourne de la création proprement dite*; s'il écrit encore des poèmes, il n'en attend aucune gloire. Il sait que sa véritable vocation est la critique. Outre deux études capitales sur *Port-Royal* (1840-1859) et sur *Chateaubriand et son groupe littéraire* (1861), mises au point d'après des cours qu'il a professés à Lausanne, à Berne ou à Liège, il publie en volumes plusieurs séries de « portraits » (*Portraits littéraires*, 1836-1839; *Portraits de femmes*, 1844; *Portraits contemporains*, 1846); puis, sous les titres *Causeries du lundi* (1851-1862) et *Nouveaux Lundis* (1863-1870), ses feuilletons hebdomadaires du *Constitutionnel*, du *Moniteur* ou du *Temps*. Il laisse aussi des cahiers intimes (*Mes Poisons*, publiés en 1926) et une monumentale correspondance, qu'a publiée Jean Bonnerot.

Port-Royal.

Sainte-Beuve étudie d'abord les origines et la renaissance de la communauté, fondée près de Chevreuse en 1204 et restaurée en 1608 par la mère Angélique, puis transférée à Paris. Revenant à Chevreuse, il décrit la retraite qu'y firent les Solitaires à partir de 1636. Il raconte enfin les controverses et les persécutions qui, après la publication de l'*Augustinus,* entraînèrent la désaffection définitive, puis la destruction de l'abbaye. En chemin, il peint les figures des principaux jansénistes et il ouvre de vastes perspectives sur l'histoire littéraire et spirituelle du XVIIe siècle.

L'effet de cette

immense production et consommation quotidienne

*commence à se faire sentir d'une manière fâcheuse sur
la librairie. On n'achète guère de livres quand on lit
tant les journaux; les yeux et l'esprit ont leur ration chaque
matin, et s'en tiennent là. Les ~~libraires~~ journaux ne vantent
d'ailleurs que les livres et les auteurs qu'eux-mêmes ils éditent.
La librairie* sérieuse *en souffre, et les gens de province qui se
cotisent pour lire trois ou quatre feuilletons se croient
au fait de tout. — Le prince héréditaire de Saxe-Weimar
était dernièrement à Paris;* ~~causait~~ comme il causait *avec M. Émile
de Girardin, celui-ci lui dit : « Voyez-vous, on levait
autrefois un régiment à ses frais, aujourd'hui on
crée* ~~aussi~~ *un journal. Tout homme qui compte
ou* qui *veut compter a* son *~~son~~ journal à lui. » —*

Fragment d'une lettre autographe de Sainte-Beuve.
Collection particulière de Jean Bonnerot.
Dans cette lettre adressée le 5 juin 1845 à M. et Mme Juste Olivier, Sainte-Beuve se plaint des dommages que cause à la littérature le développement du journalisme : « L'effet de cette immense production et consommation quotidienne commence à se faire sentir d'une manière fâcheuse sur la librairie. On n'achète guère de livres quand on lit tant les journaux; les yeux et l'esprit ont leur ration chaque matin, et s'en tiennent là. Les journaux ne vantent d'ailleurs que les livres et les auteurs qu'eux-mêmes ils éditent. La librairie sérieuse en souffre, et les gens de province qui se cotisent pour lire trois ou quatre feuilletons se croient au fait de tout. — Le prince héréditaire de Saxe-Weimar était dernièrement à Paris; comme il causait avec M. Émile de Girardin, celui-ci lui dit : « Voyez-vous, on levait autrefois un régiment à ses frais, aujourd'hui on crée un journal. Tout homme qui compte ou qui veut compter a son journal à lui. »

B   L'œuvre critique de Sainte-Beuve

LA MÉTHODE

Sainte-Beuve conçoit la critique comme une enquête objective et exhaustive à propos d'une œuvre. Il veut « interroger directement, examiner l'individu-talent, dans son éducation, dans sa culture, dans sa vie, dans ses origines ». Lorsqu'il aborde un écrivain, il s'attache à en faire « le siège »; c'est ainsi qu'il parvient à le saisir dans l'acte même de sa création et à le représenter avec toutes ses particularités. *Armé de cette méthode, Sainte-Beuve peint des « portraits littéraires ».* Tous ses recueils d'études critiques pourraient porter ce titre, même *Port-Royal*, car il a voulu se conduire avec l'abbaye « comme avec un personnage unique dont on écrirait la biographie. » Vers la fin de sa vie, il est vrai, Sainte-Beuve sacrifie aux tendances de la nouvelle génération et cherche à concilier son goût pour les âmes individuelles avec les exigences généralisatrices de la science. Il se définit alors comme un « naturaliste des esprits », qui étudie les espèces pour les classer en familles; mais il se considère comme un promeneur dans le jardin des lettres, plutôt que comme un botaniste de cabinet, et préfère les joies de l'herborisation aux nécessités de la classification.

LE GOUT

Sainte-Beuve, rebelle à tout dogmatisme, se montre accueillant aux diverses formes de l'art. Romantique par sa formation, il se plaît, surtout au début de sa carrière, à louer le mérite et l'ingéniosité des écrivains qui rajeunissent la littérature : l'un des premiers en France, il signale l'intérêt des inventions fantastiques d'Hoffman. *En vieillissant, cependant, Sainte-Beuve renie quelques-uns de ses anciens enthousiasmes; il s'éloigne du romantisme et goûte de plus en plus la simplicité, la clarté, la raison.* Souvent injuste à l'égard de ses contemporains, il ne retrouve toute sa sérénité que lorsqu'il étudie les auteurs des siècles précédents, notamment les grands classiques, Molière ou La Fontaine.

LE STYLE

Chaque article de Sainte-Beuve est une œuvre d'art. La phrase, toujours admirablement équilibrée, s'orne d'images fraîches, de métaphores suggestives filées avec adresse. Le critique compare Port-Royal à une église dont il reconnaît les abords avant de pénétrer dans la nef, dans les bas-côtés, dans les chapelles, dans la crypte, et le mouvement même de son esprit en quête de vérité au cours d'une « grande et limpide rivière qui serpente et se déroule autour des œuvres et des monuments de la poésie, comme autour des rochers, des forteresses, des coteaux tapissés de vignobles et des vallées touffues qui bordent ses rives ». A bon droit, il se flatte d'avoir introduit dans un genre ingrat « une sorte de charme ».

OUVRAGES À CONSULTER

SAINTE-BEUVE. *Œuvres,* 2 vol., Pléiade, Gallimard. *Correspondance,* éd. Bonnerot, 18 vol., Stock, puis Privat-Didier. *Volupté,* éd. M. Regard, 2 vol., Imprimerie nationale, 1984.
R. FAYOLLE. *La Critique,* coll. U, A. Colin, nouv. éd., 1978. M. REGARD. *Sainte-Beuve,* Hatier, 1960.

TROISIÈME PARTIE

POSITIVISME ET RÉALISME

CHAPITRE PREMIER

La poésie parnassienne

Leconte de Lisle. Photographie de Nadar.

L'abus du lyrisme et la tendance à la facilité qui gâtent souvent les effusions romantiques ont suscité vers le milieu du siècle, une réaction. Après Théophile Gautier, Leconte de Lisle veut restaurer l'art dans sa pureté et dans sa dignité. Par sa réserve altière, il contribue à faire remonter la poésie sur le Parnasse, alors que Lamartine revendiquait comme un honneur de l'en avoir fait descendre. Aussi est-il salué comme un maître par l'école dite parnassienne, qui se forme et définit sa doctrine en 1866. Les trois recueils du Parnasse contemporain *donnent de nombreux modèles d'une poésie scrupuleuse, dont Théodore de Banville fixe la technique dans son* Petit Traité de versification française. *Vers la fin du siècle, José-Maria de Heredia réunit des sonnets en un recueil,* Les Trophées, *qui peut passer pour l'expression la plus achevée de l'art parnassien.*

1852   Leconte de Lisle : *Poèmes antiques.*

1862   Leconte de Lisle : *Poèmes barbares.*

1866   Premier recueil du *Parnasse contemporain.*

1872   Th. de Banville : *Petit Traité de versification française.*

1893   J.-M. de Heredia : *Les Trophées.*

I LECONTE DE LISLE (1818-1894)

Leconte de Lisle, né à la Réunion, se fixe à Paris en 1845 et lutte d'abord pour la démocratie socialiste; mais les événements le découragent. Après 1851, détaché des préoccupations du siècle, il se réfugie dans un passé légendaire ou dans un rêve exotique, sans parvenir à vaincre son désespoir foncier; et il voue à l'art pur un labeur qui l'impose, comme le maître d'une nouvelle génération poétique.

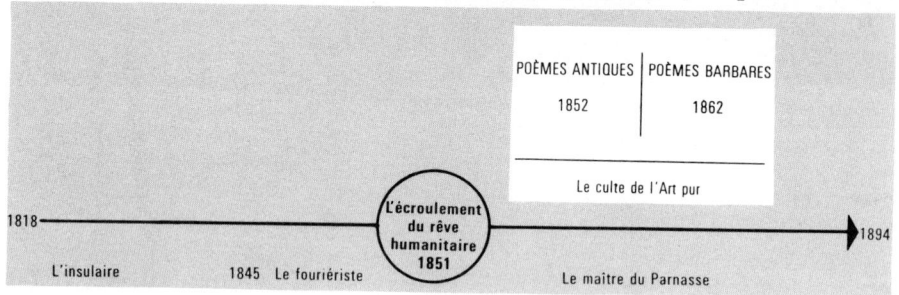

POÈMES ANTIQUES | POÈMES BARBARES
1852 | 1862

Le culte de l'Art pur

1818 — L'écroulement du rêve humanitaire 1851 — 1894

L'insulaire   1845 Le fouriériste   Le maître du Parnasse

A   La carrière poétique

L'INSULAIRE (1818-1845)

Leconte de Lisle est le fils d'un ancien chirurgien militaire qui s'est installé comme planteur à la Réunion. Il conservera toujours le souvenir des images exotiques et maritimes qu'il a contemplées pendant ses années d'enfance et d'adolescence. En 1837, il se rend en France pour étudier le droit; il séjourne à Rennes et, déjà, fréquente les cercles littéraires. Après un nouveau séjour dans l'île natale, il se fixe définitivement à Paris.

LE FOURIÉRISTE (1845-1851)

Vers 1845, Leconte de Lisle est un jeune homme ardent, qui s'enflamme pour les doctrines humanitaires. Il collabore à *La Phalange*, journal fouriériste; et il publie des poèmes d'une inspiration généreuse, en particulier *Niobé*, où l'héroïne de la mythologie hellénique apparaît comme le symbole d'une Humanité asservie et souffrante, mais promise au bonheur de la liberté. L'échec de la Révolution le déçoit; il se pénètre alors de l'idéal grec et de la sagesse hindoue, que contribue à lui révéler son ami Louis Ménard. L'avènement du Second Empire brise définitivement ses espérances politiques.

LE MAITRE DU PARNASSE (1851-1894)

Leconte de Lisle se consacre désormais au culte de l'art et publie les *Poèmes antiques*, puis les *Poèmes barbares*. Pour vivre, il traduit des chefs-d'œuvre de la littérature grecque, notamment *L'Iliade* et *L'Odyssée*. Après 1870, il est nommé bibliothécaire du Sénat; et l'Académie l'élit en 1885 au fauteuil de Victor Hugo.

LES POÈMES ANTIQUES (1852-1874)

La première édition des *Poèmes antiques*, en 1852, comporte trente et une pièces, dont les plus anciennes sont de 1845. Dans l'édition définitive, en 1874, prennent place vingt-cinq nouvelles pièces, toutes publiées déjà entre 1855 et 1862. La plupart des poèmes sont inspirés par l'antiquité hindoue et grecque.

Les poèmes de l'antiquité hindoue. Leconte de Lisle a lu les traductions des grandes œuvres hindoues par l'orientaliste Burnouf et connaît ainsi le Rig-Véda, recueil d'hymnes en l'honneur des anciens dieux; le Maha-Bharata et le Ramayana, qui sont les deux grandes épopées de l'Inde; le Bhagavata-Purana, suite de légendes consacrées à Bhagavat ou Visnou, l'un des trois dieux de la trinité hindoue. Il ressent une grande sympathie pour ces religions et restitue l'atmosphère de cette civilisation en sept poèmes chargés d'un sens symbolique ou philosophique. Le plus ample et le plus important de ces poèmes est *Bhagavat*, où il évoque les amères méditations de trois brahmanes, diversement déçus par la vie et également désireux de s'anéantir dans le sein du dieu :

> Puissé-je, ô Bhagavat, chassant le doute amer,
> M'ensevelir en toi comme on plonge en la mer !

Les poèmes de l'antiquité grecque. Leconte de Lisle a étudié avec ferveur les légendes et les philosophies de la Grèce. Selon lui, le christianisme, en détruisant un monde jeune, pur, harmonieux, a préparé les misères du temps présent. Ses premiers poèmes grecs, très librement inspirés d'œuvres antiques, expriment son idéal humain, qui est celui d'un autre âge et d'une autre civilisation; leur inspiration est, en général, à la fois historique et philosophique; les principaux sont, avec *Niobé*, *Hélène*, qui évoque en une succession de scènes dramatiques le conflit entre Troie et la Grèce, et *Khirôn*, où sont retracées les plus lointaines origines du monde hellénique. Après 1852, l'art étant devenu la grande préoccupation du poète, le rêve grec devient un rêve de beauté plastique : Leconte de Lisle s'inspire, notamment, de Théocrite (*Le Vase*, *L'Enfance d'Héraclès*, *Les Plaintes du Cyclope*), adapte des odelettes attribuées à Anacréon (*Odes anacréontiques*, *Médailles antiques*) ou, pénétrant dans le monde romain, transpose des poèmes d'Horace (*Études latines*).

L'écroulement du rêve antique. Pourtant, ce retour au passé ne console pas le poète. Dans *Dies irae*, une pièce qu'il place à la fin du recueil en manière de conclusion, il constate la faillite historique du rêve hindou ainsi que du rêve grec, exprime le désarroi de la conscience moderne et appelle de ses vœux la mort libératrice :

> Et toi, divine Mort, où tout rentre et s'efface,
> Accueille tes enfants dans ton sein étoilé;
> Affranchis-nous du Temps, du Nombre et de l'Espace,
> Et rends-nous le repos que la Vie a troublé !

LES POÈMES BARBARES (1862-1878)

Dans les *Poèmes barbares*, Leconte de Lisle témoigne du même dégoût pour le monde moderne; et les thèmes nouveaux qu'il aborde attestent son désir de se réfugier dans la grandeur farouche du passé ou dans la nature vierge et sauvage.

Les civilisations disparues. Après l'Inde et la Grèce, Leconte de Lisle fait revivre l'antiquité biblique (*Qaïn*), l'Égypte (*Néférou-Râ*), les pays nordiques (*Le. Cœur d'Hialmar, Le Runoïa, L'Épée d'Angantyr*), l'Armor (*Le Massacre de Mona*), la Perse (*La Vérandah*), l'Italie d'autrefois (*A l'Italie*), le Moyen Age espagnol (*La Tête du Comte*). Avec une âpre délectation, il insiste sur les aspects « barbares » de l'histoire ou de la légende humaine. Les mythes scandinaves semblent l'attirer particulièrement.

Les contrées lointaines. Leconte de Lisle se souvient de son pays natal et de son adolescence voyageuse; il décrit ou imagine les paysages lointains de l'Ile Bourbon (*La Fontaine aux lianes*), des régions tropicales (*La Forêt vierge*). de l'Archipel Malais (*La Panthère noire*), de la jungle hindoue (*Les Jungles*). Il donne un relief exceptionnel à ses portraits d'animaux, éléphants, condor ou jaguar :

> Il va, frottant ses reins musculeux qu'il bossue;
> Et du mufle béant par la soif alourdi,
> Un souffle rauque et bref, d'une brusque secousse,
> Trouble les grands lézards, chauds des feux de midi,
> Dont la fuite étincelle à travers l'herbe rousse.
>
> *(Le Rêve du jaguar)*

L'écroulement du rêve exotique. Mais quand le poète oublie son rêve lointain, c'est, presque toujours, pour retrouver un pessimisme désespéré. Il exhale son mépris pour le dix-neuvième siècle (*Aux Modernes*), évoque les blessures du cœur (*Le Manchy*), dit les amertumes de la vie (*Le Vent froid de la nuit*), aspire à l'anéantissement (*Fiat nox*), imagine le temps où le dernier homme sera libéré du fardeau de l'existence (*L'Anathème*) et, dans l'ultime poème du recueil, annonce la fin du monde :

> Tu te tairas, ô voix sinistre des vivants!
>
> *(Solvet saeclum)*

LES DERNIERS RECUEILS

Dans les *Poèmes tragiques* (1884), Leconte de Lisle décrit encore des époques révolues et formule un même désespoir; son hostilité au christianisme apparaît dans des vers de haine à l'adresse du Moyen Age (*Les Siècles maudits*); au contraire, *L'Illusion suprême, Le Secret de la vie, La Maya*, prouvent qu'il accepte décidément les conclusions de la sagesse hindoue. Aux *Poèmes tragiques*, on associe le drame eschylien des *Érynnies*, où revit la plus farouche des légendes grecques, celle d'Oreste. Enfin, un recueil posthume, publié par Heredia, est intitulé *Derniers Poèmes* (1895).

Tigre attaquant un cheval.
Sculpture de Barye.
Musée du Louvre.

B L'œuvre poétique

LA· DOCTRINE

Leconte de Lisle discipline par doctrine une sensibilité romantique. Il possède une âme impressionnable et douloureuse; mais une indomptable sauvagerie de caractère le rend hostile au lyrisme. « Il y a dans l'aveu public des angoisses du cœur et de ses voluptés non moins amères une vanité et une profanation gratuites » (Préface des *Poèmes antiques*). Il méprise trop la foule pour lui livrer en pâture ses émotions; et sa haine pour la vulgarité de la vie contemporaine l'éloigne des écrivains qui ont prétendu être des interprètes ou les guides de leur siècle. *Il garde donc le secret de sa vie intérieure ou ne se confie qu'avec une réserve altière;* il se détourne des problèmes sociaux; il cultive délibérément un pittoresque historique, archéologique ou exotique; il recommande même une poésie objective, qui emprunte à la Science ses méthodes et son idéal : « L'Art et la Science, longtemps séparés par suite des efforts divergents de l'intelligence, doivent tendre à s'unir étroitement, si ce n'est à se confondre. » Le poète conscient de sa dignité, doit s'adresser à une élite et lui offrir les fruits de ses méditations sereines.

L'INSPIRATION

Leconte de Lisle exprime pourtant dans ses vers quelques-unes de ses tendances personnelles. Il voue un culte à la Beauté, dont il découvre des incarnations dans les chefs-d'œuvre de l'art grec; il donne à l'Humanité opprimée une pensée fraternelle; il éprouve enfin, quoique positiviste, le sentiment du divin, et ne s'oppose au christianisme que pour retrouver le parfum des religions mortes. Mais la cruauté du siècle meurtrit son rêve esthétique, son rêve social, son rêve mystique : « L'impure laideur est la reine du monde »; l'échec des révolutions ajourne indéfiniment le triomphe de la Justice; et le retour vers les civilisations disparues ne peut tenir lieu d'une foi vivante et consolatrice. D'où sa haine pour son temps, son pessimisme : détresse de l'esprit, plutôt que désarroi sentimental; *le pathétique intellectuel est, chez Leconte de Lisle, la marque propre de l'inspiration.*

L'EXPRESSION

Leconte de Lisle restaure l'Art dans ses prérogatives et affranchit la poésie des dangers d'une éloquence sans contrôle; il croit, comme Gautier, à la vertu d'une exécution difficile et savante; ses réussites sont dues aux contraintes qu'il s'est imposées. Il se plie aux rigueurs d'une observation exacte et restitue avec précision les paysages, les gestes, les attitudes. Il s'efforce de rendre son ampleur à l'alexandrin et réagit contre les libertés de la versification romantique : son vers est généralement coupé à l'hémistiche, les enjambements sont rares, les accents sont nombreux, mais régulièrement disposés. Il contrôle enfin sévèrement son langage, s'interdit les tours familiers, renonce à toutes les facilités de la prose; il revient aux périphrases classiques, transpose des épithètes grecques, des images hindoues; il crée ainsi une langue propre à la poésie, parfois éclatante, quoique un peu conventionnelle. *Par son autorité, par sa probité, par son habileté technique, il s'imposera comme le chef de l'école parnassienne; et il comptera des disciples fervents.*

II L'ÉCOLE PARNASSIENNE

Après 1860, quelques revues contribuent, par leur orientation, à préparer la naissance d'un mouvement parnassien : *La Revue fantaisiste* (1861), fondée par le jeune Catulle Mendès, qui réagit contre la déclamation romantique et réhabilite la virtuosité; *La Revue du progrès* (1863-64), fondée par Xavier de Ricard, qui vante la poésie scientifique; la revue *L'Art* (1865-66), où s'accuse l'influence de Leconte de Lisle. En 1866, l'éditeur Lemerre réunit des œuvres de trente-sept poètes dans un recueil intitulé *Le Parnasse contemporain*. Les noms de Gautier, de Baudelaire, de Leconte de Lisle, voisinent avec ceux de Banville, de Sully-Prudhomme, de Coppée, de Léon Dierx, de Louis Ménard, de Catulle Mendès, de Heredia; et aussi avec ceux de Verlaine, de Mallarmé, qui débutent dans la carrière poétique. Ce recueil est suivi de deux autres, qui paraissent en 1871 et en 1876. Tous les collaborateurs du *Parnasse contemporain* sont d'accord pour proclamer leur culte de la perfection formelle.

THÉODORE DE BANVILLE (1823-1891)

Banville est le plus doué des poètes parnassiens; il joint une grande facilité naturelle au goût d'une forme achevée. Il débute à dix-neuf ans par un recueil intitulé *Les Cariatides*, où, déjà, il rend hommage au génie grec. Ses *Stalactites* (1846), ses *Odelettes* (1856), ses *Odes funambulesques* (1857), valent par une grâce alerte ou bouffonne et par une virtuosité brillante. Le poète imite aussi les genres du Moyen Age, compose des *Ballades joyeuses* à la manière de Villon, des *Rondels* à la manière de Charles d'Orléans. Enfin, dans un *Petit Traité de versification française* (1872), il contribue à révéler aux contemporains les multiples ressources du métier poétique.

SULLY-PRUDHOMME (1839-1907)

Sully-Prudhomme, par son application, par son goût de la notation précise, justifie son adhésion au Parnasse; mais il s'en éloigne par le caractère de son inspiration; il chante les émois intimes, les élans de la conscience morale, les inquiétudes de la pensée. Après quelques recueils lyriques, *Stances et Poèmes* (1865), *Les Épreuves* (1866), *Les Solitudes* (1869), *Les Vaines Tendresses* (1875), il publie deux longs poèmes philosophiques, *La Justice* (1878) et *Le Bonheur* (1888). Son œuvre fut trop vantée; mais quelques-unes de ses pièces méritent d'être sauvées de l'oubli pour leur charme mélancolique ou délicat.

FRANÇOIS COPPÉE (1842-1908)

Dans son premier recueil, *Le Reliquaire* (1866), François Coppée apparaît comme un pur parnassien; puis, dans *Les Intimités* (1868), il cultive, à l'exemple de Sainte-Beuve, une inspiration familière et il évoque avec un réalisme nuancé la vie de tous les jours. Il devient enfin, surtout dans *Les Humbles* (1872), le poète du peuple, dont il décrit, en vers volontairement prosaïques, les peines et la modestie résignée.

JOSÉ-MARIA DE HEREDIA (1842-1905)

Heredia, un poète d'origine cubaine, se fixe de bonne heure en France, entre à l'École des Chartes, acquiert une grande culture historique et littéraire. Son œuvre consiste, presque tout entière, en un recueil de cent dix-huit sonnets, réunis en 1893 sous le titre *Les Trophées*.

L'inspiration des Trophées. *Comme son maître Leconte de Lisle, Heredia évoque des civilisations disparues et des contrées lointaines.* Il conduit son lecteur depuis l'antiquité grecque jusqu'au seuil de l'âge moderne et fait voyager son imagination à travers les continents. Ce sont d'abord *La Grèce et la Sicile*, puis *Rome et les Barbares*, *Le Moyen Age et la Renaissance*, *L'Orient et les Tropiques*, enfin *La Nature et le Rêve*, dernière section du recueil, où se détache une suite de sonnets consacrés à des paysages bretons.

L'art des Trophées. *Heredia veut faire de chaque sonnet un raccourci puissant :* il tente d'exprimer l'âme d'une civilisation (*Vitrail*), la grandeur d'une scène historique (*Après Cannes*), le rêve d'une épopée héroïque (*Les Conquérants*), le génie d'un poète ou d'un artiste (*Michel-Ange*). Parmi les matériaux fournis par son érudition, il choisit avec goût les détails frappants ou émouvants. Sa conscience d'artiste recherche les mots évocateurs qui, par leur sonorité ou leur rareté (lectisterne, aplustre, sombres, bupreste), frappent l'oreille ou séduisent l'esprit. La rime est riche, le rythme est martelé avec vigueur ou coulé avec souplesse, la césure à l'hémistiche est presque toujours forte, les autres coupes et les rejets sont disposés avec habileté, les voyelles et les consonnes sont ingénieusement choisies pour produire un effet (« La viole que frôle encor sa frêle main »; « Le pétale fané pend au dernier pistil »). Le poète enfin médite un dernier vers triomphal, qui frappe l'imagination (« Toute une mer immense où fuyaient les galères ») ou qui couronne l'édifice rythmique par un jeu savant de sonorités (« Les rois mages Gaspar, Melchior et Balthazar »). Ainsi les plus beaux sonnets de Heredia sont, avant tout, des réussites techniques; son mérite est celui du bon artisan, qui excelle à manier un outil à sa mesure.

OUVRAGES A CONSULTER

LECONTE DE LISLE. *Articles, Préfaces, Discours*, p.p. Edgar Pich, Les Belles-Lettres, 1971. *Poèmes antiques, Poèmes barbares, Poèmes tragiques* et *Derniers Poèmes*, p.p. Edgar Pich, Les Belles-Lettres, 1976-1977.
P. FLOTTES. *Leconte de Lisle*, Hatier, 1954. E. PICH. *Leconte de Lisle et sa création poétique, Poèmes antiques et Poèmes barbares* (1852-1874), Lyon, 1975.
J. CHARPENTIER. *Banville, l'homme et l'œuvre*, Perrin, 1925. M. IBROVAC. *J.-M. de Heredia*, 2 vol., Les Presses françaises, 1923.

*SUR LE LIVRE
DES AMOURS DE
PIERRE DE RONSARD*

Jadis, plus d'un amant, aux jardins de Bourgueil,
A gravé plus d'un nom dans l'écorce qu'il ouvre,
Et plus d'un cœur, sous l'or des hauts plafonds du Louvre,
A l'éclair d'un sourire a tressailli d'orgueil.

Qu'importe! Rien n'a dit leur ivresse ou leur deuil;   5
Ils gisent tout entiers entre quatre ais de rouvre;
Et nul n'a disputé, sous l'herbe qui les couvre,
Leur inerte poussière à l'oubli du cercueil.

Tout meurt. Marie, Hélène et toi, fière Cassandre,
Vos beaux corps ne seraient qu'une insensible cendre   10
— Les roses et les lys n'ont pas de lendemain —

Si Ronsard, sur la Seine ou sur la blonde Loire,
N'eût tressé pour vos fronts, d'une immortelle main,
Aux myrtes de l'Amour le laurier de la Gloire.

HEREDIA, *Les Trophées* (Lemerre, édit.).

Introduction.

Ronsard, célébré de son vivant comme le prince des poètes, puis méconnu pendant plus de deux siècles, a été réhabilité par Sainte-Beuve. A leur tour, les Parnassiens lui rendent hommage, Sully-Prudhomme, Coppée, Heredia enfin. Ce sonnet des *Trophées* fait partie du cycle consacré au Moyen Age et à la Renaissance; il est précédé d'un sonnet en l'honneur de Pétrarque et suivi d'un sonnet en l'honneur de du Bellay. La composition en est simple et rigoureuse; le mouvement général de la pensée est le suivant : les amours d'antan (premier quatrain) sont vouées à l'oubli (second quatrain); trois amantes auraient subi le sort commun (premier tercet), si les chants de Ronsard ne leur avaient assuré l'immortalité (deuxième tercet).

Premier quatrain. Heredia use d'un artifice de composition et révèle progressivement la personnalité du poète qu'il commémore. Il évoque d'abord les *amants* de *jadis* dont les aventures ont eu un cadre semblable à celui des aventures vécues par Ronsard. La litote *plus d'un* suggère la foule innombrable de ceux qui ont aimé; et sa reprise souligne l'effet en donnant au quatrain un certain tour oratoire. Au lecteur averti, les *jardins de Bourgueil* rappellent la passion de Ronsard pour Marie Dupin, l'humble paysanne; tandis que *l'or des hauts plafonds du Louvre* le fait songer aux amours du poète avec Hélène de Surgères, demoiselle d'honneur de Catherine de Médicis. Ronsard lui-même a fait allusion, dans l'un de ses poèmes, à l'éternelle coutume des amants qui gravent sur un arbre le *nom* de la femme aimée; et il assista sou-vent à ces réceptions mondaines où la passion secrète ne se révèle que par un *sourire* bref comme l'*éclair*. La richesse des rimes, l'éclat des sonorités, suggèrent, tout au long du quatrain, une impression de vie frémissante et heureuse.

Second quatrain. Une exclamation soulignée par une forte coupe, *Qu'importe!*, succède à ce mouvement. Entendons : « Qu'importent ces amours? »; nulle trace en effet ne demeure ni de leurs épisodes joyeux (*ivresse*), ni de leurs épisodes amers (*deuil*). Constatation désabusée, sous une forme volontairement abstraite et neutre. La cruauté de cet oubli qui ensevelit le souvenir avec les corps (*Ils gisent tout entiers*) est rendue plus sensible par le réalisme de l'hémistiche *entre quatre ais de rouvre*, rehaussé par le choix d'un substantif rare (*rouvre*, du latin robur, signifie cœur de chêne). Dans les deux vers suivants, la même idée est illustrée par de nouvelles notations (*l'herbe qui les couvre; poussière*). Ronsard était hanté par l'image de la mort; et l'insistance de Heredia rappelle cette hantise. Dans tout ce quatrain, qui contraste avec le précédent, une impression de tristesse est créée par les sonorités assourdies.

Premier tercet. *Tout meurt* : constatation générale et tragique, préparée par les remarques sur la fragilité des amours; pour le sens, le tercet s'enchaîne tout naturellement au quatrain; il débute douloureusement par deux monosyllabes qui résonnent comme un glas. Le poète égrène maintenant les noms de trois femmes qui devaient subir l'universelle loi, *Marie, Hélène, Cassandre*. Ce sont les noms des trois muses de Ronsard; le troisième n'a pas été suggéré comme les deux autres au début du sonnet; Cassandre fut pourtant sa première inspiratrice; il avait vingt ans à peine lorsqu'il la rencontra à Blois; il s'était déclaré à elle; mais la *fière* jeune fille l'avait repoussé. Le vers suivant contient encore une évocation réaliste de la mort dans le goût de Ronsard (« et cendres tu reposes », écrivait-il en s'adressant à Marie); l'allitération en *s, ne seraient qu'une insensible cendre*, s'oppose aux sonorités

pleines du début du vers, *vos beaux corps* et suggère l'effacement dans le néant des splendeurs, de la vie. Dans le goût de Ronsard aussi, cette comparaison entre la femme et la fleur semblablement périssables : *Les roses et les lys n'ont pas de lendemain.*

Second tercet. Voici enfin le nom illustre de celui qui inspire le sonnet; il résonne avec éclat, mis en valeur par une forte coupe : *Si Ronsard...* Heredia rappelle encore les sites où il a vécu, le Louvre au bord de *la Seine*, Blois et Bourgueil au bord de *la Loire*, que les bancs de sable font paraître *blonde*. Enfin est énoncée l'idée maîtresse du sonnet : seule la poésie confère l'immortalité. Le dernier vers, sonore, imagé (*myrtes, laurier*), associe les dons qu'assure le poète aux femmes aimées, *l'Amour* et *la Gloire*.

Conclusion.

Ce sonnet fait revivre Ronsard, dont Heredia s'inspire pieusement. Il porte aussi la marque du Parnasse. La richesse des rimes, l'heureuse mise en valeur des noms propres, la hardiesse de quelques coupes, l'opportune disposition des sonorités, la belle venue du dernier vers, concourent à lui assurer, en dépit de quelque convention, une incontestable qualité poétique.

SUJETS DE COMPOSITION FRANÇAISE

1 Illustrer cette définition de Baudelaire dans *L'Art romantique* : « Peindre en beaux vers, d'une nature lumineuse et tranquille, les manières diverses suivant lesquelles l'homme a, jusqu'à présent, adoré Dieu et cherché le beau, tel a été le but que Leconte de Lisle a assigné à sa poésie. »

2 Heredia proclamait dans son discours de réception à l'Académie française : « La vraie poésie est dans la nature et dans l'humanité éternelles, et non dans le cœur de l'homme d'un jour, quelque grand qu'il soit. » Que pensez-vous de cette affirmation ?

3 Henri Clouard écrit qu'avant l'éclosion du symbolisme, il faut « subir le Parnasse ». Cette résignation dédaigneuse vous paraît-elle justifiée ?

Gustave Flaubert. Dessin de Commanvilles.

Le roman
réaliste et naturaliste

Dès l'époque romantique, Stendhal, Mérimée, Balzac, avaient frayé la voie au réalisme. Après 1850, la diffusion du positivisme et le progrès des études scientifiques entraînent les romanciers à une observation de plus en plus minutieuse. Flaubert, considéré comme le maître de l'école réaliste, soumet le roman à la discipline des sciences biologiques et préconise l'objectivité.

En 1880 naît l'école naturaliste, qui salue Émile Zola comme son chef et qui pousse à l'extrême les principes du réalisme. Elle exige en effet du romancier qu'il étudie la réalité contemporaine avec la précision des sciences expérimentales et tend à limiter cette peinture aux milieux populaires.

Le naturalisme a produit des œuvres de valeur; mais les romanciers s'évadent souvent hors des limites de la doctrine : Alphonse Daudet par sa poésie, Émile Zola par son imagination, Guy de Maupassant par son humanité, Jules Vallès par sa révolte.

1857	Gustave Flaubert : *Madame Bovary.*
1866-1869	Alphonse Daudet : *Lettres de mon moulin.*
1869	Gustave Flaubert : *L'Éducation sentimentale.*
1871-1893	Émile Zola : *Les Rougon-Macquart.*
1880	Guy de Maupassant : *Boule-de-Suif.*
1880	*Les Soirées de Médan* (recueil collectif).

GUSTAVE FLAUBERT (1821-1880)

L'existence de Flaubert est presque sans histoire. Ses essais de jeunesse révèlent, en même temps qu'une vocation précoce d'écrivain, un tempérament passionné. Atteint en 1843 d'une maladie nerveuse, il doit abandonner toute vie active. Il s'éloigne du monde et, reclus dans sa propriété de Croisset, il se consacre jusqu'à sa mort au culte passionné d'un art qui se donne l'impersonnalité pour loi. Ses principales œuvres, tout particulièrement Madame Bovary, *le désignent aux yeux de ses contemporains comme le maître du roman réaliste.*

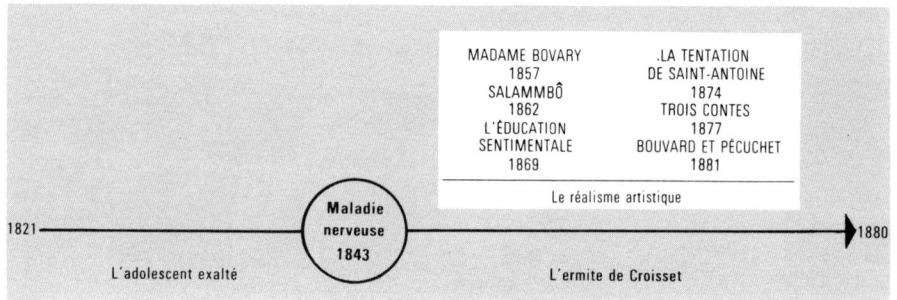

```
                    MADAME BOVARY        .LA TENTATION
                        1857            DE SAINT-ANTOINE
                     SALAMMBÔ                 1874
                        1862             TROIS CONTES
                    L'ÉDUCATION               1877
                    SENTIMENTALE        BOUVARD ET PÉCUCHET
                        1869                  1881
                                   Le réalisme artistique

                         Maladie
   1821 ─────────────── nerveuse ──────────────────────────────▶ 1880
                          1843
         L'adolescent exalté              L'ermite de Croisset
```

A   La carrière de Flaubert

L'ADOLESCENT EXALTÉ (1821-1843)

Les premières années de Gustave Flaubert s'écoulent, monotones, dans le cadre de l'Hôtel-Dieu de Rouen, dont son père, chirurgien de grande valeur, était le médecin-chef. A l'hôpital succède le maussade collège de sa ville natale : rêveur et ardent, mais surtout assoiffé d'indépendance, l'enfant se révolte contre la discipline de ses maîtres et contracte « une aversion profonde contre les hommes ». Vers sa quinzième année, il rencontre, à Trouville, au cours des vacances, Mme Schlésinger; son cœur d'adolescent est marqué pour la vie par l'amour mystique et silencieux que lui inspire cette jeune femme.

Très tôt s'éveille aussi chez lui la passion des lettres. Pour libérer son cœur, il écrit des œuvres exaltées : *Rêve d'enfer*, un conte fantastique; les *Mémoires d'un fou*, un récit autobiographique où se trouve évoquée notamment sa passion pour Mme Schlésinger; *Smarh*, un « roman métaphysique et à apparitions ». Ces trois œuvres, publiées seulement en 1910, révèlent l'influence de Hoffmann, de Byron et de Gœthe.

Bachelier en 1840, Gustave Flaubert poursuit sans goût des études de Droit à Paris. Cependant ses idées se coordonnent : il pense que seul le monde imaginaire de l'art peut consoler de la « triste plaisanterie » qu'est la vie; et, en février 1843, il commence à rédiger une *Éducation sentimentale*. Peu de temps après, il subit la première atteinte d'une maladie nerveuse dont il souffrira toute sa vie. Il accepte stoïquement sa misère et décide de se consacrer à la littérature.

L'ERMITE DE CROISSET (1844-1880)

En 1844, le père de Flaubert achète, près de Rouen, au bord de la Seine, la propriété de Croisset. C'est là que Gustave Flaubert va désormais passer presque toute son existence, dans un isolement volontaire. Quelques voyages, quelques séjours à Paris, dont l'un est marqué par le début de sa liaison avec « la Muse » Louise Colet, viennent seuls interrompre un prodigieux travail, dont il règle l'exécution avec une scrupuleuse méthode.

MADAME BOVARY (1857)

En 1849, Flaubert termine une première version d'un roman symbolique, *La Tentation de saint Antoine* : il lit l'ouvrage à ses amis Louis Bouilhet et Maxime du Camp. Selon ce dernier, les deux auditeurs ne cachèrent pas leur déception; Bouilhet proposa à Flaubert, pour le purger de son exubérance, un sujet terre à terre, l'histoire véridique d'un médecin normand dont la femme s'était empoisonnée; cette suggestion serait à l'origine de *Madame Bovary*. En réalité, Flaubert avait amorcé déjà un scénario du roman avant la révélation de ce fait divers. Au terme d'un labeur acharné de cinquante-trois mois, *Madame Bovary* paraît enfin dans la *Revue de Paris* en 1856; cette publication fait scandale : poursuivi par le Parquet impérial, Flaubert est acquitté de justesse. Mais les polémiques soulevées par le jugement assurent le succès de l'œuvre qui, lors de sa publication en librairie (1857), est saluée comme un chef-d'œuvre de l'esthétique réaliste.

Première partie. Le mariage. Charles Bovary, écolier d'esprit assez obtus, a dû travailler « avec un entêtement de bélier » pour passer l'examen d'officier de santé. Il s'installe au village de Tostes, près de Rouen, et il épouse une veuve âgée, mais riche. Au cours de ses visites, il s'éprend de la fille d'un gros fermier des environs, Emma Rouault. Peu après, sa femme meurt. Charles demande la main d'Emma et il est agréé. Emma, dont la sensibilité romanesque s'est développée durant les années qu'elle a passées au couvent, a cru pouvoir satisfaire son goût pour la vie brillante en se mariant; mais elle ne tarde pas à être déçue par la médiocrité de son mari. Invitée à un bal dans un château voisin, elle sent s'aviver son amour du luxe et de la rêverie. Elle s'étiole; alarmé par son état, Charles pense qu'un changement d'air lui fera du bien et accepte un poste à Yonville-l'Abbaye.

Deuxième partie : La faute. Mais Emma trouve à Yonville la même atmosphère de médiocrité routinière, représentée par Homais, le pharmacien anticlérical et sentencieux; ou par Binet, le percepteur maniaque. Un jeune clerc de notaire romantique et insignifiant, Léon Dupuis, fait la conquête intellectuelle d'Emma, mais il n'ose se déclarer et quitte Yonville. Emma devient fantasque et se laisse facilement séduire, au cours des comices agricoles d'Yonville, par un hobereau à bonnes fortunes, Rodolphe Boulanger. Elle connaît alors une période de plein bonheur, mais lasse bientôt Rodolphe par l'excès de sa passion.

Troisième partie : La mort. Désormais, Emma ne cherche plus qu'à s'étourdir. A Rouen, elle retrouve Léon, qu'un séjour à Paris a rendu plus hardi. Elle espère asservir par son amour cet être faible, mais Léon, comme Rodolphe, se détache d'elle. La dégradation commence : elle se livre à des extravagances, s'éprend d'un ténor d'Opéra-Comique. La lassitude vient, puis la débâcle : des dettes, qu'elle a contractées à l'insu de son mari pour satisfaire ses fantaisies, entraînent une saisie de ses biens. Traquée de tous côtés, elle dérobe de l'arsenic chez Homais, et, après une lente agonie, expire dans un rire atroce. Charles est bouleversé par la mort de celle qui était sa raison de vivre; il traîne une existence solitaire, hanté par l'image d'Emma, à qui il a pardonné ses trahisons. Il meurt, ruiné, avec une mèche de ses cheveux entre ses doigts. Cependant Homais, riche et décoré, a assuré son triomphe.

SALAMMBO (1862)

Épuisé par son « pensum », Flaubert veut s'accorder une détente en vivant « dans un sujet splendide et loin du monde moderne ». Il se propose de ressusciter, à travers la voluptueuse Carthage et son grouillement de foules hétéroclites, l'âme d'une civilisation disparue. Il dépouille des dossiers et entreprend en 1858 un voyage documentaire à Tunis et à Carthage. *Salammbô* est publié en 1862 : Sainte-Beuve reproche à l'auteur son « imagination sanguinaire » et réclame ironiquement un lexique ; mais, dans l'ensemble, la presse est élogieuse.

Les Mercenaires barbares enrôlés par Carthage, n'ayant pas reçu leur solde, se révoltent et assiègent la cité qu'ils étaient chargés de défendre : leur chef, le Libyen Mâtho, y pénètre et dérobe le zaïmph, voile sacré de la déesse Tanit, dont Salammbô, fille d'Hamilcar, avait la garde. Carthage est menacée de périr, car le zaïmph était son talisman. Sur l'ordre du grand prêtre, Salammbô traverse le camp des rebelles, va trouver Mâtho dans sa tente et réussit à reprendre le voile. Hamilcar attire alors le gros de l'armée mercenaire dans le défilé montagneux de la Hache, dont les issues ont été mystérieusement fermées. Les Mercenaires y périssent tous de faim et de soif. L'armée de Tunis, commandée par Mâtho, est vaincue à son tour. La révolte est écrasée ; Mâtho, pris vivant, est livré aux fureurs de la populace et vient expirer aux pieds de Salammbô, dont on célèbre les noces avec Narr'Havas, chef numide qui a fait défection. Salammbô meurt à son tour, de désespoir, révélant ainsi son secret amour pour le Libyen.

L'ÉDUCATION SENTIMENTALE (1869)

En 1864, Flaubert revient à la grisaille bourgeoise et reprend, sous une forme tout à fait nouvelle, *L'Éducation sentimentale* : il peint, en même temps que le désenchantement d'un jeune homme dont les illusions disparaissent une à une, la faillite de toute la génération issue du romantisme. Ce roman de l'échec, d'un style volontairement dépouillé, parut en 1869 et fut froidement accueilli : on reprochait à l'auteur d'avoir accumulé des faits dont la cause échappait et dont il ne sortait rien. Flaubert fut très vivement peiné de cette incompréhension. Mais Théodore de Banville admira ce « livre longuement conçu, médité patiemment, religieusement exécuté dans la solitude » et « portant le sceau indestructible de la perfection » ; il devançait le jugement de la critique moderne, qui tend à mettre ce roman sur le même rang que *Madame Bovary*.

En 1840, le jeune provincial Frédéric Moreau a été reçu bachelier : il se croit destiné aux passions les plus intenses et aux plus grands succès littéraires et artistiques. Sur le pont d'un bateau, il a été troublé par le charme d'une jeune femme, Mme Arnoux, et, lorsqu'il s'installe à Paris pour faire son droit, il cherche à la revoir. Il se fait des relations parmi les jeunes gens de la capitale : les uns, groupés autour du marchand de tableaux Jacques Arnoux, veulent produire des œuvres immortelles ; d'autres, comme Deslauriers, aspirent au pouvoir ; d'autres encore cherchent à faire fortune. Frédéric, très influençable, se sent sollicité tour à tour dans chacune de ces directions ; cependant, les années s'écoulent et les rêves s'effritent au contact de la réalité. Déçu dans ses ambitions, Frédéric s'attache à son amour pour Mme Arnoux, mais, incapable d'action, il tourne « dans son désir, comme un prisonnier dans son cachot ». Sa passion s'étiole, et sa vie, où il ne se passe rien, glisse vers le néant. Un soir, en 1867, Mme Arnoux, qu'il a perdue de vue depuis longtemps, entre chez lui : ils évoquent avec émotion les souvenirs du passé, puis elle part en lui laissant une mèche de ses cheveux blancs. « Et ce fut tout. » A quelque temps de là, Frédéric et son ami Deslauriers, ex-délégué du gouvernement provisoire, confrontent, au coin du feu, leurs destinées : l'un a rêvé l'amour, l'autre le pouvoir ; et tous deux ont manqué leur vie.

LA TENTATION DE SAINT ANTOINE (1874)

Flaubert reprend ensuite *La Tentation de saint Antoine*, qu'il a déjà remaniée en 1856; la guerre de 1870 interrompt encore son travail et la rédaction définitive n'est terminée qu'en 1872. L'œuvre, inspirée à l'origine par un tableau de Breughel, a pour cadre le désert de la Thébaïde. Du haut d'une montagne, l'ermite voit défiler sous ses yeux, en un long cortège, les religions les plus diverses et les idoles les plus étranges; le diable l'emporte au milieu des étoiles et les bêtes de la mer l'entraînent dans les profondeurs sous-marines; finalement, devant le spectacle de la matière en plein bouillonnement, il aspire à s'absorber dans son sein. Les tentations qui assaillent le héros représentent à elles toutes le cycle des illusions humaines.

TROIS CONTES (1877)

Flaubert traverse des années pénibles : *La Tentation de saint Antoine* déconcerte la critique; une œuvre dramatique, *Le Candidat*, jouée au Vaudeville en 1874, échoue lamentablement; et, l'année suivante, l'écrivain, qui a consenti de gros sacrifices afin d'aider une nièce, passe brusquement de l'aisance à la gêne. Il se remet au travail pour « gagner sa vie »; à Concarneau, il rédige un conte que lui avait jadis inspiré un vitrail normand, *La Légende de saint Julien l'Hospitalier* : à travers l'histoire du saint, qui rachète ses crimes par un miracle, il évoquait la splendeur mystique du Moyen Age. Cependant, George Sand, dont l'amitié lui était chère, lui conseilla d'abandonner sa manière pour faire « un récit d'homme sensible » : Flaubert, docile, va prendre « un bain de souvenirs à Pont-l'Évêque et à Trouville »; et il rédige, sous le titre *Un Cœur simple*, l'histoire touchante et volontairement grise d'une ancienne servante de ses parents. Il revient pourtant à l'Antiquité avec *Hérodias*, où revit le monde judéo-romain. Ces *Trois Contes* paraissent en 1877 avec un grand succès. Flaubert, considéré dès lors comme un chef de file, encourage les jeunes romanciers, en particulier son « filleul » Maupassant; mais il meurt en mai 1880.

BOUVARD ET PÉCUCHET (1881)

Flaubert n'avait pas eu le temps d'achever *Bouvard et Pécuchet*, dont un volume (sur deux volumes prévus) parut en 1881. C'est l'histoire de deux expéditionnaires qui, arrivés à l'aisance vers la cinquantaine, décident de vivre à la campagne et d'organiser rationnellement leurs existences : assoiffés de certitude, ils se lancent avec intrépidité à la quête de toutes les connaissances humaines, depuis l'agriculture jusqu'à la philosophie transcendantale; mais, à la suite de multiples déconvenues, ils reprennent leur ancien métier. *Bouvard et Pécuchet* a été diversement interprété : « farce laborieuse et funèbre », selon M. François Mauriac; « épopée du dégoût », selon André Gide. En fait, il semble que cette œuvre un peu énigmatique ait comporté un avertissement à l'adresse de ceux qui confondaient la vénération pour les sciences avec l'aptitude à les comprendre.

B La personnalité et l'esthétique de Flaubert

La *Correspondance* de Flaubert est du plus haut intérêt : elle nous révèle l'homme au naturel, fougueux, vibrant, mais délibérément attaché à une esthétique en opposition avec son tempérament.

LE TEMPÉRAMENT ROMANTIQUE

Flaubert, par le fond de sa nature, était romantique. Sa jeunesse, impétueuse et excessive, est un exemple typique de la maladie qui rongea toute une génération ; il donne alors dans toutes les outrances à la mode : il a des rêves « superbes d'extravagance » ; il cache sous son traversin un poignard dont il se sert pour écrire avec son sang des vers frénétiques ; il affiche tantôt un cynisme à la Byron, tantôt un désenchantement à la René. Son romantisme ne se traduit d'ailleurs pas seulement par des attitudes : il embrasse avec enthousiasme l'idéal nouveau, s'enflamme pour Gœthe et pour Hugo jusqu'au fanatisme. Comme les romantiques, il est doué d'une imagination ardente, curieux de sensations fortes, attiré par l'énorme et le surnaturel, ivre de couleurs et de vastes horizons. Comme les Jeunes-France, il est plein d'un dédain vengeur pour la société moderne, pour le bourgeois sans idéal et sans poésie, dont il sonde la bêtise avec une délectation infinie. Son pessimisme, enfin, naît, comme celui des romantiques, du sentiment de la solitude morale et de l'amère conviction que la vie terrestre n'a ni sens ni but.

LA MÉTHODE SCIENTIFIQUE

Mais Flaubert, fortement imprégné de culture positiviste, s'est bientôt moqué de sa foi romantique. Il lit les idéologues, étudie la physiologie, l'anatomie et la pathologie ; il acquiert ainsi un « coup d'œil médical de la vie » et, par un effort de volonté à peu près unique dans l'histoire des lettres, il s'astreint à discipliner la fougue de son tempérament.

Dans ce dessein, il fixe et applique les grandes lignes d'une esthétique rigoureuse. Le romancier doit, selon lui, s'inspirer des principes et de la méthode des sciences biologiques. Il convient d'abord de réunir sur le sujet choisi une documentation aussi complète que possible : ainsi Flaubert, avant d'écrire *Salammbô*, « prend une indigestion de vieux bouquins » ; il dépouille une foule de brochures politiques en vue de *L'Éducation sentimentale* ; il parcourt plus de 1 500 volumes, lorsqu'il prépare *Bouvard et Pécuchet*. La documentation peut d'ailleurs porter sur un point particulier : Flaubert étudie dans des ouvrages de physiologie les désordres causés par la famine avant de rédiger l'épisode du défilé de la Hache dans *Salammbô* ; il consulte un avoué lorsqu'il veut évoquer les embarras financiers de Jacques Arnoux. Le romancier doit ensuite dégager les faits particuliers de leurs « contingences éphémères », afin d'atteindre le permanent et l'universel : Emma Bovary représente toute une catégorie d'âmes féminines. Enfin le romancier ne doit pas chercher à donner le dernier mot sur chaque chose : qu'il imite encore sur ce point les biologistes et les naturalistes, qui se contentent d'observer sans jamais « conclure ».

Brueghel.
La Tentation de saint Antoine.
Galerie Barberini.
Rome.

LE DOGME DE L'IMPERSONNALITÉ

« Le grand art est scientifique et impersonnel », *écrit Flaubert.* De même que les sciences naturelles ne nous révèlent rien sur le naturaliste, de même un roman ne doit rien révéler au lecteur sur la vie intime du romancier. Flaubert a insisté sur cette condition fondamentale de toute œuvre romanesque : « Tu prendras en pitié l'usage de se chanter soi-même. Cela réussit une fois dans un cri; mais quelque lyrisme qu'ait Byron, par exemple, comme Shakespeare l'écrase à côté, avec son impersonnalité surhumaine! Est-ce qu'on sait seulement s'il est triste ou gai? L'artiste doit s'arranger de façon à faire croire à la postérité qu'il n'a pas vécu. » Pour atteindre à ce but, il faut, « par un effort d'esprit, se transporter dans les personnages et non pas les attirer à soi ».

L'objectivité n'exclut d'ailleurs nullement l'utilisation d'éléments personnels. Flaubert construit souvent ses personnages à l'aide de souvenirs empruntés à son entourage ou à sa propre vie : Mme Arnoux ressemble à Mme Schlésinger et Frédéric Moreau à l'écrivain lui-même; Emma Bovary, romanesque, éprise d'horizons nouveaux, est encore l'image d'un certain Flaubert; « Madame Bovary, c'est moi », déclara-t-il. *L'objectivité n'exclut pas davantage l'émotion* : « Il faut, » écrit Flaubert, « que la réalité extérieure entre en nous à nous en faire crier, pour la bien reproduire ». Mais si le grand artiste palpite du sentiment qui anime ses personnages, il doit néanmoins demeurer toujours maître de lui.

LE CULTE DE LA BEAUTÉ FORMELLE

La forme de l'œuvre d'art doit être soumise à des contraintes aussi rigoureuses que le fond. Les premières œuvres de Flaubert et l'ensemble de sa *Correspondance* révèlent ce que son style, lâché en liberté, pouvait contenir de verve drue et d'émotion chaleureuse. Mais, en bon ouvrier de la forme, il a maîtrisé son instinct et imposé à son « art d'écrire » un grand nombre de règles minutieuses et tyranniques : ainsi, il traçait d'abord une ébauche de chacune de ses phrases et de chacun de ses paragraphes, juxtaposant parfois une dizaine de rédactions successives; il confrontait ensuite ces rédactions, élaguait, resserrait et clarifiait. Enfin, il faisait subir à ses phrases l'épreuve du « gueuloir. » « Il prenait sa feuille de papier, raconte Maupassant, l'élevait à la hauteur des regards, et, s'appuyant sur un coude, déclamait d'une voix mordante et haute. Il écoutait le rythme de sa prose, s'arrêtait pour saisir une sonorité fuyante, combinait les tons, éloignait les assonances, disposait les virgules avec conscience, comme les haltes d'un long chemin. »

Flaubert réalisait cette « mise en style » au prix d'efforts prodigieux et parfois d'une véritable torture. Le culte de la beauté formelle a été le martyre, mais aussi l'essentielle raison de vivre de cet incroyant assoiffé d'absolu : « J'aime mon travail d'un amour frénétique et perverti, comme un ascète le cilice qui lui gratte le ventre. »

II   LES GONCOURT

LA CARRIÈRE DES GONCOURT

Les deux frères Goncourt, Edmond (1822-1896) et Jules (1830-1870), ont vécu dans une rare communion sentimentale et intellectuelle. Ils essaient d'abord de l'aquarelle, font la chasse aux bibelots, composent des monographies très documentées sur l'art, la société et les mœurs du XVIIIe siècle. Puis ils s'efforcent d'appliquer au roman leur méthode de travail historique et publient *Charles Demailly* (1860), *Sœur Philomène* (1861), *Renée Mauperin* (1864), *Germinie Lacerteux* (1865), *Manette Salomon* (1867), *Madame Gervaisais* (1869).

Mais Jules de Goncourt meurt prématurément. Edmond entend demeurer fidèle à sa mémoire et continue seul l'œuvre entreprise : il publie *La Fille Élisa* (1877), *Les Frères Zemganno* (1879); il révèle aussi à ses contemporains l'art japonais. A partir de 1885, il reçoit des écrivains dans son « grenier » d'Auteuil, première ébauche de l'Académie Goncourt, qu'il devait fonder par testament. Il continue enfin le *Journal* qu'il a commencé avec son frère en 1851 : c'est une mine de réflexions sur les écrivains ou sur les artistes et un recueil d'anecdotes piquantes ou instructives sur la société du temps.

LA MÉTHODE DES GONCOURT

Les Goncourt adhèrent à l'esthétique réaliste : ils veulent peindre « la vie vraie » et raconter le présent comme les historiens racontent le passé. Ils collectionnent minutieusement les documents, prennent des notes « d'après nature » sur la banlieue ou le Paris des faubourgs. Ils transposent presque toujours des histoires dont ils ont été les témoins : ils se souviennent, dans *Renée Mauperin*, d'une amie d'enfance; dans *Germinie Lacerteux*, d'une vieille bonne; dans *Madame Gervaisais*, d'une de leurs tantes. Dans d'autres romans, ils reconstituent avec précision certains milieux : le monde des lettres dans *Charles Demailly*; le monde des artistes dans *Manette Salomon*. Enfin, ils peignent volontiers les « basses classes » et méritent à ce titre le nom de précurseurs : Zola fut vivement frappé par l'humble et navrante histoire de Germinie Lacerteux; et la lecture de ce roman décida peut-être de sa propre orientation vers le naturalisme.

L'ORIGINALITÉ DES GONCOURT

Les Goncourt montrent une prédilection pour l'étude des « cas » exceptionnels ou pathologiques, pour les sujets qui font « vibrer les nerfs et saigner le cœur ». « Toute notre œuvre repose sur la maladie nerveuse », écrivait Edmond de Goncourt. *Sœur Philomène* est une histoire de l'hôpital de Rouen, qui leur fut contée par Louis Bouilhet; *Germinie Lacerteux* renferme une analyse de l'hystérie.

Dans un autre ordre d'idées, les Goncourt créent un style original et très travaillé, qu'ils ont eux-mêmes nommé « l'écriture artiste ». Ils brisent les éléments logiques de la syntaxe et s'appliquent parfois à reproduire, par des phrases disloquées, par des néologismes audacieux ou même par des incorrections volontaires, la nuance fugace de chaque impression, saisie dans sa pureté originelle.

III

ZOLA (1840-1902)

Après une période de ferveur romantique, le jeune Zola découvre les ressources que la science peut fournir au romancier. Il conçoit alors une œuvre monumentale, **Les Rougon-Macquart.** *Un de ses romans,* L'Assommoir, *triomphe : Zola devient alors le chef de l'école naturaliste. Enfin, converti aux doctrines socialistes, il consacre ses dernières années à des œuvres de propagande sociale et humanitaire.*

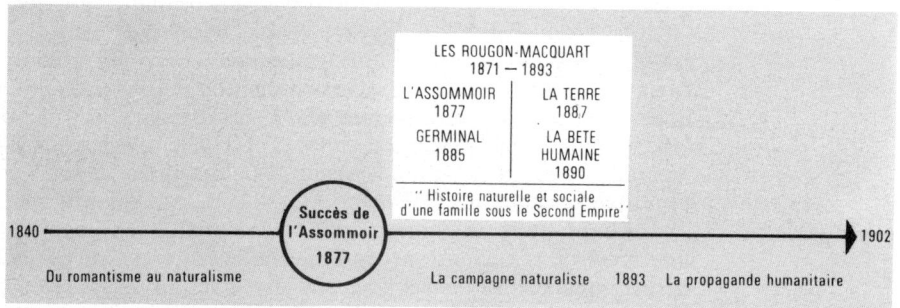

LES ROUGON-MACQUART
1871 — 1893

L'ASSOMMOIR   LA TERRE
1877   1887

GERMINAL   LA BETE
1885   HUMAINE
              1890

'' Histoire naturelle et sociale
d'une famille sous le Second Empire''

Succès de
l'Assommoir
1877

1840   1902

Du romantisme au naturalisme   La campagne naturaliste   1893   La propagande humanitaire

A   La carrière de Zola

DU ROMANTISME AU NATURALISME (1840-1877)

Né d'une mère française et d'un père italien naturalisé, Émile Zola passe son enfance à Aix et achève ses études secondaires à Paris. Il nourrit un culte pour les romantiques et déteste le réalisme, qui peint « des sujets dénués de poésie ». Un échec au baccalauréat le contraint à gagner sa vie : il travaille aux docks, puis entre dans les services de la publicité à la librairie Hachette. En 1865, il devient journaliste.

Son nouveau métier l'oblige à compléter une culture assez rudimentaire. Sous l'influence de Taine et de Claude Bernard, il conçoit le roman comme une œuvre scientifique, qui doit étudier « les tempéraments et les modifications profondes de l'organisme sous la pression des milieux et des circonstances ». *Thérèse Raquin* (1867), où le remords est étudié comme un « désordre organique », puis *Madeleine Férat* (1868), illustrent ses nouveaux principes.

En 1868, Zola a l'idée « de réunir tous ses romans par la réapparition des personnages » et de faire pour le Second Empire ce que Balzac avait fait pour la Restauration et pour la monarchie de Juillet. L'ensemble de son œuvre sera intitulé *Les Rougon-Macquart, histoire naturelle et sociale d'une famille sous le Second Empire.* Chaque jour, il rédige un nombre égal de pages et fait alterner portraits et paysages avec une « symétrie de damier ». Il brasse un univers de plus de mille personnages et décrit la vie provinciale après le coup d'État (*La Fortune des Rougon*, 1871); le carreau des Halles (*Le Ventre de Paris*, 1874); les milieux ecclésiastiques (*La Conquête de Plassans*, 1875, *La Faute de l'abbé Mouret*, 1875); la Cour impériale (*Son Excellence Eugène Rougon*, 1876).

Les Halles de Paris. Tableau de Lhermitte.

« Sur le carreau, les tas échangés s'étendaient maintenant jusqu'à la chaussée. Entre chaque tas, les maraîchers ménageaient un étroit sentier pour que le monde pût circuler. Tout le large trottoir, couvert d'un bout à l'autre, s'allongeait avec les bosses sombres des légumes... Le trottoir s'était peuplé; une foule s'éveillait, allait entre les marchandises, s'arrêtant, causant, appelant. » (Zola, Le Ventre de Paris, I.)

LA CAMPAGNE NATURALISTE (1877-1893)

En 1877, L'Assommoir, *un roman qui se déroule dans le monde ouvrier et qui peint avec un relief cruel la déchéance de l'homme par l'alcool, est accueilli avec enthousiasme.* La presse littéraire signale la naissance d'une « école naturaliste ». Quelques jeunes écrivains, Paul Alexis, Henri Céard, Joris-Karl Huysmans, Léon Hennique, Guy de Maupassant, prennent l'habitude de se réunir chez Zola, rue Saint-Georges, puis dans sa villa de Médan, près de Paris. Ils conçoivent l'idée d'un recueil collectif de nouvelles, *Les Soirées de Médan* (1880).

Désormais sûr de lui, Zola se lance dans une campagne ardente. Il définit son esthétique dans *Le Roman expérimental* (1880) puis dans *Le Naturalisme au théâtre* (1881) et *Les Romanciers naturalistes* (1881). En même temps, il publie de nouveaux romans : *Une Page d'amour, Nana, Pot-Bouille, Au Bonheur des dames, La Joie de vivre.* En 1885 triomphe *Germinal,* son chef-d'œuvre, où la rude vie des mineurs est décrite avec une puissance épique.

Germinal.

Étienne Lantier, fils de Gervaise Macquart, est un jeune ouvrier intelligent et sincère. Il trouve du travail dans une mine du Nord et prend pension dans une famille de mineurs, chez les Maheu. Acquis aux doctrines de Proudhon et de Karl Marx, il lutte pour l'émancipation de la classe ouvrière. Une grève éclate; Étienne, mal préparé à la lutte sociale, essaie en vain de l'organiser. La faim entraîne bientôt les mineurs aux violences; la troupe tire sur les émeutiers; le père Maheu est tué.

A la reprise du travail, un anarchiste russe, Souvarine, inonde la mine. Les mineurs sont bloqués. Lantier voit mourir près de lui la fille de Maheu, qu'il aimait; lui-même n'est délivré qu'après de longues journées. Il comprend que son échec est dû à un manque de méthode; il se rend à Paris pour tenter une action sociale plus cohérente; et sur son chemin, le printemps naissant éveille en lui l'espoir qu'un « Germinal » fera enfin triompher la justice parmi les hommes.

En 1887, après la publication de La Terre, *un roman consacré à la peinture du monde paysan, quelques disciples de Zola éprouvent le besoin de protester contre « la littérature putride »* et, dans le *Manifeste des Cinq,* se désolidarisent de leur maître. Sans se décourager, Zola, après un essai de conte bleu (*Le Rêve,* 1888), publie *La Bête humaine* (1890), un drame de la jalousie qui se dénoue sur la plate-forme d'une locomotive; puis, de 1891 à 1893, *L'Argent, La Débâcle,* enfin *Le Docteur Pascal* (1893). Ainsi s'achève le cycle des *Rougon-Macquart.*

LA PROPAGANDE HUMANITAIRE (1893-1902)

En se renseignant sur le monde ouvrier, Zola s'est initié au socialisme. Cette doctrine répond à ses aspirations généreuses; il y adhère. L'affaire Dreyfus lui fournit une occasion de passer à l'action : Zola, convaincu de l'innocence du capitaine, dénonce les responsables dans un retentissant article, *J'accuse;* il est poursuivi, condamné à un an de prison « pour outrages à l'armée » et se réfugie en Angleterre, d'où il revient, en 1899, lorsque Dreyfus est gracié.

Dans ses derniers ouvrages, il met le roman au service de sa foi sociale. Il évoque trois cités modernes, *Lourdes, Rome, Paris* (1894-1898); puis il ouvre un nouveau cycle, celui des *Quatre Évangiles, Fécondité, Travail, Vérité, Justice* (1899-1902), où il exalte les luttes du peuple et décrit la Cité future.

B L'œuvre de Zola

Il y a chez l'auteur des *Rougon-Macquart* deux hommes qui s'opposent : l'un, méthodique et consciencieux, construit opiniâtrement une œuvre à prétentions scientifiques ; l'autre, fougueux et visionnaire, tient en échec le théoricien.

L'ÉCHAFAUDAGE SCIENTIFIQUE

Zola veut appliquer au roman les méthodes des sciences expérimentales. Pour lui, comme pour Taine, l'homme est soumis au déterminisme universel : les sentiments et les caractères sont rigoureusement prédestinés par des lois (l'hérédité en particulier) analogues à celles qui régissent la biologie et la physiologie. Dès lors, le roman devient une annexe de l'histoire naturelle et de la médecine ; comme ces sciences, il doit se soumettre à une double méthode : l'observation, qui porte « sur les faits de la nature », et l'expérimentation, qui, en variant les circonstances et les milieux où évoluent les personnages, met en lumière le « mécanisme des faits ». Ainsi, *Les Rougon-Macquart* prétendent être une étude des tares héréditaires qui se répercutent, à travers les milieux les plus variés, sur cinq générations successives. Une telle étude permet, selon Zola, de dégager « les lois » qui commandent le réel.

Cet échafaudage scientifique, élevé avec une précision minutieuse, ne repose en fait sur rien de solide. Le roman, œuvre d'imagination, ne saurait fixer des lois dont le déterminisme n'est pas absolu, même pour les savants. On ne saurait davantage prendre au sérieux ni les enquêtes de l'auteur, le plus souvent hâtives et superficielles, ni ses prétendues expériences, nécessairement arbitraires. Le ton péremptoire de Zola et le prestige extraordinaire de la science en son temps expliquent seuls le crédit dont ont pu jouir ses théories.

L'IMAGINATION ET L'ART

Fort heureusement, le tempérament de Zola lui a permis d'échapper à l'étroitesse de sa doctrine : son imagination de visionnaire s'épanouit en fresques puissantes. Médiocre dans l'analyse des caractères individuels, Zola crée une atmosphère hallucinante dès qu'il évoque des collectivités. Son esprit s'exalte alors et, dans une sorte d'ivresse, brasse des masses humaines : ainsi la noce de Coupeau et de Gervaise dans *L'Assommoir* et la grève des mineurs dans *Germinal* donnent la sensation brutale de ce que peut être l'âme d'une foule. Sa vision est parfois si intense qu'elle communique aux objets inanimés une vie mystérieuse et gigantesque : le Carreau des Halles dans *Le Ventre de Paris* ; l'Alambic dans *L'Assommoir* ; la Locomotive dans *La Bête humaine* ; la Mine dans *Germinal* ; Paris lui-même dans *Une Page d'amour* apparaissent au premier plan de l'action comme des personnages mythiques ou des monstres vivants.

Enfin Zola, malgré son mépris apparent de la forme, se révèle un artiste. Il a créé un style en harmonie avec l'atmosphère de sombre fatalité qui domine son œuvre, style âpre, compact et dru, souvent imprégné d'une poésie plébéienne et soulevé par un souffle d'épopée.

IV ALPHONSE DAUDET (1840-1897)

L'ÉVOLUTION DE DAUDET

Alphonse Daudet, né à Nîmes en 1840, est élève du lycée Ampère à Lyon ; mais ses parents, commerçants en soieries, se ruinent ; et il doit renoncer au baccalauréat. Après un séjour au collège d'Alès comme maître d'étude, il rejoint son frère Ernest à Paris, où il mène une vie de bohème ; il publie en 1858 un recueil de vers, *Les Amoureuses*. En 1860, il entre comme secrétaire chez le duc de Morny, qui lui laisse beaucoup de loisirs. Il fréquente les salons, écrit des contes, des chroniques, fait applaudir à l'Odéon *La Dernière Idole* et recueille des « fantaisies » sous le titre *Le Roman du chaperon rouge* (1862). En 1868, il publie un roman semi-autobiographique, *Le Petit Chose*, où sont transposés ses souvenirs d'Alès. Il recueille ensuite en volumes deux séries de contes : les *Lettres de mon moulin* (1869), où l'esprit parisien s'allie à la poésie ensoleillée de la Provence, et les *Contes du lundi* (1873), inspirés en partie par les événements de la guerre franco-allemande et de la Commune. Il compose aussi un roman héroï-comique, *Tartarin de Tarascon* (1872) qui sera suivi de *Tartarin sur les Alpes* et de *Port-Tarascon*, et il fait représenter sans succès *L'Arlésienne* (1873).

Daudet s'oriente alors dans une nouvelle voie et devient un romancier des mœurs contemporaines. Son premier roman réaliste, *Fromont jeune et Risler aîné*, triomphe en 1874. Il peint ensuite les malchanceux (*Jack*, 1876) ; les puissants du jour (*Le Nabab*, 1877) ; les souverains déchus (*Les Rois en exil*, 1879) ; les politiciens (*Numa Roumestan*, 1881) ; il dénonce les méfaits du fanatisme religieux (*L'Évangéliste*, 1883), décrit les coulisses de l'Académie (*L'Immortel*, 1890) et mêle à l'observation sociale des souvenirs de jeunesse (*Sapho*, 1884). Il reçoit ses amis dans sa propriété de Champrosay et guide quelques jeunes écrivains qui le saluent comme un maître ; mais il meurt, en 1897, d'une maladie de la moelle épinière.

LE TALENT DE DAUDET

Daudet emprunte à l'observation la matière de ses œuvres. Il enregistre sur ses « carnets » de petits faits significatifs, qu'il transpose dans ses contes ou dans ses romans de manière à donner la sensation directe de la réalité. Comme les naturalistes, il peint l'humanité contemporaine dans son train de vie quotidien ; et il s'intéresse aux humbles : enfants malheureux (*Le Petit Chose*, *Jack*) ; dévoyés et ratés (*Fromont jeune et Risler aîné*) ; ouvriers et artisans des faubourgs.

Mais Daudet possède une âme sensible de poète. Il est toujours demeuré à l'écart du groupe de Médan, dont il réprouve les prétentions scientifiques et le pessimisme desséchant. Sans fermer les yeux aux misères ou aux bassesses de la société, il voudrait être un « marchand de bonheur » : aussi cherche-t-il, même dans les existences médiocres, des trésors de bonté ou de dévouement. Tout vit et vibre sous sa plume. Son style enfin, aisé, lumineux, mais parfois aussi nerveux et fébrile, nourri des sucs provençaux, exerce sa séduction sur les gens simples comme sur les lecteurs raffinés.

MAUPASSANT (1850-1893)

Maupassant, humble employé de ministère, s'élève tout d'un coup au premier plan de l'actualité littéraire; et, en dix ans de travail acharné, il élabore une œuvre aussi remarquable par son abondance que par sa qualité artistique; il connaît le succès et la fortune, puis ébranlé par une névrose, il sombre dans la folie.

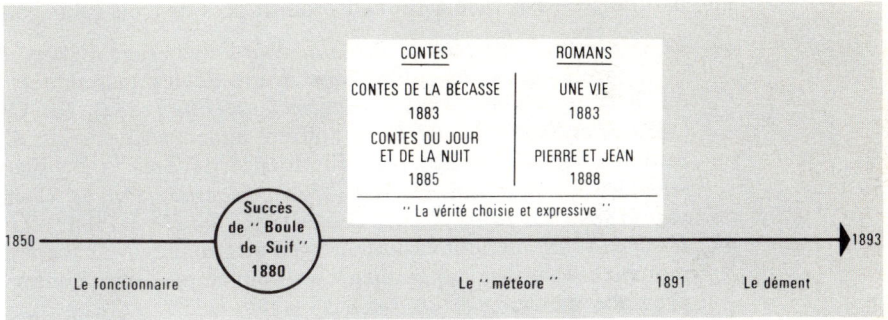

	CONTES	ROMANS
	CONTES DE LA BÉCASSE 1883	UNE VIE 1883
	CONTES DU JOUR ET DE LA NUIT 1885	PIERRE ET JEAN 1888
	'' La vérité choisie et expressive ''	

1850 — Succès de '' Boule de Suif '' 1880 ————————————————— 1893

Le fonctionnaire — Le '' météore '' — 1891 — Le dément

A Le destin de Maupassant

LE FONCTIONNAIRE (1850-1880)

Né au château de Miromesnil, près de Dieppe, Guy de Maupassant mène à Étretat, où sa mère s'est retirée après s'être séparée de son mari, la vie libre d'un « poulain échappé ». Il fait de solides études au collège religieux d'Yvetot et au lycée de Rouen; Louis Bouilhet, qui est son correspondant, lui prodigue des conseils paternels et l'initie à la poésie. Pendant la guerre de 1870, Maupassant fait campagne dans les gardes mobiles et enregistre de précieuses observations. En 1871, il vient à Paris, où il occupe un petit emploi de commis au ministère de la Marine, puis, à partir de 1878, au ministère de l'Instruction publique. Il observe, amusé et narquois, ses collègues bureaucrates et fait alors, sous la direction de Gustave Flaubert, ami d'enfance de sa mère, son apprentissage d'écrivain. L'auteur de *Madame Bovary* lui inculque quelques principes simples et clairs : il faut, lui répète-t-il, dégager son originalité; être en contact direct avec le réel et y trouver de l'inexploré; mépriser la réclame; fustiger les préjugés bourgeois; surtout se dire que l'art est une longue patience. Durant sept années, Maupassant compose des poèmes (*Le Mur, Au bord de l'eau*), de petites pièces de théâtre (*Histoire du vieux temps*) et des contes qui attestent son goût pour les inventions macabres ou morbides (*La Main d'écorché, En Canot*). Flaubert corrige ces essais et lui fait des « remarques de pion ». Le jeune commis mêle d'ailleurs le plaisir au travail; solidement charpenté, épris d'effort musculaire, il rêve de promenades au grand air et de canotage. Pourtant, dès 1876, il se plaint de maux de cœur et de violentes migraines, qui le plongent dans des crises de mélancolie.

LE MÉTÉORE (1880-1891)

Maupassant entre dans la littérature « comme un météore ». **Boule de Suif,** un conte d'une ironie cruelle, paraît en 1880 dans *Les Soirées de Médan* et révèle avec éclat le talent de son auteur. D'emblée, Maupassant se détache en tête du groupe des naturalistes. De 1880 à 1891, il produit près de trois cents contes et six romans.

Le conteur. Le succès de *Boule de Suif* l'encourage d'abord à écrire des contes, qu'il publie dans des quotidiens avant de les rassembler dans des recueils. *La Maison Tellier* (1881), *Mademoiselle Fifi* (1882), les *Contes de la bécasse* (1883), *Les Sœurs Rondoli* (1884) offrent au lecteur des récits d'une verve gaillarde et d'une vigueur sèche; mais l'influence de Zola et de Flaubert y est parfois sensible. *Yvette, Miss Harriet* (1884), *Monsieur Parent, Contes du jour et de la nuit* (1885), *La petite Roque, Toine* (1886), *Le Horla* (1887), *Le Rosier de Madame Husson* (1888) mettent en lumière son originalité : Maupassant se dégage de toute influence et utilise notamment ses souvenirs pour peindre les paysans de sa province natale.

Le romancier. Avec la gloire, Maupassant acquiert la fortune : de nombreux voyages, des croisières en Méditerranée, des fréquentations mondaines, étendent le champ de son observation. A partir de 1883, les romans alternent avec les contes. *Une Vie* (1883), *Bel Ami* (1885), *Mont Oriol* (1887), *Pierre et Jean* (1888), *Fort comme la mort* (1889), *Notre Cœur* (1890) marquent les étapes de son évolution : l'auteur s'éloigne de plus en plus du monde extérieur pour étudier, dans le cadre de la haute société, les nuances complexes de l'âme. Enfin, Maupassant publie, pendant cette période, trois volumes d'impressions de voyage : *Au soleil* (1884), *Sur l'eau* (1888), *La Vie errante* (1890).

« L'humble vérité » : Une Vie.

Les rêves de la jeune fille. Jeanne, jeune fille sensible et romanesque, mène, au sortir du couvent, une vie familiale paisible dans un château de Normandie : elle lit, rêve et vagabonde. Le vicomte de Lamare, présenté à la famille, la demande en mariage.

Les désillusions de l'épouse. Après leur voyage de noces, les époux s'installent au château. Le désenchantement commence : la vie est morne; le vicomte, un être mesquin et avare, trahit sa femme. Il meurt tragiquement avec sa complice.

Les faiblesses de la mère. Jeanne reporte sa tendresse sur son fils Paul, « Poulet ». Mais l'enfant, trop gâté, devient un mauvais garnement. Plus tard, il mène à Paris une vie d'expédients, ne songeant à sa mère que lorsqu'il est démuni. Jeanne est ruinée et meurtrie.

Les espoirs de la grand-mère. Sa vieillesse s'illumine à la pensée d'élever le fils de Paul, qui s'est marié et qui a perdu sa femme : « La vie, voyez-vous, conclut la vieille servante Rosalie, ça n'est jamais si bon ni si mauvais qu'on croit. »

LE DÉMENT (1891-1893)

La santé de Maupassant s'est progressivement altérée : aux névralgies s'ajoutent des désordres de la vue et des troubles circulatoires, qui développent chez lui une irritabilité maladive. Il doit veiller lui-même à l'internement de son frère Hervé, qui cédait à des accès de fureur homicide, et il en ressent un ébranlement profond. La folie se déclare vers la fin de 1891. Il meurt dix-huit mois plus tard, sans avoir recouvré la lucidité, dans la maison de santé du docteur Blanche.

B L'originalité de Maupassant

1 *Le pessimisme*

La vision du monde chez Maupassant révèle un pessimisme invétéré, qui s'est exprimé sous des formes diverses au cours de sa carrière littéraire.

LA NÉGATION DE L'ESPÉRANCE

Maupassant nie comme à plaisir tout ce qui peut entretenir l'espérance chez les hommes. Il dépasse sur ce point Flaubert, qui croyait au moins à l'art; et il s'apparente à Schopenhauer, en qui il reconnaît « le plus grand saccageur de rêves qui ait passé sur la terre ». Maupassant nie la Providence, car Dieu « est ignorant de ce qu'il fait »; il nie la croyance au génie humain, car l'homme n'est rien de plus qu'une bête, à peine supérieure aux autres : « Nous ne savons rien, nous ne devinons rien, nous n'imaginons rien. » La philosophie donne des explications saugrenues de problèmes dont la solution nous échappera toujours; la science se heurte aussi à l'inconnaissable; la religion est une duperie. Quant à la vie sociale, elle étale le spectacle affreux de « l'éternelle, universelle, indestructible et omnipotente bêtise ». D'ailleurs chaque être est isolé, impénétrable pour son semblable : aussi les liens qui se nouent entre les humains, amour ou amitié, n'offrent-ils que des consolations illusoires.

L'EXPRESSION DU DÉSESPOIR

Cette philosophie désolée a donné naissance, dans l'œuvre de Maupassant, à des réactions en apparence contradictoires, mais qui sont, en fait, souvent liées à son état physique et mental.

Le sarcasme. Le jeune conteur de *La Maison Tellier* et de *Mademoiselle Fifi* exprime son pessimisme sous une forme généralement sarcastique et brutale. Encore tout imprégné des leçons de son maître Flaubert, Maupassant sonde les bassesses du cœur avec une délectation vengeresse, grossit le trait jusqu'à la caricature et se plaît à scandaliser.

La pitié. Lorsque sa santé s'altère, Maupassant tend à quitter le ton sarcastique pour se pencher avec sympathie sur la misère humaine. Il peint des bourgeois crédules et niais, mais sans s'égayer à leurs dépens (*Monsieur Parent*); et il évoque avec une émotion contenue la vie misérable des vieilles filles (*Miss Harriett*), des malades, des vieillards et des gueux.

L'angoisse. Cependant, le progrès de son mal et l'abus des drogues provoquent en lui de fréquents états d'angoisse, dont il cultive les affres et les effets délirants. Plusieurs contes témoignent de son goût morbide pour la peur : il analyse ce sentiment irraisonné qui s'empare parfois de l'âme anxieuse et la fait frissonner comme si une menace pesait sur elle (*La Peur*); il peint des névrosés qui redoutent les bruits, la solitude et la nuit (*Apparition, Lui ?*); un obsédé qui se convainc qu'un être invisible hante sa maison et s'acharne contre lui (*Le Horla*). Tous ces récits traduisent sous une forme dramatique ou mythique l'horreur anxieuse de Maupassant devant le mystère.

2   L'art

Maupassant a survécu surtout par ses qualités d'artiste : sa maîtrise est le résultat d'une longue réflexion sur son métier d'écrivain.

LES IDÉES ESTHÉTIQUES

Bien qu'il fût hostile à tout exposé de principes, Maupassant a nettement défini ses idées esthétiques, en particulier dans la préface de *Pierre et Jean* et dans *Sur l'eau*. Cette esthétique est originale dans la mesure où elle nuance, au nom d'un goût sûr, ce qu'il y a de rigide et d'arbitraire dans la doctrine naturaliste.

Maupassant estime légitime le désir qu'ont les réalistes et les naturalistes de « faire vrai », mais il conteste leurs prétentions à exprimer la seule vérité et la vérité tout entière. La réalité nous offre indistinctement des faits de toutes sortes, pour la plupart sans intérêt. Or, « l'art est la vérité choisie et expressive » : le romancier ou le conteur devra donc éliminer tout ce qui n'est pas utile à son sujet et mettre en pleine lumière, par la seule adresse de la composition, ce qui est essentiel et caractéristique. « Le réaliste, s'il est un artiste, cherchera non pas à nous donner la photographie de la vie, mais à nous en donner la vision plus complète, plus saisissante, plus probante que la réalité même. » Il est d'ailleurs fatal que la réalité apparaisse à chaque écrivain sous un jour différent, car tout être se fait une « illusion » du monde conforme à sa nature.

En outre, les naturalistes ont tort d'étaler leur documentation et de ne pas épargner au public le long travail qui précède l'éclosion d'une œuvre : ce qui a demandé effort et peine à l'auteur doit être détente et plaisir pour le lecteur. En corrigeant ainsi la doctrine de ses contemporains, Maupassant renouait avec quelques principes fondamentaux du réalisme classique.

LA MAITRISE DU CONTEUR

Les contes de Maupassant, plus encore que ses romans, illustrent ses conceptions esthétiques. Grâce à un choix judicieux des moyens, ils donnent une impression de simplicité, d'équilibre et de condensation. Maupassant fixe d'abord son décor avec une brièveté expressive : cour de ferme, place de marché, jardin public, compartiment de chemin de fer. Il campe ensuite ses personnages : quelques particularités physiques d'un trait un peu appuyé, quelques gestes familiers, quelques mots d'un patois haut en couleur suffisent à révéler la finasserie ou la cupidité d'un paysan du pays de Caux. Puis il entame son récit ,volontairement simple et même banal : une « histoire arrivée » de pêche ou de chasse; un fait-divers de la vie campagnarde ou de la vie parisienne; mais bientôt, des incidents imprévus précipitent l'action vers sa conclusion inéluctable, souvent tragique, sans que l'auteur se départisse de son calme apparent.

Le style de Maupassant confirme cette impression de sobriété expressive. L'écrivain ne tire aucun effet ni de la sonorité des mots, ni de leur agencement dans la phrase; il suit la ligne la plus banale; pourtant, sous sa simplicité familière et sa limpidité alerte, il cache une technique d'une étonnante sûreté.

Manet.
Portrait de Zola.
Musée du Louvre.

Edmond et Jules de Goncourt.

Guth. Portrait de Maupassant.

VI   JULES VALLÈS (1832-1885)

LA CARRIÈRE DE VALLÈS

Jules Vallès est né au Puy-en-Velay, d'un père répétiteur et d'une mère de souche paysanne. Il passe, entre sa famille et le collège, une enfance privée de tendresse. Il vient à Paris en 1849 pour se préparer à l'École Normale, mais le joug universitaire l'effraie; il préfère l'indépendance à la sécurité. Il est tour à tour secrétaire de Gustave Planche, professeur libre, chroniqueur financier, expéditionnaire. En 1857, il publie à Nantes son premier ouvrage, *L'Argent*. Il fait paraître ensuite, sous le titre *Les Réfractaires* (1866), une série d'études sur les bohèmes et les déclassés de la vie parisienne; et il devient le rédacteur en chef d'un journal, *La Rue*. Après le 4 septembre 1870, il s'affilie à l'Internationale, dirige *Le Cri du peuple* et prend part à la Commune. Exilé, il se réfugie en Angleterre, puis, à son retour, reprend son activité de polémiste au *Cri du peuple*. De 1879 à 1886 paraît, sous le pseudonyme de Jean la Rue, sa trilogie *Jacques Vingtras* (*L'Enfant*, 1879, *Le Bachelier*, 1881, *L'Insurgé*, 1886).

LE TEMPÉRAMENT DE VALLÈS

Jules Vallès ne prétend pas à l'objectivité, comme les romanciers de l'école naturaliste. Il est lui-même un « réfractaire », un « insurgé »; il vit en perpétuel état de révolte contre la famille, contra la bourgeoisie, et d'une façon générale contre une société marâtre, qui condamne à la misère ceux qui ne s'abaissent pas à être ses laquais. Ses romans, en grande partie autobiographiques, expriment sa rancœur par des explosions de haine farouche ou par un humour amer, qui laisse deviner son désespoir : « Ma mère dit qu'il ne faut pas gâter les enfants, et elle me fouette tous les matins; quand elle n'a pas le temps le matin, c'est pour midi, rarement plus tard que quatre heures... C'est pour mon bien; aussi, plus elle m'arrache de cheveux, plus elle me donne de taloches, et plus je suis persuadé qu'elle est une bonne mère et que je suis un enfant ingrat. » *Ses œuvres ont pourtant l'accent de la chose vue.* Jules Vallès, jusque dans son exaltation, demeure lucide. Il possède un sens aigu de l'observation; certains de ses portraits sont dessinés avec un réalisme cru et haut en couleurs. Son style enfin est d'une admirable fermeté.

OUVRAGES A CONSULTER

FLAUBERT. *Œuvres*, éd. B. Masson, 2 vol., L'Intégrale, Seuil. *L'Education sentimentale*, éd. A. Raitt, 2 vol., Imprimerie Nationale, 1979. ZOLA. *Les Rougon-Macquart*, éd. H. Mitterand, 5 vol., Pléiade, Gallimard. MAUPASSANT. *Contes et Nouvelles*, éd. L. Forestier, 2 vol., Pléiade. *Contes*, éd. M.-C. Bancquart, 2 vol., Classiques Garnier, 1977. *Bel-Ami*, éd. M.-C. Bancquart, Imprimerie Nationale, 1979. J. VALLÈS. *Œuvres complètes*, éd. M.-C. Bancquart et L. Scheler, 4 vol., Paris, 1971-1972. C. DIGEON. *Flaubert*, Hatier, 1969. R. RICATTE. *La Création romanesque chez les Goncourt*, A. Colin, 1963. J. NOIRAY. *Le Romancier et la machine*, I, Émile Zola, José Corti, 1981. R. DUMESNIL. *Maupassant*, Tallandier, 1947. A. VIAL. *Guy de Maupassant et l'art du roman*, Nizet, 1954. J.-H. BORNECQUE. *Les Années d'apprentissage d'Alphonse Daudet*, Nizet, 1951. G. GILLE. *Jules Vallès*, 2 vol., Flammarion, 1941.

Texte commenté

I *UN LOGEMENT NOUVEAU*

Emma, dès le vestibule, sentit tomber sur ses épaules, comme un linge humide, le froid du plâtre. Les murs étaient neufs, et les marches de bois craquèrent. Dans la chambre, au premier, un jour blanchâtre passait par les fenêtres, sans rideaux. On entrevoyait des cimes d'arbres, et plus loin la prairie, à demi noyée dans le brouillard, qui fumait au clair de lune, selon le cours de la rivière. Au milieu de l'appartement, pêle-mêle, il y avait des tiroirs de commode, des bouteilles, des ⁵ tringles, des bâtons dorés avec des matelas sur des chaises et des cuvettes sur le parquet, — les deux hommes qui avaient apporté les meubles ayant laissé là tout, négligemment.

C'était la quatrième fois qu'elle couchait dans un endroit inconnu. La première avait été le jour de son entrée au couvent, la seconde celle de son arrivée à Tostes, la troisième à la Vaubyessard, la quatrième était celle-ci ; et chacune s'était trouvée faire dans sa vie comme l'inauguration d'une ¹⁰ phase nouvelle. Elle ne croyait pas que les choses pussent se représenter les mêmes à des places différentes, et, puisque la portion vécue avait été mauvaise, sans doute ce qui restait à consommer serait meilleur.

FLAUBERT, *Madame Bovary*, 2ᵉ Partie, Chapitre II.

Situation du passage.

Emma Bovary s'ennuyait et dépérissait dans le petit bourg de Tostes où son mari, officier de santé, s'était installé. Charles Bovary, qui adore sa femme, s'est alarmé et, persuadé que l'air du pays était malsain pour Emma, il a renoncé à sa clientèle et accepté un nouveau poste à Yonville-l'Abbaye, à sept lieues de Rouen. Le couple vient d'arriver en diligence dans ce gros bourg normand : Emma et Charles sont descendus à l'Auberge du Lion d'Or et ont fait, au cours d'un dîner, la connaissance du pharmacien Homais et du jeune clerc de notaire Léon. Puis les deux époux ont quitté l'auberge pour se rendre à leur nouvelle demeure.

Le texte.

Soucieux de reproduire la vie dans son détail précis, Flaubert suit pas à pas son héroïne, dont il analyse minutieusement les sensations et les états d'âme, à mesure qu'elle découvre ce qui va être le cadre de sa nouvelle existence.

Les sensations d'Emma (Premier paragraphe). Chez Emma Bovary, créature à beaucoup d'égards assez commune, la finesse des sens est exceptionnelle : *dès le vestibule*, elle se sent pénétrée par une sensation de *froid*, celle que donnent des *murs neufs*, fraîchement recouverts de *plâtre*. Flaubert commente cette notation à l'aide d'une comparaison familière : *comme un linge humide*, qui, par sa sobre précision, nous fait ressentir l'impression presque physiquement ; l'indication suivante : *les marches de bois craquèrent*, évoque un détail typique des maisons de campagne. Dans ces deux premières phrases, d'une concision suggestive, les temps des verbes sont choisis avec soin : l'imparfait indique un état (les murs *étaient* neufs), tandis que le passé simple traduit des sensations de courte durée (*sentit, craquèrent*). A la suite d'Emma, nous montons *dans la chambre, au premier*. Les *fenêtres* sont *sans rideaux*, car la pièce n'est pas encore meublée ; et l'on s'explique qu'*un jour blanchâtre* y pénètre. Une phrase d'un rythme savamment calculé présente ensuite quelques aspects du paysage entrevu par Emma : en même temps que l'œil se déplace instinctivement du plus proche au plus lointain (des cimes d'arbres et *plus loin* la prairie), les notations, d'abord un peu banales (*cimes d'arbres, prairie*) se nuancent délicatement (*la prairie à demi noyée dans le brouillard, qui fumait au clair de lune, selon le cours de la rivière*) paysage estompé, d'une harmonie fondue, au milieu duquel Emma va entretenir ses chimères sentimentales avec une langueur voluptueuse. La description évoque mystérieusement les vagues ivresses qui émanent des choses. Le regard d'Emma, après s'être posé sur ce paysage, se reporte sur *l'appartement* ; et à la description poétique des lignes précédentes s'oppose, par un contraste saisissant, l'énumération prosaïque et méticuleuse du fouillis *des tiroirs, des bouteilles, des tringles, des bâtons dorés...* qui caractérise une pièce encore inhabitée. Une phrase volontairement banale et plate, mais où la virgule habilement placée met en valeur le mot important, termine cet inventaire : *les deux hommes qui avaient apporté les meubles ayant tout laissé là, négligemment.*

Les illusions d'Emma (Deuxième paragraphe). Emma a la mémoire des sens : la vue de ce cadre qui ne lui est pas familier réveille en elle des impressions anciennes : *c'était la quatrième fois qu'elle couchait dans un endroit inconnu.* Cette indication permet à Flaubert, avant de lancer son héroïne dans de nouvelles aventures, de nous rappeler en un raccourci expressif trois étapes de sa vie passée : *son entrée au couvent,* à l'âge de treize ans, qui a marqué pour elle le début d'une vie contemplative, où s'est développé son penchant au romanesque ; *son arrivée à Tostes,* où elle a mené une existence morne et plate ; enfin son court séjour au château de *la Vaubyessard,* où elle a pris contact avec le luxe aristocratique. Une coïncidence a voulu que chaque nuit passée dans un endroit inconnu ait été pour elle *comme l'inauguration d'une phase nouvelle* ; il n'en faut pas plus pour faire naître chez cette femme naïvement superstitieuse et toujours avide d'inconnu une illusion qui l'empêche de croire *que les choses puissent se représenter les mêmes à des places différentes.* Ses espoirs prennent même l'apparence d'un raisonnement, assez puéril, il est vrai, et fondé sur un hypothétique calcul des probabilités : *puisque la portion vécue avait été mauvaise, sans doute ce qui restait à consommer serait meilleur.* Or nous verrons qu'à mesure que la vie s'écoule et qu'Emma s'efforce d'échapper aux platitudes de la réalité, cette réalité fait sentir son poids se reproduisant toujours la même et rétrécissant progressivement son horizon.

Conclusion.

Dans ce passage comme dans beaucoup d'autres, Flaubert s'est dans une certaine mesure identifié avec son héroïne. Lui aussi, il a cru que les choses ne pouvaient pas se répéter les mêmes à des places différentes et il s'est évadé hors de son temps pour s'abandonner au caprice de ses rêves : ses propres désillusions lui ont peut-être permis de mieux peindre les illusions d'Emma. Mais Flaubert, fidèle à son principe d'impersonnalité, s'efface derrière le personnage et le peint de l'extérieur, comme un pur « objet ». Ainsi se résout peut-être la contradiction apparente entre les deux déclarations de l'auteur : « Madame Bovary, c'est moi », et : « Madame Bovary n'a rien de moi. »

Maître Chicot, la bouche pleine, prononça :

— S'il nous véyait, l'pé, ça lui f'rait deuil. C'est li qui les aimait d'son vivant.

Un gros paysan jovial déclara :

— I n'en mangera pu, à c't'heure. Chacun son tour.

Cette réflexion, loin d'attrister les invités, sembla les réjouir. C'était leur tour, à eux, de manger 5
des boules.

Mme Chicot, désolée de la dépense, allait sans cesse au cellier chercher du cidre. Les brocs
se suivaient et se vidaient coup sur coup. On riait maintenant, on parlait fort, on commençait à
crier comme on crie dans les repas.

Tout à coup, une vieille paysanne qui était restée près du moribond, retenue par une peur aride 10
de cette chose qui lui arriverait bientôt à elle-même, apparut à la fenêtre, et s'écria d'une voix aiguë :

— Il a passé ! Il a passé !

Chacun se tut — les femmes se levèrent vivement pour aller voir.

Il était mort, en effet. Il avait cessé de râler. Les hommes se regardaient, baissaient les yeux, mal
à leur aise. On n'avait pas fini de mâcher les boules. Il avait mal choisi son moment, ce gredin-là !... 15

GUY DE MAUPASSANT, *Le Vieux*. (Albin Michel, édit.)

Situation du passage.

Le beau-père de maître Chicot, un fermier normand, est à l'agonie depuis quelques jours et ne se décide pas à mourir. Son gendre en est fort ennuyé : l'ouvrage presse à la ferme et il lui faudra perdre toute une matinée à prévenir des obsèques parents et amis du voisinage. Afin de gagner du temps, il décide de commencer en pleine nuit la funèbre tournée, puisque aussi bien le « pé » ne saurait tarder à rendre l'âme. Mais le « pé », qui a la vie dure, respire encore le surlendemain à l'arrivée des invités. Stupéfaction ! Tous se sont dérangés pour rien. Ils se mettent néanmoins à manger les traditionnels gâteaux d'enterrement, les « boules », que la maîtresse de maison a préparés comme il se doit.

Le texte.

Maître Chicot est un de ces paysans normands dont Maupassant a su dessiner la silhouette avec une verve puissante. Il a pour son beau-père une parole de compassion : *S'il nous véyait, l'pé, ça lui f'rait deuil*. Mais il la prononce *la bouche pleine*, et sans perdre une miette. Bien plus, il parle du moribond à l'imparfait *C'est li qui les aimait d'son vivant*. Il considère son trépas comme un fait accompli ; et la même dureté se manifeste chez son interlocuteur, *un gros paysan jovial*. — *Il n'en mangera pu, à c't'heure. Chacun son tour*, s'exclame-t-il : cette agonie est pour lui une sorte d'épouvantable revanche. Aucun des personnages ne trouve au fond de son cœur une parcelle d'émotion ; la réflexion du paysan semble même les *réjouir*. La loi de la jungle régit le monde où vivent ces paysans ; que les jeunes prennent la place des vieux, rien de plus naturel : *C'était leur tour, à eux, de manger des boules*.
Pourtant, la fille, Mme Chicot, est *désolée* ; voilà donc enfin quelqu'un que la mort du vieux ne laisse pas indifférent ou sournoisement satisfait ! Mais non : c'est *la dépense* qui l'inquiète. Ses invités mangent de bon appétit et boivent sec : *les brocs se suivaient*. Dire qu'il faudra recommencer, puisque ce ne sont là que des obsèques manquées ! Peu à peu, la boisson aidant, on s'anime : *on riait maintenant, on parlait fort, on commençait à crier comme on crie dans les repas*. Que cette indifférence ne nous scandalise pas trop : il est bien des repas de deuil, à la campagne et même à la ville, d'où les convives sortent gais et la panse remplie. Maupassant, là comme ailleurs, n'avance rien qu'il n'ait observé.
La seule qui témoigne au père quelque intérêt est *une vieille paysanne*. Elle était *restée près du moribond, retenue par une peur aride*, une peur qui lui sèche la gorge devant l'horreur de ce mystère qu'elle affrontera bientôt à son tour. De tous ces personnages si féroces, c'est peut-être elle la plus implacable, elle, la vieille, qui voudrait bien

savoir comment on fait pour mourir et si cela fait souffrir. Maupassant nous a conduits par degrés au comble de la cruauté. La vieille apparaît *à la fenêtre*, comme un polichinelle macabre. Tremblante de peur et peut-être bouleversée par une infernale jouissance, elle s'écrie *d'une voix aiguë : Il a passé! Il a passé!* Cette expression dialectale, comme tout à l'heure le patois dont usaient maître Chicot et son convive, accentue le caractère réaliste du récit. Cette fois, *chacun se tut — les femmes se levèrent vivement pour aller voir :* les femmes seulement, parce qu'elles sont, plus que les hommes, friandes de cette sorte de spectacle et parce que c'est à elles, en Normandie comme en bien d'autres provinces, qu'est dévolu le soin de veiller à la toilette des morts. Et l'indifférence voulue du conteur éclate, lorsqu'il nous dit : *il était mort, en effet.* Rien de plus terrible que cet *en effet*, qui a la valeur d'une constatation banale, mais qui prend, en de telles circonstances, un relief unique; le verbe *râler*, qu'il emploie ensuite, est lui aussi expressif, dans sa précision. Les romanciers abusent volontiers des descriptions d'agonie, qui prêtent à des effets un peu faciles. Maupassant, lui, résiste à la tentation. Deux petites phrases lui suffisent pour rendre compte de l'événement. A vrai dire, elle est impor-

tune, cette mort que maître Chicot et son épouse ont attendue avec tant d'impatience : *les hommes se regardaient, baissaient les yeux, mal à l'aise.* Puisque le vieux s'entêtait à ne pas vouloir succomber, pourquoi choisissait-il le moment où *on n'avait pas fini de mâcher les boules?* La fin de la phrase, d'une vulgarité calculée, traduit à merveille l'égoïsme bestial de ces convives. Peu à peu se développe chez ces personnages un sentiment de rancune, qui s'exaspère d'autant plus qu'ils ne peuvent l'extérioriser; Maupassant le résume en un mot, *ce gredin-là*; mais prenons garde; le terme contient une nuance de sympathie : à la mauvaise humeur des hommes se mêle une sorte d'amusement, car ces paysans maîtres en rouerie ne sauraient demeurer insensibles à la malice du « pé », qui, jusqu'au bout, décidément, aura su jouer de bons tours à ses enfants.

Conclusion.

Cette page est un modèle de réalisme. Le conteur observe avec sang-froid les réactions les plus odieuses; à aucun moment ne tombe le masque de froideur qu'il s'est composé. Guidé par un sens artistique infaillible, il choisit les détails, ordonne la scène qu'il veut dépeindre, l'anime enfin par un style à la fois vigoureux et sobre.

SUJETS DE COMPOSITION FRANÇAISE

1 M. Homais écrit ses mémoires et raconte l'histoire de Mme Bovary.

2 Commenter cette appréciation de René Dumesnil : « Il n'est meilleur exemple que celui de Flaubert pour prouver que réalisme et romantisme ne s'opposent point, non plus que classicisme et réalisme ».

4 Apprécier ce jugement d'un critique contemporain sur les romans de Zola : « Si artificielles que soient ces vastes constructions, elles s'imposent chaque fois qu'un souffle évocateur les traverse. »

5 Expliquer et apprécier la définition que Maupassant donne de l'art : « L'art est la vérité choisie et expressive. »

Henry Becque. Pointe sèche d'A. Rodin.

Le théâtre de mœurs

La chute des Burgraves, *en 1843, a marqué la fin du drame romantique. A cette date, le théâtre, selon la tendance générale de la littérature, s'oriente déjà vers la peinture des mœurs contemporaines. Bientôt, Émile Augier fait applaudir des pièces animées d'un esprit profondément bourgeois; Alexandre Dumas fils porte à la scène des problèmes sociaux et moraux; cependant que Labiche cherche, sans autre prétention, à égayer le public par sa verve bouffonne.*

Après 1880, une nouvelle génération, attirée par les doctrines naturalistes, veut appliquer au théâtre les procédés romanesques de Zola. Henry Becque fait représenter deux pièces vigoureuses et dures, Les Corbeaux, *puis* La Parisienne; *il relègue au second plan l'intrigue, se refuse à soutenir des thèses et se contente de présenter au public la vie telle qu'elle est. En 1887, un animateur, Antoine, fonde le* Théâtre libre *et donne l'essor à des œuvres d'un réalisme parfois violent.*

1852	A. Dumas fils : *La Dame aux camélias.*
1854	É. Augier : *Le Gendre de M. Poirier.*
1858	A. Dumas fils : *Le Fils naturel.*
1860	E. Labiche : *Le Voyage de M. Perrichon.*
1882	H. Becque : *Les Corbeaux.*
1885	H. Becque : *La Parisienne.*
1887	Fondation du *Théâtre Libre* par Antoine.

I LA RÉACTION CONTRE LE DRAME ROMANTIQUE

Dès la période romantique, quelques écrivains se sont affranchis des outrances du drame à la mode et ont frayé la voie à un théâtre plus proche de la vie. Un peu plus tard, Émile Augier achève cette évolution vers le réalisme.

EUGÈNE SCRIBE (1791-1861)

Scribe est un écrivain d'une fécondité extraordinaire : il composa plus de trois cent cinquante pièces. Inlassablement, il noue et dénoue avec prestesse des intrigues compliquées (*Bertrand et Raton*, 1833, *Le Verre d'eau*, 1842) ou crayonne sans malice les travers et les ridicules de son temps (*La Camaraderie*, 1837). Il excelle dans l'art de construire et d'agencer une pièce; il tient la curiosité du public en éveil par d'ingénieuses péripéties et ne fait la lumière que lorsque l'embarras est à son comble. En outre, il élargit l'horizon dramatique, et oriente le théâtre vers la comédie de mœurs. Mais il manque d'art et d'originalité réelle.

FRANÇOIS PONSARD (1814-1867)

Après 1840, tandis qu'une jeune actrice, Rachel, suscite un renouveau d'enthousiasme pour l'art racinien, Ponsard entreprend de réagir contre le drame romantique discrédité et tente de restaurer la tragédie en vers, en « complétant » toutefois Racine par Shakespeare. Sa *Lucrèce* fut représentée à l'Odéon en 1843, la même année que *Les Burgraves*, dans un enthousiasme fiévreux. Puis Ponsard s'oriente vers la peinture des mœurs. Dans sa comédie en vers *L'Honneur et l'Argent* (1853), il stigmatise les compromissions où sombre le bon renom de ceux qui ne peuvent supporter une honorable pauvreté et mêle ainsi des tendances moralisatrices à la description de la vie contemporaine.

ÉMILE AUGIER (1820-1889)

Émile Augier est d'abord un disciple de Ponsard : dans sa première pièce, *La Ciguë*, il s'inspire de l'Antiquité. Puis il vient à la comédie bourgeoise et, dans *L'Aventurière* (1848), dans *Gabrielle* (1849), il défend, en vers, la famille contre la dépravation du siècle. Il adopte ensuite la prose et donne son chef-d'œuvre, *Le Gendre de M. Poirier* (1854), où le thème du *Bourgeois gentilhomme* se trouve transposé dans la vie moderne. De plus en plus, il se fait le champion de la morale et flétrit les vaniteux (*Les Lionnes pauvres*), les arrivistes (*Les Effrontés*), les diffamateurs professionnels (*Le Fils de Giboyer*); mais, dans ses dernières pièces, il tempère quelque peu l'ardeur de sa prédication.
Émile Augier peint avant tout la bourgeoisie fortunée. Ses personnages ont souvent acquis leur fortune dans les affaires, sans beaucoup de scrupules, mais en prenant leurs sûretés à l'égard de la loi; la question d'argent noue et dénoue les intrigues, souvent aux dépens de l'amour, et compromet parfois la solidité des liens familiaux. Les comédies d'Émile Augier sont habilement construites : mais il manque de style et d'imagination.

II PIÈCES A THÈSE ET PIÈCES A SUCCÈS

Sous le Second Empire et pendant les premières années de la Troisième République, deux auteurs dramatiques ont conquis la grande notoriété par des voies diverses : l'un, Alexandre Dumas fils, en faisant de ses personnages des porte-parole ou des illustrations de ses idées; l'autre, Victorien Sardou, en recherchant avant tout l'effet scénique et en utilisant tous les procédés du métier avec une ingéniosité sans défaillance.

ALEXANDRE DUMAS FILS (1824-1895)

Alexandre Dumas fils est un enfant naturel du célèbre romancier et dramaturge. Il se lance dans la littérature à vingt et un ans pour payer ses dettes. Dans sa première pièce, *La Dame aux camélias* (1852), dont la vogue fut immense et dure encore, il reprend, en vrai romantique, le thème de la courtisane régénérée par une passion sincère; puis il s'oriente vers un réalisme à intentions moralisantes, peint certains milieux frelatés (*Le Demi-Monde*, 1855), montre le rôle de l'argent dans la société moderne (*La Question d'argent*, 1857), élève la voix en faveur de la jeune fille séduite (*Les Idées de Mme Aubray*, 1867, *Denise*, 1885), de l'enfant naturel (*Le Fils naturel*, 1858), de la femme asservie (*M. Alphonse*, 1874). Dans de véhémentes préfaces, il revendique le droit pour l'auteur dramatique d'aborder les problèmes sociaux ou moraux, « d'agiter, non plus des grelots, mais des questions ».
En défendant ainsi des thèses au théâtre, Alexandre Dumas fils force l'attention de ses contemporains, parfois au prix d'un scandale. Il a eu le mérite de heurter de front certains préjugés et d'énoncer de courageuses vérités, mais trop souvent il tranche avec une belle assurance des problèmes fort complexes, schématise les caractères et répand les principes d'une morale discutable. Il apparaît d'ailleurs comme un dramaturge très habile; il a appris de Scribe les « ficelles » du métier, mais il le dépasse dans l'art de construire une pièce : il choisit toujours un point de départ d'une grande simplicité; il déroule son intrigue avec rigueur et manie une éloquence entraînante, quoique un peu artificielle.

VICTORIEN SARDOU (1831-1908)

Victorien Sardou est l'auteur fécond d'une cinquantaine de pièces : comédies de mœurs (*Les Vieux Garçons*, 1865, *La Famille Benoiton*, 1865), drames historiques (*Patrie*, 1869, *Théodora*, 1884, *La Tosca*, 1887), comédies historiques (*Madame Sans-Gêne*, 1893), mélodrames, féeries ou vaudevilles. Il n'a guère connu que des triomphes, grâce à une imagination industrieuse qui exploite habilement l'art d'amuser les yeux et les oreilles. Mais la plupart de ces triomphes furent éphémères. *Sardou a trop sacrifié à la mode et au succès immédiat*; il se montre incapable d'observation pénétrante et de vérité générale : il n'a d'autre idéal que d'agencer de savantes intrigues à la façon de Scribe, en les mettant toutefois au goût du jour; ou de provoquer un pathétique artificiel en utilisant les effets violents, mais usés du drame romantique.

III — LA COMÉDIE GAIE ET L'OPÉRETTE

Sous le Second Empire surtout, les plaisirs mondains et les divertissements frivoles se multiplient ; le théâtre gai connaît une grande prospérité.

ERNEST LABICHE (1815-1888)

Labiche a écrit des comédies bouffonnes, souvent ornées de couplets, et des comédies de fine observation. Dans ses comédies psychologiques, il jette parfois d'ingénieuses lumières sur l'homme : il analyse l'égoïsme (*Moi*) ou pose le problème de la sincérité (*Le Misanthrope et l'Auvergnat*) ; le héros du célèbre *Voyage de M. Perrichon* (1860) est un bourgeois peint avec beaucoup de justesse et de relief comique. Dans ses comédies bouffonnes, il met au point une certaine logique de l'invraisemblance et de l'absurdité ; le hasard et la méprise, ses deux grands ressorts dramatiques, viennent contrecarrer les calculs de la raison et provoquent une suite de quiproquos, de péripéties abracadabrantes et burlesques : dans *La Cagnotte*, de braves bourgeois de la Ferté-sous-Jouarre sont venus à Paris pour dépenser l'argent d'une cagnotte et, d'aventure en aventure, se retrouvent au poste de police ; dans *Un Chapeau de paille d'Italie*, une noce poursuit sans répit un fiancé parti à la recherche d'un introuvable chapeau. Les personnages de ces farces sont souvent des caricatures, des pantins que commande une obsession stupide ou que domine une infirmité plaisante : l'un est sourd, l'autre bredouille ; à la bouffonnerie des situations s'ajoutent les naïvetés voulues d'un dialogue primesautier et mouvementé.

MEILHAC ET HALÉVY

Meilhac (1831-1897) et Halévy (1834-1908) ont collaboré à partir de 1861 et pendant plus de vingt ans. L'un a plus de fantaisie, l'autre plus de finesse ; ils se complètent à merveille. *Ils ont laissé des comédies sensibles et railleuses* (*Frou-Frou, 1869*) *et surtout des livrets d'opérettes* (La Belle Hélène, 1865, La Vie parisienne, 1866, Mam'zelle Nitouche, 1886). Dans *La Belle Hélène*, qu'immortalisa la musique d'Offenbach, le comique tient à la parodie bouffonne et à l'anachronisme : Hélène est une petite « cascadeuse » du Second Empire ; Ajax porte monocle ; les héros collectionnent les timbres-poste et résolvent une charade sur le mot « locomotive » trois mille ans avant l'invention des chemins de fer.

ÉDOUARD PAILLERON (1834-1899)

Pailleron doit l'essentiel de sa réputation à une charmante comédie de mœurs, Le Monde où l'on s'ennuie (*1881*). Dans un grand salon littéraire de la Troisième République, qui est « la porte des ministères et l'antichambre des Académies », tout un monde de politiciens, de poètes et de pédants évolue et pérore devant une nuée bourdonnante de femmes savantes, tandis qu'une vieille duchesse et sa pupille représentent, l'une, le bon sens, l'autre, la jeunesse du cœur. Pailleron, fin lettré et écrivain de race, observe avec finesse, peint avec bonne humeur et cache une réelle sensibilité sous son badinage malicieux.

Un spectacle de gala sous le Second Empire.
Dessin de Gustave Janet.

HENRY BECQUE (1837-1899)

Après 1880, tandis que les écrivains naturalistes tâchent, sans grand succès, de s'imposer au théâtre, un novateur de grand talent, Henry Becque, fait représenter deux pièces qui comptent aujourd'hui parmi les chefs-d'œuvre du répertoire français : *Les Corbeaux* (1882) et *La Parisienne* (1885).

Les Corbeaux.

Acte I. La famille Vigneron est présentée dans son intimité. M. Vigneron, de la maison Teissier, Vigneron et Cie, plaisante avec ses enfants. Il part pour sa fabrique, pendant qu'arrivent des gens qu'il a invités à dîner. On annonce brusquement qu'il est mort d'une attaque.

Acte II. Dès lors, Mme Vigneron et ses trois filles sont la proie des « Corbeaux ». Le notaire Bourdon et Teissier, l'ancien associé de Vigneron, manœuvrent parallèlement. La famille, accablée de dettes, est réduite aux abois.

Acte III. Teissier, vieux garçon égoïste, prête de l'argent aux Vigneron ; il nourrit le secret espoir d'épouser Marie, une des filles. Cependant, le mariage d'une autre fille, la plus jeune, Blanche, est rompu en raison de la nouvelle situation de la famille.

Acte IV. La liquidation judiciaire a consommé la ruine des Vigneron. Pour sauver les siens de la détresse, Marie se résout au plus douloureux des sacrifices : elle épousera Teissier, qui a contribué à leur malheur.

Henry Becque, éloigné de toute coterie, se fait de son art une idée très haute et très austère. Il méprise les effets obtenus par de savantes combinaisons, renonce aux intrigues trop bien menées, évite les tirades artificielles, s'abstient d'un optimisme de commande dans ses dénouements. Ce refus des facilités communes lui permet de s'élever fort au-dessus de Scribe, d'Augier et même de Dumas fils.

A la pièce bien faite, Becque substitue la pièce bien observée. L'intérêt de son théâtre repose sur une peinture implacable de la réalité. La vie quotidienne est reproduite sur la scène en un raccourci puissant ; le dialogue est simple, mais âpre et dense ; et des caractères cruellement fouillés ressortent avec relief : hommes de proie (*Les Corbeaux*), coquette bourgeoise, mari fantoche et amant jaloux (*La Parisienne*). *Becque crée ainsi le drame réaliste et la comédie « rosse », qui deviendront des genres à la mode, après la fondation par Antoine, en 1887, du Théâtre Libre.*

Le grand talent de Becque a toutefois ses limites. Ses dons d'observateur et de psychologue se sont exercés dans un champ assez restreint, car il lui a manqué la grande imagination des véritables créateurs.

OUVRAGES A CONSULTER

P. LAMY. *Le Théâtre d'A. Dumas fils*, P.U.F. 1929. M. DESCOTES. *Henry Becque et son théâtre*, Minard, 1962.

CHAPITRE IV

Taine. Portrait par Bonnat.

L'histoire et la critique positivistes

Sous l'influence du positivisme, l'histoire et la critique, pendant la seconde moitié du XIXᵉ siècle, tendent à devenir des sciences. Fustel de Coulanges formule les principes de la méthode scientifique en histoire et tente de les mettre en application dans son livre célèbre La Cité antique. *Ernest Renan annonce avec une ardeur prophétique, dans* L'Avenir de la Science, *l'avènement des certitudes positives, se voue à de patientes recherches philologiques et étudie, en se donnant l'objectivité pour règle, les origines du christianisme. Hippolyte Taine, philosophe, historien et critique, cherche à rendre compte des œuvres littéraires et des événements à la lumière d'un déterminisme rigide. Fustel de Coulanges, Taine et Renan ont été les maîtres à penser d'une génération éprise avant tout de vérité objective.*

1848	Renan : *L'Avenir de la science* (publié en 1890).
1858-1894	Taine : *Essais de critique et d'histoire.*
1863	Taine : *Histoire de la littérature anglaise.*
1863-1883	Renan : *Histoire des origines du christianisme.*
1864	Fustel de Coulanges : *La Cité antique.*
1875-1894	Taine : *Les Origines de la France contemporaine.*
1878-1886	Renan : *Drames philosophiques.*

I   FUSTEL DE COULANGES (1830-1889)

L'UNIVERSITAIRE

Fustel de Coulanges, né en 1830, fut élève de l'École Normale Supérieure et membre de l'École d'Athènes. Il publie d'abord un *Mémoire sur l'île de Chio* et une thèse sur *Polybe* (1858), où il met en lumière quelques aspects de la conquête de la Grèce par les Romains. Il débute dans l'Université comme professeur de lycée, puis il enseigne à la Faculté de Strasbourg. En 1880, il est nommé directeur de l'École Normale, et il achève sa carrière comme professeur en Sorbonne; mais il doit se retirer prématurément et il meurt en 1889. Il a exercé un grand ascendant personnel et formé de nombreux disciples.

LE THÉORICIEN

Fustel de Coulanges a énoncé des règles de méthode qui demeurent intangibles pour les historiens d'aujourd'hui. « L'histoire, a-t-il écrit, n'est pas un art, elle est une science pure. Elle ne consiste pas à raconter avec agrément ou à disserter avec profondeur. Elle consiste, comme toute science, à constater des faits, à les analyser, à les rapprocher, à en marquer le lien. » L'histoire exige une documentation rigoureuse : « Il faut lire tous les documents de l'époque et, sinon ne lire qu'eux, du moins n'accorder qu'à eux une entière confiance »; une critique serrée : « Le véritable érudit commence par être un douteur »; une objectivité et une impartialité totales : « Le meilleur des historiens sera celui qui aura le plus fait abstraction de soi-même... Le patriotisme est une vertu, l'histoire est une science, il ne faut pas les confondre »; une grande prudence dans les conclusions : « Pour un jour de synthèse, il faut des années d'analyse »; une grande sobriété dans l'exposition, d'où l'on doit bannir « le beau langage ».

L'HISTORIEN

Fustel de Coulanges a illustré ses principes dans ses ouvrages historiques, dont les deux plus importants sont *La Cité antique* (1864), son chef-d'œuvre, et l'*Histoire des institutions de l'ancienne France* (1875-1891). Au service d'une information abondante et d'une méthode stricte, il met un art sobre et sûr : il s'efface derrière ses documents et, sans dépense de couleurs, sans appel à la rhétorique, sans recours aux anecdotes, par la simple analyse des textes, dont il extrait la substance, il donne l'impression de la vie.

La Cité antique. A l'origine des sociétés antiques, on trouve le culte des morts. La famille s'est constituée autour de la religion des ancêtres et du foyer; elle s'est élargie ensuite en phratries, en tribus, en cités, et la religion municipale s'est constituée sur le modèle de la religion familiale. Puis, au cours des siècles, les révolutions ont transformé les croyances primitives et les institutions qui en dérivaient, jusqu'au jour où le christianisme, en instaurant une religion universelle, a marqué la fin du monde antique.

Histoire des institutions de l'ancienne France. Comment s'est formé le régime féodal français ? L'ensemble de l'ouvrage répond à cette question et se divise en trois parties : la Monarchie franque, la Gaule romaine et l'Invasion. On y voit s'affronter deux conceptions politiques, la conception romaine, qui subordonne l'homme à l'État, et la conception féodale, qui subordonne l'homme à l'homme. Finalement la féodalité triomphe; et des rapports déterminés s'établissent entre le vassal et le suzerain.

II ERNEST RENAN (1823-1892)

Renan se destine d'abord au sacerdoce, mais perd la foi et cherche dans la science les certitudes dont son esprit a besoin. Il garde la nostalgie des mystères de la religion; quand il retrace en historien les origines du christianisme, il vibre d'une sympathie secrète pour les dogmes qu'il a rejetés. La science le déçoit aussi, finalement; et l'aimable dilettantisme de ses derniers ouvrages atteste la faillite de ses rêves.

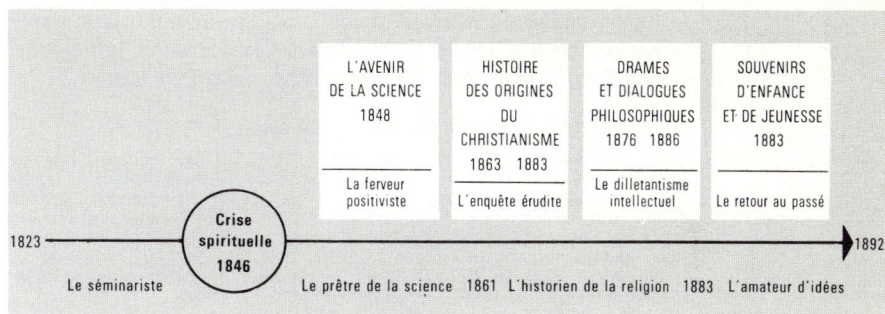

L'AVENIR DE LA SCIENCE 1848 — La ferveur positiviste

HISTOIRE DES ORIGINES DU CHRISTIANISME 1863 1883 — L'enquête érudite

DRAMES ET DIALOGUES PHILOSOPHIQUES 1876 1886 — Le dilletantisme intellectuel

SOUVENIRS D'ENFANCE ET DE JEUNESSE 1883 — Le retour au passé

1823 — Crise spirituelle 1846 — 1892

Le séminariste — Le prêtre de la science 1861 L'historien de la religion 1883 L'amateur d'idées

A L'évolution de Renan

LE SÉMINARISTE

Ernest Renan est né à Tréguier, en pays breton. Élevé par sa mère dans la piété, distingué par ses premiers maîtres pour son intelligence, il se trouve tout naturellement orienté vers l'état ecclésiastique. Il entre d'abord au petit séminaire de Saint-Nicolas du Chardonnet, puis au séminaire d'Issy; et il achève ses études de théologie au grand séminaire de Saint-Sulpice. Son âme rêveuse trouve du charme à la religion; mais son esprit l'incline au doute et à la discussion. Au terme d'une crise douloureuse, il renonce à devenir prêtre. On suit, dans les *Cahiers de jeunesse* et les *Nouveaux Cahiers de jeunesse*, le lent et chaotique travail de sa pensée : ballotté entre un idéalisme vague et un âpre besoin de certitude, il est à la recherche d'une foi qui satisfasse en même temps sa raison et son cœur.

LE PRÊTRE DE LA SCIENCE

En 1846, Renan noue avec le savant Marcelin Berthelot une amitié qui durera près d'un demi-siècle. Sous cette influence intellectuelle, il voue un culte passionné à la Science qui, dès lors, remplace à ses yeux la religion. Dans l'Avenir de la science (composé en 1848, publié en 1890), il célèbre avec enthousiasme le génie de l'homme et dresse un plan de travail pour les chercheurs en vue des synthèses futures. Lui-même compose des ouvrages de philologie, notamment une Histoire générale et Système comparé des langues sémitiques (1855) et un Essai sur l'origine du langage (1858).

L'HISTORIEN DE LA RELIGION

En 1861, Renan est envoyé en mission au Liban et visite la Palestine. Il médite devant les paysages où se sont déroulés les premiers épisodes de l'histoire du christianisme; et le nouvel ouvrage de philologie qu'il avait entrepris devient une *Vie de Jésus.* Il élargit bientôt son enquête, qu'il mène, en vingt ans, jusqu'à la fin du règne de Marc-Aurèle. Il accumule aussi des matériaux pour une *Histoire du peuple d'Israël*, publiée dans les dernières années de sa vie, où il étudie la religion juive depuis les patriarches jusqu'au Christ.

Histoire des origines du christianisme.

L'histoire des origines du christianisme comporte huit volumes. Dans la Vie de Jésus (1863), Renan décrit les paysages galiléens, les mœurs de la Judée, rappelle les tentatives de réforme qui ont précédé l'œuvre du Christ et trace une biographie du fondateur de la religion nouvelle. Puis il fait revivre, dans les Apôtres (1866), le monde méditerranéen au temps des premières prédica-tions, raconte l'histoire de Saint Paul (1869), évoque les persécutions sous Néron (l'Antéchrist, 1873), retrace les progrès de la religion nouvelle (les Évangiles et la seconde génération chrétienne, 1877; l'Église chrétienne, 1879), achève le tableau avec Marc-Aurèle et la fin du monde antique (1881) et couronne l'édifice par un Index général (1883).

L'AMATEUR D'IDÉES

Au cours de ses recherches, Renan a perdu son enthousiasme d'autrefois. Certes, il croit toujours en la Science : professeur, puis administrateur du Collège de France, il vit parmi les textes anciens et les documents d'érudition; mais il mesure combien il est difficile d'arriver à des certitudes. En outre, la guerre de 1870, la défaite et ses conséquences ébranlent son idéalisme moral. *Désormais, il s'attache moins à défendre des convictions positives qu'à confronter par jeu intellectuel des idées contradictoires.* Ses *Dialogues philosophiques* (1876) révélaient déjà les oscillations d'un esprit qui, malgré son scepticisme, se plaît à formuler des hypothèses métaphysiques. Ses *Drames philosophiques* (*Caliban*, 1878, *L'Eau de Jouvence*, 1880, *Le Prêtre de Némi*, 1885, *L'Abbesse de Jouarre*, 1886) montrent, plus accusée encore, la même tendance au dilettantisme intellectuel.

Caliban. Ce premier drame a pour principal personnage le héros shakespearien de la Tempête, que Renan prend comme symbole du peuple brutal et mal dégrossi. A Caliban s'oppose Prospero, l'aristocrate raffiné et savant, que les progrès de la démocratie réduisent à l'impuissance.

L'Eau de Jouvence. Ce second drame est une réplique et une suite du premier. Caliban, au pouvoir, émousse quelque peu sa rudesse native et acquiert une certaine maturité politique; Prospero se console de sa déchéance sociale en goûtant les joies de la rêverie.

Désenchanté, Renan se tourne volontiers vers son passé. Il publie, en 1883, des *Souvenirs d'enfance et de jeunesse*, où il évoque sa ville natale, sa famille, son séjour dans les trois séminaires, puis les débuts de son existence laïque; et nous suivons l'évolution de sa vie intérieure depuis les rêves mystiques de son enfance jusqu'aux curiosités positivistes de sa jeunesse. Renan transpose poétiquement ses souvenirs, où s'insèrent des digressions : tantôt il conte la douloureuse histoire d'une Trégorroise devenue folle d'amour, tantôt il note avec éloquence les émotions et les réflexions qu'a éveillées en lui une visite à l'Acropole d'Athènes.

B   L'œuvre de Renan

SES MÉRITES

Renan possède une érudition incontestable. Philologue, il connaît bien les deux Testaments. Voyageur, il a visité les pays qui servent de cadre à son histoire. Chercheur, il s'inspire des méthodes scientifiques : il utilise avec une grande habileté les documents inédits et imprimés, les œuvres d'art, les inscriptions, les médailles, les ouvrages littéraires. Artiste enfin, il veut, comme Michelet, faire revivre le passé et ordonner les faits en une synthèse créatrice : « Ce qu'il faut rechercher, ce n'est pas la petite certitude des minuties, c'est la justesse du sentiment général, la vérité de la couleur... Les textes ont besoin de l'interprétation du goût, et il faut les solliciter doucement, jusqu'à ce qu'ils arrivent à se rapprocher et à former un ensemble où toutes les données seraient heureusement fondues. »

SES FAIBLESSES

Mais, en « sollicitant » les textes, l'historien tombe parfois dans l'arbitraire; et son intuition se laisse prendre en défaut. Tantôt ses informations sont insuffisamment nombreuses ou insuffisamment contrôlées; tantôt ses préjugés et ses tendances personnelles l'entraînent à des interprétations erronées. Ainsi, lorsqu'il évoque, d'ailleurs avec une profonde sympathie, la personne du Christ, il la dépouille, non seulement de tout caractère divin, mais même de tout rayonnement héroïque : Jésus apparaît comme le plus doux, le plus sociable, le plus persuasif des apôtres, et les nuances délicates du portrait cadrent mal avec la révolutionnaire grandeur de l'enseignement évangélique.

SON CHARME

Renan conserve un talent essentiellement humain, même lorsqu'il reflète des aspirations mystiques. Ce talent s'affirme lorsque l'écrivain évoque Marc-Aurèle, modèle païen d'une sagesse terrestre; il séduit davantage encore dans les *Souvenirs,* dont le style souple et savamment simple possède un charme envoûtant; et tout particulièrement dans la célèbre *Prière sur l'Acropole,* dont les dernières lignes traduisent le scepticisme nuancé d'un homme éternellement à la recherche de sa vérité : « Un immense fleuve d'oubli nous entraîne dans un gouffre sans nom. O abîme, tu es le Dieu unique. Les larmes de tous les peuples sont de vraies larmes; les rêves de tous les sages renferment une part de vérité. Tout n'est ici-bas que symbole et que songe. Les dieux passent comme les hommes, et il ne serait pas bon qu'ils fussent éternels. La foi qu'on a eue ne doit jamais être une chaîne. On est quitte envers elle quand on l'a soigneusement roulée dans le linceul de pourpre où dorment les dieux morts. »

III HIPPOLYTE TAINE (1828-1893)

La première vocation de Taine est la philosophie; mais il s'en détourne après des échecs universitaires. Il se consacre alors à des études sur la littérature et sur l'art où transparaissent ses tendances positivistes : il veut fonder la critique comme une science rigoureusement objective. Après 1870, il se tourne vers l'histoire et décrit l'Ancien Régime, la Révolution, puis les temps modernes; il est devenu un partisan et prend nettement position contre le régime moderne, démocratique et centralisé, qu'il rend responsable de la défaite.

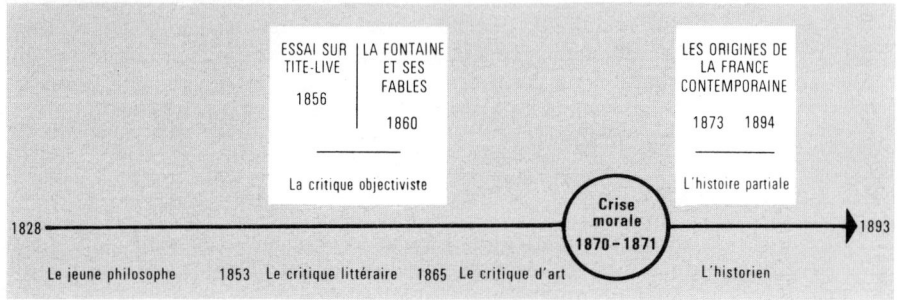

ESSAI SUR TITE-LIVE
1856

LA FONTAINE ET SES FABLES
1860

La critique objectiviste

LES ORIGINES DE LA FRANCE CONTEMPORAINE
1873   1894

L'histoire partiale

Crise morale 1870-1871

1828 — Le jeune philosophe   1853 Le critique littéraire   1865 Le critique d'art   L'historien — 1893

A   La carrière de Taine

LE JEUNE PHILOSOPHE

Taine, né à Vouziers, entre premier à l'École Normale et se destine d'abord à des travaux de psychologie expérimentale : désireux d'appliquer à la psychologie les doctrines de Spinoza, il veut montrer par des exemples concrets, empruntés à la vie des grands écrivains, que « les mouvements de l'automate spirituel qu'est notre être sont aussi réglés que ceux du monde matériel ». Mais il échoue à l'agrégation de philosophie pour avoir trop vivement réagi contre les idées traditionnelles, puis se voit refuser un sujet de thèse par la Sorbonne. Loin de l'Université, il continue ses recherches, qui aboutiront, en 1870, à la publication d'un traité *De l'Intelligence*. Pour l'immédiat, il entreprend des études critiques.

LE CRITIQUE LITTÉRAIRE

En 1853, Taine se révèle comme critique littéraire par un Essai sur les Fables de La Fontaine qui sera repris et remanié en 1860 sous le titre définitif *La Fontaine et ses Fables.* Il publie ensuite, en 1856, un *Essai sur Tite-Live*, puis des *Essais de critique et d'histoire* (1858-65-94) et une *Histoire de la littérature anglaise* (1863). Dans ces divers ouvrages, il s'attache à expliquer les œuvres littéraires par l'action mécanique de trois facteurs essentiels, la race, le milieu, le moment, et le génie de chaque écrivain par la prédominance d'une faculté maîtresse. Ainsi, La Fontaine est un Gaulois (race), un Champenois (milieu) et un courtisan de Louis XIV (moment); sa faculté maîtresse est l'imagination poétique.

LE CRITIQUE D'ART

En 1865, Taine se révèle comme critique d'art en publiant La Philosophie de l'art, où se trouvent recueillis des entretiens sur l'art en Italie, aux Pays-Bas et en Grèce. *Il applique à l'art la même méthode qu'à la littérature* : il explique, par exemple, les caractères de la sculpture grecque par la sobriété de la race hellénique, la douceur du climat, la nature montagneuse du pays, la présence de la mer, la simplicité de la vie antique.

Taine pense, pourtant, qu'en matière d'art, le critique a non seulement le devoir d'expliquer, mais le droit de juger : l'œuvre d'art est destinée, selon lui, à « rendre dominateur un caractère notable » et vaut dans la mesure où ce dessein est accompli ; en outre, elle possède une plus ou moins grande vertu morale, selon le « degré de bienfaisance » du caractère qu'elle isole.

L'HISTORIEN

Après 1870, Taine, ulcéré par la défaite et par la guerre civile, considère que la recherche de la vérité ne peut plus désormais suffire et prend parti en face des problèmes politiques. Il flétrit la Révolution et se donne comme idéal une monarchie parlementaire à l'anglaise. Pour illustrer ses tendances, il se consacre à un grand ouvrage historique, *Les Origines de la France contemporaine*, qui se compose de trois parties, *L'Ancien Régime, La Révolution, Le Régime moderne*. Il se souvient de Tocqueville, dont il imite, avec moins de souplesse et plus de parti pris, la méthode d'analyse. Dans *L'Ancien Régime*, il peint la société française avant 1789, avec ses classes privilégiées, qui ne justifient plus leurs privilèges par leurs services, sa bourgeoisie en pleine ascension économique, ses classes populaires paisibles et sans influence. Dans *La Révolution*, il étudie la période anarchique de la Constituante, la « conquête jacobine » et la dictature révolutionnaire. Dans *Le Régime moderne*, partie inachevée, il insiste sur la personnalité de Bonaparte et sur le gouvernement impérial, qui implique la centralisation absolue des pouvoirs et la confiscation des forces morales.

Taine est systématique en histoire comme en critique et prétend ramener le devenir historique à un problème de mécanique, où entrent en action la race, le milieu, le moment, et la faculté maîtresse des hommes d'État. D'une ample collection de « petits faits significatifs », il tire des conclusions péremptoires. Il bâtit des synthèses, dégage des types et, par exemple, découpe à l'emporte-pièces la « psychologie du Jacobin ». Il néglige quelque peu les réalités économiques et sociales, les événements militaires et projette une lumière intense sur les individus. Encore cette étude psychologique n'est-elle pas très fidèle ; Taine part souvent d'idées préconçues et, au rebours de Michelet, dénigre la Révolution par principe : Danton est un « boucher politique », Brissot un « journaliste ambulant », Marat un « fou », Robespierre un « cuistre », Napoléon un « condottiere » ; la société moderne est une « caserne philosophique ». L'œuvre vaut cependant par l'étendue de la documentation, la vigueur passionnée de la démonstration, la solidité de l'armature, l'ampleur et le pittoresque des tableaux, la tenue et l'énergie d'un style précis, quoique un peu oratoire.

B La méthode de Taine

SA COHÉRENCE

Taine veut fournir une explication totale de l'œuvre littéraire, de l'œuvre d'art ou du devenir historique. Il n'accorde aucun rôle à la liberté de l'esprit. Selon lui, le génie de l'écrivain, déterminé par sa faculté maîtresse, est une sorte de machine à fabriquer des œuvres, elle-même montée avec le concours d'influences purement externes. Ce déterminisme n'est pas absolument nouveau : l'importance de la race, du milieu, du moment, a déjà été notée par Montesquieu, par l'abbé Dubos, par Mme de Staël, par Sainte-Beuve. Mais Taine le pousse jusqu'à ses conséquences extrêmes; il est d'accord, à ce titre, avec la méthode de la nouvelle psychologie, qui cherche à expliquer intégralement la vie de l'esprit. Son originalité tient dans l'élaboration d'un système cohérent, vigoureux et illustré d'exemples. Il déduit ses conclusions avec une grande force logique; et il s'abandonne parfois à une sorte de lyrisme scientifique, dont l'ardeur se traduit par un style nerveux et coloré, par un jaillissement continuel de métaphores.

SON DOGMATISME

Ce système est trop raide. La critique de Taine est simpliste : la vie mentale d'un homme n'est pas entièrement déterminée par une faculté maîtresse, comme le sont les propriétés d'un triangle par sa définition. En outre, les facteurs externes, race, milieu, moment, sont, dans la genèse d'une œuvre d'art, des facteurs secondaires : ce qui compte avant tout, c'est la puissance créatrice; la thèse de Taine ne vaut que pour les artistes médiocres, ceux qui se laissent servilement guider par les tendances de leur époque; le génie véritable est unique. Enfin, Taine ne vérifie pas toujours ses affirmations : il faut, pour la rigueur de sa démonstration, que « la raison oratoire » soit le grand caractère de la littérature française classique; et les personnages de Racine apparaissent ainsi, dans son analyse, comme des orateurs·raisonnables et froids, alors qu'ils sont, avant tout, des passionnés frénétiques. On conçoit que sa méthode, après avoir exercé, en son temps, un prestige considérable, apparaisse aujourd'hui insuffisante.

OUVRAGES A CONSULTER

RENAN. *Souvenirs d'enfance et de jeunesse*, éd. J. Pommier, A. Colin, 1959.
J. POMMIER. *Renan, essai de biographie intellectuelle*, Perrin, 1923. M. LEROY, *Taine*, Rieder, 1933. L. RÉTAT. *Religion et imagination religieuse chez Ernest Renan*. Klincksieck, 1977. F. LÉGER. *La Jeunesse d'Hippolyte Taine*, L'Albatros, 1980.

QUATRIÈME PARTIE

IDÉALISME ET SYMBOLISME

Baudelaire. Photographie de Carjat.

CHAPITRE PREMIER

BAUDELAIRE

Baudelaire fut un enfant solitaire et révolté, qui souffrit beaucoup d'un second mariage de sa mère, puis, après quelques années de bohème, un écrivain besogneux, qui gagna péniblement sa vie au jour le jour; et il mourut frappé de paralysie générale. Ses vers, réunis en un recueil, Les Fleurs du Mal, *font revivre le drame de sa conscience tourmentée. Des publications posthumes révèlent plus complètement sa personnalité, ses opinions littéraires et ses idées esthétiques. Longtemps méconnu ou mal compris, Baudelaire est placé aujourd'hui au premier rang des poètes français. Il a épuré l'inspiration lyrique; il l'a approfondie, enrichie; il lui a ouvert des domaines nouveaux. Les symbolistes se sont souvenus de sa leçon; et son œuvre a exercé une influence considérable sur toute la poésie contemporaine.*

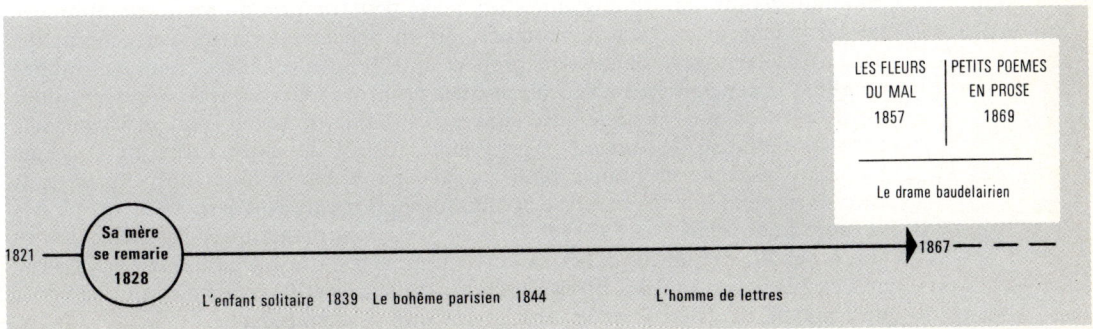

LES FLEURS | PETITS POEMES
DU MAL | EN PROSE
1857 | 1869

Le drame baudelairien

1821 — Sa mère se remarie **1828** ———→ 1867 — - - -

L'enfant solitaire 1839   Le bohème parisien 1844   L'homme de lettres

I LA CARRIÈRE DE BAUDELAIRE

L'ENFANT SOLITAIRE (1821-1839)

Charles Baudelaire est né à Paris. Son père, un aimable vieillard imprégné de la philosophie du XVIIIe siècle, meurt en 1827. *Sa mère se remarie avec le commandant Aupick, un homme d'une volonté rigide et d'un esprit étroit. Ce mariage est pour l'enfant un profond chagrin.* Interne au Collège Royal de Lyon, puis au Lycée Louis-le-Grand, il est sujet à de « lourdes mélancolies » et souffre cruellement de sa solitude.

LE BOHÈME PARISIEN (1839-1844)

Baudelaire, bachelier en 1839, mène à Paris une vie de bohème. Pour l'arracher à des fréquentations qu'ils redoutent, M. et Mme Aupick le contraignent à s'embarquer pour les Indes (1841); mais il est rapatrié après un séjour à l'île Maurice. Il rapporte de son voyage un goût très vif pour l'exotisme; il se lie, à son retour, avec une mulâtresse, Jeanne Duval, qui demeurera sa compagne pendant vingt ans. Il a reçu en argent, à sa majorité, sa part de l'héritage paternel. Il écrit déjà des poèmes et noue des amitiés littéraires, notamment avec Théophile Gautier, dont il se proclamera le disciple; mais il compromet sa santé par des excès et dissipe son patrimoine. *En 1844, il se voit imposer un conseil judiciaire.*

L'HOMME DE LETTRES (1844-1867)

Alors commence pour Baudelaire un esclavage quotidien. L'administrateur de ses biens, M. Ancelle, lui sert une rente mensuelle de deux cents francs. Pour vivre, le jeune écrivain se lance dans la critique d'art; il publie, en 1845 et 1846, des comptes rendus de Salons, qui le font connaître. En 1848, il prend parti pour la Révolution; mais son enthousiasme républicain dure peu. Vers 1852, il entreprend de traduire l'œuvre du conteur et poète américain Edgar Poe, en qui il a découvert un génie fraternel. Exalté par un grand amour pour Mme Sabatier, qui tient un salon littéraire rue Frochot, il consacre à la poésie la meilleure part de ses loisirs. En 1857 paraît, sous le titre *Les Fleurs du Mal*, le recueil qu'il méditait depuis quinze ans; mais ses vers, peu compris de ses contemporains, ne lui valent guère, sur le moment, qu'un procès en justice correctionnelle. Sans se décourager, Baudelaire prépare une nouvelle édition, qui est publiée en 1861; il songe à un recueil de poèmes en prose; mais le travail devient pour lui de plus en plus pénible : les soucis, les dettes, le réveil d'un mal contracté dans sa jeunesse, le minent. Après une tournée de conférences en Belgique (1864), il regagne la France bien las et sujet à des troubles nerveux de plus en plus graves; bientôt paralysé et aphasique, il meurt à quarante-six ans. Après sa mort sont publiés ses *Petits Poèmes en prose*, ses pathétiques *Journaux intimes* (*Fusées* et *Mon cœur mis à nu*), sa description aiguë des *Paradis artificiels*, opium ou haschisch; et, sous les titres *Curiosités esthétiques* et *L'Art romantique*, un choix de ses articles. Il laisse enfin une émouvante correspondance.

LES FLEURS DU MAL (1857-61)

Pour ce recueil de poèmes, Baudelaire a hésité entre plusieurs titres et s'est longtemps arrêté à celui de *Limbes*. Son manuscrit, après de pénibles tribulations, fut enfin publié par Poulet-Malassis. La première édition (1857) comporte cent poèmes, dont quarante-huit antérieurement publiés dans diverses revues. La seconde édition (1861) comporte trente-deux pièces nouvelles; mais six pièces, condamnées par décision du tribunal, ont été supprimées. *Baudelaire a ordonné son recueil avec un soin extrême* : « Le seul éloge que je sollicite pour ce livre est qu'on reconnaisse qu'il n'est pas un pur album et qu'il a un commencement et une fin. » Mais la véritable unité des *Fleurs du Mal* tient à la douloureuse sincérité du poète, qui s'y est exprimé tout entier : « Faut-il vous dire, à vous, qui ne l'avez pas plus deviné que les autres, que, dans ce livre atroce, j'ai mis toute ma pensée, tout mon cœur, toute ma religion (travestie), toute ma haine; il est vrai que j'écrirai le contraire, que je jurerai mes grands dieux que c'est un livre d'art pur, de singerie, de jonglerie, et je mentirai comme un arracheur de dents. » (Lettre à M. Ancelle, 1866).

Dans une première section, qui est de beaucoup la plus importante, *Spleen et Idéal* (pièces I à LXXXV), Baudelaire oppose douloureusement aux vertus exaltantes de l'Art et de l'Amour la déprimante misère de sa vie. Il célèbre l'éminente dignité de la création esthétique et définit la Beauté éternelle (I à XXI); il évoque Jeanne Duval (XXII à XXXIX), Adélaïde Sabatier (XL à XLVIII), la comédienne Marie Daubrun et les autres femmes qu'il a connues (XLIX à LXIV); puis il analyse avec acuité le mal dont il souffre (LXV à LXXXV).

Dans les sections suivantes, *Tableaux parisiens* (pièces LXXXVI à CIII), *Le Vin* (CIV à CVIII), *Fleurs du Mal* (CIX à CXVII), il décrit ses tentatives désespérées pour échapper au spleen par la fréquentation de ses semblables, par l'ivresse ou par le vice. Mais toutes ces tentatives échouent; et c'est alors la *Révolte* (CXVIII à CXX). La révolte s'avère cruellement vaine à son tour, et le poète ne voit d'autre issue que dans *La Mort* (CXXI à CXXVI). Vingt-cinq pièces nouvelles prennent place, en 1868, dans une édition posthume.

LES PETITS POÈMES EN PROSE (1869)

Dès 1857, Baudelaire se propose de publier un recueil de poèmes en prose. Il donne un certain nombre de pièces à diverses revues, et notamment à *La Revue fantaisiste*, en 1861; mais des difficultés matérielles retardent la réalisation du projet; et le poète meurt sans avoir pu assurer à l'ouvrage sa forme définitive. Les *Petits Poèmes en prose*, publiés en 1869, comportent cinquante pièces, mais ne constituent pas, comme *Les Fleurs du Mal*, un ensemble organiquement lié. *Baudelaire a pris pour modèle Aloysius Bertrand, l'auteur de* Gaspard de la Nuit. *Il s'est efforcé « d'appliquer à la description de la vie moderne, ou plutôt d'une vie moderne et plus abstraite, le procédé (que Bertrand) avait appliqué à la peinture de la vie ancienne, si étrangement pittoresque ».* La prose poétique, musicale « sans rythme et sans rime », lui paraît susceptible de s'adapter mieux que le vers « aux mouvements lyriques de l'âme, aux ondulations de la rêverie, aux soubresauts de la conscience ». Il crée ainsi un langage neuf où la liberté de la démarche se concilie avec les exigences d'une nécessité intérieure.

II LE GÉNIE DE BAUDELAIRE

A Le drame baudelairien

Baudelaire fut toute sa vie un malheureux. Il souffrit de sa solitude morale, de sa gêne matérielle, de ses déceptions de carrière, de ses tares physiques. Toutes ces misères expliquent la profondeur de son « spleen », auquel il tenta d'échapper avec une obstination vaine et pathétique.

L'ANGOISSE DU SPLEEN

Le spleen, chez Baudelaire, n'est pas seulement une forme exaspérée du mal du siècle. Certes, le dégoût du monde contemporain arrache au poète des cris de lassitude ou de révolte. Mais son état ne rappelle ni la mélancolie de Lamartine, ni le désenchantement de Vigny, ni le pessimisme philosophique de Leconte de Lisle. C'est un état pathologique, où s'abîme dans un morne ennui un malade meurtri par les épreuves, ruiné dans ses espérances. Sous le même titre *Spleen*, quatre poèmes d'une facture volontairement pesante, d'un rythme lugubre, rendent le même son désolé, traduisent dans sa profondeur et son originalité la détresse de l'âme baudelairienne. D'autres poèmes décrivent des aspects particuliers de ce spleen et révèlent les causes de cette détresse.

L'obsession de l'exil. *La solitude morale inspire souvent au poète des visions d'exil.* Baudelaire se croit maudit parmi les hommes; et il traduit son désarroi en symboles. Dans *L'Albatros*, il illustre avec vigueur le thème, un peu banal après Vigny, du génie dépaysé dans une société médiocre qui le méconnaît et qui le raille. Dans *Le Cygne*, il évoque, au hasard d'une rêverie sinueuse, l'image d'Andromaque exilée à la cour de Pyrrhus, puis celle d'un cygne égaré sur le pavé parisien et, méditant sur ces deux spectacles de détresse, embrasse en un même élan de pitié toutes les victimes solitaires du destin :

> Ainsi, dans la forêt où mon esprit s'exile,
> Un vieux Souvenir sonne à plein souffle du cor!
> Je pense aux matelots oubliés dans une île,
> Aux captifs, aux vaincus!... à bien d'autres encor!

L'obsession du temps. *Les déceptions entretiennent dans l'âme du poète la hantise du temps qui fuit et de la vie qui s'use.* Dans *L'Ennemi*, il se compare à un jardin ravagé par les pluies d'automne et où peut-être, faute de sève, ne pousseront plus de nouvelles fleurs. Dans *Le Guignon*, il exprime le découragement d'un artiste qui se sent éternellement inférieur à la tâche proposée. Dans *Chant d'automne*, il associe à la pensée de l'hiver qui vient l'attente anxieuse d'une mort prochaine. Dans *L'Horloge*, il énonce le tragique avertissement qui semble chuchoté au passage par chaque seconde écoulée :

> Souviens-toi que le Temps est un joueur avide
> Qui gagne sans tricher, à tout coup! c'est la loi.
> Le jour décroît; la nuit augmente; souviens-toi!
> Le gouffre a toujours soif; la clepsydre se vide.

*Échantillon
de Beauté antique.
Dessin de Baudelaire,
dédié à Chenavard.*

L'APPEL DE L'IDÉAL

Baudelaire semble parfois s'être complu à évoquer des images sinistres, comme s'il trouvait une volupté et une dignité dans la douleur; il voulut pourtant fuir son mal et s'envoler jusqu'aux régions éthérées où son âme, purifiée par la vertu, exaltée par la beauté, retrouverait la joie de vivre.

La soif de pureté. *Baudelaire, élevé dans la religion catholique, conserva toujours une sensibilité chrétienne, qui le faisait vibrer d'un intense désir de pureté.* L'idée du péché originel l'obsède. Lui-même a conscience d'être déchu; et, sans trouver dans sa volonté les ressources nécessaires pour conjurer son mauvais destin, il garde la nostalgie de la vertu. Cette contradiction interne explique l'inspiration complexe d'*Un Voyage à Cythère*, où le poète découvre dans la volupté même une amertume et, pénitent tragique, demande à Dieu de lui permettre « de contempler son cœur et son corps sans dégoût ». Elle explique aussi la ferveur des poèmes consacrés à Mme Sabatier, qui lui apparaît comme l'image vivante de toutes les vertus et comme l'instrument possible de son rachat; des profondeurs de son enfer, il fait monter un cri vers l'ange de ses pensées, dont il implore l'intercession bienveillante :

> Ange plein de bonheur, de joie et de lumières,
> David mourant aurait demandé la santé
> Aux émanations de ton corps enchanté;
> Mais de toi je n'implore, ange, que tes prières,
> Ange plein de bonheur, de joie et de lumières!
>
> *(Réversibilité)*

Le rêve de beauté. *Baudelaire a toujours rendu un culte à la beauté; et l'Art lui est apparu comme « le meilleur témoignage » de la dignité humaine, l'instrument le plus précieux de l'ascension vers l'Idéal.* Peu d'écrivains furent aussi profondément pénétrés d'une mission à remplir; *Bénédiction* en témoigne; et aussi *Les Phares*, où il définit, en quatrains riches de force suggestive, le talent des grands peintres et des grands sculpteurs : pour lui, les artistes, qui expriment, chacun à sa manière, les amertumes ou les illusions de la vie, sont, non pas, comme le voulait Hugo, des « mages » guidant la société humaine vers l'étoile d'un avenir meilleur, mais des « phares », témoins lumineux de l'éternelle misère.
Or, cet Art, qui puise son aliment dans la tristesse de la vie mortelle, est au service d'une déesse lointaine, au regard fascinant, aux exigences tyranniques, à la fois sculpturale et impalpable, énigmatique et sereine, angélique et satanique. Mais qu'importe? pur ou impur, l'idéal de l'artiste arrache l'homme à son spleen et, au prix d'un effort douloureux, lui promet les bénéfices de l'oubli :

> De Satan ou de Dieu; qu'importe? Ange ou Sirène,
> Qu'importe, si tu rends, — fée aux yeux de velours,
> Rythme, parfum, lueur, ô mon unique reine! —
> L'univers moins hideux et les instants moins lourds?
>
> *(Hymne à la Beauté)*

LES PIÈGES DE L'OUBLI

Mais le poète constate, bien souvent, que le paradis mystique et l'idéal esthétique demeurent inaccessibles à sa misère. Pour échapper au spleen, il cherche l'oubli dans les séductions mensongères de l'ivresse ou du voyage; et, finalement désenchanté, aspire à l'anéantissement comme au seul refuge authentique.

L'ivresse. *Baudelaire a exalté l'ivresse sous toutes ses formes* : tous les vertiges sont bienfaisants, s'ils arrachent l'homme à l'amère méditation de son destin. Délibérément, il s'abandonne à ses sensations, goûte un plaisir intense et raffiné à voir se jouer des couleurs, à écouter de la musique, à caresser un chat, à respirer des senteurs rares : les parfums, notamment, sont pour lui d'une richesse infinie; ils évoquent, par de subtiles associations, tout un cortège d'images et le transportent dans des contrées lointaines où règne la volupté (*Parfum exotique, La Chevelure*). Pour éveiller de semblables jouissances, il recourt souvent aux excitants : dans *La Pipe*, il prête au tabac un pouvoir berceur et ensorcelant; dans les poèmes consacrés au vin, il célèbre ce breuvage tantôt comme un tonique bienfaisant et tantôt comme un philtre magique; dans *Rêve parisien*, il décrit les effets de l'opium, qui le transporte dans un autre univers, lui révèle des paysages surnaturels et lui fait oublier pour quelques heures l'horreur de son taudis.

Le voyage. *Baudelaire a rêvé souvent de partir pour des contrées lointaines.* Dans le premier de ses poèmes en prose, *L'Étranger*, il présente un « énigmatique » personnage, qui ne se soucie ni de parents, ni d'amis, ni de patrie, ni d'or, ni d'idéal, mais se perd dans la contemplation des nuages aperçus à la limite de son horizon. Dans d'autres poèmes, il compose, avec ses souvenirs de l'île Maurice, des paysages exotiques (*La Vie antérieure*) ou convie la femme aimée à l'accompagner dans une sorte de paradis terrestre (*L'Invitation au voyage*).

La mort. *Mais le voyage est cruellement décevant, car l'homme traîne dans toutes les contrées la même misère.* Les voyageurs, partis à la recherche d'un chimérique Eldorado, rapportent, sans doute, de leur course errante, des souvenirs variés, mais aussi l'expérience, partout renouvelée, d'une humanité impure et folle. *La Mort seule, suprême voyage, contient un espoir,* car « au fond de l'Inconnu » seulement, on peut penser « trouver du nouveau » (*Le Voyage*). « N'importe où! n'importe où! pourvu que ce soit hors du monde! », s'écrie l'âme du poète dans un poème en prose; et dans un sonnet des *Fleurs du Mal*, l'idée d'une mort libératrice apparaît comme l'unique remède possible aux souffrances de la condition humaine :

> C'est la Mort qui console, hélas! et qui fait vivre;
> C'est le but de la vie, et c'est le seul espoir
> Qui, comme un élixir, nous monte et nous enivre,
> Et nous donne le cœur de marcher jusqu'au soir.
>
> (*La Mort des Pauvres*)

B L'art baudelairien

Au service de son analyse scrupuleuse et aiguë, Baudelaire met un art savant, qui, dans les meilleures pièces, tient le lecteur en haleine par le nombre, la qualité, la sûreté des effets produits. Pour évoquer la complexité de son drame intérieur, il utilise tous les procédés du langage poétique et atteint ainsi à une plénitude d'expression qui fait paraître pâles ou vaines, en comparaison, beaucoup d'effusions romantiques.

LE VOCABULAIRE

Dans son vocabulaire poétique, Baudelaire innove peu; *le plus souvent, il restitue aux termes les plus simples, grâce à la vigueur de sa pensée ou à la profondeur de son émotion, l'éclat qu'ils ont perdu dans l'usage banal*; ainsi, lorsqu'il s'écrie : « O Mort, vieux capitaine, il est temps, levons l'ancre! », le substantif Mort, si couramment employé, se trouve rehaussé par l'apostrophe solennelle et par la coupe. Quelquefois, cependant, Baudelaire donne une saveur particulière à sa poésie par l'emploi de vocables rares (calenture, dictame) ou triviaux (panse, cafard). Il marque enfin une prédilection pour certains mots qui traduisent les états dominants de sa conscience et qui, par leur retour fréquent, imposent une unité de ton : spleen, angoisse, volupté, désespoir, péché, remords, destin.

LES IMAGES

Beaucoup d'images ont, dans la poésie de Baudelaire, une originalité, une ampleur, une densité extraordinaires. Souvent, le poète donne une personnalité à des abstractions, à la Douleur qui l'escorte dans une promenade au crépuscule, à la Beauté au regard fascinateur, aux fièvres qui « s'en vont d'un pied traînard ». Dans d'autres poèmes, il décrit, avec un grand pouvoir d'évocation, des paysages lointains (*Parfum exotique*), irréels (*Rêve parisien*) ou macabres (*La Servante au grand cœur*); il transpose des états d'âme et prête, par exemple, à l'espérance vaincue par le spleen l'aspect d'une chauve-souris affolée de ne pouvoir voler en liberté (*Spleen IV*); ou même il substitue une représentation visuelle à une autre, voit dans une femme qui marche un navire qui vogue sur les flots (*Le Beau Navire*), résume l'œuvre entière d'un peintre en un paysage imaginaire et synthétique :

> Léonard de Vinci, miroir profond et sombre,
> Où des anges charmants, avec un doux souris
> Tout chargé de mystère, apparaissent à l'ombre
> Des glaciers et des pins qui ferment leur pays;
>
> Rembrandt, triste hôpital tout rempli de murmures,
> Et d'un grand crucifix décoré seulement,
> Où la prière en pleurs s'exhale des ordures,
> Et d'un rayon d'hiver traversé brusquement...

(Les Phares)

Constantin Guys. *Élégants à la promenade aux Champs-Élysées.*
Constantin Guys. *La Promenade en calèche.*

« *M. Guys a cherché partout la beauté passagère, fugace, de la vie présente...* »
(Baudelaire, Curiosités esthétiques, XIII, 13).

LES SYMBOLES

Baudelaire utilise le symbole à la manière romantique, sous la forme d'une image associée à une idée qui se précise à la fin du poème : ainsi l'albatros tombé sur le pont d'un navire symbolise la misère du poète parmi les hommes. *Mais il associe aussi des sensations de nature différente, par exemple un parfum et une vision* (La Chevelure); *et par là il se montre un précurseur.* « Les parfums, les couleurs et les sons se répondent », a-t-il déclaré dans le célèbre sonnet *Correspondances*. Les formes de la nature sont les symboles multiples d'une même réalité; sous leur diversité, les initiés, les poètes, retrouvent une unité profonde, mystérieuse et impalpable. Baudelaire n'a pas fourni lui-même de très nombreux exemples de ces correspondances; mais il a indiqué une direction; et les poètes symbolistes, qui procéderont constamment à des transpositions de cette sorte, se souviendront de ses suggestions.

LA MÉTRIQUE

Baudelaire est un rigoureux technicien du vers : la richesse de la rime, la plénitude des accents, la valeur des effets sonores, concourent à créer une impression générale d'intensité poétique. Il pratique volontiers l'alexandrin, qu'il manie souvent avec une maîtrise classique et qu'il disloque parfois avec un prosaïsme volontaire. Il agence des quatrains en vers de douze ou de huit pieds; il se plaît à la forme du sonnet; plus rarement, pour rendre des impressions subtiles, il compose des strophes d'une structure complexe, suggérant par le dessin rythmique le charme lointain d'un pays de rêve (*L'Invitation au voyage*) ou la forme et l'allure d'un vaisseau :

> Quand tu vas balayant l'air de ta jupe large,
> Tu fais l'effet d'un beau vaisseau qui prend le large,
> Chargé de toile, et va roulant
> Suivant un rythme doux, et paresseux, et lent.

(Le Beau Navire)

OUVRAGES A CONSULTER

BAUDELAIRE. *Œuvres complètes*, éd. M. Ruff, L'Intégrale, Seuil. *Œuvres complètes*, éd. C. Pichois, 2 vol., Pléiade, 1975-1976. *Correspondance*, éd. C. Pichois et J. Ziegler, 2 vol., Pléiade, 1973. *Les Fleurs du Mal*, éd. A. Adam, Classiques Garnier, 1959 ; éd. Max Milner, Imprimerie Nationale, 1978. *Petits Poèmes en prose*, éd. R. Kopp, José Corti, 1969 ; *Le Spleen de Paris, Petits Poèmes en prose*, éd. Max Milner, Imprimerie Nationale, 1979. *Journaux intimes*, éd. J. Crépet et G. Blin, José Corti, 1949. J. POMMIER. *La Mystique de Baudelaire*, Les Belles-Lettres, 1933. G. BLIN. *Baudelaire*, Gallimard, 1939. *Le Sadisme de Baudelaire* (recueil d'essais), José Corti, 1948. M. RUFF. *Baudelaire*, Hatier, 1955. *L'Esprit du Mal et l'esthétique baudelairienne*, A. Colin, 1955. L.-J. AUSTIN. *L'Univers poétique de Baudelaire*, Mercure de France, 1956. T. BANDY et C. PICHOIS. *Baudelaire devant ses contemporains*, Éd. du Rocher, 1957. M. MILNER. *Baudelaire enfer ou ciel, qu'importe!* Plon 1967. P.-G. CASTEX. *Baudelaire critique d'art*, Sedes, 1969.

Il faut être toujours ivre. Tout est là : c'est l'unique question. Pour ne pas sentir l'horrible fardeau du Temps qui brise vos épaules et vous penche vers la terre, il faut vous enivrer sans trêve. Mais de quoi? De vin, de poésie ou de vertu, à votre guise. Mais enivrez-vous.

Et si quelquefois, sur les marches d'un palais, sur l'herbe verte d'un fossé, dans la solitude morne de votre chambre, vous vous réveillez l'ivresse déjà diminuée ou disparue, demandez au vent, à la 5 vague, à l'étoile, à l'oiseau, à l'horloge, à tout ce qui fuit, à tout ce qui gémit, à tout ce qui roule, à tout ce qui chante, à tout ce qui parle, demandez quelle heure il est; et le vent, la vague, l'étoile, l'oiseau, l'horloge, vous répondront : « Il est l'heure de s'enivrer! Pour n'être pas les esclaves martyrisés du Temps, enivrez-vous; enivrez-vous sans cesse! De vin, de poésie ou de vertu, à votre guise. »

BAUDELAIRE, *Petits poèmes en prose.*

Introduction.

Dans ce poème en prose, la pensée de Baudelaire rejoint l'inspiration fondamentale des *Fleurs du mal*. Il s'agit, pour la créature, d'échapper, coûte que coûte, à sa misère : l'ivresse est un des moyens de cette évasion.

Le texte.

Enivrez-vous : la brutalité de l'objurgation attire le lecteur en le provoquant. Les premiers mots du poème appellent une remarque semblable : *Il faut être toujours ivre*. Le dogmatisme de la proposition contraste avec la nature du conseil; c'est le ton du moraliste : ne s'agit-il pas de morale, après tout, ou, du moins, d'art de vivre? Puis trois monosyllabes, *Tout est là*, renforcent le caractère impérieux de la règle ainsi posée; et la même idée est reprise aussitôt, sous une forme un peu différente : *c'est l'unique question*. Y a-t-il ici une tautologie? Sans doute, mais tel est le procédé ordinaire de l'homme qui cherche à entraîner une adhésion :

il répète son invitation comme il enfoncerait un clou.

Pourtant, à l'encontre du moraliste, qui induit une règle de conduite à partir d'observations particulières, l'auteur de ce poème, ménageant ses effets, a énoncé son principe brusquement, comme a priori. Le lecteur attend une justification, avec une curiosité vaguement inquiète. Cette justification, la voici : *Pour ne pas sentir l'horrible fardeau du Temps...* *Le Temps* (avec une majuscule), c'est, nous le savons, l'Ennemi, qui mord sans cesse sur nos projets et ruine peu à peu notre force créatrice. Il pèse sur l'homme comme un *fardeau*; l'image est banale, mais sauvée aussitôt par l'énergie des verbes qui suivent : le Temps *brise vos épaules*; le Temps *vous penche vers la terre*. Cette dernière indication est à double sens; elle prolonge l'image impliquée dans le mot *fardeau*, et elle éveille une suggestion symbolique : à toute minute, l'homme se rapproche de la terre, à laquelle il retournera au terme de sa vie. Et c'est la reprise du refrain : *il faut vous enivrer sans trêve*; mais, cette fois, le recours à la seconde

personne donne au conseil un caractère plus pathétique; le procédé qui consiste à apostropher le lecteur est d'ailleurs habituel, chez Baudelaire.

Ici intervient une brisure, un temps d'arrêt : *Mais de quoi?* Le poète suggère la question d'un interlocuteur étonné; du coup, la pièce prend une forme dramatique; l'exposé dogmatique semble se transformer en dialogue. Aussitôt, la réponse jaillit, admirablement dense. *De vin* : ce sont les mots que nous pouvions attendre; le vin est la cause la plus commune de l'ivresse; et nous savons que Baudelaire croyait à ses vertus toniques. *De poésie* : voilà qui étonne davantage; la pensée s'élargit brusquement; et nous comprenons mieux dès lors ce que le poète entend par « ivresse »; il désigne ainsi l'état de l'homme mis hors de lui-même et qui, momentanément, a oublié sa condition. *Ou de vertu* : cette fois, la surprise est plus grande encore, car les notions d'ivresse et de vertu se concilient mal; mais Baudelaire songe à une exaltation morale, à un vertige d'héroïsme comme il en a quelquefois connu : « Devenir un héros et un saint pour moi-même », a-t-il noté dans l'un de ses *Journaux intimes*. Le refrain, enfin, revient, une fois de plus, sous une forme ramassée, qui rappelle le titre : *Mais enivrez-vous.*

Le début du paragraphe suivant nous déroute : *Et si quelquefois, sur les marches d'un palais...* Pourquoi Baudelaire évoque-t-il la condition royale ? afin de prouver que le malheur des hommes ne tient pas à leur position sociale : « Un roi sans divertissement est un homme plein de misère », lit-on dans les *Pensées* ; et c'est bien de divertissement, au sens pascalien du terme, qu'il s'agit dans ce poème. Inattendus aussi, chez le citadin qu'est Baudelaire, les mots : *sur l'herbe verte d'un fossé.* En revanche, peut-être songe-t-il à lui-même, quand il évoque *la solitude morne* d'une *chambre* : dans *Rêve parisien*, dans le poème en prose intitulé *La Chambre double*, il a dit l'horreur ou la misère de son taudis ; il a connu aussi lui-même ces *réveils* d'ivresse où une réalité implacable reprend ses droits.

Le mouvement ternaire, *sur les marches d'un palais,* | *sur l'herbe verte d'un fossé,* | *dans la solitude morne de votre chambre,* | donne à la première partie de cette longue phrase un caractère oratoire ; la suite est également très rythmée : *demandez au vent, à la vague, à l'étoile, à l'oiseau...* Ainsi la création tout entière est interrogée ; il y a, dans l'accumulation des termes, un **accent** passionné, fiévreux, que souligne une allitération (*vent, vague*). L'énumération se poursuit : *à tout ce qui fuit, à tout ce qui gémit, à tout ce qui roule, à tout ce qui chante, à tout ce qui parle...* ; encore cinq termes, qui, approximativement, correspondent aux précédents, car on peut dire du vent qu'il *gémit,* de la vague qu'elle *roule,* de l'oiseau qu'il *fuit* ou qu'il *chante.* Mais le mot *horloge* appelle un commentaire spécial : c'est avec intention que Baudelaire mentionne, parmi les êtres ou les objets interrogés, l'instrument destiné, précisément, à mesurer l'heure. *L'horloge,* nous le savons, est pour lui une obsession perpétuelle ; chaque seconde chuchote : « Souviens-toi. » Ici, au contraire, chaque seconde chuchote : « Oublie! » ; c'est parce

que l'horloge est le témoin le plus cruel de la misère humaine qu'on doit en attendre le conseil le plus insistant.

Ce conseil, le voici, énoncé simultanément par *le vent, la vague, l'étoile, l'oiseau, l'horloge* : « *Il est l'heure de s'enivrer!* » Ainsi réapparaît le refrain ; ainsi se répète inlassablement le poète, pour rendre plus sensible et plus impérieuse l'idée d'une évasion nécessaire : « *Pour n'être pas les esclaves martyrisés du Temps, enivrez-vous ; enivrez-vous sans cesse! De vin, de poésie ou de vertu, à votre guise.* »

Conclusion.

Baudelaire dénonce dans ce poème la cause principale de son spleen et définit sous sa forme la plus générale le remède auquel il a le plus volontiers songé pour y échapper : s'arracher à soi, voilà le grand problème ; l'essentiel est de ne pas voir la vie telle qu'elle est. Pour traduire sa pensée, il recourt à des effets savamment calculés, tout en conservant à ce morceau en prose l'apparente liberté d'allure qui est la loi même du genre.

II RECUEILLEMENT

Sois sage, ô ma Douleur, et tiens-toi plus tranquille.
Tu réclamais le Soir; il descend; le voici :
Une atmosphère obscure enveloppe la ville,
Aux uns portant la paix, aux autres le souci.

Pendant que des mortels la multitude vile,   5
Sous le fouet du Plaisir, ce bourreau sans merci,
Va cueillir des remords dans la fête servile,
Ma Douleur, donne-moi la main, viens par ici,

Loin d'eux. Vois se pencher les défuntes Années
Sur les balcons du ciel, en robes surannées;   10
Surgir du fond des eaux le Regret souriant;

Le soleil moribond s'endormir sous une arche,
Et, comme un long linceul traînant à l'Orient,
Entends, ma chère, entends la douce Nuit qui marche.

BAUDELAIRE, *Les Fleurs du Mal* (édit. posth.).

Introduction.

La vie de Baudelaire fut une méditation de sa douleur. Il en a dit
souvent les cruautés. Mais quand il
faisait un retour profond sur lui-
même, dans le silence et la solitude,
quand il songeait à ses péchés, à
ses voluptés au goût amer, à ses
vains élans vers la pureté, elle lui
apparaissait comme revêtue d'une
sorte de dignité, car il y trouvait le
témoignage d'une conscience vigi-
lante au sein même de ses égarements. Dans ce sonnet, il s'adresse à
elle comme à un être humain; il
en fait une compagne et une confi-
dente. Il l'entraîne loin des plaisirs
impurs, et, seul avec elle, voit
s'éveiller les souvenirs, tandis que
descend la grande paix nocturne.

Le sonnet.

Malgré la solennité de l'interjec-
tion *ô*, qui introduit le personnage
allégorique, le poète s'adresse à sa
Douleur sur un ton familier, comme
on calme un enfant tyrannique, *Sois
sage... Tiens-toi plus tranquille*, ou
un malade dont on a satisfait le
caprice : *Tu réclamais le soir; il descend; le voici*. Dans ces deux vers,
les signes de ponctuation mettent
en relief chacun des accents et soulignent la lenteur paisible du
rythme; on songe au geste de la
main qui apaise, aux mouvements
d'un souffle qui reprend sa régularité; assez de cris de désespoir et
de révolte : la solitude du soir se
prête à un recueillement plus digne
et moins stérile. Les deux vers suivants sont, à dessein, en demi-
teinte : le poète crée une impression de brouillard avec des mots
vagues (*atmosphère, enveloppe*) et
témoigne d'une discrète pitié pour
ses semblables.
Mais le soir qui invite au recueillement préside aussi dans la grande
ville à la frénésie des fêtes impures.

Les voici, ces *mortels* qui cherchent
dans les jouissances l'oubli de leur
condition mortelle : décevante entreprise; le *Plaisir* est un *bourreau*
qui les fouette constamment de ses
exigences renouvelées; ils s'avi-
lissent en vain et les *remords* sont
leur seule moisson. Baudelaire connaît bien ces états troubles où la
volonté vaincue par les désirs renonce à suivre les ordres de la
conscience alarmée. Le rythme des
trois premiers vers du second quatrain, que ne vient couper aucune
ponctuation importante, donne bien
l'impression d'un entraînement implacable et insensé. Au contraire, le
vers suivant évoque, avec ses coupes
analogues à celles du début, un
éloignement concerté; pour la deuxième fois, le poète apostrophe sa
douleur, lui parle, lui *donne la
main*, comme à un être familier et
cher, l'entraîne. Et le rejet *loin
d'eux*, qui enchaîne brutalement le
premier tercet au second quatrain

selon un usage peu courant dans un sonnet, marque l'horreur du poète pour les déplorables agitations de cette foule vulgaire, son goût pour une solitude reposante et féconde.

Seul avec sa noble compagne, quels spectacles va-t-il donc lui offrir? Les yeux fermés aux impuretés du présent, il projette sur l'écran de cette nuit les images du passé. Dans le ciel noir se profilent les *années défuntes*, *penchées* comme des femmes sur des balcons de rêve; et leurs robes d'autrefois ont le charme des souvenirs lointains. Du fleuve, aux pieds du poète, surgit le fantôme du *Regret* : il sourit, alors que le plaisir ricanerait plutôt; est-ce parce qu'il s'attache à d'anciennes joies? L'alliance des mots, en tout cas, correspond à l'inspiration d'ensemble du poème. Il y a dans ces deux images, que le rythme détaille et met en relief, une sorte de distinction harmonieuse, qui contraste avec la vulgarité de la fête.

Ainsi l'obscurité se peuple de créatures nées de la méditation du poète. A ces formes viennent se mêler, dans une vision indécise, des éléments du paysage. *A l'Orient*, l'ombre semble traîner encore; mais elle s'allonge : l'image du *linceul*, qui évoque l'enveloppement de la nuit, renouvelle l'image plus banale du voile en associant à l'idée la mélancolie d'un objet funèbre, tandis que la sonorité des *l* dans *long linceul* transpose pour l'oreille cette suggestion d'un déploiement progressif de l'ombre sur ce paysage. Le dernier vers, aux harmonies exquises, aux coupes évocatrices, rythme cette conquête irrésistible et discrète du monde par l'obscurité et suggère la nuit, dont l'oreille attentive, par la vertu du recueillement, peut entendre le pas silencieux. L'entretien du poète, commencé dans la brume du crépuscule (*Tu réclamais le soir*), se prolonge ainsi dans le mystère nocturne (*la douce nuit*).

Conclusion.

Ce sonnet peuplé d'allégories traduit l'atmosphère complexe où se plaisait la sensibilité du poète rendu à la solitude, au seuil de la nuit. Il n'a nulle part marqué de façon aussi pénétrante et aussi subtile, grâce à la distinction des images et à la souplesse du rythme, le charme et la fécondité du recueillement, qui chasse les pensées mauvaises, suscite les souvenirs et les rêves, baigne l'âme d'une pureté mélancolique et l'achemine vers un sommeil bienfaisant comme la Mort.

SUJETS DE COMPOSITION FRANÇAISE

1 Éclairer par l'œuvre de Baudelaire cette phrase de *Mon cœur mis à nu* : « Il y a dans tout homme, à toute heure, deux postulations simultanées, l'une vers Dieu, l'autre vers Satan. »

2 Commenter cette phrase prononcée par Théodore de Banville sur la tombe de Baudelaire : « Il a accepté tout l'homme moderne, avec ses défaillances, avec sa grâce maladive, avec ses agitations impuissantes. »

3 Expliquer cette opinion de Paul Valéry : «Baudelaire, quoique romantique d'origine, et même romantique par ses goûts, peut quelquefois faire figure d'un *classique*. »

CHAPITRE II

RIMBAUD
ET
LAUTRÉAMONT

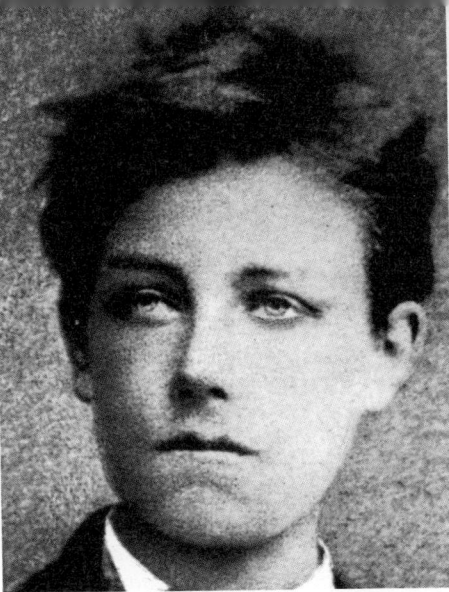

Arthur Rimbaud en 1871.

Rimbaud et Lautréamont ne se sont pas connus ; mais leurs deux destinées présentent de curieuses analogies. Ils ont conçu à peu près simultanément leurs œuvres poétiques ; ils ont eu l'un et l'autre une carrière littéraire très brève ; ils ont été l'un et l'autre ignorés de leurs contemporains. Mais Rimbaud fut considéré comme un pionnier, à la fin du XIXe siècle, par l'école symboliste, et Lautréamont, au XXe siècle, par le groupe surréaliste.

Rimbaud, à l'exemple de Baudelaire, voulut découvrir, au-delà des apparences, le sens profond du mystère universel et rêva d'un langage susceptible de traduire ses fulgurantes découvertes. Lautréamont, en marge de toute tradition, exhala dans des strophes d'une prose tantôt éloquente et tantôt chaotique son désespoir, ses fureurs, son dégoût de la condition humaine. Tous deux ont recouru à des images insolites, logiquement injustifiables, mais prestigieuses ; et ils ont montré quelles ressources offrait à la poésie une exploration systématique de la vie subconsciente.

1869	Lautréamont : *Les Chants de Maldoror*.
1869-1872	Rimbaud : Vers d'adolescence.
1873	Rimbaud : *Une Saison en enfer*.
1886	Publication des *Illuminations de Rimbaud*.
1920	Réédition des *Chants de Maldoror*.

I ARTHUR RIMBAUD (1854-1891)

Rimbaud témoigne, dès ses premiers vers, d'une éblouissante virtuosité; dans des poèmes qui expriment, pour la plupart, les inquiétudes ou les révoltes de son adolescence, il a tôt fait d'épuiser les ressources offertes par l'exemple de ses prédécesseurs romantiques ou parnassiens. Il tente alors de devenir une sorte de démiurge et de créer un univers magique : à cette ambition, qu'il renie pourtant dans Une Saison en enfer, *répondent, plus particulièrement, les* Illuminations. *Mais il renonce bientôt à sa chimère et part pour l'aventure, indifférent désormais au sort de son œuvre, que révèlent au public, dans les dernières années de sa vie, les poètes de l'école symboliste.*

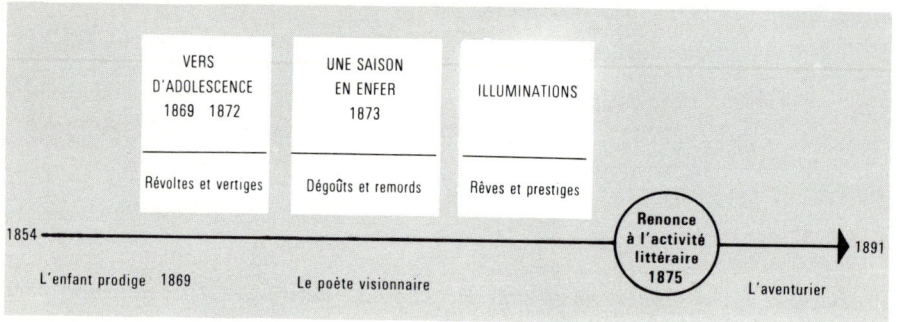

VERS D'ADOLESCENCE 1869 1872	UNE SAISON EN ENFER 1873	ILLUMINATIONS
Révoltes et vertiges	Dégoûts et remords	Rêves et prestiges

1854 ————————————————————————————— Renonce à l'activité littéraire 1875 ——————▶ 1891

L'enfant prodige 1869   Le poète visionnaire   L'aventurier

A   La carrière de Rimbaud

L'ENFANT PRODIGE (1854-1870)

Né à Charleville, Arthur Rimbaud, de bonne heure, se révolte contre la tyrannie d'une mère inflexible et s'abandonne à la séduction de rêves lointains; il marque sa rancune d'enfant incompris par de terribles colères et par des escapades. Sa vocation poétique s'éveille, au collège, pendant l'année de rhétorique; et son professeur Georges Izambard l'encourage par une enthousiaste sympathie. *D'emblée, Rimbaud a découvert tous les secrets de l'art; il imite en virtuose Hugo ou les Parnassiens.* Déjà, cependant, il obéit à une inspiration très personnelle : il traduit dans *Sensation*, dans *Ma Bohème*, le bonheur sensuel dont il a joui au cours de ses promenades errantes; il révèle avec humour, dans *Roman*, ses premiers émois sentimentaux; il atteste, dans *Bal des Pendus*, la puissance de son imagination visionnaire; et il exhale son horreur native pour la vie mesquine en cinglant de son ironie cruelle la petite bourgeoisie de Charleville :

> Sur la place taillée en mesquines pelouses,
> Square où tout est correct, les arbres et les fleurs,
> Tous les bourgeois poussifs qu'étranglent les chaleurs
> Portent, les jeudis soirs, leurs bêtises jalouses.

(A la Musique)

LE RÉVOLTÉ (1870-1871)

Les impatiences de l'adolescent prennent bientôt la forme d'une haine vivace pour le conformisme social. Après la déclaration de guerre à la Prusse, Rimbaud renonce à passer le baccalauréat, vend ses livres de prix, gagne Paris, se fait arrêter pour avoir voyagé sans billet, est interné quelque temps à la prison de Mazas, puis va chercher fortune en Belgique. Revenu à Charleville en janvier 1871, il ronge son frein. Bientôt, il repart pour Paris où, faute d'argent, il ne peut demeurer plus de quinze jours. Abîmé d'ennui dans sa province, il a pour les insurgés de la Commune une pensée fraternelle : « Les colères folles me poussent vers la bataille de Paris, où tant de travailleurs meurent... »

La plupart des poèmes qu'il compose du mois de septembre 1870 au mois de mai 1871 portent la trace de sa révolte. Il proclame son mépris pour l'Empereur (*Rages de César*); il plaint les victimes de la guerre (*Le Dormeur du val*); il peint la détresse de cinq petits pauvres qui se réchauffent, devant un soupirail, au four du boulanger (*Les Effarés*). En regardant les fonctionnaires de la bibliothèque municipale, à Charleville, l'idée lui vient de flétrir ces éternels « assis ». Tandis que se précipitent les événements, il incline vers une sorte de nihilisme sentimental et intellectuel; il maudit la religion chrétienne (*Les Pauvres à l'église*, *Les Premières Communions*, *Le Mal*); puis, quand « Paris se repeuple » après la défaite, il décrit l'impureté de la grande ville avec des accents d'une violence extrême. Dans la société moderne, il ne voit que des motifs de fureur.

LE BATEAU IVRE (1871)

Mais le poète trouve dans son génie les ressources nécessaires pour échapper au désespoir. Comme Baudelaire, il aspire aux révélations d'un monde inconnu; il part en rêve à la découverte de ce monde. Déjà, dans *Le Bateau ivre*, il décrit symboliquement cette audacieuse équipée. Ce chaland qui vogue parmi des paysages vierges, c'est Rimbaud lui-même, qui enfante en tumulte, dans un délire fécond, les reliefs, les couleurs et les formes d'un nouvel univers. Il discerne, pourtant, la fragilité de ce songe féerique : l'éblouissement des « nuits sans fond » est bientôt dissipé à l'apparition des « aubes navrantes », et le bateau dégrisé, mais incapable, désormais, de suivre le sillage routinier des autres chalands, aspire à s'engloutir.

LE VOYANT (1871-1872)

Le bateau ivre marque un tournant dans la vie de Rimbaud. Un autre poète, Verlaine, enthousiasmé par ces strophes ardentes, le presse de venir le rejoindre : « On vous espère, on vous attend. » Rimbaud répond à cette invitation et habite avec Verlaine, d'abord à Paris, puis en Belgique et en Angleterre. *Pendant cette période tourmentée de son existence, il renouvelle sa vision poétique par des expériences hardies :* fidèle à un programme qu'il s'est tracé quelques mois plus tôt, il « travaille à se rendre voyant », cultive le délire sous toutes ses formes, compose des poèmes étranges (*Voyelles*, *Larme*, *Patience*, *Mémoire*, *La Rivière de cassis*), rythme des chansons « faussement naïves » (*Chanson de la plus haute tour*, *Bonheur*, *Fêtes de la faim*); mais il compromet sa santé par l'alcoolisme et par la débauche.

UNE SAISON EN ENFER (1873)

En décembre 1872, Rimbaud abandonne Verlaine et rentre de Londres. Il retourne quelque temps, en janvier 1873, au chevet de son ami malade, puis va retrouver sa famille dans la propriété de Roche, près de Vouziers, et entame une sorte d'autobiographie en prose poétique. En mai, il rejoint de nouveau Verlaine qui, le 20 juillet, à Bruxelles, sous l'empire de l'alcool, tire sur lui deux coups de revolver. Définitivement las et écœuré, Rimbaud achève, à Roche, l'œuvre entreprise et l'intitule *Une Saison en enfer*. C'est un témoignage à la fois sur l'existence maudite qu'il a menée et sur les possibilités d'avenir qu'il voit s'ouvrir devant lui au terme de cette crise. Quelques amis seulement ont reçu un exemplaire de cette précieuse confession lyrique, dont le tirage, impayé, est resté presque tout entier chez l'imprimeur.

Souvenirs d'enfer. *L'enfer, ce sont les impuretés et les illusions de la « saison » passée avec Verlaine.* Le poète est déçu par son art; l'homme est honteux de ses fautes. Rimbaud s'accuse de s'être abandonné à des chimères poétiques : « J'écrivais des silences, des nuits, je notais l'inexprimable. Je fixais des vertiges... Je m'habituai à l'hallucination simple : je voyais très franchement une mosquée à la place d'une usine, une école de tambours faite par des anges, des calèches sur les routes du ciel, un salon au fond d'un lac; les monstres, les mystères; un titre de vaudeville dressait des épouvantes devant moi. Puis j'expliquai mes sophismes magiques avec l'hallucination des mots. Je finis par trouver sacré le désordre de mon esprit. » (*Délires II*). Il dénonce aussi, avec une ironie violente, son mépris de la morale, son horreur de tout métier, son goût de la révolte, du vice, du crime (*Mauvais Sang*); et il imagine les affres des tortures infernales : « Je meurs de soif, j'étouffe, je ne puis crier. C'est l'enfer, l'éternelle peine! Voyez comme le feu se relève! Je brûle comme il faut. Va, démon! » (*Nuit de l'enfer.*)

Résolutions d'avenir. *Désormais, Rimbaud a des élans vers l'Idéal.* Il exalte la charité (*Pièce liminaire*), la pureté (*L'Impossible*); il déclare qu'il sait maintenant « saluer la Beauté » (*Délires II*); il célèbre « les Rois de la vie, les trois Mages, le cœur, l'âme, l'esprit » (*Matin*). *Rationnelle ou mystique, il a conquis une certitude;* il n'éprouve plus le besoin de prendre, comme autrefois, une « expression bouffonne et égarée au possible » pour chanter le Bonheur et l'Éternité : « Moi, je ne puis pas plus m'expliquer que le mendiant avec ses continuels *Pater* et *Ave Maria*. Je ne sais plus parler » (*Matin*). Du moins est-il résolu désormais à agir, à reconquérir un équilibre grâce à la sainteté du travail. *Le rêve ambitieux doit s'effacer pour laisser la place au silencieux héroïsme des tâches quotidiennes :* « J'ai créé toutes les fêtes, tous les triomphes, tous les drames. J'ai essayé d'inventer de nouvelles fleurs, de nouveaux astres, de nouvelles chairs, de nouvelles langues. J'ai cru acquérir des pouvoirs surnaturels. Eh bien! je dois enterrer mon imagination et mes souvenirs! Une belle gloire d'artiste et de conteur emportée! Moi! moi qui me suis dit mage ou ange, dispensé de toute morale, je suis rendu au sol, avec un devoir à chercher, et la réalité rugueuse à étreindre! Paysan! » (*Adieu*)

ILLUMINATIONS

*La vie littéraire de Rimbaud ne s'achève pas, comme on l'a cru longtemps, sur cet « adieu » qu'il lançait à la fin d'*Une Saison en enfer *: à Londres, en 1874, il met au net une autre œuvre en prose poétique, formée de morceaux distincts, qui ont été réunis sous le titre* Illuminations[1]. Nous sommes mal renseignés sur les circonstances dans lesquelles ces pièces ont été composées. Les *Illuminations*, en tout cas, nous apparaissent comme une nouvelle tentative du poète pour « fixer des vertiges » et pour réaliser ses ambitions de voyant.

La création d'un univers. *Rimbaud prend le mot « illuminations » dans son sens anglais d' « enluminures ». Mais cet enlumineur est un illuminé.* Ce qu'il voit, il le transfigure; et ce qu'il ne voit pas, il le crée. Quelques-uns de ces poèmes semblent, dans leur précision concrète, des transpositions verbales d'images empruntées au monde réel. « Gracieux fils de Pan! Autour de ton front couronné de fleurettes et de baies, tes yeux, des boules précieuses, remuent. Tachées de lie brune, tes joues se creusent. Tes crocs luisent. Ta poitrine ressemble à une cithare, des tintements circulent dans tes bras blonds » (*Antique*). D'autres, dans leur éclat féerique, sont de véritables hallucinations : « D'un gradin d'or, — parmi les cordons de soie, les gazes grises, les velours verts et les disques de cristal qui noircissent comme du bronze au soleil, — je vois la digitale s'ouvrir sur un tapis de filigranes d'argent, d'yeux et de chevelures » (*Fleurs*). Le poète prend possession d'un univers où il se meut avec une liberté enivrante : « J'ai tendu des cordes de clocher à clocher; des guirlandes de fenêtre à fenêtre; des chaînes d'or d'étoile à étoile; et je danse » (*Phrases*).

La création d'un langage. *Rimbaud, dans les* Illuminations, *invente un langage poétique sans commune mesure avec le langage ordinaire.* Cet effet constant de nouveauté est créé, tantôt par des images insolites : « Le pavillon en viande saignante sur la soie des mers et des fleurs arctiques » (*Barbare*); tantôt par des rythmes insaisissables. Même quand l'esprit est déconcerté par la fulgurance des visions transcrites, ces poèmes exercent sur la sensibilité et sur l'imagination, par la splendeur du vocabulaire, par la tension de la forme, un prestige envoûtant.

L'AVENTURIER (1875-1891)

Après les Illuminations, *Rimbaud semble avoir renoncé définitivement à la poésie.* Il voyage à travers l'Europe avec une sorte de fièvre; puis, en 1880, il part pour l'Afrique. Il séjourne notamment à Aden et au Harrar, s'occupe d'affaires commerciales et explore des contrées inconnues. Il ne regagne la France qu'en 1891, pour y être amputé d'une jambe et pour y mourir.

---

1. Ce point a été établi par H. de Bouillane de Lacoste, dans son ouvrage intitulé *Rimbaud et le problème des Illuminations* et dans son édition critique des *Illuminations*. Avant lui, tous les éditeurs ont daté l'œuvre de 1872. Pourtant, Verlaine, témoin particulièrement bien placé, a toujours affirmé qu'*Une Saison en enfer* était antérieure aux *Illuminations*. Il est possible qu'un certain nombre de pièces aient été conçues avant 1874 et recopiées seulement à cette date. Il est possible aussi que quelques autres soient postérieures à 1874.

B L'originalité de Rimbaud

LA MÉTHODE POÉTIQUE

Rimbaud a formulé, en mai 1871, une sorte d'Art Poétique dans une lettre à son ami Paul Demeny, dite Lettre du voyant. Dans ce texte capital, il proclame la nécessité, pour le poète moderne, d'apporter « du nouveau, idées et formes ».

Lui-même a voulu renouveler l'inspiration poétique. Il compte dépasser les poètes romantiques, qui ont été « voyants sans trop bien s'en rendre compte » et seulement sous le coup d'émotions accidentelles ; les poètes parnassiens, qui se sont trop aisément contentés de voir en imagination le passé ; et même Baudelaire, « roi des poètes » cependant, et voyant authentique, mais prisonnier d' « un milieu trop artiste ». Pour parvenir à ce résultat, il s'impose « un long, immense et raisonné dérèglement de tous les sens » et provoque, par tous les moyens, les expériences susceptibles d'enrichir sa vision : « (le Poète) cherche lui-même et épuise en lui-même tous les poisons pour n'en garder que les quintessences. » Il a précisé, dans *Une Saison en enfer*, par quelle méthodique « étude » il a pu, délibérément, s'installer dans la contemplation des beautés qu'il croyait avoir conquises et voir défiler comme un « opéra fabuleux » de chimériques visions enchantées.

Il a voulu aussi renouveler le langage poétique. Notamment, il se propose de découvrir et d'exprimer, après Baudelaire, des « correspondances » de plus en plus rares entre les diverses sensations. Il rêve même d' « un verbe poétique accessible, un jour ou l'autre, à tous les sens », d'un langage universel, qui soit « de l'âme pour l'âme, résumant tout, parfums, sons, couleurs, de la pensée accrochant la pensée et tirant ». Cette transmutation du verbe par une « alchimie » poétique, il l'a tentée, notamment, dans les *Illuminations*.

L'INFLUENCE POÉTIQUE

Rimbaud a exercé sur la poésie moderne et contemporaine une influence considérable. Mallarmé tente, à son exemple, de se transformer en démiurge et d'exprimer, grâce au langage poétique, une réalité transcendante. D'autres symbolistes découvrent dans deux de ses poèmes, *Marine* et *Mouvement*, les premiers exemples de ce « vers libre » dont ils voudront répandre la mode. Paul Claudel, reprenant une formule de Verlaine, vante sa « prose de diamant », où il puise maint exemple et mainte ressource d'expression. Enfin, les poètes surréalistes, qui ont cultivé, eux aussi, « le désordre de leur esprit », le saluent à juste titre comme un précurseur : « Cette œuvre, qui a révolutionné la poésie, mérite de demeurer en vigie sur notre route » (André Breton).

La mort d'Ophélie.
Tableau de Millais. Tate Gallery. Londres.

Sur l'onde calme et noire où dorment les étoiles,
La blanche Ophélia flotte comme un grand lys,
Flotte très lentement couchée en ses longs voiles...
                                        (Arthur Rimbaud, Ophélie.)

II   LAUTRÉAMONT (1846-1870)

LE DESTIN D'ISIDORE DUCASSE

Isidore Ducasse est né de parents français, en 1846, à Montevideo. Il fait des études secondaires en France, au collège de Tarbes et au lycée de Pau, où il est interne ; puis il se rend à Paris pour préparer l'École Polytechnique. Sous le pseudonyme « comte de Lautréamont », il publie, en 1869, une œuvre en prose poétique, les *Chants de Maldoror*, qui passa totalement inaperçue ; puis, sous le titre paradoxal *Poésies*, deux fragments de préface pour « un livre futur » qui n'a jamais été écrit. Il meurt phtisique en 1870. Son œuvre fut exaltée après 1920 par les surréalistes ; elle apparaît aujourd'hui comme une expression particulièrement intense du désespoir et de la frénésie romantiques.

LE DÉSESPOIR DE MALDOROR

Au début des Chants, *Maldoror, le héros, est représenté en général sous une forme humaine ; il incarne les misères et les angoisses de son créateur.* Il va « pâle et voûté » ; il a le sang appauvri, la bouche amaigrie ; son visage est « maquillé par les rides précoces » ; et la nature « fait luire ses yeux avec la flamme aigre de la fièvre ». Doué d'une faculté de discernement peu commune, il souffre de sa lucidité même, qui a détruit ses illusions. En même temps se sont révélées à lui les formes multiples de la souffrance imposée à l'humanité et des calamités qui la persécutent, guerres, incendies, naufrages ou maladies. *Torturé par son ignorance tragique, découragé par son expérience amère de la douleur et du vice, il s'abandonne au désespoir, qui l'* « *enivre comme le vin* » ; *et comme un héros byronien, mais avec plus de violence encore, il se révolte contre Dieu.*

LA FRÉNÉSIE DE MALDOROR

Dès lors, Maldoror devient un symbole infernal. Il cesse d'incarner le drame d'un homme et ressemble au Minotaure ou à la Bête de l'Apocalypse. Cavalier fantôme, il hante, comme le Mal, toute la surface de la terre. Comme le Mal encore, il revêt les formes les plus imprévues : un décret de sa volonté lui permet d'immédiates métamorphoses ; il devient poulpe ou aigle, grillon d'égout ou cygne noir. Sa fureur vengeresse se manifeste par des actions forcenées ou par des imprécations d'une inimaginable violence. L'œuvre est d'ailleurs étrangement diverse : les strophes lyriques alternent avec les épisodes fantastiques, les périodes oratoires avec les images fulgurantes ; mais le héros maudit est présent à toutes les pages pour illustrer la terrible déclaration du premier chant : « Moi, je fais servir mon génie à peindre les délices de la cruauté. »

OUVRAGES A CONSULTER

RIMBAUD. *Œuvres poétiques*, éd. C. A. HACKETT, Imprimerie Nationale, 1986. LAUTRÉAMONT. *Œuvres complètes*, José Corti, 1963. M. RUFF. *Rimbaud*, Hatier, 1970. A. GUYAUX. *Essai sur les Illuminations de Rimbaud* (avec une édition du texte), 2 vol., A la Baconnière, Neuchâtel, 1986.

CHAPITRE III

Verlaine. Portrait par Eugène Carrière.
Musée du Louvre.

VERLAINE

Verlaine, petit employé à l'Hôtel de Ville de Paris, s'intéresse de bonne heure à la poésie ; et il publie, en quatre ans, trois recueils de vers d'inspiration très différente : Poèmes saturniens, Fêtes galantes, La Bonne Chanson. *Mais il se laisse aller aux hasards d'une existence déréglée. En 1871, à peine marié, il abandonne son foyer et court l'aventure avec Rimbaud. Emprisonné à Mons en 1873, il prend la résolution de mener une vie plus digne et il revient à la foi catholique ; son mysticisme s'épanche dans* Sagesse, *le plus pur de ses ouvrages. Mais il retombe bientôt dans des habitudes d'intempérance et de débauche ; et ses dernières années sont misérables.*

Verlaine, dont les recueils passèrent presque inaperçus de son vivant, laisse d'émouvants modèles d'une poésie sincère, sans rhétorique, et d'un art musical qui prélude aux harmonies du symbolisme.

POÈMES SATURNIENS 1866	FÊTES GALANTES 1869	LA BONNE CHANSON 1870		ROMANCES SANS PAROLES 1874	SAGESSE 1881	JADIS ET NAGUÈRE 1883
	Les débuts lyriques				Le drame verlainien	

Années de crise 1871-1875

1844 ———————————————————————————————————— 1896

Un commis inspiré   Un étrange mystique   Un malheureux

I   LA CARRIÈRE POÉTIQUE

UN COMMIS INSPIRÉ

Verlaine, né à Metz, fait des études secondaires à Paris. Bachelier en 1864, il entre dans les bureaux de l'Hôtel de Ville de Paris. C'est un employé peu assidu. Déjà, il hante les cafés; mais aussi il découvre la poésie.

Poèmes saturniens (1866). *Verlaine professe d'abord l'impassibilité parnassienne;* et ce premier recueil contient des « eaux-fortes » ou des tableaux dans le goût du Parnasse. Déjà, pourtant, le vrai Verlaine apparaît, avec sa sensualité, sa tendresse et sa mélancolie : il compose des « paysages tristes », évoque un amour disparu (*Nevermore*), une femme idéale (*Mon Rêve familier*), associe aux caprices de son imagination le charme d'un paysage crépusculaire (*Soleils couchants*) et laisse entendre un écho assourdi de l'inquiétude romantique (*Chanson d'automne*). Déjà son instinct poétique le conduit à assouplir l'alexandrin, à manier des rythmes impairs, à suggérer des états vagues par des strophes vaporeuses.

Fêtes galantes (1869). *Dans son second recueil, Verlaine s'inspire de Watteau* et des autres peintres qui, au XVIIIe siècle surtout, ont évoqué les plaisirs d'une société élégante et frivole. Quelques répliques s'entrecroisent, et nous apercevons un abbé galant, un marquis à perruque, des dames déguisées en bergères, un Pierrot exalté, tandis que des notes de musique égrenées sur une guitare accompagnent leurs jeux un peu fous (*Sur l'herbe*). Mais à la description de cette gaieté se mêle souvent une nuance de mélancolie; ainsi dans la pièce liminaire du recueil, *Clair de lune :*

> Votre âme est un paysage choisi
> Que vont charmant masques et bergamasques,
> Jouant du luth et dansant et quasi
> Tristes sous leurs déguisements fantasques.

La Bonne Chanson (1870). *Le troisième recueil est d'un caractère beaucoup plus personnel.* Peu d'œuvres, dans l'histoire de la poésie française, sont aussi sincères et aussi émouvantes. Cette fois, c'est l'accord de deux âmes que chante Verlaine. Il vient de se fiancer avec Mathilde Mauté, une toute jeune fille. Il dit ses joies pures, son enthousiasme d'amoureux; il imagine le bonheur paisible du foyer. La lune, qui baignait de mélancolie le décor des *Fêtes galantes*, verse maintenant dans son cœur « un vaste et tendre apaisement » (*La Lune blanche*). Jadis instable et inquiet, il a conquis, pour quelque temps, l'équilibre et la paix :

> C'en est fait à présent des funestes pensées,
> C'en est fait des mauvais rêves, ah! c'en est fait
> Surtout de l'ironie et des lèvres pincées
> Et des mots où l'esprit sans l'âme triomphait.

UN ÉTRANGE MYSTIQUE

Verlaine se marie en 1870 ; au rêve pur des fiançailles succèdent, presque tout de suite, les malentendus conjugaux. Pendant la guerre, le poète sert comme garde mobile et retrouve d'anciennes habitudes d'intempérance. Puis il se lie avec Rimbaud, vagabonde avec lui en Belgique et en Angleterre ; en juillet 1873, à Bruxelles, sous l'empire de l'alcool, il tire sur son ami deux coups de revolver. *Emprisonné pour deux ans à Mons, il apprend, dans sa cellule, que sa jeune femme a obtenu une décision de séparation. Profondément ébranlé par ces événements douloureux, il devient un chrétien ardent.* Deux nouveaux recueils, *Romances sans paroles* et *Sagesse*, témoignent de sa crise et de sa conversion.

Romances sans paroles (1874). *Ces poèmes ont été composés pour la plupart en 1872 et 1873 ; plusieurs se ressentent d'une influence de Rimbaud,* auquel Verlaine emprunte des thèmes et des rythmes de chansons. Les impressions de voyage (*Paysages belges*) voisinent avec les vers lyriques des « Ariettes oubliées », où domine une immense tristesse :

> Il pleure dans mon cœur
> Comme il pleut sur la ville.
> Quelle est cette langueur
> Qui pénètre mon cœur ?

Sagesse (1881). *Ces poèmes ont été composés, les uns en prison, d'autres après la captivité ; mais il règne dans tout le recueil une certaine unité de ton et d'atmosphère.* Le poète fait un retour douloureux sur son passé (*Gaspard Hauser chante ; Le ciel est par-dessus le toit*) ou écoute résonner à ses oreilles la voix de sa femme comme un enseignement évangélique (*Écoutez la chanson bien douce...*). Ardemment, humblement, il cherche la sagesse, songe à la foi vivante des siècles passés et à l'enthousiasme fécond des bâtisseurs de cathédrales. Il chasse les voix impures de l'orgueil, de la haine, de la chair, pour obéir à « la voix terrible de l'amour ». Il s'offre à Dieu, à la Vierge Marie ; et il reproduit en une suite d'admirables sonnets le dialogue de l'Homme avec son Dieu :

> Ah ! Seigneur, qu'ai-je ? Hélas ! me voici tout en larmes
> D'une joie extraordinaire : votre voix
> Me fait comme du bien et du mal à la fois,
> Et le mal et le bien, tout a les mêmes charmes.

UN MALHEUREUX

Déjà, pourtant, à la date où paraît Sagesse, *Verlaine est retombé dans ses errements d'autrefois.* Ses dernières œuvres révèlent ses oscillations entre la vertu et le péché, entre la chair et l'esprit. Lui-même note son désir de « donner à chacun de ses recueils catholiques un complément plus mondain ». A *Sagesse* répond *Jadis et Naguère* (1883) ; aux élans spirituels d'*Amour*, de *Bonheur*, de *Liturgies intimes*, s'oppose l'exaltation charnelle de *Parallèlement*, de *Chansons pour elle*, d'*Odes en son honneur*. Le poète, d'ailleurs, s'épuise ; ses derniers témoignages sont moins purs et moins bien venus. L'homme enfin se dégrade ; malade, usé par les excès, il connaît de lugubres séjours à l'hôpital et meurt misérablement.

II L'ŒUVRE POÉTIQUE

L'INSPIRATION

Verlaine est un voluptueux qui, d'instinct, s'abandonne au plaisir ; son épicurisme trouve une expression subtile dans les *Fêtes galantes* et s'aventure avec délices au pays de la fantaisie. *Mais Verlaine est aussi un anxieux*, dont le tourment, d'abord vague, se transforme, après les épreuves, en une peine lancinante ou en un regret poignant du temps passé. *Sa nostalgie révèle une âme faible et tendre, qui a besoin de se donner tout entière et qui rêve du bonheur dans l'amour.* Ce bonheur, le poète s'est cru parfois sur le point de l'étreindre ; au moment de ses fiançailles, il a imaginé, au foyer conjugal, « la lueur étroite de la lampe » ; après sa conversion, il a reçu dans une extase, comme une promesse de béatitudes éternelles, les rayons de la lumière divine, et sa joie s'est alors exhalée en effusions lyriques.

LA DOCTRINE

Verlaine fut un artiste très conscient et sut formuler clairement les principes de sa poésie. Il a composé, en 1874, et publié dans *Jadis et Naguère* une pièce intitulée *Art poétique* où les poètes symbolistes allaient trouver une justification de leurs théories. Dans cette pièce, *il condamne toute éloquence et recommande la recherche d'effets musicaux.* Il demeure d'ailleurs assez prudent et n'a garde d'aller aussi loin que son ami Rimbaud dans la voie de la nouveauté. Jamais il ne voudra pratiquer le vers libre : selon lui, la rime est une parure nécessaire, dont on ne doit pas abuser, mais dont on ne saurait se passer.

LA TECHNIQUE

Verlaine, fidèle à ses principes, fut avant tout un musicien du vers. A dessein, pour nommer plusieurs de ses recueils, il recourut au vocabulaire de la musique. Il donne à ses meilleurs poèmes une grâce aérienne et un pouvoir indéfini de suggestion en recourant à des effets de rythme et d'harmonie. Ainsi, dans la sinueuse arabesque *Soleils couchants*, les sons éteints, les rimes discrètes, se fondent comme les notes successives d'une mélodie ; dans la plus célèbre des « ariettes oubliées » (*Il pleure dans mon cœur*), l'assonance en *eur* psalmodie la détresse du poète ; dans une autre ariette, la reprise musicale d'un terme suggère l'obsession du regret sentimental (« O triste, triste était mon âme, — A cause, à cause d'une femme » ; dans un sonnet de *Sagesse*, l'alexandrin, désaxé par la suppression de ses coupes ordinaires, traduit le bouleversement de l'émotion mystique :

> Je ris, je pleure, et c'est comme un appel aux armes
> D'un clairon pour des champs de bataille où je vois
> Des anges bleus et blancs portés sur des pavois,
> Et ce clairon m'enlève en de fières alarmes.

OUVRAGES A CONSULTER

VERLAINE. *Œuvres poétiques*, éd. J. Robichez, Classiques Garnier, 1970. *Poésies* (1866-1880), éd. P. Décaudin, Imprimerie Nationale, 1980. A. ADAM. *Verlaine*, Hatier, 1953. P. PETITFILS. *Verlaine*, Julliard, 1981. J. ROBICHEZ. *Verlaine entre Rimbaud et Dieu*, Sedes, 1981.

LE CIEL EST PAR-DESSUS LE TOIT...

Le ciel est, par-dessus le toit,
     Si bleu, si calme!
Un arbre, par-dessus le toit,
     Berce sa palme.

La cloche, dans le ciel qu'on voit,   5
     Doucement tinte,
Un oiseau, sur l'arbre qu'on voit,
     Chante sa plainte.

Mon Dieu, mon Dieu, la vie est là
     Simple et tranquille.   10
Cette paisible rumeur-là,
     Vient de la ville.

— Qu'as-tu fait, ô toi que voilà
     Pleurant sans cesse,
Dis, qu'as-tu fait, toi que voilà,   15
     De ta jeunesse?

VERLAINE, *Sagesse.*

Introduction.

Verlaine, en 1873, a été condamné à deux ans de prison. Le voici qui médite dans la solitude, à Bruxelles, avant son transfert à Mons.

Le poème.

Par l'étroite lucarne, le poète voit la grisaille du *toit*; *par-dessus*, un morceau de ciel, et les plus hautes branches d'un *arbre* doucement agitées par une brise légère. La reprise de *par-dessus le toit*, qui crée pour l'oreille un commencement d'obsession musicale, suggère, pour l'œil et pour l'esprit, la pauvreté de cet horizon visible. Mais le prisonnier retrouve tout un univers oublié dans cette échappée de son regard vers la libre nature : enfermé dans sa cellule aux tristes murs nus, il est émerveillé par ce coin d'azur et par ces feuillages, comme si ses yeux s'ouvraient pour la première fois; et de même, les mots dont il se sert, tout simples, mais mis en valeur par le langage poétique, retrouvent tout le pouvoir de suggestion dont les dépouille l'usage commun : *ciel*, détaché en tête du poème, *arbre*, en tête du troisième vers, les deux adjectifs *bleu* et *calme*, soulignés par la répétition de l'intensif *si*.

Entre les deux premières strophes, il y a un enchaînement étroit et une profonde analogie de structure. Le triste *toit* semble oublié, mais le regard conquis par le *ciel* et par l'*arbre* s'attarde à les contempler; les deux mots repris sont soulignés par la répétition de *qu'on voit*, qui traduit l'étonnement ingénu du poète. Mais des impressions auditives vont se joindre aux impressions visuelles : dans le ciel s'égrènent les doux sons d'une *cloche*, suggérés par les délicates sonorités et le rythme du second vers (*doucement tinte*); de cet arbre jaillit la *plainte* de l'*oiseau*, suggérée par l'harmonie un peu traînante du dernier vers (*chante sa plainte*), dont le mouvement correspond et dont le rythme fait écho à ceux du dernier vers de la strophe précédente (*berce sa palme*).

Au contraire, entre la deuxième et la troisième strophe, il semble y avoir une sorte de rupture. Un double cri : *Mon Dieu, mon Dieu*, succède à cette suite d'impressions paisibles : faut-il y voir une exclamation d'un pathétique familier ou un véritable appel au secours de cette âme en détresse et déjà envahie de préoccupations mystiques? Le mouvement, en tout cas, annonce un retour sur soi-même. Malgré les apparences, d'ailleurs, la continuité avec le début est bien réelle : les impressions de la vue, les impressions auditives qui s'y sont associées, ont fini par suggérer, avec le concours de l'imagination qui les prolonge, le souvenir de cette *vie simple et tranquille* dont il a méconnu, dans ses égarements passés, l'émouvante séduction. *La vie est là*, tout près, puisqu'il lui en est parvenu des images et des bruits, puisqu'il entend confusément la *rumeur de la ville*. Découverte tragique pour le prisonnier enfermé entre les murs épais de sa cellule comme dans un tombeau.

On conçoit que cette découverte s'accompagne dans son âme d'un douloureux tumulte : regret de la liberté perdue, remords de coupables agitations, nostalgie d'une existence innocente et d'un bonheur paisible, sont étroitement mêlés dans le mouvement de la dernière strophe. Est-ce Dieu qui parle? est-ce la conscience du poète? Quelle que soit l'interprétation, le sens demeure le même. Il y a dans la reprise de la question : *qu'as-tu fait?* une insistance pathétique. Quant à l'apostrophe *Toi que voilà*, elle se répète aussi, mais en changeant de portée : on doit la prononcer d'abord avec mélancolie, puisqu'elle est associée au stérile désespoir du captif *pleurant sans cesse*; puis avec une intonation de farouche mépris, car les mots qui couronnent le poème donnent à la question la valeur d'un reproche brutal : « qu'as-tu fait *de ta jeunesse?* » Sa jeunesse, ce sont ses rêves de poète épris de pureté, de fiancé exalté par son amour; et le mot est aussi admirable dans sa simplicité que le mot *ciel* du début. Voilà ce qu'il a laissé échapper! Mais la profondeur de son désespoir prouve qu'il va remonter de l'abîme; et dans cette même prison, il recevra avec ferveur la divine consolation de la grâce.

Conclusion.

Ce poème est un témoignage intime d'une sincérité absolue. Il traduit, non pas, comme les pièces du début, une mélancolie vague ou une tristesse sans cause, mais le désarroi profond d'un cœur meurtri, d'une âme en pleine crise.

Les moyens d'expression sont d'une admirable simplicité. Verlaine donne un des plus purs exemples de son art, qui consiste à émouvoir par la transcription directe d'états éprouvés, grâce aux ressources musicales du langage poétique, sans recours aux artifices ni à l'éloquence.

SUJETS DE COMPOSITION FRANÇAISE

1 Comparer la pièce de Théophile Gautier intitulée l'*Art* (*Émaux et Camées*) avec l'*Art poétique* de Verlaine (*Jadis et Naguère*).

2 Paul Valéry écrit que la poésie de Verlaine « est bien loin d'être naïve, étant impossible à un vrai poète d'être naïf » (*Variété II*). Qu'entend-il par là et que pensez-vous de cette opinion?

3 André Breton écrit que la surestimation de Verlaine fut « la grande erreur de l'époque symboliste » *(Flagrant délit)*. Examiner cette proposition.

CHAPITRE IV

Mallarmé. Portrait par Manet.
Musée du Louvre.

Le mouvement symboliste

Par l'audace de leurs explorations dans le domaine poétique, Gérard de Nerval, Baudelaire, Rimbaud et, à un moindre degré, Verlaine, ont préparé l'avènement d'un art nouveau.

La lutte contre les traditions du romantisme et contre la doctrine du Parnasse est menée, après 1870, par quelques précurseurs comme Tristan Corbière; puis, vers 1880, par les poètes « décadents », dont le plus sincère est Jules Laforgue; enfin, à partir de 1886, par l'école symboliste.

Parmi les symbolistes, les uns, à l'exemple de Verlaine, s'efforcent avant tout de suggérer les secrets de leur vie intérieure; d'autres, comme Mallarmé, prétendent saisir et exprimer grâce aux ressources d'un langage neuf l'essence des choses.

En 1891, Jean Moréas fonde l'école romane, qui dénonce l'obscurité en poésie; mais en dépit de cette réaction, le symbolisme demeurera vivace jusque dans les premières années du vingtième siècle; et quelques-unes de ses tendances seront prolongées par le surréalisme.

1866	Contribution de Mallarmé au *Parnasse contemporain*.
1876	S. Mallarmé : *L'Après-midi d'un faune*.
1884	Premiers « Mardis » de Mallarmé.
1885	J. Laforgue : *Les Complaintes*.
1886	Manifeste de l'école symboliste.
1891	Manifeste de l'école romane.

I TROIS PRÉCURSEURS

CHARLES CROS (1842-1888)

Charles Cros est un méridional, qui vint mener à Paris une vie de bohème. La science et la poésie l'attirent également. Il découvre, sans parvenir à s'imposer, le principe de plusieurs inventions, et notamment du phonographe. En 1873, il publie un recueil étrange, *Le Coffret de santal*. Charles Cros doit surtout son renom d'écrivain à des monologues et à des poèmes humoristiques (*Le Bilboquet*, *Le Hareng saur*). Mais son humour grince parfois; et une inquiétude profonde apparaît dans quelques poèmes en prose aux accents pathétiques, par exemple dans *L'Heure froide*, où le poète évoque la solitude et l'angoisse de la nuit : « Alors être seul chez soi sans dormir, c'est l'horreur. Il semble que l'ange de la mort plane sur les hommes, profitant de leur sommeil implacable pour choisir sa proie pendant que nul ne s'en doute. »

TRISTAN CORBIÈRE (1845-1875)

Tristan Corbière est un Breton épris d'aventures maritimes et de poésie. En 1868, il quitte sa province et part en croisière; il visite la Palestine, puis l'Italie. En 1871, il se fixe à Paris; mais il a une mauvaise santé; la vie désordonnée qu'il mène dans la capitale l'épuise; et il meurt avant d'avoir accompli sa trentième année. *Corbière laisse un recueil émouvant*, Les Amours jaunes (*1873*). On y découvre des fresques puissamment évocatrices de l'Armor ou de la vie des « gens de mer »; de lucides confidences sur son destin de lyrique avorté (*Le Crapaud*); de mordants sarcasmes à l'adresse de la vie, de l'amour et de l'art. Corbière se moque de l'élégie lamartinienne, de la frénésie byronienne et de l'inspiration humanitaire du « garde-national épique » Victor Hugo. Par réaction contre les poncifs du romantisme, il accumule les coq-à-l'âne, les calembours, les fantaisies rythmiques; et son émotion même s'accompagne presque toujours d'une nuance d'humour ou d'ironie :

> Où battaient-ils ces pavillons
> Écharpant ton ciel en haillons!...
> — Dors au ciel de plomb sur tes dunes...
> Dors : plus ne viendront ricocher
> Les boulets morts sur ton clocher
> Criblé — comme un prunier — de prunes.
>
> *(Au vieux Roscoff)*

GERMAIN NOUVEAU (1852-1920)

Germain Nouveau, un Provençal, fut à la fois peintre et poète. A la fin de 1873, il se lia avec Rimbaud et le suivit à Londres; plusieurs pièces du manuscrit des *Illuminations* sont copiées de sa main. Sous l'influence de Verlaine, il se convertit à la foi chrétienne; mais il ne cessa de mener une vie de bohème. Dans ses poèmes, publiés pour la plupart après sa mort en un recueil intitulé *Valentines*, la fantaisie voisine avec la tendresse et la ferveur.

II DÉCADENTS ET SYMBOLISTES

L'ESPRIT DÉCADENT

Vers 1880, une réaction se dessine contre la solennité et la froideur de l'école parnassienne. Volontairement débraillée, une nouvelle bohème se répand dans les cabarets à la mode, au Quartier Latin ou à Montmartre : ainsi naissent les réunions des Hydropathes, des Hirsutes, du Chat Noir, des Zutistes. Dans ces groupes, presque tous éphémères, les mystifications se multiplient. Mais l'humour ne va pas toujours sans mélancolie ni amertume.

Ces néo-romantiques s'imaginent volontiers qu'ils appartiennent à un siècle exsangue et qu'ils assistent aux derniers sursauts d'une civilisation mourante. Un vers de Verlaine donne le ton de leur inspiration : « Je suis l'Empire à la fin de la décadence. » Ils ne croient plus aux traditions et ne se sentent pas capables de préparer avec fermeté un renouveau poétique ; ils transcrivent, sans trop se prendre au sérieux, de vagues langueurs ou de brusques névroses ; ils recherchent une expression vaporeuse ou contournée. Ils sont gentiment raillés dans un recueil parodique de Beauclair et Vicaire, *Les Déliquescences d'Adoré Floupette*. L'esprit décadent a pourtant inspiré au moins un émouvant et pur poète : Jules Laforgue.

L'ÉCOLE SYMBOLISTE

En 1886, un manifeste de Jean Moréas, publié dans Le Figaro, *consacre la naissance d'une école dite symboliste.* Deux journaux littéraires, *Le Décadent* et *Le Symboliste*, mènent parallèlement la lutte contre la poésie académique ; leurs influences se mêlent ou se combattent ; mais les représentants de l'esprit décadent sont bientôt absorbés dans le mouvement symboliste. Les poètes de cette école nouvelle, Gustave Kahn, Stuart Merrill, Vielé-Griffin, René Ghil, se réclament tous de Baudelaire, de Verlaine ou de Rimbaud, qu'ils découvrent. Ils tentent de dégager les formules d'un art nouveau. Ils collaborent à diverses revues, *La Vogue*, *La Plume*, *Le Mercure de France*. En 1891, une enquête du journaliste Jules Huret fait connaître leurs tendances au grand public.

Le symbolisme est, essentiellement, l'idéalisme appliqué à la littérature. Les poètes symbolistes rêvent d'atteindre, par-delà les apparences, à une réalité transcendante. Le monde sensible, selon eux, n'est que le reflet d'un univers spirituel. Aussi cherchent-ils à saisir entre les données des différents sens, comme l'ont tenté avant eux Baudelaire et Rimbaud, de secrètes « correspondances », qui leur donneront la clef de cet univers. Ils considèrent la poésie comme un instrument de connaissance métaphysique et s'attachent à traduire leurs découvertes par des symboles verbaux. Pour suggérer cette réalité impalpable, ils recourent volontiers à ce langage fluide dont Verlaine a donné l'exemple et ils empruntent à la musique son pouvoir d'évocation. Quelques-uns d'entre eux recommandent l'emploi du « vers libre », affranchi des sujétions de la rime et des nécessités de la métrique régulière.

Parmi les poètes symbolistes, Mallarmé, bien qu'il utilise en général l'alexandrin classique, est celui qui s'est livré aux expériences les plus audacieuses.

III   JULES LAFORGUE (1860-1887)

UNE EXISTENCE DOULOUREUSE

Jules Laforgue est né en 1860, à Montevideo, de parents bretons. Dès l'enfance, il perd sa mère; et il reporte sur sa sœur toute sa tendresse. Il est timide, maladif, désenchanté avant d'avoir vécu. Il achève ses études à Paris, puis, en 1881, part pour Berlin, où il doit exercer des fonctions de lecteur auprès de l'Impératrice. Il s'initie aux ouvrages de Schopenhauer, de Hartmann; et, sous l'influence de ces philosophes, sa tristesse devient un pessimisme systématique. Laforgue se défie du monde et surtout des femmes; il se replie sur lui-même et médite sur la bouffonnerie cruelle de l'existence. En 1886, il rentre à Paris, où il meurt, phtisique, l'année suivante, à vingt-sept ans. Il laisse trois recueils lyriques, *Les Complaintes* (1885), *L'Imitation de Notre-Dame la Lune* (1886), *Le Sanglot de la terre* (posthume, 1901); et un recueil en prose, les *Moralités légendaires*, publié au lendemain de sa mort.

UNE ŒUVRE ÉMOUVANTE

Jules Laforgue est un poète sincère et profondément inspiré. Il exhale parfois à l'état pur sa sensibilité frémissante et laisse deviner son mélancolique destin. Par pudeur, cependant, il évite de s'abandonner à une inspiration élégiaque; il a d'âpres ironies, des accents faussement désinvoltes; il emprunte volontiers le masque d'un Pierrot lunaire, à la fois pathétique et irréel; et il crée ainsi sa propre légende :

> Ah! oui, devenir légendaire
> Au seuil des siècles charlatans!
> Mais où sont les lunes d'antan?
> Et que Dieu n'est-il à refaire?

(L'Imitation de Notre-Dame la Lune)

UN ART DÉCADENT

Jules Laforgue donne une forme poétique à l'esprit décadent. Son vers, souvent disloqué, est l'image d'une nature vibrante et instable. Sa langue, où se mêlent les termes triviaux et les termes rares, les poncifs et les néologismes, reflète le désordre d'une pensée qui ne parvient ni à se libérer de ses obsessions, ni à se prendre tout à fait au sérieux :

> Paris chahute au gaz. L'horloge comme un glas
> Sonne une heure. Chantez! dansez! la vie est brève,
> Tout est vain, — et, là-haut, voyez, la lune rêve
> Aussi froide qu'au temps où l'homme n'était pas...
>
> Oh! la vie est trop triste, incurablement triste!
> Aux fêtes d'ici-bas, j'ai toujours sangloté :
> « Vanité, vanité, tout n'est que vanité! »
> — Puis je songeais : où sont les cendres du Psalmiste?

(Le Sanglot de la Terre)

STÉPHANE MALLARMÉ (1842-1898)

Stéphane Mallarmé apparaît, lors de ses débuts dans la poésie, comme un disciple de Baudelaire, dont il imite l'art et l'inspiration : il exprime son dégoût de la réalité vulgaire et son besoin d'idéal. Son originalité commence à se dégager nettement dans Hérodiade et L'Après-Midi d'un faune. Mais son influence s'exerce surtout à partir de 1884, grâce aux réunions du mardi qui se tiennent dans son appartement, rue de Rome. Pour ses disciples, Mallarmé tente de définir et de réaliser l'ambition suprême du symbolisme, qui consiste à suggérer, avec des mots, l'essence des choses.

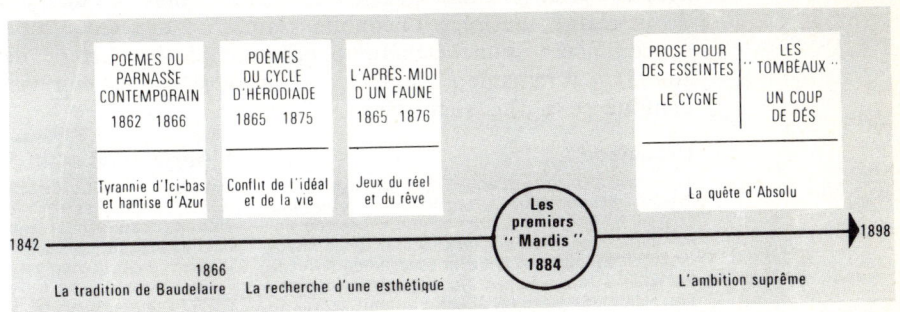

POÈMES DU PARNASSE CONTEMPORAIN 1862 1866	POÈMES DU CYCLE D'HÉRODIADE 1865 1875	L'APRÈS-MIDI D'UN FAUNE 1865 1876		PROSE POUR DES ESSEINTES LE CYGNE	LES TOMBEAUX UN COUP DE DÉS
Tyrannie d'Ici-bas et hantise d'Azur	Conflit de l'idéal et de la vie	Jeux du réel et du rêve	Les premiers "Mardis" 1884	La quête d'Absolu	

1842 — 1866 — 1898
La tradition de Baudelaire — La recherche d'une esthétique — L'ambition suprême

A   L'évolution poétique

LA TRADITION DE BAUDELAIRE

Mallarmé, né à Paris, devient, en 1863, professeur d'anglais. Il débute à Tournon; mais, déjà, il s'isole dans un rêve d'art. Dix de ses premiers poèmes seront réunis en 1866 dans *Le Parnasse contemporain* : on y discerne l'influence d'Edgar Poe, qui lui a donné le goût d'une technique savante; et, plus nette encore, l'influence de Baudelaire.

Comme Baudelaire, Mallarmé souffre de la laideur et de la monotonie du réel : « La chair est triste, hélas! et j'ai lu tous les livres. » Lui aussi, pour s'arracher à son ennui et à son dégoût, aspire au voyage (*Brise marine*) ou à la mort (*Le Sonneur*). Lui aussi rêve d'un paradis mystique ou esthétique (*Las de l'amer repos, Les Fenêtres, L'Azur*).

Mais Mallarmé prête à son tourment une forme personnelle. Trop délicat pour accepter le monde tel qu'il est, il ne se sent pas assez inspiré pour animer de son souffle un univers imaginaire et il médite amèrement sur son impuissance devant la feuille de papier vide. Écœuré par la vie, découragé par le rêve, il évolue entre un abîme d'impureté qui lui donne la nausée et un abîme de pureté qui lui donne le vertige. Dans *Les Fenêtres*, il décrit un moribond qui, « las du triste hôpital », colle son visage à la vitre baignée de lumière, symbole de l'homme qui, las de la vie quotidienne, cherche vainement à s'en évader. Dans *L'Azur*, il exprime la tragique détresse du Poète qu'obsède un idéal inaccessible : « Je suis hanté! l'azur! l'azur! l'azur! l'azur! »

LA RECHERCHE D'UNE ESTHÉTIQUE

Mallarmé veut sortir de cette impasse et vaincre sa stérilité; mais des difficultés de carrière et des soucis de santé contrarient son inspiration. Alternativement, il travaille, l'hiver, à un poème sur Hérodiade, l'été, à un poème sur la vie d'un faune. *Après des années pénibles, il est nommé, en 1871, professeur à Paris.* Il se sent dès lors l'esprit plus dispos, sourit enfin à l'existence et considère le monde avec des yeux plus indulgents. En 1872, il honore, en un *Toast funèbre*, le poète de la réalité sensible, Théophile Gautier. Lui-même, cependant, ne saurait s'accommoder d'une esthétique aussi simple et cherche des formes neuves. En 1875, il remanie *L'Après-midi d'un faune*, qui est son œuvre en vers la plus étendue et la plus suggestive.

Hérodiade.

Mallarmé a médité d'écrire tout un drame sur le sujet d'Hérodiade. De ce drame projeté, nous possédons l'ouverture, monologue prononcé par la nourrice de l'héroïne; une scène entre Hérodiade et la nourrice; enfin un intermède lyrique, le *Cantique de saint Jean*. Dans la scène, il la montre une Hérodiade vierge, qui est en même temps le symbole de l'inaccessible perfection et l'exemple d'un destin cruel : la petite-fille d'Hérode contemple avec inquiétude l'image encore pure que lui renvoie son miroir et devine tout un monde de tentations, de souillures, de crimes.

L'Après-midi d'un faune.

Mallarmé a fait de ce poème une illustration de la vie païenne et sensuelle. Un faune, par un étouffant après-midi sicilien, sort d'un songe limpide et voluptueux, dont il cherche à prolonger le charme par la magie de la musique ou du souvenir. Peu à peu, il s'exalte et s'abandonne au tumulte de ses désirs; puis, de nouveau, il succombe au sommeil. Ce faune est peut-être aussi le symbole du poète qui, tenté un moment par l'idée de donner une expression lyrique à ses émotions et à ses rêves, renonce finalement à son dessein et se réfugie dans le silence.

L'AMBITION SUPRÊME

En 1884, le romancier Huysmans exalte, dans A Rebours, *l'œuvre encore méconnue de Mallarmé. Désormais glorieux, le poète, installé rue de Rome, reçoit, le mardi, ses amis et ses disciples* : parmi ceux-ci, André Gide et Paul Valéry. A partir de cette date, son influence s'exerce d'une manière suivie : fier de son prestige, il devient plus confiant dans ses ressources. Il élabore ou met au point, avec une patience infinie, des poèmes obscurs et denses, comme la *Prose pour des Esseintes*; les « Tombeaux » de Baudelaire, de Verlaine, d'Edgar Poe, de Wagner; le sonnet du *Cygne*.

En même temps, Mallarmé tente de formuler son esthétique. A la veille de sa mort, en 1897, il réunit ses articles et ses conférences dans un recueil intitulé *Divagations*. La même année, il publie *Un Coup de dés*, qui est son œuvre la plus déroutante; dans ce poème, dont la disposition typographique est tout à fait insolite, il essaie de décrire l'aventure de la Pensée aux prises avec l'univers chaotique dont elle voudrait percer le mystère et pénétrer la loi. Cette aventure est aussi celle du poète qui jette les mots sur le papier, qui cherche les combinaisons verbales susceptibles d'exprimer la réalité absolue.

Mais le joueur trop audacieux eut le sentiment d'avoir perdu la partie; et l'artiste trop ambitieux retrouva, au cours de ses ultimes tentatives, le désespoir de la page blanche.

Décollation de saint Jean-Baptiste. Esquisse de Gustave Moreau.
Saint Jean-Baptiste fut décapité sur l'ordre d'Hérode Antipas, tétrarque de Galilée.
Salomé assistait à l'exécution et remit à sa mère Hérodiade la tête du martyr.
Cet épisode sanglant a inspiré à Mallarmé le « Cantique de saint Jean »
(voir le commentaire de ce texte pages 297 et 298).

B La méthode poétique

LE DOCTRINAIRE DE L'HERMÉTISME

Mallarmé s'est fait l'apôtre d'une poésie profondément méditée, mais impénétrable au profane en raison de sa profondeur même. Dès 1862, dans la revue *L'Artiste*, il énonce sa doctrine avec une rigueur intransigeante : « Toute chose sacrée et qui veut demeurer sacrée s'enveloppe de mystère. Les religions se retranchent à l'abri d'arcanes dévoilés au seul prédestiné : l'art a les siens... J'ai souvent demandé pourquoi ce caractère nécessaire a été refusé à un seul art, au plus grand. Je parle de la Poésie... les premiers venus entrent de plain-pied dans un chef-d'œuvre, et, depuis qu'il y a des poètes, il n'a pas été inventé, pour l'écartement des importuns, une langue immaculée — des formules hiératiques dont l'étude aride aveugle le profane et aiguillonne le patien fatal... » Plus il avance dans l'élaboration de son œuvre, plus il raidit son attitude. Ses premiers poèmes, qui décrivent des états d'âme, sont relativement clairs; mais, en prenant conscience d'une vocation plus haute, il renonce à une intelligibilité immédiate et s'interdit toute concession au public.

LE MAGICIEN DU VERBE

Mallarmé rêve d'emprisonner dans le langage le pouvoir irradiant de l'Idée pure, dont les formes sensibles sont, croit-il, les émanations. Il cherche à évoquer, derrière les apparences, l'essence; derrière la rose ou dans la rose, l'être idéal de la rose. Dans ce dessein, il utilise beaucoup plus hardiment que Baudelaire le procédé de la correspondance symbolique. Il ne se contente pas d'associer les données de plusieurs sens; il les superpose et les confond. Par exemple, le faune voit s'évanouir en une ligne le relief des deux corps féminins qu'il a contemplés dans son rêve : est-ce une ligne blanche à l'horizon? Sans doute, mais c'est aussi une ligne mélodique, jaillie de sa syrinx. Ainsi s'opère la fusion d'un effet plastique et d'un effet musical.
Les audaces les plus fécondes du poète consistent dans un recours délibéré aux ressources de la musique. Mallarmé dissout le sens des mots qu'il emploie dans un bain de sonorités harmonieuses. Dans *Le Cygne*, il crée une obsession étrange par le retour, à chaque rime, et souvent à l'intérieur du vers, de la voyelle *i*. Dans un autre sonnet célèbre, il accumule des mots rares et éclatants, lampadophores, crédences, ptyx; il introduit des rimes sonores en yx, en or, en ores, en ixe, mais file aussi des vers si fluides que l'oreille croit entendre un mot unique et mystérieux, un mot, selon son propre commentaire, « total, neuf, étranger à la langue et comme incantatoire » :

> Aboli bibelot d'inanité sonore...
> Des scintillations sitôt le septuor.

Cette magie verbale donne à quelques pièces une plénitude qui étonne à chaque nouvelle lecture. Elle explique le prestige qu'exerça l'œuvre sur les contemporains les plus avertis et garantit une valeur permanente à un art apparemment fourvoyé dans une entreprise chimérique.

V LA RÉACTION ROMANE

JEAN MORÉAS (1856-1910)

Johannes Papadiamantopoulos, né à Athènes, se fixe à Paris en 1880 et adopte le pseudonyme de Jean Moréas. Il a subi, au début de sa carrière poétique, la double influence de Baudelaire et de Verlaine (*Les Syrtes*, 1884). La publication, en 1886, de son manifeste et d'un nouveau recueil, *Les Cantilènes*, le consacre comme l'un des chefs de l'école symboliste. Mais Moréas a toujours conservé la nostalgie du pays natal et le goût des formes antiques ; il rêve de renouer avec la tradition gréco-latine. *Après 1890, il rompt avec les poètes de l'école et proclame la nécessité de restaurer, dans l'expression, la discipline et la clarté.* Dans ses derniers recueils, et notamment dans ses *Stances* (1899-1901), il allie à une subtilité héritée du symbolisme une rigueur digne d'un classique :

> Quand reviendra l'automne avec les feuilles mortes
> Qui couvriront l'étang du moulin ruiné,
> Quand le vent remplira le trou béant des portes
> Et l'inutile espace où la meule a tourné,
>
> Je veux aller encor m'asseoir sur cette borne,
> Contre le mur tissé d'un vieux lierre vermeil,
> Et regarder longtemps dans l'eau glacée et morne
> S'éteindre mon image et le pâle soleil.

(Le Mercure de France, édit.)

L'ÉCOLE ROMANE

En 1891, Moréas lance le manifeste d'une nouvelle école, l'école romane, qu'il oppose à l'école symboliste, comme aux brumes nordiques la lumière méditerranéenne. Il groupe autour de lui Ernest Raynaud, Maurice du Plessys, Raymond de la Tailhède, Charles Maurras enfin, son disciple principal, qui reproche âprement à Verlaine d'avoir « abîmé le style et réduit à rien la pensée » et qui voudrait voir la poésie « rebondir vers la lumière, l'ordre, la force, la grâce virile et les autres disciplines de la beauté ». En dépit de cette réaction, un néo-symbolisme va fleurir, dans les dernières années du XIXe siècle et au début du XXe siècle.

OUVRAGES A CONSULTER

C. Cros. T. Corbière. G. Nouveau (anc. Lautréamont). *Œuvres complètes*, Pléiade, Gallimard. J. Laforgue. *Poésies complètes*, éd. P. Pia, Livre de poche. *Les Complaintes. L'Imitation de Notre-Dame la Lune*, éd. P. Reboul, Imprimerie Nationale, 1981. S. Mallarmé. *Œuvres complètes*, éd. H. Mondor et Jean-Aubry, Pléiade, Gallimard.
A.-M. Schmidt. *La Littérature symboliste*, P.U.F., 1947. H. Lemaître. *La Poésie depuis Baudelaire*, coll. U, A. Colin, 1965. L. Forestier. *Charles Cros*, Minard, 1970. M.-J. Durry. *Jules Laforgue*, Seghers, 1952. P. Reboul. *Jules Laforgue*, Hatier, 1960. H. Mondor. *Vie de Mallarmé*, Gallimard, 1941. G. Michaud. *Mallarmé*, Hatier, 1953. J.-P. Richard. *L'Univers imaginaire de Mallarmé*, Gallimard, 1962. R. Jouanny. *Jean Moréas, écrivain français*, Minard, 1969.

CANTIQUE
DE SAINT JEAN

Le soleil que sa halte
Surnaturelle exalte
Aussitôt redescend
    Incandescent

Je sens comme aux vertèbres   5
S'éployer des ténèbres
Toutes dans un frisson
    A l'unisson

Et ma tête surgie
Solitaire vigie   10
Par les vols triomphaux
    De cette faux

Comme rupture franche
Plutôt refoule ou tranche
Les anciens désaccords   15
    Avec le corps

Qu'elle de jeûnes ivre
S'opiniâtre à suivre
En quelque bond hagard
    Son pur regard   20

Là-haut où la froidure
Solitaire n'endure
Que vous la surpassiez
    Tous ô glaciers

Mais selon un baptême   25
Illuminée au même
Principe qui m'élut
    Penche un salut.

MALLARMÉ, *Poésies*.

Introduction.

Ce poème se rattache au cycle d'Hérodiade. Dans la « scène » avec la nourrice, Mallarmé associait de blanches visions à l'image d'une héroïne encore vierge. Il songe ici à Hérodiade devenue impure, à « celle qu'un sang farouche et radieux arrose », comme il l'a désignée déjà dans le poème intitulé *Les Fleurs*, à celle qui fit décapiter Saint Jean-Baptiste, trop ardent à dénoncer son union honteuse avec son oncle Hérode Antipas. Dans ce « Cantique », la victime est devenue bourreau; sa tunique, autrefois blanche comme neige, est désormais souillée de gouttes sanglantes. En même temps, l'hiver fait place à l'été, plus exactement au solstice d'été, car c'est le 24 juin que la fête du martyr est aujourd'hui célébrée. La coïncidence entre ce phénomène naturel du solstice et cette commémoration religieuse fournit la clef de ce poème obscur certes, mais où aucun mot n'est employé au hasard.

Le texte.

Les premiers vers définissent le solstice d'été. La déclinaison du soleil par rapport à l'équateur cesse de croître et passe par un maximum avant de décroître. Les termes sont pris dans leur sens concret, et non dans leur sens figuré : l'astre semble immobile au-dessus de la nature (*halte surnaturelle*) à la plus grande hauteur par rapport à la terre (*exalte*). Mais *aussitôt*, le jour de la Saint-Jean, précisément, commence le déclin. Ainsi la strophe décrit une ascension suivie d'une descente. Ce double mouvement va être celui du poème tout entier : le poète va suggérer un mouvement analogue, celui de la tête coupée, qui est projetée vers le ciel, puis redescend.

La seconde strophe évoque la décollation. L'adverbe *comme* permet

d'imaginer, en apportant une nuance d'imprécision, le désordre organique, le trouble violent du système nerveux au moment où le coup est assené. Mallarmé parvient à suggérer cet envahissement de la mort (*s'éployer des ténèbres*) sensible en un même instant (*à l'unisson*) à tous les endroits du corps à la fois (*toutes dans un frisson*).

Dans la troisième strophe, l'ascension commence. La tête est *surgie* : elle s'élève au-dessus du tronc décapité, telle une *vigie* dans une position dominante. Le mot *vigie* est justifié, car les yeux du martyr demeurent ouverts. *Les vols* de l'arme qui a provoqué la décollation sont définis par le geste du bourreau qui, en un grand élan, a porté le coup; et ces vols sont *triomphaux*, parce qu'ils annoncent le triomphe céleste du saint. Sans doute ne s'agit-il pas à proprement parler d'une faux, mais d'une hache. Le substantif *faux* éveille, il est vrai, traditionnellement, l'image de la mort. Chénier, dans *La Jeune Captive*, écrivait : « L'épi naissant mûrit de la faux respecté »; il comparait ainsi l'instrument de la moisson à la lame de la guillotine. Mallarmé, plus hardi, substitue un terme à l'autre.

Physiologiquement, il s'est produit une *rupture franche* entre la tête et le corps. Mais le poète, grâce à cette expression, insinue une autre idée. Le saint a lutté toute sa vie contre les tentations de la chair : de perpétuels *désaccords* ont marqué la cohabitation du *corps* avec l'âme. Or, le siège de l'âme est dans la tête; et cette tête, maintenant, s'envole, comme attirée par le ciel. C'est une consécration définitive : les désaccords n'ont plus de raison d'être; ils sont *refoulés*; ils sont même, littéralement, *tranchés*.

A la fin de la quatrième strophe, il convient, pour l'intelligence du texte, de supposer un point. La proposition commençant par *Qu'elle* est exclamative; elle implique un souhait : puisse cette tête habituée

à s'exalter (*ivre*) par des pratiques telles que le *jeûne* prolonger cette ascension (*s'opiniâtre*) jusqu'au ciel. C'est le *regard* qui la guide vers les hauteurs sublimes; ainsi peut-on écrire qu'elle le suit. Ce regard est *pur*, car il reflète la pureté céleste; mais le *bond* est un peu éperdu, tant l'aventure est brutale et singulière; l'indéfini *quelque* marque cette singularité.

Dans la sixième strophe est désigné le terme imaginaire de l'ascension, une région éthérée qui domine tous les *glaciers*. Mais la tête n'ira pas jusque-là. Sans doute s'immobilise-t-elle un instant, comme le soleil au zénith; puis elle redescend sur la terre.

Ainsi, la tête, maintenant, retombe; et l'on croirait qu'elle se *penche* comme pour un *salut*. Dans cette ascension, elle a été *illuminée*, elle a reçu les rayons célestes, comme au jour du *baptême* qui *élut* saint Jean, qui en fit une créature de Dieu. Le *même principe* présida au sacrement du baptême et à la consécration du martyre : c'est à ce principe divin que va l'hommage du salut.

Conclusion.

L'analyse du poème justifie dans le détail le commentaire que Mallarmé en donna jadis à Paul Valéry : « Le cantique de Saint-Jean, en sept strophes, est le chant de la tête coupée, volant du coup vers la lumière divine. » Le poète recourt, pour évoquer cette aventure spirituelle, à l'art de l'analogie; et il donne à cette occasion un bel exemple de virtuosité en maniant un rythme strophique particulièrement délié, choisi avec bonheur pour éveiller l'idée d'une ascension enivrante; il fournit en outre un exemple de langage poétique irréductible aux normes communes, sinon indéchiffrable, mais admirablement dense et suggestif.

SUJETS DE COMPOSITION FRANÇAISE

1 Commenter cette définition du symbolisme par Paul Valéry : « Ce qui fut baptisé le symbolisme se résume très simplement dans l'intention commune à plusieurs familles de poètes de reprendre à la musique son bien » (*Variété II*).

2 Examiner cette opinion de Gustave Lanson : « Mallarmé est un artiste incomplet, inférieur, qui n'est pas arrivé à s'exprimer. »

3 M. Thierry Maulnier affirme : « Comme l'œuvre de Rimbaud, l'œuvre de Mallarmé est de peu de volume; mais elle dépasse de loin l'œuvre de Rimbaud par l'immensité des problèmes auxquels elle a été affrontée, par l'audace de ses explorations hors de l'univers poétique fréquenté, par les voies qu'elle illumine d'un bref éclair et laisse ouvertes derrière elle » (*Introduction à la poésie française*). Discuter ce jugement.

4 Examiner cette opinion de Mallarmé : « Je pense qu'il faut qu'il n'y ait qu'allusion... Nommer un objet, c'est supprimer les trois quarts de la jouissance du poème, qui est faite du bonheur de le deviner peu à peu; le suggérer, voilà le rêve. »

5 Illustrer ce propos de Paul Valéry : « Tandis que Verlaine et Rimbaud ont continué Baudelaire dans l'ordre du sentiment et de la sensation, Mallarmé l'a prolongé dans le domaine de la perfection et de la pureté poétique » (*Variété II*).

6 Un poète a-t-il, selon vous, le droit d'être obscur ?

CHAPITRE V

J.-K. Huysmans. Portrait par Forain.

Le roman
et le conte idéalistes

De nombreux romanciers et conteurs se sont tenus volontairement à l'écart du mouvement réaliste ou naturaliste. En 1862, Eugène Fromentin publie Dominique; *et cette autobiographie romancée demeure dans la tradition des grandes œuvres de la littérature subjective, tout en comportant une leçon fort éloignée de l'idéal romantique. D'autres écrivains, violemment opposés à l'esprit de leur siècle, étalent dans leurs contes et leurs romans leurs indignations, leurs haines, leur désespoir; ils attaquent les idoles d'une époque qu'ils maudissent : la philosophie matérialiste ou positiviste, le naturalisme, la démocratie; ils luttent pour une réaction politique ou pour un renouveau chrétien; ils renoncent, par là même, à toute objectivité. A ces tendances idéologiques se rattachent Barbey d'Aurevilly, Gobineau, Villiers de l'Isle-Adam, Léon Bloy et, dans une certaine mesure, Huysmans.*

1862	E. Fromentin : *Dominique*.
1874	Barbey d'Aurevilly : *Les Diaboliques*.
1874	J.-A. de Gobineau : *Les Pléiades*.
1883	Villiers de l'Isle-Adam : *Contes cruels*.
1884	J.-K. Huysmans : *A Rebours*.
1886	L. Bloy : *Le Désespéré*.
1895	J.-K. Huysmans : *En Route*.

I   EUGÈNE FROMENTIN (1820-1876)

LA JEUNESSE MÉLANCOLIQUE

Eugène Fromentin, né à La Rochelle, passe une grande partie de son enfance à Saint-Maurice, tout près de sa ville natale, et découvre avec enchantement la poésie de la nature. Il entre au collège en 1831 et se montre un élève brillant, mais rêveur. Il se lie d'amitié avec une jeune créole qui est son aînée et qui se marie en 1834. Il se persuade bientôt qu'il l'aime et noue avec elle des relations sentimentales. Sous son influence, il se passionne pour la littérature romanesque et s'essaie à la poésie. Mais la jeune femme meurt en 1844; et cette perte fait naître en lui un immense chagrin.

LA MATURITÉ RÉSIGNÉE

Peu à peu, Fromentin conquiert un nouvel équilibre et parvient à la sérénité. Il cherche une consolation dans le rêve exotique, rédige des souvenirs de voyage (*Un Été dans le Sahara*, 1857; *Une Année dans le Sahel*, 1858), devient un peintre des paysages et des mœurs de l'Afrique, se révèle enfin grand critique d'art (*Les Maîtres d'autrefois*, 1876). Mais il n'a pas oublié l'idylle de sa jeunesse, qui revit dans un roman semi-autobiographique, *Dominique* (1862).

Le roman du renoncement : Dominique.

Au cours d'une partie de chasse, le narrateur a fait la connaissance d'un gentilhomme campagnard, Dominique de Bray, qui l'accueille, quelque temps plus tard, dans son domaine des Trembles et qui entreprend de lui conter sa vie.
Dominique a passé son enfance aux Trembles; puis il est entré au collège. Son camarade de classe, Olivier d'Orsel, le présente un jour à ses deux cousines, Madeleine et Julie.
Dominique est vivement troublé à la vue de Madeleine; mais la jeune fille, un peu plus âgée que lui, le considère comme un enfant et elle épouse M. de Nièvres. Dominique lutte alors contre son amour, mais ne trouve l'oubli ni dans le travail ni dans le plaisir.

Aux Trembles, Dominique revoit Madeleine, qui devine son secret, retient l'aveu sur ses lèvres et entreprend de le guérir. Mais elle s'aperçoit bientôt que, de son côté, elle aime Dominique; et elle décide de s'éloigner.
Dominique cherche une diversion dans l'activité littéraire, mais se convainc que le génie lui fait défaut. Il lit un jour sur un portrait de Madeleine le tourment qu'elle éprouve et va la rejoindre au château de Nièvres. Les deux amoureux sont près de succomber à leur passion, mais trouvent en eux la volonté nécessaire pour se dire adieu. Dominique a achevé son récit. Il décrit la vie simple qu'il mène désormais dans ses terres. Il se sent la conscience pure et l'âme apaisée.

Dominique est la confidence délicate d'un homme qui, ayant atteint l'âge mûr, jette un regard discrètement ému sur les illusions de ses années romantiques : « Ce qu'il y a de plus clair pour moi, écrivait le romancier à George Sand, c'est que j'ai voulu me plaire, m'émouvoir encore des souvenirs, retrouver ma jeunesse à mesure que je m'en éloigne et exprimer sous forme de livre une bonne partie de moi, la meilleure. » En même temps, ce roman personnel comporte une leçon de sagesse : Fromentin a voulu prouver « que le repos est un des rares bonheurs possibles; et puis encore que tout irait mieux, les hommes et les œuvres, si l'on avait la chance de se bien connaître et l'esprit de se borner ».

II   BARBEY D'AUREVILLY (1808-1889)

LE GENTILHOMME TRADITIONALISTE

Jules Barbey, né à Saint-Sauveur-le-Vicomte, dans le département de la Manche, emprunte à un oncle le nom d'Aurevilly. Après le collège, il fait son Droit à Caen; puis il s'installe à Paris, où il mène une existence pauvre et hautaine. Dans un essai de 1845, il célèbre l'idéal d'élégance que Brummel a fixé sous le nom de dandysme. Il adopte plutôt, quant à lui, l'allure d'un gentilhomme d'autrefois. Monarchiste intransigeant, il vit en pensée avec les héros de la Chouannerie; catholique fougueux, il exalte l'Inquisition : « A une époque où la foi religieuse et les mœurs publiques étaient fortes, l'Inquisition, ce tribunal qui jugeait la pensée, cette grande institution dont l'idée seule tortille nos petits nerfs et escarbouille nos têtes de linottes, l'Inquisition savait bien que les crimes spirituels étaient les plus grands, et elle les châtiait comme tels... »

LE POLÉMISTE ET LE CRITIQUE

Barbey d'Aurevilly collabore à de nombreux journaux, en particulier au *Pays*, au *Réveil*, au *Constitutionnel*, au *Gaulois*. Polémiste redoutable, il se proclame l'adversaire de son siècle, accable ses contemporains de son mépris indigné, dénonce les progrès de la vulgarité dans les manières, dans les mœurs, dans les sentiments, dans les œuvres. Malgré ses partis pris, il fait souvent preuve de clairvoyance et toujours d'indépendance. Ses chroniques littéraires sont recueillies, pour la plupart, dans *Les Œuvres et les Hommes* (1861-85), puis dans les « Médaillons » et « Médaillonnets » du *Parnasse contemporain*. Barbey d'Aurevilly traite avec une équitable sévérité bien des poètes en vogue dont la postérité a fait justice; en revanche, il reconnaît d'emblée Baudelaire comme un maître : « Contrairement au plus grand nombre des lyriques actuels, si préoccupés de leur égoïsme et de leurs pauvres petites impressions, la poésie de M. Baudelaire est moins l'épanchement d'un sentiment individuel qu'une ferme conception de son esprit. »

LE ROMANCIER ET LE NOUVELLISTE

Barbey d'Aurevilly est un romancier et nouvelliste à l'imagination sombre, au génie tourmenté. Dans *L'Ensorcelée* (1854), il décrit avec un puissant relief les mœurs et les superstitions normandes. Dans *Le Chevalier des Touches* (1864), il conte des aventures d'héroïsme chouan. Dans *Un Prêtre marié* (1865), il évoque le destin d'un religieux victime de la Révolution. Mais son chef-d'œuvre est sans doute *Les Diaboliques* (1874), un recueil de six nouvelles (*Le Rideau cramoisi, Le plus bel Amour de Don Juan, Le Bonheur dans le crime, Le Dessous de cartes d'une partie de whist, A un Dîner d'athées, La Vengeance d'une femme*), où, en homme « qui croit au diable et à ses influences dans le monde », il représente ses héroïnes comme des possédées. Tous ces récits manquent d'humanité sans doute, mais captent l'attention du lecteur par leur intensité dramatique et par leur éclat verbal.

III GOBINEAU (1816-1882)

LE DIPLOMATE ET LE VOYAGEUR

Le comte Joseph-Arthur de Gobineau accomplit une carrière diplomatique. Ses fonctions l'amenèrent à parcourir le monde entier. Il séjourna en Suisse, en Hanovre, en Perse, en Grèce, au Brésil, en Suède, en Russie, avant de se retirer en Italie, où il devait mourir. Ses impressions de voyageur revivent notamment dans *Trois Ans en Asie* (1859); sa culture orientale se manifeste dans *Les Religions et les Philosophies de l'Asie centrale* (1865).

LE THÉORICIEN DES RACES

De son vivant, le comte de Gobineau s'est fait surtout connaître en publiant son *Essai sur l'Inégalité des races humaines* (1853-1855). Dans cet ouvrage, il se défend de vouloir « quitter les régions élevées et pures de la discussion scientifique pour descendre sur le terrain de la politique contemporaine ». Il recherche, avant tout, les lois du monde social. Son analyse le conduit à proclamer la supériorité du « type blanc », et dans ce type, de la famille aryenne. Il tâche ensuite de vérifier ses principes en dressant un tableau historique et géographique des grandes civilisations. Sa théorie, déformée par la propagande, devait être invoquée plus tard, surtout en Allemagne, par les doctrinaires du racisme.

LE NOUVELLISTE ET LE ROMANCIER

Le comte de Gobineau a laissé en outre une œuvre littéraire qui apparaît aujourd'hui comme son meilleur titre de gloire. Ses poésies dramatiques ou épiques sont inférieures à ses *Nouvelles asiatiques* (1876) et à son roman *Les Pléiades* (1874).

Un rêve aristocratique et sentimental : Les Pléiades.

Trois voyageurs se sont rencontrés : le Français Louis de Landon, l'Allemand Conrad Lanze et l'Anglais Wilfrid Nore. Une étroite sympathie se noue entre eux, fortifiée par l'orgueil. Ils se regardent comme des êtres exceptionnels, des « fils de rois » et forment l'une de ces rares « Pléiades » qui sont l'honneur de la race. La masse des hommes est digne de tous les mépris.

Au cours du roman, sont évoquées les aventures sentimentales de ces trois personnages et celles du prince Jean-Théodore, auprès duquel ils se retrouvent à la cour de Burbach. Les mœurs de cette cour sont décrites avec minutie. La dernière partie du récit est dominée par l'histoire du chaste amour de Jean-Théodore pour sa cousine Aurore, qu'il finit par épouser

Les Pléiades *sont une œuvre complexe, mais clairement conduite.* Dans les discussions idéologiques se retrouve la philosophie sociale de Gobineau : ainsi la cour de Burbach fait-elle penser à celle de Hanovre. Dans les peintures de la vie de cour se révèle son expérience de diplomate. Enfin des confidences voilées transparaissent dans les épisodes romanesques : l'idylle héroïque et sentimentale du prince Jean-Théodore est pleine des souvenirs de l'amour inspiré à l'écrivain par la comtesse de La Tour, qu'il avait rencontrée à Stockholm.

IV VILLIERS DE L'ISLE-ADAM
(1838-1889)

LE GRAND SEIGNEUR

Auguste Villiers de l'Isle-Adam, né à Saint-Brieuc, se flatte de descendre d'une des plus anciennes familles françaises. Volontiers, il se réfugie dans un rêve lyrique, où revit un passé glorieux. « Indifférent aux soucis politiques de ce siècle et de cette patrie, aux forfaits passagers de ceux qui les représentent », il contemple, au fond de lui-même, « le reflet des richesses stériles d'un grand nombre de rois oubliés » (*Souvenirs occultes*). Mais en réalité, il est pauvre et méconnu. Pour redorer son blason, il cherche à s'illustrer dans la littérature, publie un recueil de *Poésies* (1859), puis un roman philosophique, *Isis* (1862); il compose deux drames, *Elën* et *Morgane* (cette dernière pièce, profondément remaniée, deviendra *Le Prétendant*); il collabore au *Parnasse contemporain* (1866); il fonde enfin la *Revue des lettres et des arts*, où paraissent ses deux premiers contes, *Claire Lenoir* (1867) et *L'Intersigne* (1868). Il a trouvé, dès lors, la formule qui lui convient le mieux.

LE CONTEUR CRUEL

En 1883, Villiers réunit sous le titre Contes cruels *un certain nombre de récits* qui avaient été déjà publiés pour la plupart dans des journaux ou des périodiques. Beaucoup de ces récits contiennent, sous une forme symbolique, une satire aiguë des mœurs contemporaines. L'écrivain dénonce les prétentions ridicules de la science (*L'Appareil pour l'analyse chimique du dernier soupir*), la stupidité de la foule (*Vox populi*), la tyrannie de l'argent (*A s'y méprendre*), le triomphe insolent de la médiocrité (*Deux Augures*). Les mêmes tendances apparaissent dans les recueils suivants, *Nouveaux Contes cruels*, *Histoires insolites*, *L'Amour suprême*, où s'accumulent les histoires terribles (*La Torture par l'espérance*), macabres (*Le Jeu de grâces*) ou sanglantes (*Le Secret de l'échafaud*). Dans *L'Ève future* (1886), il pose, avec une anxiété qui se dissimule derrière l'ironie, le problème des possibilités ouvertes désormais à la science. Enfin, dans *Tribulat Bonhomet* (1887), il rassemble plusieurs contes dont le héros, un prétendu savant obstinément fermé à toute grandeur, se donne comme « l'archétype » de son siècle.

LE PHILOSOPHE SPIRITUALISTE

Mais si Villiers fustige ainsi les vices du temps, c'est parce qu'il garde vivante en lui l'image d'un idéal moral et spirituel. Sa pensée demeure flottante et se réclame tantôt de l'orthodoxie catholique, tantôt de la métaphysique hégélienne, tantôt des doctrines occultistes. Mais toutes ses professions de foi révèlent son désir d'échapper à la sujétion des apparences sensibles et de s'évader dans un autre monde. Quelques-uns de ses contes exaltent le pouvoir surnaturel de l'amour (*Vera*) ou la grandeur du renoncement aux joies terrestres (*L'Amour suprême*). Son rêve d'Absolu s'épanouit magnifiquement dans *Axël*, publié au lendemain de sa mort (1890) : le héros et l'héroïne de ce drame sacrifient la richesse, la puissance, l'amour même, et, dédaigneux des contingences terrestres, se réfugient finalement, par la mort, dans l'Éternité.

V HUYSMANS (1848-1907)

LE NATURALISTE

Joris-Karl Huysmans, né à Paris, a des ascendances hollandaises. Il débute en littérature par un recueil de poèmes en prose, *Le Drageoir aux épices* (1874); puis il publie en 1876 un roman de mœurs, *Marthe*, qui lui vaut l'amitié de Zola. *Il adhère au mouvement naturaliste*, évoque crûment la défaite de 1870 dans une nouvelle intitulée *Sac au dos* qui sera reproduite dans *Les Soirées de Médan*, et fait paraître successivement *Les Sœurs Vatard* (1879), *En ménage* (1881), *A vau l'eau* (1882). Il peint avec une délectation morose les quartiers délabrés et les milieux populaires, décrit longuement un atelier de brochage, un restaurant de cochers, et semble écœuré lui-même par la vulgarité des aventures qu'il raconte.

LE DÉCADENT

Bientôt, Huysmans élargit le champ de son horizon. Il s'intéresse aux raffinements de l'art et de la poésie moderne, vante Monet, Degas, Cézanne, ainsi que Baudelaire, Verlaine et Mallarmé. Dans un nouveau roman, *A Rebours* (1884), il se détourne de la vie réelle et construit pour son plaisir un monde artificiel.

Les expériences d'un blasé : A Rebours.

Jean des Esseintes est le dernier descendant d'une famille riche et noble. Il a mené d'abord une vie de plaisirs, puis il a pris la société en dégoût. Malade, névrosé, il décide d'oublier ses contemporains et de vivre rigoureusement seul.
Des Esseintes s'enferme alors dans une demeure qu'il aménage avec un luxe subtil, afin de donner à tous ses goûts un aliment factice; il recherche les sensations rares et raffinées; il se passionne pour la littérature et pour l'art décadents.

Mais sa névrose le poursuit; des hallucinations l'assaillent; et, sur l'ordre du médecin, il doit renoncer à sa claustration volontaire. Des Esseintes se désespère à l'idée de retrouver ses semblables; et il implore, pour se sauver, le miraculeux secours de la Grâce : « Seigneur, prenez pitié du chrétien qui doute, de l'incrédule qui voudrait croire, du forçat de la vie qui s'embarque seul, dans la nuit, sous un firmament que n'éclairent plus les consolants fanaux du vieil espoir! »

LE MYSTIQUE

Comme son héros des Esseintes, Huysmans rêve d'échapper au désespoir par la foi; mais il tâtonne encore longtemps. Il crée un nouveau personnage, Durtal, qui, exprimant son tourment et ses aspirations profondes, cherche d'abord une diversion dans la magie noire (*Là-bas*, 1891), puis médite sur les beautés de l'art chrétien et découvre la vertu de la règle monastique (*En route*, 1895). Ses derniers romans, *La Cathédrale* (1898), *L'Oblat* (1907) couronnent son évolution vers le mysticisme.

Au cours de cette dernière période, Huysmans condamne explicitement le naturalisme, auquel il reproche, dans *Là-bas*, « d'avoir incarné le matérialisme dans la littérature ». Tout en rendant hommage à la loyauté et au talent de Zola, il affirme que sa doctrine conduisait nécessairement à une impasse et justifie tous les efforts qu'il a accomplis pour s'évader d'une « littérature sans issue », pour fixer les principes d'une esthétique plus large et pour chercher en même temps un point d'appui spirituel. Huysmans conserve d'ailleurs, jusque dans ses œuvres les plus hautement inspirées, un style volontaire, rugueux, riche en sensations véhémentes.

VI LÉON BLOY (1846-1917)

« LE DÉSESPÉRÉ »

Le Périgourdin Léon Bloy, après une enfance misérable et révoltée, songe à devenir un peintre, puis débute dans le journalisme de combat. Gagné de bonne heure au catholicisme le plus ardent, il tonne contre un siècle impie, qu'il voue tout entier aux flammes de l'Enfer. Dans son chef-d'œuvre, *Le Désespéré* (1886), il donne la mesure de sa fureur et de son découragement.

Un témoignage pathétique : Le Désespéré.

Marchenoir est un journaliste et un historien catholique de grand talent. Après la mort de son père, il fait une retraite à la Grande Chartreuse, où il reçoit une émouvante hospitalité. Mais il demeure attaché au monde par son amour pour Véronique, une sainte créature, qu'il a arrachée au vice par le rayonnement de son prestige spirituel. Quand il la retrouve, elle s'est volontairement défigurée, pour lui épargner désormais toute tentation charnelle et pour favoriser son ascension mystique. Bouleversé par tant de grandeur, il tente une dernière expérience parmi les hommes et accepte de collaborer au journal « Le Pilate »; mais, au cours d'un dîner littéraire, il ne peut s'empêcher de crier son mépris à tous ses confrères présents. Après cette malencontreuse tentative, il a la douleur de voir sombrer la raison de Véronique et il meurt dans la plus pathétique détresse.

« L'ENTREPRENEUR DE DÉMOLITIONS »

« *Désespéré philosophique* », *Léon Bloy n'attend rien des hommes*. Aussi ne respecte-t-il aucune autorité établie. Il se désigne lui-même comme un « entrepreneur de démolitions » et proclame son « irrévocable volonté de manquer essentiellement de modération, d'être toujours imprudent et de remplacer toute mesure par un perpétuel débordement ». Servi par un véritable génie de l'invective, il se façonne un style tendu, tourmenté, d'une extraordinaire vigueur. Il s'acharne contre les idoles du monde moderne, prend violemment à partie le positivisme, le matérialisme et la démocratie. Du reste, il ne ménage pas non plus les catholiques, qu'il accuse en général de médiocrité et de tiédeur. Il lutte ainsi sur tous les fronts, en franc-tireur, et voit se former autour de lui « la conspiration du silence ».

« LE PÈLERIN DE L'ABSOLU »

Mais Léon Bloy se défend d'être un « désespéré théologique »; et il attend tout de Dieu. L'Apocalypse qu'il prophétise doit être, selon lui, le prélude d'une définitive Rédemption. A tous ceux qui ont eu le tort d'avilir leur religion en se prêtant à des compromissions, il voudrait communiquer ses haines, mais aussi sa ferveur. Il considère son œuvre comme une nouvelle croisade et proclame sa volonté d'être « le Pèlerin de l'Absolu ».

OUVRAGES A CONSULTER

FROMENTIN. *Œuvres complètes*, éd. G. Sagnes. GOBINEAU, *Œuvres complètes*, éd. J. Gaulnier, 3 vol. BARBEY D'AUREVILLY. *Œuvres romanesques complètes*, éd. J. Petit, 2 vol., Pléiade, Gallimard. VILLIERS DE L'ISLE-ADAM. *Contes cruels et Nouveaux Contes cruels*, éd. P.-G. Castex, Classiques Garnier, 1968. L. BLOY. *Œuvres complètes*, 15 vol., Mercure de France.
J. CANU. *Barbey d'Aurevilly*, Robert Laffont, 1947. H.-F. REY. *L'Univers romanesque de Gobineau*, Gallimard, 1981. A.-W. RAITT. *Villiers de l'Isle-Adam et le mouvement symboliste*, José Corti, 1965. *The Life of Villiers de l'Isle-Adam*, Oxford University Press, 1981. P. COGNY. *Huysmans à la recherche de l'unité*, Nizet, 1953. J. BOLLERY. *Léon Bloy*, 3 vol., Albin Michel, 1947-1954.

DATES ESSENTIELLES

GRANDES PÉRIODES	ÉVÉNEMENTS HISTORIQUES		DATES LITTÉRAIRES		
1 **Du siècle philosophique au siècle romantique (1795-1820)**	1801	Le Concordat.	1801 1802	CHATEAUBRIAND CHATEAUBRIAND	*Atala.* *René, Le Génie du christianisme.*
	1804	Sacre de Napoléon.	1804 1809	SENANCOUR CHATEAUBRIAND	*Oberman.* *Les Martyrs.*
	1815 1815-1824	Waterloo. Règne de Louis XVIII.	1810 1816	MME DE STAËL CONSTANT	*De l'Allemagne.* *Adolphe.*
2 **La génération romantique** **(1820-1850)**			1820 1821	LAMARTINE J. DE MAISTRE	*Méditations.* *Soirées de Saint-Pétersbourg.*
	1821-1829	Guerre d'indépendance grecque.	1823-1824 1824-1830 1826-1837	 VIGNY	La Muse française. L'Arsenal; le Globe. *Poèmes antiques et modernes.*
	1824-1830	Règne de Charles X.	1827 1827-1830 1829 1829-1848	HUGO HUGO BALZAC	*Préface* de Cromwell. Le Cénacle. *Les Orientales.* *La Comédie humaine.*
	1830 1830-1848	Révolution de Juillet. Règne de Louis-Philippe.	1830 1831	 LAMARTINE STENDHAL HUGO	Bataille d'*Hernani.* *Harmonies.* *Le Rouge et le Noir.* *Notre-Dame de Paris, Les Feuilles d'automne.*
			1832 1833-1844 1834 1835	VIGNY GAUTIER MICHELET LA MENNAIS VIGNY	*Stello.* *Albertus.* *Moyen Age.* *Paroles d'un croyant.* *Chatterton, Servitude et grandeur militaires.*
			 1835-1837 1836 1838 1839	MUSSET MUSSET LAMARTINE HUGO LAMARTINE STENDHAL	*Lorenzaccio.* *Les Nuits.* *Jocelyn.* *Ruy Blas.* *Recueillements.* *La Chartreuse de Parme.*
	1840-1848	Gouvernement de Guizot.	1840 1840-1859 1843-1851 1846-1853 1847	HUGO MÉRIMÉE SAINTE-BEUVE NERVAL G. SAND MICHELET	*Les Rayons et les Ombres.* *Colomba.* *Port-Royal.* *Voyage en Orient.* Romans champêtres. *Histoire de la Révolution.*
	1848 1848-1851	Révolution de Février. Seconde République.	1848-1850	CHATEAUBRIAND	*Mémoires d'outre-tombe.*

GRANDES PÉRIODES	ÉVÉNEMENTS HISTORIQUES		DATES LITTÉRAIRES		
	1851	Coup d'État du Deux Décembre.	**1850-1869**	SAINTE-BEUVE	*Les Lundis.*
	1852-1870	Napoléon III empereur.	**1852**	LECONTE DE LISLE	*Poèmes antiques.*
				GAUTIER	*Émaux et Camées.*
			1853	HUGO	*Châtiments.*
				NERVAL	*Sylvie ; Les Chimères.*
			1853-1854	NERVAL	*Aurélia.*
3			**1855**	MICHELET	*Les Temps modernes.*
			1856	HUGO	*Les Contemplations.*
Positivisme et réalisme			**1857**	FLAUBERT	*Madame Bovary.*
				BAUDELAIRE	*Les Fleurs du Mal.*
(1850-1890)			**1859**	HUGO	*La Légende des siècles.*
			1860	TAINE	*La Fontaine et ses Fables.*
			1862	HUGO	*Les Misérables.*
				LECONTE DE LISLE	*Poèmes barbares.*
				FLAUBERT	*Salammbô.*
				FROMENTIN	*Dominique.*
			1863-1883	RENAN	*Histoire des origines du christianisme.*
			1864	VIGNY	*Les Destinées.*
				F. DE COULANGES	*La Cité antique.*
			1866		*Le Parnasse contemporain.*
			1866-1869	DAUDET	*Lettres de mon moulin.*
			1869	FLAUBERT	*L'Éducation sentimentale.*
4				VERLAINE	*Fêtes galantes.*
				LAUTRÉAMONT	*Les Chants de Maldoror.*
Idéalisme et symbolisme	**1870-1871**	Sedan. Le siège de Paris. La proclamation de la Troisième République. La Commune.	**1871-1893**	ZOLA	*Les Rougon-Macquart.*
			1873	RIMBAUD	*Une Saison en enfer.*
(1850-1890)			**1873-1894**	TAINE	*Les Origines de la France contemporaine.*
			1874	BARBEY D'AUREVILLY	*Les Diaboliques.*
				GOBINEAU	*Les Pléiades.*
			1876	MALLARMÉ	*L'Après-midi d'un faune.*
			1879-1886	VALLÈS	*Jacques Vingtras.*
			1880		*Les Soirées de Médan.*
			1880-1890	MAUPASSANT	*Contes.*
			1881	VERLAINE	*Sagesse.*
			1883	VILLIERS DE L'ISLE-ADAM	*Contes cruels.*
			1884	HUYSMANS	*A Rebours.* Premiers « Mardis » de Mallarmé.
			1885	LAFORGUE	*Les Complaintes.*
			1886	BLOY	*Le Désespéré.* Naissance de l'école symboliste.

TABLE
DES MATIÈRES

Préface.. v

VUE GÉNÉRALE

Du siècle philosophique au siècle romantique. . 1
La génération romantique. 2
Positivisme et réalisme. 3
Idéalisme et symbolisme. 3

I DU SIÈCLE PHILOSOPHIQUE AU SIÈCLE ROMANTIQUE (1795-1820) . . 5

1 / LA VIE INTELLECTUELLE AU DÉBUT DU XIXe SIÈCLE 5

Les doctrines philosophiques. 6
L'école des idéologues. 6
La réaction spiritualiste. 7

Les idées politiques et sociales. 8
Les traditionalistes : Bonald, J. de Maistre. . . . 8
Les libéraux : P.-L. Courier. 10
Les précurseurs du socialisme. 11

Les genres littéraires. 12
La poésie. 12
Le théâtre. 13
Le roman : Senancour, Benjamin Constant. . . 14

La critique littéraire. 18
Le renouvellement du goût 18
Mme de Staël. 19

2 / CHATEAUBRIAND 23

La destinée de Chateaubriand.. 24
La jeunesse tourmentée (1768-1800). . . . 24
La carrière littéraire (1800-1814). 25
La carrière politique (1814-1830). 30
La retraite (1830-1848). 31
Les « Mémoires d'outre-tombe » 32

Le prestige de Chateaubriand 34
L'homme. 34
L'écrivain. 36
L'influence. 37
Texte commenté : Chateaubriand, René. . . . 38
Sujets de composition française.. 40

II LA GÉNÉRATION ROMANTIQUE (1820-1850) 41

1 / LE MOUVEMENT ROMANTIQUE 41

Les manifestations du romantisme.. 42
Le génie du romantisme. 45
Les visages du romantisme. 46

2 / UN INITIATEUR : CHARLES NODIER . . 49

La carrière de Nodier. 50
Le touche-à-tout (1780-1830). 50
Le « lunatique » (1830-1844) 52

L'influence de Nodier. 52

3 / LAMARTINE 53

La carrière de Lamartine 54
Le jeune aristocrate (1790-1820) .'. . . 54
Le diplomate (1820-1830). 55
L'homme politique (1830-1848).. . . . 56
Le vaincu (1848-1869) 58

La poésie de Lamartine 60
L'inspiration poétique. 60
L'expression poétique. 62

Texte commenté : Lamartine, Méditations 63
Sujets de composition française 64

4 / VICTOR HUGO 65

La carrière de Victor Hugo 66
L'enfant sublime (1802-1826) 66
Le chef romantique (1826-1830). . . . 67
L'écho sonore (1830-1843). 70
L'homme politique (1843-1851).. . . . 75
Le proscrit (1851-1870) 76
Le grand-père (1870-1885) 86

Le génie de Victor Hugo 87
La personnalité. 87
La pensée philosophique. 88
L'imagination. 89
La technique 92

Textes commentés : Victor Hugo, Hernani. . . . 94
Les Contemplations . . . 96

Sujets de composition française. 98

5 / ALFRED DE VIGNY 99

La carrière de Vigny 100
Les premières épreuves (1797-1824). . . . 100
Le jeunesse romantique (1824-1830). . . . 101
Le désenchantement (1830-1837). . . . 102
L'élaboration d'une sagesse (1837-1863). . . . 106

La personnalité de Vigny 109
L'homme. 109
Le poète. 110

Texte commenté : Vigny, Les Destinées . . . 112
Sujets de composition française. 114

6 / ALFRED DE MUSSET. 115

La carrière de Musset. 116
L'adolescence brillante (1810-1833). . . . 116
La jeunesse tourmentée (1833-1837). . . . 119
La déchéance précoce (1838-1857) . . . 122

L'œuvre de Musset. 123
Le poète. 123
L'homme de théâtre 124
Texte commenté : Musset, Poésies posthumes. . . 125
Sujets de composition française. 126

**7 / THÉOPHILE GAUTIER
ET GÉRARD DE NERVAL** 127

Théophile Gautier. 128
La carrière de Gautier 128
L'art de Gautier 131

Gérard de Nerval. 132
Le destin de Nerval. 132
La transcription du drame intérieur. . . . 135
Le génie de Nerval. 137

Texte commenté : Nerval, Les Chimères. . . 138
Sujets de composition française. 140

8 / LES ROMANTIQUES MINEURS . . . 141

Le poème en vers. 142

Le poème en prose. 144

9 / HONORÉ DE BALZAC 145

La carrière de Balzac. 146
La quête du succès (1799-1829). 146
L'épanouissement du génie (1829-1850). . . . 147

La Comédie humaine. 148
Les Études philosophiques. 148
Les Études de mœurs. 150

Le génie de Balzac. 156
Le visionnaire. 156
Le réaliste. 157
Le maître des techniques. 159

Texte commenté : Balzac, Le Père Goriot. . . . 161
Sujets de composition française. 162

10 / STENDHAL ET MÉRIMÉE 163

Stendhal. 164
La carrière de Stendhal. 164
L'originalité de Stendhal. 168

Mérimée 171
La carrière de Mérimée. 171
Le talent de Mérimée 174

Texte commenté : Mérimée, Le Vase étrusque. . . 175
Sujets de composition française. 176

**11 / GEORGE SAND
ET LES ÉCRIVAINS POPULAIRES** 177

George Sand. 178

Alexandre Dumas 180

Deux romanciers populaires. 182

Texte commenté : G. Sand, François le Champi. . . 183
Sujets de composition française. 184

Table des Matières 309

12 | LA PENSÉE PHILOSOPHIQUE ET SOCIALE. 185
Les doctrines philosophiques. 186
Les doctrines socialistes. 187
Le christianisme social 188
La Mennais 188
Lacordaire et Montalembert. 190
La réaction : Veuillot. 190

13 | LES HISTORIENS DE L'AGE ROMANTIQUE 191
Le renouveau des études historiques 192
L'histoire narrative : Augustin Thierry. . . . 193
L'histoire philosophique : Guizot, Tocqueville. 195
Jules Michelet. 197
La carrière de Michelet. 197
Le « programme historique » de Michelet. . . 200
Texte commenté : Michelet, Jeanne d'Arc. . . 202
Sujets de composition française. 204

14 | LA CRITIQUE LITTÉRAIRE 205
La diversité des tendances. 206
Sainte-Beuve. 207
La carrière de Sainte-Beuve. 207
L'œuvre critique de Sainte-Beuve. 210

III POSITIVISME ET RÉALISME (1850-1890). 211

1 | LA POÉSIE PARNASSIENNE 211
Leconte de Lisle. 212
La carrière poétique. 212
L'œuvre poétique. 216
L'école parnassienne. 217
Texte commenté : Heredia, Les Trophées. . . 219
Sujets de composition française. 220

2 | LE ROMAN RÉALISTE ET NATURALISTE 221
Gustave Flaubert. 222
La carrière de Flaubert. 222
La personnalité et l'esthétique de Flaubert. . . 226
Les Goncourt 229
Émile Zola 230
La carrière de Zola. 230
L'œuvre de Zola. 233
Alphonse Daudet. 234
Maupassant. 235
Le destin de Maupassant. 235
L'originalité de Maupassant. 237
Jules Vallès 240
Textes commentés : Flaubert, Madame Bovary. 241
Maupassant, Le Vieux . . . 243
Sujets de composition française. 244

3 | LE THÉATRE DE MŒURS 245
La réaction contre le drame romantique. . . 246
Pièces à thèse et pièces à succès 247
La comédie gaie et l'opérette. 248
Henry Becque 250

4 | L'HISTOIRE ET LA CRITIQUE POSITIVISTES. 251
Fustel de Coulanges 252
Ernest Renan 253
L'évolution de Renan. 253
L'œuvre de Renan. 255
Taine. 256
La carrière de Taine. 256
La méthode de Taine. 258

IV IDÉALISME ET SYMBOLISME (1850-1890). 259

1 | BAUDELAIRE 259
La carrière de Baudelaire 260
Le génie de Baudelaire 262
Le drame baudelairien. 262
L'art baudelairien 266
Textes commentés :
Baudelaire, Petits poèmes en Prose. . . 269
Les Fleurs du Mal. . . . 271
Sujets de composition française. 272

2 | RIMBAUD ET LAUTRÉAMONT . . . 273
Rimbaud 274
La carrière de Rimbaud. 274
L'originalité de Rimbaud. 278
Lautréamont. 280

3 | VERLAINE 281
La carrière poétique 282
L'œuvre poétique. 284
Texte commenté : Verlaine, Sagesse. . . . 285
Sujets de composition française. 286

4 | LE MOUVEMENT SYMBOLISTE . . . 287
Trois précurseurs. 288
Décadents et symbolistes 289
Jules Laforgue. 290
Stéphane Mallarmé. 291
L'évolution poétique. 291
La méthode poétique. 294
La réaction romane. 295
Texte commenté :
Mallarmé, Cantique de saint Jean. . . 296
Sujets de composition française. 298

5 | LE ROMAN ET LE CONTE IDÉALISTES 299
Eugène Fromentin 300
Barbey d'Aurevilly. 301
Gobineau 302
Villiers de l'Isle-Adam 303
Huysmans. 304
Léon Bloy. 305

DATES ESSENTIELLES 306

Imprimé en France par
Imprimerie DURAND 28600 Luisant
Dépôt légal : n° 1320-7-1986

Collection n° 03
Édition n° 17

◈ 13/1398/0